Informationstechnologien für die Praxis

Springer
Berlin
Heidelberg
New York
Barcelona
Hongkong
London
Mailand
Paris
Singapur
Tokio

Jürgen Sellentin
Studium der Informatik an der Universität Kaiserslautern (1990–1996),
von 1996 bis 1999 Doktorand im DaimlerChrysler-Forschungszentrum
Ulm, Abteilung Prozeßkette Produktentwicklung FT3/EK, gleichzeitig
wissenschaftlicher Mitarbeiter am Institut für Informatik der TU
München und später am IPVR der Universität Stuttgart, 1999 Promotion zum Dr. rer. nat. am IPVR der Universität Stuttgart. Seit 1999
wissenschaftlicher Mitarbeiter im DaimlerChrysler-Forschungszentrum
Ulm.

Hauptarbeitsgebiete:
Integrationsarchitekturen auf Basis internationaler Standards (STEP,
CORBA, SQL99 usw.), Middleware-Lösungen für Datenversorgung
und Systemintegration, Einsatz moderner DB-Technologien.
Nominierter Vertreter im ISO TC184/SC4/WG11 (STEP) und DIN
NAM 96.4.4.

Jürgen Sellentin

Datenversorgung komponentenbasierter Informationssysteme

Mit 54 Abbildungen

 Springer

Autor
Dr. Jürgen Sellentin
DaimlerChrysler AG
Forschung & Technologie – FT3/EK
Postfach 2360
89013 Ulm

Reihenherausgeber
Prof. Dr. Stefan Jablonski, Universität Erlangen
Dr. Wolfgang Deiters, Fraunhofer ISST, Dortmund

ISBN-13: 978-3-540-67728-4   Springer-Verlag Berlin Heidelberg New York

Die Deutsche Bibliothek – CIP-Einheitsaufnahme
Sellentin, Jürgen: Datenversorgung komponentenbasierter Informationssysteme:
17 Tabellen / Jürgen Sellentin. – Berlin; Heidelberg; New York; Barcelona;
Hongkong; London; Mailand; Paris; Singapur; Tokio: Springer, 2000
(Informationstechnologien für die Praxis)
ISBN-13: 978-3-540-67728-4   e-ISBN-13: 978-3-642-59797-8
DOI: 10.1007/978-3-642-59797-8

Springer-Verlag Berlin Heidelberg New York
ein Unternehmen der BertelsmannSpringer Science + Business GmbH

Umschlaggestaltung: Künkel + Lopka Werbeagentur, Heidelberg
Satz: Belichtungsfertige Daten vom Autor
Gedruckt auf säurefreiem Papier   SPIN: 10721496   33/3142 – 5 4 3 2 1 0

Vorwort der Herausgeber

Die Entwicklung informationstechnischer Anwendungen führt zu immer komplexeren Systemen. Zum einen operieren diese auf sehr großen Datenbeständen, zum anderen bestehen sie aus verschiedenen Komponenten, zwischen denen Interoperabilität und ein abgestimmter Zugriff auf verwendete Datenbestände sichergestellt werden muß. Eine adäquate Nutzung der Daten durch verschiedene Komponenten verlangt nach einem globalen Datenmodell; zur Realisierung einer Komponenten-Interoperabilität wird eine Infrastruktur mit Plug-In-Mechanismen zur Integration der verschiedenen Komponenten benötigt.

Fragen der Datenmodellierung sowie der verwendeten Integrationstechnologie sind somit grundlegend bei der Konzeption und Entwicklung komplexer, insbesondere datenintensiver Informationssysteme. Es ist daher nicht verwunderlich, daß sowohl aus der Forschung wie auch aus der Praxis heraus große Anstrengungen unternommen werden, geeignete softwaretechnologische Konzepte oder Standards zu entwickeln, um große Software-Systeme mit den beschriebenen Eigenschaften nach ingenieursmäßigen Prinzipien aufbauen zu können. Diesen Fragen widmet sich auch Herr Sellentin in diesem Buch, indem er Strategien für den Entwurf datenintensiver Informationssysteme am Beispiel von Entwurfsumgebungen für die Produktion diskutiert. Derartige Werkzeuge sind typische Vertreter der genannten Problemdomäne. Im Rahmen des Produktionslebenszyklus fallen in den verschiedenen Phasen sehr große Datenbestände an, die relevantes Wissen für verschiedene Tätigkeiten über den gesamten Lebenszyklus hinweg beinhalten; in den verschiedenen Phasen werden zudem verschiedene Werkzeuge verwendet, die es über ein geeignetes Komponentenmodell zu einem Gesamtsystem zu integrieren gilt.

Bezogen auf das Thema der Verwaltung der anfallenden Datenmengen diskutiert Herr Sellentin den STEP Standard (Standard for the Exchange of Product Data, ISO 10303), der eine geeignete Datenmodellierungssprache wie auch standardisierte Schemata für den ausgewählten Anwendungsbereich enthält. Zur Integration und Interoperabilität verschiedener Komponenten beschreibt er den CORBA Standard (Common Object Request Broker Architecture). Schließlich setzt er sich auf dieser Basis mit Entwurf und Implementierung einer modularen Datenversorgung auseinander, indem er auf die neu entwickelte Anbindung des SDAI (Standard Data Access Interface) von STEP an die Sprache JAVA (ISO 10303-27) aufsetzt.

Das vorliegende Buch stellt einen wertvollen Lesestoff für all diejenigen dar, die sich mit Fragen der Konzeption komplexer, datenintensiver Systeme auseinandersetzen. Es wendet sich damit sowohl an den Praktiker wie auch an den anwendungsorientierten Forscher. Das Buch gibt einen guten Überblick über Entwicklungen im

Bereich des Modellierungsstandards STEP sowie über Middleware-Ansätze (insbesondere den CORBA Standard) und zeigt Möglichkeiten und Grenzen bei der Konzeption komplexer Informationssysteme auf der Basis dieser Technologien. Durch die Beschreibung einer praktischen Implementierung werden auch kommerzielle Produkte mit in die Diskussion einbezogen. Gleichwohl sich die Diskussionen auf Entwurfsumgebungen für die Produktion beziehen, bleiben die Aussagen nicht auf dieses Anwendungsfeld beschränkt. Sie stellen auch für den Leser, der sich mit der Entwicklung komplexer, datenintensiver Informationssysteme in anderen Anwendungsbereichen beschäftigt, eine große Hilfe dar.

Erlangen, im Juli 2000   Dortmund, im Juli 2000
Stefan Jablonski   Wolfgang Deiters

Vorwort des Autors

Rechnergestützte Informationssysteme stellen heutzutage für viele Branchen ein unverzichtbares Hilfsmittel dar. Ohne sie wäre die Komplexität von Abläufen und die damit verbundene Menge von Daten kaum noch zu bewältigen. Dieser Sachverhalt trifft insbesondere für die Entwicklung neuer Produkte zu, bei der zunächst extrem viele Daten aus vorangegangenen Arbeiten und zugrundeliegenden Richtlinien zu berücksichtigen sind. Gleichzeitig entsteht während der Entwicklung eine Menge neuer Daten, die später als Grundlage der Produktion dienen. Wir betrachten deshalb rechnergestützte Entwurfsumgebungen als repräsentatives Beispiel für datenintensive Informationssysteme, bei denen sowohl große Mengen von Daten gelesen als auch erzeugt bzw. geschrieben werden. Anhand dieses Szenarios werden wir deshalb die einzelnen Aspekte und Probleme diskutieren und verdeutlichen.

Sieht man sich nun Entwurfsumgebungen und die darin enthaltenen Entwurfswerkzeuge genauer an, so ist es sicherlich unbestritten, daß diese die Entwicklung neuer Produkte beschleunigen und zugleich eine Steigerung der Qualität bewirken. Weiterhin ermöglichen sie eine verstärkte Wiederverwendung vorhandenen „Wissens", das in Form gespeicherter Daten vorliegt. Die einzelnen Werkzeuge sind meist sehr weit entwickelt und weisen dementsprechend nur wenig Potential für weitere Optimierungen auf. Entlang der gesamten Prozeßkette werden aber eine Reihe verschiedener Werkzeuge und Programme benötigt, die meist nur eine unzureichende Interoperabilität bieten. Insbesondere der Datenaustausch zwischen den Werkzeugen ist häufig mit einem Informationsverlust durch inkompatible Datenmodelle verbunden. Es ist also eine umfassende Integration aller Programme nötig, die eine einheitliche Verarbeitung entlang der Prozeßkette garantiert. Hierfür bieten sich sog. *Komponentenmodelle* an, mit denen alle Werkzeuge als gekapselte Komponenten zu einem Gesamtsystem integriert werden. Das Komponentenmodell sollte dabei von der heterogenen Realisierung einzelner Bausteine (Programmiersprache, Betriebssystem, Rechner usw.) abstrahieren und eine offene Architektur des Gesamtsystems ermöglichen, die sich bei Bedarf um zusätzliche Werkzeuge erweitern läßt. Die Basis für die Interoperabilität der einzelnen Komponenten bildet dabei ein globales Datenmodell. Weiterhin sollten Daten nicht unkontrolliert zwischen den Werkzeugen kopiert werden (*Data Exchange*), sondern es ist eine gemeinsame Nutzung aller Datenquellen anzustreben (*Data Sharing*). Dabei ist o.g. Heterogenität entsprechend zu überbrücken. Im Rahmen dieses Buches wollen wir deshalb geeignete Strategien für eine globale *Datenversorgung* finden, bei denen alle diese Aspekte berücksichtigt werden. Obwohl unsere Rahmenbedingungen speziell durch Entwurfsumgebungen geprägt werden, sind die entwickelten Konzepte im allgemeinen aber auch auf andere Informationssysteme übertragbar.

Bei der Datenversorgung gilt es vor allem zwei Schwerpunkte zu betrachten: Zuerst einmal benötigen wir eine formale Sprache zur Beschreibung des globalen Datenmodells. Beides (Sprache und Modell) sollte möglichst standardisiert (und somit weit verbreitet) sein. Andernfalls erhält man ein proprietäres System, das kaum erweiterbar ist. Im Bereich der Entwicklung und Produktion von Waren sehen wir z.B. den STEP-Standard (ISO 10303, *Standard for the Exchange of Product Data*) als den geeigneten Kandidaten. Er enthält sowohl eine eigene Datenmodellierungssprache als auch standardisierte Schemata für ausgewählte Anwendungsbereiche.

In einem zweiten Schritt ist eine ausreichende Schnittstelle zum Datenzugriff zu gewährleisten. Diese muß das ausgewählte (globale) Datenmodell unterstützen und die Heterogenität aller beteiligten Komponenten angemessen überbrücken. In diesem Sinne muß sie natürlich auch mit dem zugrundeliegenden Komponentenmodell harmonieren (wiederum möglichst standardisiert). Es ergibt sich also eine enge Verzahnung zwischen Datenquelle(n), technischer Infrastruktur zur Überwindung von Rechnergrenzen und Heterogenität (sog. *Middleware*) und Komponentenmodell. Nach einer Begriffsklärung wollen wir deshalb einen genaueren Blick auf den CORBA-Standard (*Common Object Request Broker Architecture*) werfen, der sowohl ein Komponentenmodell als auch eine *Middleware*-Lösung verspricht. Wir werden erkennen, daß CORBA zwar mächtige Konzepte für eine auftragsorientierte Verarbeitung hat, gleichzeitig aber deutliche Mängel im Bereich datenintensiver Anwendungen aufweist. Nach einer Klassifikation von Datenquellen und ihren typischen Schnittstellen werden wir deshalb untersuchen, wie sich diese in eine CORBA-Umgebung integrieren lassen.

Neben der reinen Diskussion von Datenversorgungsstrategien wollen wir weiterhin ausgewählte Methoden anhand eines Prototypen evaluieren. Als Basis dient uns dabei die neu entwickelte Anbindung des SDAI (*Standard Data Access Interface*) von STEP an die Sprache Java (ISO 10303-27). Diese wurde im Rahmen unserer Tätigkeit wesentlich mitgestaltet und ermöglicht den simultanen Zugriff auf unterschiedliche Datenquellen über unterschiedliche Datenversorgungsstrategien. Wir werden mit unseren Prototypen zwei verschiedene CORBA-basierte Lösungen einem JDBC-basierten Ansatz gegenüberstellen. Die Datenquellen und ihre Zugriffsschnittstellen sind dabei als sog. *Data Modules* in die SDAI-Schnittstelle integriert. Es zeigt sich, daß CORBA unter gewissen Umständen zur Realisierung einer effizienten Datenversorgung benutzt werden kann, das zugrundeliegende Modell aber nicht dem eigentlichen Grundgedanken von CORBA entspricht. Insbesondere lassen sich nur wenige der standardisierten CORBA-Komponenten (sog. *Services* und *Facilities*) benutzen. Ergänzend zum Aspekt der Datenversorgung werden wir erkennen, daß weder CORBA noch konkurrierende Ansätze wie DSOM, DCOM oder Java Beans ein vollständiges Komponentenmodell (entsprechend unseren Anforderungen) realisieren.

Abgerundet wird dieses Buch durch eine Abgrenzung zu verwandten Projekten im Bereich STEP und CORBA. In einigen Fällen haben wir sogar in Zusammenarbeit mit den beteiligten Gruppen gemeinsame Prototypen entwickelt, um die jeweiligen Konzepte besser vergleichen zu können.

Das vorliegende Buch geht in wesentlichen Teilen auf meine Dissertation zurück. Sie entstand während meiner Tätigkeit als Doktorand in der Forschungsabteilung „Prozeßkette Produktentwicklung" (FT3/EK) der DaimlerChrysler AG und als Promotionsstudent in der Arbeitsgruppe von Prof. Dr. Bernhard Mitschang an der TU München und später an der Universität Stuttgart. Zum Gelingen dieser Arbeit haben eine Vielzahl von Personen beigetragen, denen ich an dieser Stelle noch einmal ausdrücklich danken möchte.

Mein Dank gilt in erster Linie meinem akademischen Lehrer Prof. Dr. Bernhard Mitschang für die Bereitschaft, meine Promotion zu betreuen, und für seine Mitgestaltung an meinem Thema. Ohne seine Überzeugungsarbeit wäre diese Promotion vermutlich nie zustande gekommen. Ich möchte mich ferner bei ihm für seine Diskussionsbereitschaft und seine fortlaufende Unterstützung bedanken. Herrn Prof. Dr. Thomas Ertl danke ich, daß er sich trotz der nicht unerheblichen zeitlichen Belastung bereit erklärt hat, die zweite Berichterstattung mit großem Engagement zu übernehmen.

Mein besonderer Dank gilt meinem früheren Kollegen Dr. Wolfgang Käfer für die Anregung, mich mit dem Thema „STEP und CORBA" zu befassen. Seine Einführung in das Thema STEP war von unschätzbarem Wert für mich und hat mit Sicherheit einige Stunden Literaturrecherche erspart. Ihm und meinem derzeitigen Kollegen Dr. Günter Sauter möchte ich sowohl für die Betreuung von Seiten der DaimlerChrysler AG als auch für ihre Unterstützung und Diskussionsbereitschaft meinen Dank aussprechen. In diesem Sinne bin ich auch meinen ehemaligen und derzeitigen Vorgesetzten Dr. Dieter Haban, Peter Schneider und Robert Winterstein für die Gewährung des nötigen wissenschaftlichen Freiraums und ihr Vertrauen in meine Arbeit zu Dank verpflichtet.

Den Studenten Ralf Mayr, Werner Buchert und Toni Maurer danke ich für ihre Unterstützung im Projekt PHRAMES und ihr Engagement im Rahmen von Systementwicklungsprojekten, Diplomarbeiten und Hiwi-Jobs. Insbesondere Toni Maurer hat eine nicht mehr zu überbietende Motivation und Freude an der Arbeit entwickelt und selbst nach dem Abschluß seiner Diplomarbeit noch so manche Nacht mit weiteren Messungen verbracht. Den früheren und derzeitigen Kolleg(inn)en Aiko Frank, Klaudia Hergula, Dr. Michael Jaedicke, Henrik Loeser, Gregor Lorenz, Roland Nagel, Dr. Norbert Ritter, Stefan Sarstedt, Kerstin Schneider, Ulrich Schäfer, Hans-Peter Steiert und Jürgen Zimmermann möchte ich für die fruchtbaren Diskussionen danken, die mir so manchen Denkanstoß für meine Arbeit geliefert haben. Weiterhin bedanke ich mich bei Aiko Frank, Dr. Michael Jaedicke und Jochen Rütschlin für das Korrekturlesen der Arbeit und die hilfreichen Anregungen. Ein großer Dank geht auch an das Team vom Springer-Verlag. Die konstruktive Zusammenarbeit mit Herrn Reichle, Frau Glaunsinger, Frau Fischer, Frau Fink, Frau Drechsler und Frau Zimpfer hat wesentlich zur Qualität dieses Buches beigetragen.

Den mit Abstand größten Beitrag zum Erfolg hat jedoch meine Familie erbracht. Meiner Mutter und meinen Paten bin ich sehr dankbar dafür, daß sie mir und meinem Bruder nach dem frühen Tod unseres Vaters eine umfangreiche Ausbildung ermöglicht haben und wir uns immer auf ihre Hilfe verlassen konnten. Abschließend möchte ich mich bei meiner Freundin Birgit für ihre Unterstützung und ihr Verständnis für meine häufige Abwesenheit bedanken.

Ulm, im Juli 2000   Jürgen Sellentin

Inhaltsverzeichnis

1 Einleitung

In vielen Bereichen kann heutzutage nicht mehr auf rechnergestützte Informationssysteme verzichtet werden. Dies betrifft nicht nur die industrielle Verarbeitung und Fertigung, sondern häufig auch private Haushalte. Sei es nun die WWW-Seite mit dem Kinoprogramm, Homebanking, die Buchung einer Reise über das Internet oder die Konstruktion eines neuen Motors im CAD-Labor – alle Informationssysteme haben eines gemeinsam: Sie verarbeiten *Daten*. Ohne die Möglichkeit zum Extrahieren und Speichern von Daten wären sie vollkommen nutzlos. Wir benötigen also entsprechende Techniken zur *Datenversorgung*. Diese muß im allgemeinen zwei Arten des Zugriffs unterstützen: lesen und schreiben. Manche Informationssysteme basieren lediglich auf rein lesenden Operationen. Ein Beispiel hierfür sind Systeme zum *Information Retrieval* (die leider häufig schon Informationssystemen im allgemeinen gleichgesetzt werden). Sie stellen unserer Ansicht nach aber nur die einfachere Variante dar. Schwieriger wird es, wenn auch der schreibende Zugriff unterstützt werden muß. Beispiele hierfür sind Buchungs- oder Reservierungssysteme (oder Homebanking). Aber auch diese benötigen im allgemeinen für jeden Verarbeitungsschritt nur eine relativ kleine Menge von Daten als Ein- und Ausgabe. Wirklich komplex wird es erst, wenn für jede Operation größere Mengen von Daten benötigt werden. Ein repräsentativer Vertreter dieser Kategorie sind z.B. Informationssysteme, die der Entwicklung neuer Produkte dienen (wie etwa Entwurfswerkzeuge). Hier sind zunächst extrem viele Daten aus vorangegangenen Arbeiten und zugrundeliegenden Richtlinien zu berücksichtigen. Gleichzeitig entstehen aber während der Entwicklung eine Menge neuer Daten, die später als Grundlage der Produktion dienen. Dieses Szenario stellt somit das anspruchsvollste Einsatzgebiet für Informationssysteme dar. Nachdem es die mächtigsten Strategien zur Datenversorgung benötigt, wollen wir es als zugrundeliegendes Anwendungsgebiet unserer Untersuchungen wählen. Mit dieser Entscheidung erreichen wir, daß die erzielten Ergebnisse und die entwickelten Konzepte recht einfach auf andere Typen von Informationssystemen zu übertragen sind. Letztendlich stellen sie somit einen allgemeinen Ansatz zur Datenversorgung dar. Im folgenden wollen wir uns daher verstärkt der Problematik sog. *Entwurfsanwendungen* zuwenden. In den nächsten Abschnitten beginnen wir dafür mit einer Einleitung in die Charakteristika derartiger Systeme und einer Vorstellung der konkreten Rahmenbedingungen.

1.1 Anwendungsszenario: Entwurfsumgebungen

Bei der Entwicklung neuer Produkte kann heutzutage nicht mehr auf den Einsatz rechnergestützter Entwurfswerkzeuge, wie z.B. CAD-Programme, verzichtet werden. Dies liegt einerseits an der Komplexität moderner Produkte, deren Beschreibung mit konventionellen Methoden nicht mehr handhabbar ist, andererseits an der Anforderung, in immer kürzeren Abständen neue Modelle auf den Markt zu bringen. Diese Waren können aber nur dann erfolgreich sein, wenn sie neue, innovative Ideen realisieren, was wiederum höhere Anforderungen an den Entwurfsprozeß stellt. Letztendlich stellen Dauer und Kosten der Entwurfsphase ein entscheidendes Kriterium dar, das ein hohes Potential für Optimierungen bietet. Aus diesem Grunde muß die in diesem Bereich verwendete Software hochgradig an die Bedürfnisse des jeweiligen Entwickler-Teams angepaßt sein. Sie sollte sowohl alle benötigten Werkzeuge umfassen, als auch alle Daten bestehender Produkte langfristig speichern, so daß diese für zukünftige Entwicklungen nutzbar sind. Man spricht in diesem Fall von *Entwurfsumgebungen*.

In den letzten Jahren haben sich nun einige solcher Software-Systeme am Markt etabliert, die aber nicht immer eine ausreichende Unterstützung bieten. Oftmals sind die einzelnen Werkzeuge selbst zwar hochgradig optimiert, es fehlt aber eine angemessene Unterstützung für die Interaktion. So gibt es häufig keine umfassende Kopplung zwischen Stücklistenverwaltung und CAD-Programm: Wird die 3D-Zeichnung um weitere Teile ergänzt, so muß die Stückliste anschließend manuell aktualisiert werden. Anhand dieses Beispieles wird deutlich, daß vielfach eine höhere Integration der einzelnen Werkzeuge wünschenswert wäre. Dies ist aber nicht so einfach möglich. Entweder ist die gesamte Entwurfsumgebung von einem einzigen Software-Hersteller entwickelt worden, so daß man auf dessen Mitwirkung angewiesen ist (die Schnittstellen zwischen den einzelnen Werkzeugen sind meist nicht von außen sichtbar), oder die einzelnen Werkzeuge sind zwar von unterschiedlichen Herstellern, ihre Schnittstellen sind aber nicht offen bzw. mächtig genug, um die gewünschte Interoperabilität zu erreichen. Ein weiterer, sehr wesentlicher Punkt, der von praktisch keiner kommerziell verfügbaren Systemlösung unterstützt wird, ist die Integration von existierenden Altsystemen (sog. *Legacy*-Systemen). Häufig gibt es Programme mit korrespondierenden Datenbeständen, die sich seit Jahren oder gar Jahrzehnten etabliert haben und deren Ablösung weder wünschenswert noch sinnvoll wäre. Hier sprechen alleine die Kosten für die Software und die Umschulung der Mitarbeiter dagegen. Zusätzlich bergen neue Systeme auch immer neue Fehlerquellen.

Letztendlich wäre es also wünschenswert, daß ohne großen Aufwand für jeden Entwickler eine individuelle Lösung erstellt werden kann, die genau auf dessen Bedürfnisse abgestimmt ist. Dabei sollten die einzelnen Entwurfswerkzeuge quasi als Bausteine zu einer integrierten Umgebung zusammengestellt werden können. Insbesondere sollte es auch möglich sein, existierende Altsysteme als einen dieser Bausteine zu verwenden. Dabei ist es natürlich entscheidend, daß nicht für jeden Entwickler alles neu implementiert werden muß. Vielmehr sollte es einen Satz von grundlegenden Werkzeugen bzw. Bausteinen geben, die sich dann individuell gruppieren und konfigurieren lassen. In der Literatur werden diese Basis-Bausteine im allgemeinen als *Komponenten* bezeichnet, mit denen dann die gewünschte Umgebung erstellt wird.

Damit die resultierenden Systeme nicht wiederum proprietär und abhängig von der Produktpalette einzelner Software-Hersteller sind, sollten alle Komponenten wohldefinierte Schnittstellen haben und auf einem allgemein anerkannten Modell zur Interaktion basieren. Zu empfehlen ist in beiden Punkten die Verwendung internationaler Standards. Nur so läßt es sich erreichen, daß einmal erworbene und eingesetzte Bausteine auch zukünftig weiterverwendet werden können.

Im folgenden wollen wir nun untersuchen, wie sich internationale Standards zur Modellierung von Komponenten und den daraus resultierenden Entwurfsumgebungen einsetzen lassen. Die in diesen Systemen zu verarbeitenden Daten beschreiben sowohl Produkte oder Dienstleistungen als auch Prozeßabläufe und sog. *Business Rules*. Die Menge aller Daten stellt somit einen erheblichen Teil des (technischen) Wissens eines Unternehmens dar. Ihre Verfügbarkeit ist daher entscheidend für die Entwicklung neuer Produkte, so daß wir einen besonderen Schwerpunkt auf die Realisierung einer effizienten *Datenversorgung* legen werden. Natürlich würde eine Diskussion dieses Themas in aller Allgemeinheit den Rahmen dieser Arbeit bei weitem sprengen. Wir werden deshalb von konkreten Rahmenbedingungen ausgehen, die im folgenden erörtert werden. Anhand dieser stellen wir anschließend die resultierenden Anforderungen und Ziele vor, die uns als Basis für das weitere Vorgehen dienen.

1.2 Rahmenbedingungen

Das im vorliegenden Buch beschriebene und zugrundegelegte Szenario wird im wesentlichen durch die zur Entwicklung von Produkten benötigten Systeme und Prozesse bestimmt. Dabei gilt es, möglichst viele verschiedene Produkte und Produktklassen zu berücksichtigen: von der Schraube über das Auto bis hin zum Düsenjet. Aufgrund der Vielfältigkeit dieser Palette sowie der Komplexität der einzelnen Waren gibt es letztendlich eine Unmenge verschiedener Entwurfswerkzeuge, die nur selten eine geeignete Schnittstelle zur Interaktion bieten. Resultierend zerfällt die Entwicklung immer noch in viele Abschnitte (sog. *Insellösungen*), zwischen denen die erzielten Ergebnisse sowie die gewonnenen Daten mit erheblichen Aufwand konvertiert oder aufbereitet werden müssen. Ziel ist es nun, eine durchgehende Prozeßkette zu erreichen, bei der alle zur Entwicklung eines Produktes benötigten Software-Systeme und Werkzeuge interagieren und der gesamte Prozeß möglichst automatisch, z.B. mit einem Workflow-System, kontrolliert werden kann. Weiterhin sollte es möglich sein, gezielt in der Vergangenheit erworbene Erkenntnisse zu nutzen, um z.B. die Zahl der konkret zu produzierenden Prototypen und durchzuführenden Testläufe zu reduzieren. Diese Art der Entwicklung wird auch als *Digital Mockup* bezeichnet.

Natürlich läßt sich dieses Ziel nicht von heute auf morgen erreichen. Vielmehr muß zuerst untersucht werden, welche Probleme einer Integration im Wege stehen, um anschließend erste Prototypen in ausgewählten Bereichen zu testen. Dabei gilt es eine Reihe weiterer Faktoren zu berücksichtigen. So ist z.B. bei den meisten Produkten davon auszugehen, daß nicht alles selbst gefertigt, sondern einige Bestandteile von Zulieferern bezogen werden. Sind diese Teile bereits auf dem Markt erhältlich, so muß ihre Beschreibung, dessen Format im wesentlichen durch den Zulieferer gegeben ist, in geeigneter Weise in das eigene System eingespeist werden. Anders herum kann es natürlich auch vorkommen, daß Teile zwar intern spezifiziert worden sind, man ihre Herstellung aber delegieren will. In diesem Fall müssen die Daten dem Zulieferer geeignet übermittelt werden. Im Prinzip kann es sogar vorkommen, daß bei der Spezifikation bereits auf die spezielle Umgebung des Herstellers einzugehen ist – sowohl in bezug auf die eingesetzte Software als auch auf vorhandene Produktionsanlagen. Im Idealfall wären wiederum alle Systeme integriert und man spräche von sog. *Virtual Enterprises*.

Das gerade geschilderte Szenario deutet bereits auf einen weiteren Aspekt hin: die Modularität von Produkten. Heutzutage ist es durchaus üblich, daß einzelne Teile gleichzeitig für mehrere Produkte entwickelt werden, die nicht unbedingt dem gleichen Geschäftsfeld zugeordnet sind. Warum sollte man z.B. nicht den Motor eines PKW auch für kleinere Nutzfahrzeuge verwenden? Die Prozeßketten und Systeme dieser Bereiche können also nicht isoliert betrachtet werden, sondern es müssen von vornherein geeignete Schnittstellen zur Interaktion bereitgestellt werden. Im Rahmen einer Übergangslösung kann dies durch Datenaustausch in abgesprochenen Formaten geschehen. Langfristig ist aber auch hier eine Integration aller Systeme anzustreben.

Ein weiterer Aspekt ist schließlich die Archivierung von Daten. Für einige Produkte muß auch nach Jahrzehnten noch eine kompetente Wartung garantiert werden, für die unter Umständen der Zugriff auf die während der Entwicklung angefallenen Daten nötig ist. Wurden diese nur im meist proprietären Format der Entwicklungswerkzeuge abgespeichert, so können sie dann möglicherweise nicht mehr gelesen werden, da die entsprechenden Systeme inzwischen abgelöst wurden. Die Nachfolger-Systeme sind oftmals nicht mehr in der Lage, die Daten korrekt zu interpretieren. Insbesondere für dieses Problem, wie aber auch für die beiden zuvor angesprochenen Punkte (die Einbindung von Zulieferern und die geschäftsfeldübergreifende Entwicklung), ist die Verwendung eines einheitlichen, langfristig und global verfügbaren und interpretierbaren Datenformates bzw. -modells von entscheidender Bedeutung. So haben sich z.B. die meisten Automobilkonzerne bereits vor Jahren entschieden, an der Entwicklung eines international akzeptierten Standards für die Verarbeitung von Produktdaten mitzuwirken und diesen auch einzusetzen. Die Wahl ist dabei auf den ISO-Standard 10303 (*STEP – Standard for the Exchange of Product Data*) gefallen, der u.a. das *Application Protocol 214* (kurz AP 214) definiert, welches ein speziell für die Automobilindustrie abgestimmtes Schema beschreibt.

Neben der Archivierung soll dieses Format auch zunehmend als Basis für den Datenaustausch (sowohl intern als auch mit Zulieferern) benutzt werden sowie langfristig die Grundlage für ein globales Datenmodell integrierter Systeme bilden.

In einem ersten Schritt wurde nun in den letzten Jahren damit begonnen, die Vielzahl existierender Werkzeuge dahingehend zu erweitern, daß STEP-basierte Daten sowohl importiert als auch exportiert werden können. Auf diese Weise hat man erreicht, daß die in den einzelnen Schritten der Prozeßkette verwendeten Systeme entkoppelt wurden und nicht mehr von den im vorausgehenden oder nachfolgenden Schritt verwendeten Systemen und deren oftmals herstellerspezifischen Formaten abhängen. Somit ist es auch nicht mehr nötig, umfangreiche Konvertierungsprogramme, sog. *Prozessoren*, von einem proprietären Format in ein anderes zu schreiben. Es ist jetzt ausreichend, für jedes Format einen Import- sowie einen Export-Filter zum STEP AP 214 zur Verfügung zu haben. Natürlich bleiben so die existierenden *Insellösungen* erhalten, und es kann noch keine integrierte Entwurfsumgebung realisiert werden. Jedoch ist es ein erster Schritt zur Kapselung einzelner Programme und Werkzeuge, die später als eigenständige Komponenten in ein Gesamtsystem einzubetten sind. Vor diesem Schritt bleibt aber zu klären, welches Modell zur Interaktion und Integration verwendet werden kann. Ganz wichtig ist dabei, daß möglichst viele normierte oder standardisierte Schnittstellen verwendet werden und keine neuen Abhängigkeiten gegenüber einzelnen Herstellern entstehen. Diese sind vielmehr weitestgehend zu reduzieren, so daß einzelne Komponenten auch durch Programme anderer Software-Hersteller zu ersetzen wären. Weiterhin ist es wünschenswert, daß möglichst viele Komponenten durch existierende oder auf dem Markt verfügbare Massen-Software (sog. *Common of the Shelf Software – COTS*) realisiert werden können. Insbesondere sollen nur wenig eigene Ergänzungen nötig sein, so daß keine teuren Spezial-Lösungen entstehen. Innerhalb des Konzerns wird derzeit zunehmend der von der OMG (*Object Management Group*) entwickelte CORBA-Standard (*Common Object Request Broker Architecture*) als die globale Integrations- und Kommunikationsplattform in Betracht gezogen. Ein besonderer Vorteil dieses Standards ist die Unabhängigkeit von Programmiersprachen und Betriebssystemen, so daß z.B. auch in Java geschriebene, Intra-/Internet-fähige Client-Komponenten integriert werden könnten. Gerade im Hinblick auf weltweite Unternehmenszusammenschlüsse, *Virtual Enterprises* sowie einzelne Kooperationen bei der Produktion von Waren ist dies besonders wichtig.

1.3 Anforderungen und Ziele

Wenn wir die gerade erwähnten Rahmenbedingungen betrachten, so gilt es vor dem Entwurf integrierter Entwurfsumgebungen, zuerst einmal folgende Aufgabe zu lösen: Wir benötigen ein geeignetes *Komponentenmodell* mit den dazugehörigen Schnittstellen und Datenformaten. So einfach das auch klingt, die Frage, was denn nun überhaupt *geeignet* bedeutet, ist schon komplex genug. Wir wollen daher kurz einige Anforderungen aus dem letzten Abschnitt extrahieren:

- Unterstützung einer durchgehenden Prozeßkette

- Realisierung einer übergreifenden Ablaufkontrolle (Workflow)

- Geschäftsfeld- sowie unternehmensübergreifende Verarbeitung

- Unabhängigkeit von einzelnen Software-Herstellern

- Verwendung von Standards und standardisierten Schnittstellen

- Integration existierender Werkzeuge, keine Re-Implementierung

- Kapselung von Komponenten (Austauschbarkeit),
  Einsatz von COTS zur Kostensenkung

- STEP als einheitliches Datenmodell

- Anbindung an das Intra-/Internet, Bildung sog. *Virtual Enterprises*

- Unterstützung heterogener Umgebungen (Hardware und Software)

Anhand dieser Punkte wird bereits deutlich, daß die Suche nach einem reinen Kommunikationsmechanismus alleine nicht ausreicht. Vielmehr benötigen wir ein umfassendes Modell, das Konzepte und Techniken von Netzwerk-Protokollen bis hin zu Schnittstellen auf der Werkzeugebene festlegt. Gleichzeitig darf es aber nicht die Palette der Programmiersprachen, Betriebssysteme und Rechnerumgebungen einschränken oder auf ein Software-Hersteller fixiert sein (sonst könnten nicht alle Altsysteme integriert werden). Wenn wir uns dieser Tatsache bewußt werden, so ist die Verwendung des bereits zitierten CORBA-Standards eigentlich nur allzu offensichtlich. Auf den ersten Blick gibt es keinen anderen Standard, der so umfassend ist und mit diesen oder ähnlichen Punkten wirbt. Wir könnten nun die Hände in den Schoß legen und verkünden, daß die Lösung gefunden ist – das wäre aber allzu naiv: Nur weil es (derzeit) keinen anderen Standard gibt, heißt das nicht, daß CORBA nun die ultimative Lösung ist. Im Gegenteil, wir sollten genau überprüfen, inwieweit CORBA die oben genannten Punkte erfüllt, und, was noch viel wichtiger ist, wir müssen untersuchen, ob eine Reihe impliziter Anforderungen erfüllt werden, die gar nicht mehr aufgeführt sind, da sie für heutige Systeme bereits selbstverständlich sind. Stellvertretend sind im Rahmen dieser Arbeit die folgenden zu nennen:

- Effizienz
  Wie sieht das Laufzeitverhalten von CORBA-Komponenten aus? Können sie ähnlich effizient realisiert werden wie bestehende Programme oder führt das zugrundeliegende Modell zu inakzeptablen Leistungseinbußen? Wo liegen die Grenzen?

- Lokalität und Pufferung von Daten
  In der Informatik ist es unbestritten, daß die meisten Berechnungsschritte eine relativ hohe Lokalität aufweisen, d.h., daß in der Regel zu einem Zeitpunkt nur ein relativ kleiner Programmabschnitt auf einem kleinen Satz von Daten arbeitet. Beides sollte somit möglichst lokal verfügbar sein. Wird dies, insbesondere die Pufferung von Daten (sog. *Caching*), geeignet durch CORBA unterstützt?

- Integration und Zugriff auf Datenquellen bzw. Archive
  Lassen sich Datenquellen, die ja quasi das Wissen eines Unternehmens darstellen, in angemessener Weise in eine CORBA-Umgebung integrieren? Kann weiterhin die Effizienz und Mächtigkeit der in den letzten 20 Jahren entwickelten Datenbankverwaltungssysteme (DBVS) genutzt werden?

Ziel und Kern dieses Buches ist es also, kritisch hinter die Kulissen von CORBA zu schauen und zu untersuchen, ob die genannten Kriterien erfüllt werden können. Neben einer Betrachtung der aus den Rahmenbedingungen entstandenen Anforderungen soll der Schwerpunkt aber mehr auf der Beantwortung der Frage liegen, ob und in welcher Art und Weise eine effiziente Datenversorgung für Komponenten einer CORBA- und STEP-basierten, integrierten Entwurfsumgebung zu realisieren ist. Selbstverständlich werden wir dabei auch ein wenig über den Tellerrand schauen und uns zu verwandten Konzepten abgrenzen.

Auf der anderen Seite soll in dieser Arbeit gerade nicht ein weiteres Konzept zu Schema-Integration heterogener Datenquellen entwickelt werden. Hierzu gibt es genügend andere Veröffentlichungen, z.B. [Sa98], so daß wir den STEP-Standard zur Definition eines globalen Schemas benutzen, ohne dabei näher auf notwendige Abbildungen zu lokalen Schemata einzugehen. Weiterhin untersuchen wir hier auch nicht die Probleme bei der Abbildung von standardisierten Schnittstellen auf die jeweiligen Altsysteme. Dazu sei z.B. auf [SSSM99] verwiesen. Wir wollen im Rahmen unserer Untersuchungen lediglich sicherstellen, daß die zugrundeliegenden Systemkonzepte den Einsatz sog. *Wrapper* prinzipiell ermöglichen.

1.4 Vorgehensweise und Aufbau des Buches

Der schematische Aufbau dieses Buches ist in Abbildung 1.1 auf Seite 9 illustriert. Anhand der dargestellten Abhängigkeiten kann der Leser entsprechend seinen Kenntnissen direkt zu dem für ihn interessanten Kapitel verzweigen. Dabei sollte aber immer beachtet werden, daß auch die Grundlagenkapitel bereits auf Rahmenbedingungen dieses Buches ausgerichtet sind und dementsprechend einige detaillierte Diskussionen enthalten, die selbst für den Experten informativ sein können.

Beginnen wollen wir in Kapitel 2 mit einigen allgemeinen Grundlagen. In der Einleitung ist deutlich geworden, daß die gestellten Anforderungen nur durch die Verwendung einer modularen und aus Bausteinen bzw. Komponenten gebildeten Architektur erfüllt werden können. Wir haben aber noch nicht definiert, was wir genau unter diesen Begriffen verstehen. Aus diesem Grund wollen wir klären, was sich hinter den Schlagwörtern *Komponente*, *Business Object*, *Middleware*, *Multi Tier*, *Entwurfsumgebung* und *Framework* verbirgt und wie sie im Kontext dieses Buches verwendet werden. Ergänzend dazu diskutieren wir einige allgemeine Grundbegriffe der Datenversorgung sowie Charakteristika einer möglichen Anbindung an das Intra-/Internet. Wir werden erkennen, daß in den meisten Fällen eine datenintensive Verarbeitung vorliegt, für die eine lokale Pufferung der aktuell benötigten Daten sinnvoll oder gar erforderlich ist, so daß das Konzept des *Data Shipping* von zentraler Bedeutung für die anzustrebende Datenversorgung ist. Im Gegensatz dazu kann es aber auch vereinzelte Komponenten geben, die eher auftragsbasiert sind und keine Pufferung benötigen. Man spricht in diesem Fall von *Operation Shipping*. Dieses Konzept sollte ebenfalls unterstützt werden.

In Kapitel 3 geben wir anschließend eine Einführung in den STEP-Standard, der ja bereits als das Mittel zur Modellierung eines globalen Datenmodells vorgegeben wurde. Ausgehend von einem allgemeinen Überblick stellen wir die zugrundeliegende Datenmodellierungssprache EXPRESS (*EXPRESSive Power*), die Zugriffsschnittstelle SDAI (*STEP Data Access Interface*) sowie die enthaltenen Schemata, die sog. *Application Protocols*, vor.

In Kapitel 4 werfen wir schließlich einen genaueren Blick auf den CORBA-Standard und kommen damit dem Kern unserer Untersuchungen erheblich näher. Beginnen werden wir mit Einführungen in die zugrundeliegende *Object Management Architecture* (OMA), die *Interface Definition Language* (IDL), die eigentliche Kernarchitektur von CORBA und die darauf aufsetzenden *Common Object Services* und *Facilities*. Diese Konzepte werden anhand eines relativ einfachen Beispieles verdeutlicht, das dann dazu genutzt wird, um kurz auf die Möglichkeiten bei der Modellierung von Daten sowie die dadurch resultierenden Leistungsaspekte einzugehen. Anschließend stellen wir die von uns verwendeten CORBA-Systeme (Orbix, ORBacus und Component Broker) vor. Beendet wird das Kapitel mit einer Abgrenzung zu verwandten Konzepten wie OSF-DCE, Microsofts (D)COM, ActiveX und OLE sowie IBMs DSOM.

Aufbauend auf einer einleitenden Diskussion typischer Datenquellen wollen wir uns in Kapitel 5 letztendlich mit dem Thema einer effizienten Datenversorgung von Komponenten auseinandersetzen. Der Fokus liegt hier klar auf dem Konzept des *Data Shipping*, dessen Bedeutung wir zuvor in Kapitel 2 unterstrichen haben. Beginnen werden wir mit einer Diskussion der Einsatzgebiete sogenannter *DB-Middleware*, einer modernen Technik zur Integration heterogener Datenquellen. Obwohl die darauf basierenden Systeme als Grundlage dienen können, so werden wir zeigen, daß sie aber nicht ausreichend für unsere Anforderungen sind. Anschließend folgt dann eine Betrachtung verschiedener Möglichkeiten zur Realisierung von *Data Shipping* in CORBA-Umgebungen. Diese bezieht sich zunächst einmal auf grundlegende Modellierungsaspekte und damit im Zusammenhang stehende *Common Object Services*, wie z.B. den *Query, Persistent Object* oder *Lifecycle Service*. Weitere Diskussion betreffen kommerzielle Produkte zur Datenbankintegration (z.B. den *Orbix & ObjectStore Adapter*) und verwandte Forschungsarbeiten, die meist eigene Prototypen von CORBA- und Datenbanksystemen integrieren (z.B. MIND, SHORE). Ergänzend dazu untersuchen wir, inwieweit schon Konzepte zum *Data Shipping* in einzelnen Programmiersprachen enthalten sind und welche Möglichkeiten es für *Data Shipping* im Bereich des Intra-/Internet gibt.

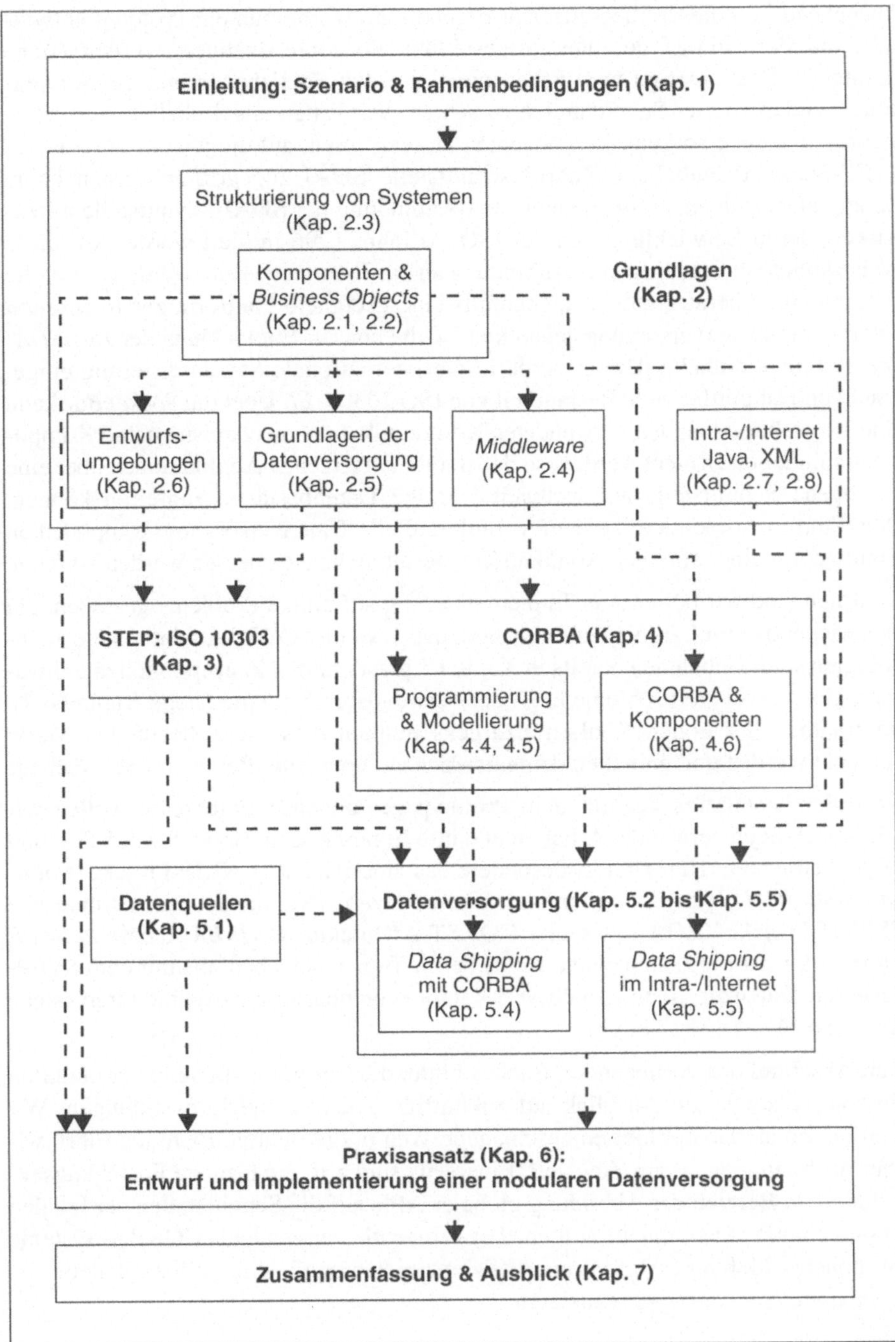

Abb. 1.1: Aufbau und Gliederung des Buches

Ausgehend von diesen theoretischen Ergebnissen wurde nun ein Prototyp entwik-kelt, mit dem einige der hier vorgestellten Konzepte evaluiert wurden (siehe Kapitel 6). Beim Design war insbesondere auf den Praxisbezug und die Verwendung standardisierter Schnittstellen zu achten. Wir haben uns deshalb entschieden, mehrere Datenversorgungskomponenten zu realisieren, auf die jeweils über die im STEP-Standard enthaltene Zugriffsschnittstelle SDAI zugegriffen werden kann. Dabei bot es sich an, aktiv an einer Java-Anbindung der SDAI-Schnittstelle mitzuwirken, deren Entwicklung von der ISO im Jahre 1996 initiiert wurde. Auf diese Weise konnte gleichzeitig eine Anbindung an das Internet getestet werden. Es stellte sich nun auch heraus, daß Java ebenfalls eine geeignete Plattform zur Integration heterogener Datenversorgungstechniken ist, die uns zur Entwicklung der *JavaSDAI Socket Bar* veranlaßte. Diese wurde in die internationale Standardisierung einge-bracht und ist mittlerweile Bestandteil von ISO 10303-27. Über die *Socket Bar* kann eine Abstraktion von den verwendeten Kommunikationsmechanismen und Kompo-nentenmodellen erreicht werden, so daß darauf aufsetzende Applikationen über eine homogene Schnittstelle auf weltweit verteilte Datenbestände zugreifen können. Dies führte insbesondere zu dem Vorteil, daß alle Datenversorgungskomponenten simultan mit einer einzigen Applikation getestet und ausgemessen werden konnten.

Natürlich sind wir bei unserer Implementierung auf einige Probleme gestoßen, die überwiegend darauf zurückzuführen sind, daß Java und CORBA relativ neue Tech-nologien sind. Neben den bereits in Kapitel 5 präsentierten konzeptionellen Schwä-chen gibt es weitere Probleme bzgl. der verwendeten Systeme (siehe Kapitel 6.7). Im Rahmen des hohen Konkurrenzdrucks mußten diese schnell auf den Markt gebracht werden und enthalten dementsprechend noch eine Reihe von Schwächen.

Nach der Diskussion der mit dem Prototyp gewonnenen Ergebnisse wollen wir schließlich noch verwandte Arbeiten und ihre Ergebnisse im Bereich von STEP und SDAI betrachten. Hier sind insbesondere das amerikanische NIIIP-Projekt (*Natio-nal Industrial Information Infrastructure Protocols*) sowie das europäische ESPRIT-Projekt VEGA mit seiner COAST-Architektur (*CORBA Access to STEP Information Storage*) zu nennen. Beide beschäftigen sich ebenfalls mit dem STEP-basierten Datenzugriff innerhalb von komponentenbasierten Architekturen (siehe Kapitel 6.5).

Den Abschluß des vorliegenden Buches bildet die Zusammenfassung der erzielten Ergebnisse sowie ein Ausblick auf zukünftige Themen und Entwicklungen. Wir werden sehen, daß der hier eingeschlagene Weg in die richtige Richtung führt, wir aber noch lange nicht am Ziel sind. Einerseits sind z.B. ergänzende Forschungsak-tivitäten im Bereich der Abbildung globaler APIs auf die Schnittstellen der lokalen Systeme nötig. Andererseits sollten aber gerade die verwendeten CORBA-Systeme ein höheres Maß an Stabilität und Effizienz bieten sowie eine größere Palette der *Common Object Services* realisieren.

2 Grundlagen

Die Einleitung hat bereits verdeutlicht, daß für die Entwicklung moderner Software-Systeme eine modulare bzw. komponentenbasierte Architektur nötig ist. Wir wollen nun die dafür erforderlichen Grundlagen diskutieren sowie einige Begriffe definieren. Als Basis dient uns die in Kapitel 2.1 enthaltene Beschreibung von *Komponenten* und *Komponentenmodellen*. Welche Vor- und Nachteile entstehen und was sind die Voraussetzungen für ihren Einsatz? Im Anschluß folgt in Kapitel 2.2 die Vorstellung einer ähnlichen, speziell auf verteilte, objektorientierte Systeme abgestimmten Technologie: die sog. *Business Objects*. An dieser Stelle haben wir aber erst eine Möglichkeit zur Strukturierung von Systemen behandelt. Kapitel 2.3 widmet sich deshalb der Thematik von *Schichtenmodellen* und *Client/Server-Grenzen*, die zwei weitere Techniken zur Gliederung von Architekturen darstellen. Letztere führt in der Implementierungsphase zu getrennten Programmen, die durch geeignete Kommunikationsmechanismen zu koppeln sind. Dafür bietet sich der Einsatz von *Middleware* an, deren verschiedene Varianten in Kapitel 2.4 vorgestellt werden. Über die Diskussion sog. *DB-Middleware* kommen wir schließlich zum Thema *Datenversorgung*, dem sich Kapitel 2.5 widmet. Wichtige Aspekte sind hier die nötige Modellierung von Daten sowie eine allgemeine Charakterisierung von Programmen. Die Partitionierung in *auftragsbezogene* und *datenintensive Anwendungen* sowie die korrespondierenden Konzepte des *Operation Shipping* und *Data Shipping* sind von zentraler Bedeutung für die gesamte Arbeit. Nach der Diskussion grundlegender Begriffe und Techniken wenden wir uns in Kapitel 2.6 wieder unserem eigentlichen Anwendungsszenario zu: den *Entwurfsumgebungen*. In welchem Zusammenhang stehen sie zu *Frameworks*, *Workflow*, *Groupware* und *CSCW*? Welche Techniken sind zur Unterstützung der Kooperation zwischen Teams oder einzelnen Designern erforderlich? In Kapitel 2.7 betrachten wir dann abschließend moderne Schlagworte wie *Internet*, *WWW* und *Intranet*: Welche Bedeutung haben sie für uns? Wo liegen die Stärken und Schwächen dieser Technologie? Einige Konzepte werden wir für unser weiteres Vorgehen übernehmen.

2.1 Komponenten und Komponentenmodelle

In den letzten Abschnitten haben wir immer wieder den Bedarf für modulare, aus einzelnen Bausteinen bestehende Systeme betont. Diese Anforderung ist nicht völlig neu und hat in der Informatik bereits vor einigen Jahren zur Entwicklung von

Komponenten geführt. Natürlich gibt es in der Literatur viele verschiedene Definitionen, die aber alle mehr oder weniger den gleichen Inhalt haben. In dieser Arbeit wollen wir uns an ein Zitat von Jed Harris, Präsident der CI Labs, halten [OHE96]:

> *A component is a piece of software small enough to create and maintain, big enough to deploy and support, and with standard interfaces for interoperability.*

Diese Aussage paßt genau zu den von uns gestellten Anforderungen. Gleichzeitig unterstreicht sie den Bedarf für modulare Implementierungen aus Sicht der Software-Industrie. Die monolithischen Systeme der siebziger Jahre waren letztendlich zu komplex und undurchschaubar geworden, um sie sinnvoll warten zu können. Dies lag nicht nur daran, daß sich neue Angestellte in den Code einarbeiten mußten. Auch die ursprünglichen Entwickler selbst verloren irgendwann den Überblick. Aus diesem Grund galt es nun, Teilaufgaben mit einem angemessenen Umfang zu definieren. Dabei sollten die Schnittstellen sowie das Verhalten der zu realisierenden Komponenten möglichst abstrakt und allgemein spezifiziert werden. Technische Details, die nur für die Implementierung einer Komponente, aber nicht für deren Benutzung von Interesse waren, durften nicht an der Schnittstelle sichtbar sein. Diese Anforderungen werden durch ein weiteres Zitat aus [OHE96] präzisiert:

> *The Component Declaration of Independence:*
>
> *We, the components, declare our freedom from the tyranny of languages, tools, operating systems, address spaces, vendors, networks, compilers and applications.*

Erreicht wird diese Unabhängigkeit und Abstraktion durch eine klare Trennung von Schnittstellen und Implementierungen. Die Schnittstellen sind im allgemeinen in einer geeigneten Spezifikationssprache definiert. Sie umfassen die Signaturen sowie eine deklarative Beschreibung der enthaltenen Operationen. Deklarativ bedeutet in diesem Kontext, daß nur das Ergebnis oder der Folgezustand einer Operation spezifiziert werden, nicht aber der konkrete Algorithmus oder der interne Aufbau einer Komponente. Letzteres ist einzig und alleine der Implementierung vorbehalten. Man bezeichnet diese Vorgehensweise auch als *Kapselung*.

Im Prinzip entstehen hier sehr viele Parallelen zur objektorientierten Technologie, deren Konzepte seit den achtziger Jahren wesentlichen Einfluß auf die Informatik genommen haben [KA95]. Auch dort ist die Kapselung ein zentraler Punkt. Es gilt jedoch der Grundsatz: Alles ist ein Objekt. Objekte können von beliebiger Granularität sein (etwa eine Schraube oder gar eine ganze Fabrik) und sich wiederum aus anderen Objekten zusammensetzen (ein Auto enthält Motor, Karosserie, Getriebe usw.). Somit sind komplexe Netzwerke von Objekten möglich. Komponenten sind hingegen ein Baustein zur Lösung einer speziellen Aufgabe. Ihre Granularität ist ganz und gar nicht beliebig. Weiterhin spricht man bei Komponenten nicht davon, daß sie aus anderen Komponenten zusammengesetzt sind. Sie benutzen sich viel-

mehr gegenseitig. Dadurch wird die Bildung von Hierarchien vermieden und es
kann eine Komponente ersetzt werden, ohne daß andere davon betroffen sind.
Ersetzt man hingegen ein Objekt, z.B. ein Auto, so sind in der Regel auch die enthaltenen Objekte wie Motor und Karosserie zu berücksichtigen. Letztendlich
bedingt der Einsatz objektorientierter Technologie auch nicht das Maß an Abstraktion von technischen Details, wie es von Komponenten gefordert wird.

Generell könnte man sagen, daß sich beide Techniken ergänzen und die objektorientierte Technologie sowohl bei der Modellierung der Schnittstellen von Komponenten, als auch bei deren Implementierung genutzt werden kann. Weiterhin kann
es mehrere Implementierungen zu einer Schnittstelle geben, bei der eine prozedural,
die andere objektorientiert und die dritte funktional programmiert wurde. Unterliegen die Schnittstellen und Implementierungen einem objektorientierten Modell, das
zur Laufzeit die Verteilung einzelner Komponenten auf mehrere Rechner unterstützen soll, so spricht man auch von *Distributed Objects* [OHE96].

2.1.1 Vorteile einer komponentenbasierten Architektur

Grundsätzlich ergeben sich durch die Kapselung von Komponenten eine Menge
Vorteile. Entscheidend für unsere Arbeit ist natürlich die dadurch geschaffene Möglichkeit zur *Integration* existierender Altsysteme. Daneben gibt es eine Reihe weiterer Aspekte, die wir aus zwei verschiedenen Blickwinkeln betrachten wollen.

Für Software-Hersteller ist es nun erheblich einfacher den Entwurf neuer Produkte
auf einzelne Teams aufzuteilen. Bei klar definierten Schnittstellen kann es hinterher
kein Gerangel um Zuständigkeiten mehr geben. Fehler können entweder klar einem
Team zugewiesen werden oder sie basieren auf einer mangelhaften Spezifikation.
Weiterhin kann die Funktionalität einzelner Komponenten so gewählt werden, daß
sie Bestandteil mehrerer Produkte wird. Dadurch lassen sich einmal erprobte und
optimierte Bausteine wiederverwenden. Anders herum können aber auch fehleran-
fällige oder auf veralteter Technologie basierende Komponenten durch neue ersetzt
werden. Hier sei z.B. an die Ablösung relationaler Datenbankverwaltungssysteme
(RDBVS) durch objektrelationale (ORDBVS) gedacht. Somit reduziert sich der
benötigte Entwicklungsaufwand, so daß neue Produkte schneller auf den Markt
kommen. Außerdem ist zu erwarten, daß sich standardisierte Komponenten in einer
höheren Stückzahl und einem dementsprechend niedrigeren Preis verkaufen lassen.

Neben dem zuletzt genannten Aspekt gibt es nun auch aus Sicht des Anwenders
noch eine Reihe weiterer Vorteile. Zuerst einmal kann er sich mit den verfügbaren
Komponenten ein individuelles System zusammenstellen, das genau die benötigte
Funktionalität umfaßt. Dabei bleibt das resultierende System aber offen und erweiterbar genug, um auch später noch neue Anforderungen durch das Hinzufügen weiterer Komponenten erfüllen zu können. Durch standardisierte Schnittstellen werden
Abhängigkeiten gegenüber einzelnen Herstellern vermieden und einzelne Bausteine
lassen sich wiederum beliebig austauschen, sei es nun aus Leistungsaspekten oder
zur Einführung neuer Technologien. Weiterhin ist zu erwarten, daß es am Markt

mehrere alternative Implementierungen für eine Komponente gibt. Dadurch entsteht ein gesunder Wettbewerb, der neben der bereits angesprochenen Preissenkung hoffentlich auch zu einer höheren Qualität der jeweiligen Software führt.

Grundsätzlich vereinfacht ein komponentenbasierter Entwurf auch die Integration einer Lastverteilung. So können bei Bedarf Replikate einer Komponente auf anderen Rechnern gestartet werden. Weiterhin wird auch die Realisierung einer Zugriffskontrolle erleichtert. Jeder Baustein kann bei Bedarf seine eigene Autorisierung und Authentifizierung durchführen oder diese Aufgabe an eine übergeordnete Komponente delegieren. Ähnliches gilt auch für eine Konsistenzkontrolle mit Hilfe von Transaktionen. Diesem Thema widmen wir uns aber genauer in Kapitel 5. Alle drei Aspekte sind besonders nützlich bei Systemen, die sowohl für den internen Gebrauch, als auch für den Zugriff über das Internet gedacht sind.

2.1.2 Nachteile einer komponentenbasierten Architektur

Gegenüber der relativ langen Liste von Vorteilen lassen sich eigentlich nur zwei Nachteile finden. Einerseits führt die Einführung von Komponenten zu einer verstärkten Kommunikation (zwischen genau diesen). Ist die Granularität der Bausteine nun zu fein gewählt, so sinkt die Leistung des Gesamtsystems in inakzeptabler Weise. Dieser Aspekt ist somit kritisch für das Design und sollte wohlüberlegt geschehen. Wir werden in den folgenden Kapiteln sehen, daß selbst internationale Standards in diesem Punkt erhebliche Schwächen aufweisen. Im Prinzip läßt sich dies aber auch gar nicht vermeiden. Es gibt keine allgemein gültigen oder korrekten Kriterien für die Granularität von Komponenten. Vielmehr muß diese für jedes System und jedes neue Verarbeitungsszenario jeweils individuell bestimmt werden. Insofern sollten Standards in diesem Punkt eine gewisse Flexibilität aufweisen. Optimal werden sie im konkreten Fall aber nur selten sein (sie haben dafür andere Vorteile).

Der zweite Nachteil betrifft die Integration einer komponentenbasierten Architektur in eine bestehende Systemumgebung. Im Idealfall würden sich alle bestehenden Programme als eine Komponente in die neue Architektur einfügen. Dafür müßten diese Altsysteme aber geeignete Schnittstellen haben, die leider häufig fehlen. Oftmals sind nur grafische Benutzeroberflächen oder Terminal-Masken vorhanden. Eine komponentenbasierte Architektur trennt aber im allgemeinen diese Ein-/Ausgabe-Routinen von der eigentlichen Funktionalität, so daß unter Umständen doch die Ablösung einiger Altsysteme nötig ist. Ergänzend dazu wird häufig die Ansicht vertreten, daß für die Einführung einer komponentenbasierten Architektur automatisch die Restrukturierung betrieblicher Abläufe nötig ist. Man spricht dabei auch von *Business Process Reengineering* [SV96]. Dies ist jedoch häufig eine falsche Argumentationsweise. Gerade im Bereich der Produktdatenverwaltung (*Product Data Management*, PDM) liegt der eigentliche Grund oftmals im geplanten Einsatz von kommerziellen PDM-Komponenten, deren Ablaufmodelle vielfach noch zu starr und dementsprechend nicht an bestehende Modelle anzupassen sind. Unbestritten ist, daß eine Strukturierung der betrieblichen Abläufe nötig ist. Diese erhöht vielfach auch die Produktivität eines Unternehmens. Die Einführung eines PDM-Systems (oder einer komponentenbasierten Architektur im allgemeinen) sollte aber im Falle einer bereits existierenden Strukturierung der Abläufe keinesfalls eine *Restrukturierung* erfordern.

2.1.3 Voraussetzung für den Einsatz von Komponenten

Für die Einführung einer komponentenbasierten Architektur gibt es im Prinzip drei Voraussetzungen. Zuerst einmal benötigt man eine geeignete *Modellierungsspra-che*, mit der die Schnittstellen der Komponenten beschrieben werden. Diese Sprache sollte möglichst genormt sein, um Mißverständnisse bezüglich Syntax oder Semantik von vornherein auszuschließen. Für die Kommunikation zwischen den einzelnen Bausteinen ist weiterhin ein geeignetes *Modell zur Interaktion* erforderlich. Dieses ist abhängig von der jeweiligen Modellierungssprache. Es regelt z.B. wie die Implementierung einer Komponente (unter Benutzung der mit der Modellierungssprache spezifizierten Schnittstellen) auf eine andere Komponente zugreift. Dafür ist es nötig, daß es standardisierte Abbildungen von dieser abstrakten Sprache auf korrespondierende Konstrukte in verwendeten Programmiersprachen gibt. Die Integration von *Legacy*-Systemen setzt schließlich noch voraus, daß Schnittstellen oder APIs von Altsystemen eine ausreichende Funktionalität bieten, um sie als eigenständige Komponente in ein Gesamtsystem einzubetten.

2.1.4 Komponentenmodelle

Unter einem *Komponentenmodell* verstehen wir die Kombination einer Modellierungssprache mit dem dazugehörigen Modell zur Interaktion. Beispiele hierfür sind z.B. der internationale CORBA-Standard (siehe Kapitel 4), IBMs DSOM (*Distributed System Object Model*, siehe [La95]) oder Microsofts DCOM (*Distributed Component Object Model*, siehe [Ses98]). Alle drei Modelle führen zu einem objektorientierten Entwurf und berücksichtigen bereits eine mögliche Verarbeitung über Rechnergrenzen hinweg. Ein kurzer Vergleich ihrer Konzepte und der daraus resultierenden Einschränkungen gegenüber dem gerade definierten Begriff von Komponenten ist in Kapitel 4.6 enthalten.

Erste Versionen von Komponentenmodellen waren ursprünglich nur für die (lokale) Bearbeitung von zusammengesetzten Dokumenten, sog. *Compound Documents*, definiert worden. Sie sollten eine Infrastruktur anbieten, um einzelne Teile eines Dokumentes weiterhin mit den gewohnten Programmen zur Textverarbeitung, Tabellenkalkulation usw. bearbeiten zu können, gleichzeitig aber eine einheitliche Oberfläche realisieren. Beispiele hierfür sind z.B. das von CI Labs (*Components Integration Laboratories*) spezifizierte OpenDoc oder Teile von Microsofts OLE (*Object Linking and Embedding*). Für eine Einführung und den Vergleich der zugrundeliegenden Konzepte sei auf Kapitel 23 von [OHE94] verwiesen. Inzwischen wurden beide Modelle erweitert, so daß sich mit ihnen nun allgemeine Komponenten realisieren lassen. OpenDoc benutzt dafür wahlweise IBMs DSOM oder ein CORBA-System, OLE ist mittlerweile Bestandteil der DCOM-Architektur. Prinzipiell müßte man an dieser Stelle auch die von SUN spezifizierten *Java Beans* und *Enterprise Java Beans* [Sun97d, Sun98a] als Beispiel für Komponentenmodelle nennen. Allerdings sind diese Konzepte einzig und alleine auf die Sprache Java zugeschnitten. Diese ist zwar unabhängig vom verwendeten Betriebssystem und es können auch in anderen Programmiersprachen geschriebene Komponenten integriert werden, das zugrundeliegende Modell ist aber nicht so abstrakt gehalten wie in den letzten Abschnitten gefordert. Trotz einer Anbindung an CORBA [Sun98b] fehlt gerade die Verwendung einer Modellierungssprache: Alle Schnittstellen werden direkt in Java spezifiziert.

2.1.5 Migration zu Komponentenarchitekturen

Komponentenarchitekturen auf Basis eines verbreiteten Komponentenmodells bieten theoretisch wesentliche Vorteile: Existierende Bausteine lassen sich einfach durch bessere austauschen und neue Komponenten (mit ergänzender Funktionalität) lassen sich schnell kaufen und einklinken, ohne daß weitere Änderungen in anderen Komponenten nötig sind. Insofern entsteht schnell die Idee, existierende Systeme in eine Komponentenarchitektur zu überführen. Diese kann dann gezielt in Kernbereichen optimiert werden, ohne daß gleich das ganze System überarbeitet werden muß. Es fragt sich nur, ob dies in der Praxis auch machbar und sinnvoll ist?

Zunächst einmal haben wir in Kapitel 2.1.2 bereits einen wesentlichen Aspekt angesprochen: Die Bildung von Komponenten erfordert klar definierte Schnittstellen. Monolithische Altsysteme müssen also erst zerlegt werden. Für jeden Teil ist dabei genau die Funktionalität zu spezifizieren. Leider erkennen wir hier bereits das erste Problem: Fast alle existierenden Komponentenmodelle besitzen eigene, fest vordefinierte Schnittstellen für Bausteine mit Basisfunktionalität (meist *Services* genannt). Die Modularisierung von Altsystemen wird aber nur selten auf derartige Schnittstellen hinauslaufen. Insofern ist eine weitergehende Restrukturierung des Systems nötig. Steigen die Kosten dabei zu stark, so sollte u.U. gleich ein neues System gekauft bzw. entwickelt werden. Aber Vorsicht: Viele auf dem Markt erhältliche Systeme (insbesondere komponentenbasierte) lassen sich nicht direkt einsetzen. Fast immer sind umfangreiche Anpassungen an die individuellen Bedürfnisse nötig (sog. *Customizing*), die z.T. ein Vielfaches des Kaufpreises kosten! Trotz *Customizing* erfordern manche Produkte sogar eine Anpassung der Geschäftsprozesse (sog. *Business Process Reengineering* [SV96]). Diese Anforderung läßt sich aber keinesfalls durch die Konzepte von Komponenten im allgemeinen, sondern nur durch die Schwächen der Produkte begründen.

Die meisten Komponentenmodelle lassen sich natürlich auch einsetzen, ohne daß ihre *Services* genutzt werden. Dafür benutzt man die enthaltene Modellierungssprache zur Definition eigener Schnittstellen. In diesem Fall lassen sich hinterher aber nur schwer ergänzende Komponenten kaufen.

Besteht bei Altsystemen kein Zugriff auf den Quellcode oder den Hersteller des Systems, so ist keine Zerlegung in mehrere Komponenten möglich. Gibt es allerdings eine Programmierschnittstelle für externe Clients, so läßt sich das gesamte System immerhin noch als eine einzige Server-Komponente in ein umfassendes System integrieren. In diesem Fall kann man allerdings kaum noch davon sprechen, daß ein einziges System in eine Komponentenarchitektur überführt wird. Vielmehr lassen sich so Altsysteme in ein Übergeordnetes Gesamtsystem integrieren. Man benutzt dafür sog. *Wrapper*, welche die proprietären Schnittstellen der Altsysteme an das Interaktionsmodell des Komponentenmodells anbinden. Häufig wird über diese *Wrapper* ein weiterer Baustein gelegt, welcher die lokalen Funktionen der Altsysteme zu sog. *globalen Funktionen* aggregiert [HH99].

Alles in allem läßt sich nur schwer sagen, ob sich eine Migration zu einer Komponentenarchitektur lohnt. Die derzeitigen Komponentenmodelle sind sicherlich noch nicht das Optimum [RM00]. Andererseits gibt es bereits einige Produkte, die auf einem Komponentenmodell basieren. Es stellt sich also eher die Frage, ob weiterhin ein eigenes System nötig ist, ob dieses wirklich angepaßt werden muß oder ob nicht ein kommerzielles Produkt ausreichend ist (*Customizing* berücksichtigen). Ansonsten ist der Trend zu Komponenten klar zu erkennen – und eine modulare Systemarchitektur kann sicherlich nie verkehrt sein. So ist das in Kapitel 6.2.1 beschriebene CO-Modul unseres Prototypen ein Beispiel, bei dem sich die Portierung gelohnt hat.

2.2 Business Objects

Im Rahmen der immer größeren Verbreitung objektorientierter Technologie und dem gleichzeitigen Bedarf an komponentenbasierten Architekturen hat sich in den letzten Jahren eine Technologie etabliert, die mit dem Schlagwort *Business Objects* bezeichnet wird. Im Prinzip ist aber kein neues Konzept entstanden. *Business Objects* sind grundsätzlich nichts anderes als eine objektorientiert modellierte Komponente. In [OHE96] werden sie daher auch als *"The Ultimate Components"* bezeichnet. In den letzten Jahren haben allerdings unter diesem Begriff eine Reihe Forschungsaktivitäten begonnen. Sie haben überwiegend das Ziel, die Entwicklung und Standardisierung von Komponenten noch stärker an die Bedürfnisse von Geschäftsprozessen anzulehnen. So hat z.B. die *Object Management Group* (OMG) im Rahmen ihrer CORBA-Standardisierung festgestellt, daß es nicht ausreicht, nur grundlegende Basis-Funktionalität zu normieren. Vielmehr muß es auch ein abstrakteres Modell zur Realisierung von Komponenten für einzelne Geschäftsprozesse geben. Aus diesem Grund wurde innerhalb der OMG die *Business Object Domain Task Force* gegründet, die sich auf folgende Aussage einigte [OMG96b]:

> *A business object is defined as a representation of a thing active in the business domain, including at least its business name and definition, attributes, behaviors, relationships, rules, policies, and constraints.*

In der Literatur finden sich weitere Definitionen, die aber alle ähnliche Inhalte
haben [ES98, Ja98, KA95, MM97, OHE96, SS99]. Häufig wird auch die mögliche
Integration von *Legacy*-Systemen betont. Es sind sogar neue Konferenzen zu diesem Thema ins Leben gerufen worden, wie z.B. ein jährlicher Workshop im Rahmen der *Annual Conference on Object-Oriented Programming Systems, Languages,
and Applications* (OOPSLA, siehe [Su98]). Im Rahmen dieser Arbeit wollen wir
nun gar nicht genauer auf die einzelnen Aspekte von *Business Objects* eingehen,
sondern sie lediglich als eine Art von Komponenten betrachten.

2.3 Strukturierung von Systemen

Bereits in der Einleitung haben wir den Bedarf für modulare und damit auch strukturierte Systeme unterstrichen. Anschließend haben wir den Begriff der *Komponente* eingeführt, um diese Anforderung zu erfüllen. Im wesentlichen ist dadurch
eine Architektur entstanden, die das System in Bausteine aufteilt, die jeweils einen
abgeschlossenen Teil der gesamten Funktionalität realisieren. Diese Art der Strukturierung ist primär für das Design von Systemen bestimmt und nimmt keinerlei
Bezug auf die spätere Implementierungsphase oder eine Verteilung auf mehrere
Rechner. Natürlich bietet es sich an, in einer verteilten Umgebung einzelne Komponenten auf die verfügbaren Rechner aufzuteilen, aber dies ist nicht Teil der Spezifikation.

Neben der Strukturierung durch einen komponentenbasierten Entwurf gibt es nun
zwei weitere Möglichkeiten zur Gliederung von Systemen: Die Definition horizon-
taler Schichten (Kapitel 2.3.1) und die Charakterisierung entsprechend der geplanten Client/Server-Grenzen (Kapitel 2.3.2). Alle drei Konzepte sind prinzipiell
orthogonal zueinander. So kann sich eine Komponente über mehrere Schichten
erstrecken und dabei beliebige Client/Server-Grenzen überbrücken. Dieser Sachverhalt wird in Kapitel 2.3.3 am Beispiel eines fiktiven Reservierungssystems für
Reisebüros verdeutlicht.

2.3.1 Mehrebenenarchitektur (Multi Tier) und Schichtenmodelle

In Anlehnung an das ISO/OSI-Referenzmodell (*Open Systems Interconnection
Reference Model*, siehe [DZ83, Ta92]), das eine allgemeine Schichtenbildung für
die Kommunikation zwischen Rechnern definiert, hat sich in den letzten Jahren
auch im Bereich des Systementwurfs eine horizontale Schichtenbildung durchgesetzt. In beiden Fällen soll durch jede weitere Schicht ein höherer Grad an Abstraktion erreicht werden. Resultierend sind auf jeder Ebene nur die wirklich benötigten
Details der darunterliegenden Schichten sichtbar, so daß keine unnötigen Abhängigkeiten entstehen. Änderungen in einer Schicht sollten möglichst keine Anpassungen
auf höherer Ebene erfordern. Im ISO/OSI-Modell wurden dafür genau sieben
Schichten mit ihren Schnittstellen und der zu realisierenden Funktionalität definiert.
Leider hat sich bei der Strukturierung von Systemen noch kein Modell durchgesetzt.

Weder bei der Anzahl der Schichten, der sog. *Tier*, noch bei deren Schnittstellen herrscht Einigkeit. In der Literatur finden sich deshalb viele verschiedene Ansätze. Das verbreitetste Modell ist dabei die in [Ge95, Dew93] beschriebene Aufteilung in die drei Ebenen *Präsentation*, *Ausführung* und *Datenhaltung* (Abbildung 2.1a). Daneben gibt es noch eine Reihe weiterer Konzepte, die teilweise bis zu fünf Schichten definieren. Als Beispiel dafür sei die in Abbildung 2.1b illustrierte Strukturierung gemäß [MM97] erwähnt. Man spricht verallgemeinernd auch von *Multi-Tier*-Architekturen.

	Two Tier	Three Tier	Four Tier	Five Tier
				Applikationen
			Applikationen	Business Model
Präsentation		Applikationen	Business Logic	Business Logic
Ausführung	Applikationen	Datenzugriff	Datenzugriff	Datenzugriff
Datenhaltung	Datenbanken	Datenbanken	Datenbanken	Datenbanken

(a) Dreischichtenmodell gemäß [Ge95, Dew93]   **(b) Schichtenmodelle gemäß [MM97]**

Abb. 2.1: Klassifikation von Mehrebenenarchitekturen

Ein Grund für die fehlende Genauigkeit der einzelnen Definitionen könnte in der großen Ähnlichkeit zur Strukturierung durch Komponenten liegen. Beide Konzepte verfolgen ähnliche Ziele, insbesondere im Bereich der Abstraktion. Komponenten können jedoch horizontal und vertikal gegliedert sein und sich über mehrere Schichten erstrecken. Sie sind damit flexibler. Weiterhin realisieren sie mehr oder weniger abgeschlossene Funktionalität, die sich auch eigenständig vermarkten läßt. Im Gegensatz dazu macht es keinen Sinn, ein Produkt zu verkaufen, das die komplette Schicht n in einer Mehrebenenarchitektur implementiert. Es müßte extrem umfangreich und offen gegenüber möglichen Erweiterungen sein, so daß keine ausreichende Leistung zu erwarten wäre. Im Zeitalter des Intra- und Internet und der Informationsverbreitung über das WWW (*World Wide Web*) wird häufig ein Dreischichtenmodell benutzt. Die Präsentation erfolgt dabei über HTML-Seiten oder *Java Applets* im WWW-*Browser* des Anwenders (siehe auch Kapitel 2.7). Die mittlere Ebene entspricht einem WWW-Server, der Zugriff auf die in der unteren Schicht enthaltenen Datenbanken und die darin gespeicherten Informationen hat.

Betrachtet man die Architektur integrierter, komponentenbasierter Systeme, so kann vielfach gar nicht die genaue Anzahl von Schichten bestimmt werden. Dies liegt zum einen daran, daß einige Komponenten bereits ihre eigene Präsentation realisieren und man gar nicht weiß, wie sie intern aufgebaut sind. Weiterhin ist es möglich, daß einige Abläufe die direkte Visualisierung der gespeicherten Daten erfordern, während andere mehrstufige Verarbeitungsschritte zur Grundlage haben. Daher ist es unter Umständen sinnvoller, bei komponentenbasierten Architekturen nur die Schichtenbildung innerhalb der einzelnen Bausteine zu berücksichtigen.

2.3.2 Client/Server-Grenzen

In den letzten Abschnitten haben wir im wesentlichen nur die rein logische Strukturierung von Systemen betrachtet. Ergänzend dazu ist es aber angebracht, mögliche Verteilungen der gesamten Funktionalität auf mehrere Rechner, Prozessoren oder ähnliches zu berücksichtigen. Man spricht in diesem Fall von der *Client/Server-Grenze*. Wichtig ist dabei, daß diese zur Laufzeit keine konkrete physische Rechnergrenze zur Folge haben *muß*. Vielmehr *ermöglicht* sie lediglich eine spätere Verteilung auf verschiedene Rechner, Prozessoren, Prozesse oder *Threads*. Die Client/Server-Grenze ist also eine logische Strukturierung zur Unterstützung der physischen Verteilung in einer konkreten Systemumgebung. Deshalb sollten die einzelnen Funktionsblöcke möglichst abgeschlossen sein und nur wenig Interaktion untereinander erfordern. Andernfalls entsteht zur Laufzeit (im Falle einer physischen Verteilung) ein unnötiges Kommunikationsaufkommen zwischen den beteiligten Rechnern, das die Leistung des gesamten Systems reduziert. Gleichzeitig sind natürlich die individuellen Voraussetzungen zu berücksichtigen. Oftmals existieren schon bewährte Programme oder Datenbanken auf ausgezeichneten Rechnern, deren Ablösung aber nicht ratsam erscheint. Sind diese Rechner bereits ausgelastet, so ist hier eine implizite Client/Server-Grenze vorgegeben.

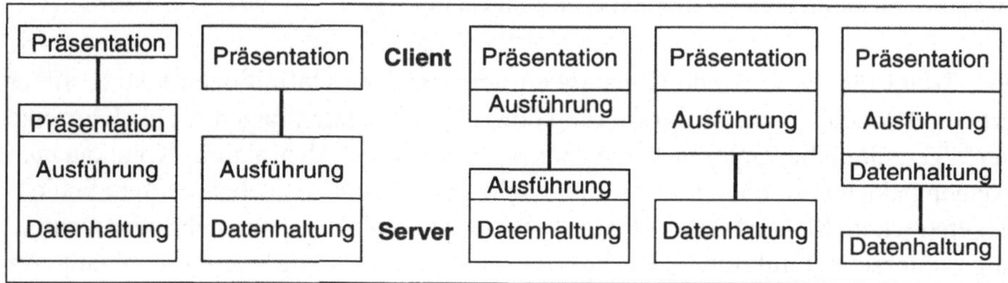

Abb. 2.2: Mögliche Client/Server-Grenzen einer Dreischichtenarchitektur

Grundsätzlich ist zu betonen, daß die Rolle von Client oder Server natürlich nicht eindeutig ist. So kann ein Server für Reservierungssysteme gleichzeitig die Rolle eines Clients von Datenbanksystemen übernehmen. Weiterhin kann es mehrere Client/Server-Grenzen innerhalb eines Systems, einer Komponente oder einer der im letzten Abschnitt definierten Schichten geben. In den meisten Fällen wird allerdings durch die Schnittstelle einer Komponente auch gleichzeitig eine Client/Server-Grenze gebildet. Dies vereinfacht die Kapselung und Austauschbarkeit von Komponenten erheblich (sie können dann z.B. in eigenen Prozessen ablaufen). Oftmals ist die Client/Server-Grenze also eine Verfeinerung der Strukturierung durch Komponenten. Das muß allerdings nicht immer so sein (siehe Kapitel 2.3.3). Betrachtet man hingegen Schichten und mögliche Client/Server-Grenzen, so läßt sich keine klare Verbindung oder Abhängigkeit finden. Anhand der in Abbildung 2.2 dargestellten Möglichkeiten zur Aufteilung einer Dreischichtenarchitektur auf zwei Rechner ist klar zu erkennen, daß die Grenze einer Ebene nicht zwangsweise einer Client/Server-Grenze entsprechen muß.

2.3.3 Beispiel

In diesem Abschnitt wollen wir ein kurzes Beispiel präsentieren, das die drei Strukturierungsmöglichkeiten noch einmal verdeutlicht. Gegeben sei dafür ein Reservierungssystem für Reisebüros, mit dem Hotels, Flüge und Bahnfahrten gebucht und
reserviert werden können. Für jede dieser Aufgaben gibt es jeweils eine eigenständige Komponente, die bereits eine grafische Oberfläche in Form von *Java Beans*
besitzt (siehe Abbildung 2.3a).

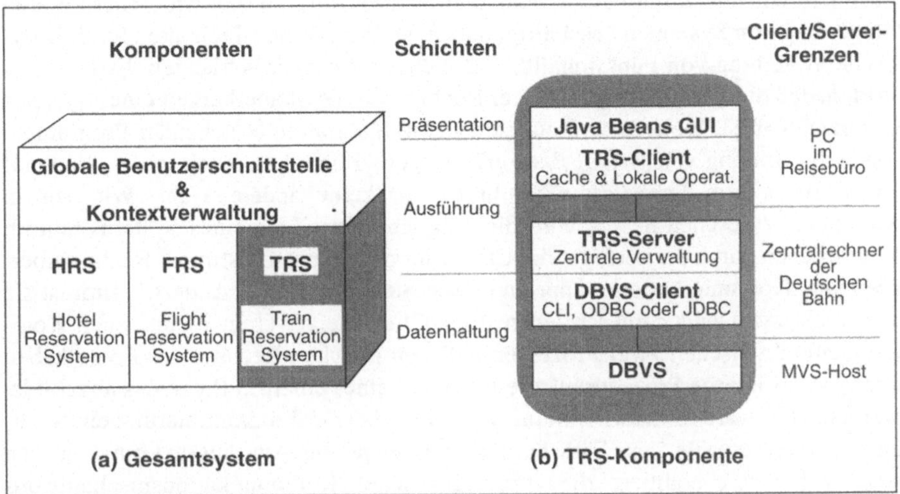

Abb. 2.3: Strukturierung über Komponenten, Schichten und C/S-Grenzen

Oberhalb dieser drei Bausteine gibt es eine weitere Komponente zur globalen Kontextverwaltung und zur Realisierung einer einheitlichen Oberfläche. Sie ist nötig,
um auch zusammenhängende Buchungen von Hotel und Flug innerhalb eines
Geschäftvorganges zu ermöglichen. Wir erkennen an dieser Stelle, daß alle vier
Komponenten Funktionen zur *Präsentation* umfassen. Gleichzeitig enthält die oberste Schicht noch die Kontextverwaltung, die der *Ausführung* zuzuordnen ist. Somit
ist es nicht möglich, eine Schichtenbildung für das Gesamtsystem in Abbildung 2.3a
zu integrieren. Wir wollen deshalb einen detaillierten Blick auf die TRS-Komponente werfen (siehe Abbildung 2.3b). Innerhalb dieser können die einzelnen Ebenen
der von uns verwendeten Dreischichtenarchitektur (Präsentation, Ausführung und
Datenhaltung) nun sehr genau bestimmt werden. Wir sehen also, daß es häufig sinnvoller ist, nur die Schichtenbildung innerhalb von Komponenten zu betrachten.
Daneben ist weiterhin zu erkennen, daß die Grenzen dieser Schichten orthogonal zu
den Client/Server-Grenzen liegen. Letztere lassen sich nun wiederum auch in bezug
auf das Gesamtsystem betrachten: Die oberste Komponente wird sicherlich auch auf
dem PC im Reisebüro installiert sein. Somit befindet sich zwischen ihr und den
HRS-, FRS- und TRS-Komponenten keine Client/Server-Grenze. Wir sehen, daß
eine Strukturierung durch Komponenten nicht unbedingt korrespondierende Client/

Server-Grenzen definiert (auch wenn es häufig der Fall ist). Letztendlich sollte uns klar werden, daß alle drei Strukturierungsmöglichkeiten prinzipiell orthogonal zueinander sind. Je nach verwendeter Technologie können im *konkreten* Fall natürlich Abhängigkeiten entstehen.

2.4 Middleware

Nachdem wir uns in den letzten Kapiteln überwiegend mit der Modellierung und Gliederung von Systemen beschäftigt haben, wollen wir nun Techniken für die physische Verteilung von Funktionalität auf mehrere Rechner betrachten. Es ist unbestritten, daß die Verwendung mehrerer Rechner für die Skalierbarkeit eines Systems unverzichtbar ist. Weiterhin vereinfacht es die Integration bestehender Programme sowie die Bildung von *Virtual Enterprises* (siehe Kapitel 1). Auch im Hinblick auf einen Einsatz im Intra-/Internet gibt es gar keine andere Wahl. Wie wir in Kapitel 2.3.2 gesehen haben, wird die mögliche Verteilung eines Systems nun im wesentlichen durch die verfügbaren Client/Server-Grenzen bestimmt. Rechnerübergreifende Kommunikation ist nur an diesen Stellen möglich. Anders herum ist sie aber nicht zwingend vorgeschrieben: Eine Client/Server-Grenze kann auch Kommunikation zwischen zwei Prozessen auf dem gleichen Rechner zur Folge haben oder gar auf interne Prozeduraufrufe innerhalb eines einzigen Prozesses abgebildet werden. Nun wäre es natürlich fatal, wenn man bei der Programmierung eines Clients oder Servers alle diese Fälle berücksichtigen müßte. Aus diesem Grund hat sich sog. *Middleware* etabliert, die vom eigentlichen Kommunikationsmechanismus abstrahiert. Sie realisiert eine einheitliche Schnittstelle, die für Client und Server quasi das Aussehen eines lokalen Prozedur- oder Methodenaufrufes hat. In [Ge95] wird *Middleware* auch als Softwareinfrastruktur zur Überbrückung der Verteilung bezeichnet. Frei nach [OHE94] könnte man auch sagen:

> *Middleware is the slash (/) between client and server. It is the glue that lets a client obtain a service from a server.*

Sie umfaßt sowohl geeignete Schnittstellen auf dem Client (häufig auch als *Stub* oder *Proxy* bezeichnet), die eigentliche Kommunikation, als auch Mechanismen zum Aufruf der gewünschten Funktion auf dem Server (sog. *Skeletons*). Primär wird dadurch eine Abstraktion von der konkreten Client/Server-Grenze (z.B. Rechner- oder Prozeßwechsel) sowie der verwendeten Hardware erreicht. Einige *Middleware*-Lösungen realisieren weiterhin eine vollständige Abstraktion von eingesetzten Betriebssystemen und Programmiersprachen. An dieser Stelle wollen wir auch gleich einen leider immer noch weit verbreiteten Irrtum beseitigen: Manche Aufsätze oder Bücher erwecken den Eindruck, daß *Middleware* die mittlere Ebene einer Dreischichtenarchitektur ist. Dies ist falsch! *Middleware* ist nur eine Implementierungshilfe bei der Strukturierung durch Client/Server-Grenzen. In Kapitel 2.3 haben wir gesehen, daß diese Grenze unabhängig von möglichen Schichtenbildungen ist.

In den nächsten Abschnitten gehen wir nun kurz auf die Entwicklung von *Middleware* ein. Die älteste Variante ist der sog. *Remote Procedure Call* (RPC, siehe Kapitel 2.4.1). Das Konzept realisiert quasi einen synchronen Prozeduraufruf und wurde Anfang der achtziger Jahre entwickelt. Es ist somit älter als der Begriff *Middleware* selbst. Daneben behandeln wir in Kapitel 2.4.2 noch eine asynchrone Verarbeitung über sog. *Message Oriented Middleware* (MOM). Beide Verfahren bilden die Grundlage für modernere Mechanismen, die auch dem Trend der objektorientierten Technologie gerecht werden (siehe Kapitel 2.4.3). Diese realisieren gleichzeitig ein Komponentenmodell und werden uns daher im weiteren Verlauf der vorliegenden Arbeit noch öfter beschäftigen.

Neben dieser (relativ allgemeinen) *Middleware* sind in den letzten Jahren auch spezielle Lösungen für den Zugriff auf Datenbankverwaltungssysteme (DBVS) entwickelt worden (Kapitel 2.4.4). Wir unterscheiden dabei, ob sie den Zugriff auf genau eine Datenbank unterstützen, oder ob sie gar eine homogene Schnittstelle für die simultane Anfrageverarbeitung über mehrere heterogene DBVS bieten. Im letzten Fall hat sich zunehmend das Schlagwort *DB-Middleware* durchgesetzt.

2.4.1 Remote Procedure Call (RPC)

Die einfachste Form von *Middleware* wird im Prinzip durch den *Remote Procedure Call* (RPC) realisiert. Unter diesem Begriff versteht man die Fähigkeit, eine rechnerübergreifende Verarbeitung wie einen lokalen Prozeduraufruf behandeln zu können. Der konkrete Ablauf eines RPC sowie mögliche Schnittstellen sind *nicht* standardisiert. Es gibt lediglich eine Beschreibung des abstrakten Konzeptes [Blo92, BN84, Sch92, Ta92] sowie eine Menge von (Betriebs-)Systemen, die RPC-Unterstützung bieten. Als Beispiel sei z.B. der Sun-RPC genannt, der in die SunOS- und Solaris-Plattform integriert ist [Sun94]. Wie die meisten anderen Produkte benutzt auch dieser die Programmiersprache *C* zur Definition der Schnittstellen, aus denen anschließend mit dem zugehörigen RPC-Compiler *Stubs* für den Client, *Skeletons* für den Server und Datenkonvertierungsroutinen für die Kommunikation erzeugt werden (siehe Abbildung 2.4).

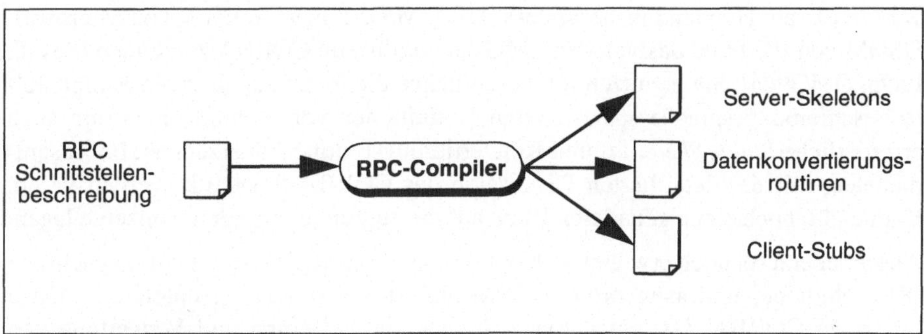

Abb. 2.4: Der RPC-Compiler

Konvertierungsroutinen sind nötig, um Unterschiede zwischen verwendeter Hardware und Betriebssystemen auszugleichen, beispielweise die Konvertierung der Bitreihenfolge von *Little Endian* auf *Big Endian* [HP90, Ta92]. Man spricht dabei auch von *Parameter Marshalling*, für das häufig das XDR-Format benutzt wird (*External Data Representation*, siehe auch [Blo92]). Ein Nachteil vieler RPC-Lösungen ist jedoch, daß sie nur unzureichend von der tatsächlichen Client/Server-Grenze abstrahieren. Oft muß die genaue Adresse des Servers (Rechner und *Port*) zur Laufzeit spezifiziert werden [Sun94]. Aus diesem Grund wird teilweise bestritten, daß es sich beim RPC bereits um *Middleware* handelt.

2.4.2 Message Oriented Middleware (MOM)

Neben dem synchronen RPC gibt es ein weiteres *Middleware*-Konzept, das aber asynchrone Kommunikation zugrundelegt: MOM – *Message Oriented Middleware* [OHE94]. Man könnte sagen, daß der RPC einem Telefonat entspricht, während MOM ähnlich zum Verschicken von Briefen ist. Wir benötigen dafür eine Vermittlungsstelle (sog. *Queues*) zwischen Client und Server, welche die eingehenden Nachrichten puffert, bis sie vom jeweiligen Empfänger abgeholt werden. Für die Bearbeitung eines Auftrages sind unter Umständen zwei *Queues* erforderlich: Eine für Nachrichten bzw. die eigentlichen Aufträge vom Client zum Server, die zweite für die Antworten vom Server zum Client. Eine Beschreibung der Konzepte und Techniken eines prototypischen MOM-Systems ist z.B. in [SZ98] enthalten.

Strenggenommen abstrahiert MOM auch nur unvollständig von der Client/Server-Grenze. Im Gegensatz zum RPC müssen hier zwar keine physischen Parameter angegeben werden, der Client muß sich aber der Tatsache bewußt sein, daß die Bearbeitung seines Auftrages asynchron erfolgt und er keine direkte Antwort bekommt.

2.4.3 Objektorientierte Middleware

In Anlehnung an den RPC bieten die meisten der bereits in Kapitel 2.1 erwähnten Komponentenmodelle auch einen Mechanismus zur Überbrückung der Client/Server-Grenze an. Hier sind insbesondere (D)COM/OLE bzw. ActiveX von Microsoft, DSOM von IBM und das von der OMG standardisierte CORBA zu nennen [Ses98, La95, OMG96a]. Sie benutzen im wesentlichen die in der zugehörigen Schnittstellenbeschreibungssprache spezifizierten Definitionen von Komponenten, um auch erforderliche *Stubs*, *Skeletons* und Konvertierungsroutinen zu erzeugen. Im Zusammenhang mit der detaillierten Diskussion des CORBA-Standards werden wir in Kapitel 4.6 noch einen genaueren Blick auf die zugrundeliegenden Konzepte legen.

Abschließend sei noch erwähnt, daß objektorientierte *Middleware* häufig synchrone (RPC-ähnliche) und asynchrone (MOM-basierte) Verarbeitung unterstützt. Dazu gibt es in CORBA z.B. einen *Event Service* zur Pufferung und Verwaltung von Nachrichten (siehe Kapitel 4.3).

2.4.4 Datenbankverwaltungssysteme (DBVS) und Middleware

Neben der Diskussion allgemeiner Konzepte zur Verteilung von Software ist es auch sinnvoll, speziell auf die Bedürfnisse von Datenbankverwaltungssystemen (DBVS) einzugehen. Bereits in der Einleitung haben wir erkannt, daß Daten in gewisser Weise das „Wissen" eines Unternehmens repräsentieren und ihre Verwaltung somit besonderer Aufmerksamkeit bedarf. Auf die mächtigen Konzepte moderner DBVS [Da94, EN94, LS87] sowie die zugehörige Konsistenzsicherung durch das ACID-Prinzip [HR83, GR93] kann heutzutage nicht mehr verzichtet werden. Für eine effiziente Verarbeitung sowie kurze Antwortzeiten ist es weiterhin nötig, daß die DBVS auf getrennten Rechnern installiert sind oder gar verteilte DBVS eingesetzt werden. Gleichzeitig muß aber die entstehende Client/Server-Grenze zwischen dem DBVS und der darauf zugreifenden Client-Komponente in geeigneter Weise überbrückt werden. Insbesondere ist darauf zu achten, daß die durch das DBVS angebotene Anfrageverarbeitung dem Client im gewohnten Umfang zur Verfügung steht. Wir benötigen also eine spezielle Art von *Middleware*, die diese Anforderungen erfüllt.

2.4.4.1 Zugriff auf einzelne DBVS

Im einfachsten Fall gilt es, die Lücke zwischen Client und einem einzigen DBVS zu schließen. Dabei sollte eine geeignete Schnittstelle zur Verfügung stehen, die von den Eigenschaften des konkreten DBVS abstrahiert. Andernfalls hätte der mögliche Austausch des DBVS durch ein anderes Produkt unnötige Änderungen im Client-Code zur Folge. Gewisse Abhängigkeiten entstehen allerdings durch die Wahl eines relationalen oder objektorientierten DBVS. Die Unterschiede dieser Paradigmen sind zu groß, um eine allgemeine Schnittstelle für beide zu definieren. Dies betrifft insbesondere die zu unterstützende Anfragesprache: Für relationale DBVS (RDBVS) wird im allgemeinen der ISO-Standard SQL (*Structured Query Language*, siehe [DD97, Me90]) verwendet, für objektorientierte (OODBVS) die von der *Object Database Management Group* (ODMG) definierte *Object Query Language* (OQL, siehe [Ca97]). Es besteht allerdings die Hoffnung, daß die objektrelationale Technologie [SBM98] und die in diesem Zusammenhang laufende Standardisierung von SQL3 [MPD99] letztendlich ein einheitliches und umfassendes Modell zur Verfügung stellen. Wir wollen deshalb in diesem Kapitel den Fokus auf RDBVS und OODBVS legen.

Beginnen wir dabei mit der älteren Technologie: den relationalen DBVS. Für sie gibt es eine Reihe SQL-basierter Schnittstellen zur Anfrageverarbeitung. Eine der ersten war das von der *Open Group* (X/Open) verabschiedete SQL *Call Level Interface* (CLI, siehe [OG95]). Es beinhaltet eine abstrakte Beschreibung der Funktionalität sowie Abbildungen auf Konstrukte in den Sprachen COBOL und C. Es ist damit im wesentlichen auf in diesen Sprachen geschriebene Clients beschränkt. Für Microsoft-Plattformen gibt es weiterhin das auf dem CLI basierende ODBC (*Open Database Connectivity*, siehe [Mi95]). Dessen Spezifikation beschränkt sich zwar auch auf die Sprache C, jedoch gibt es im Rahmen der Microsoft-Entwicklungsumgebungen wie z.B *Visual Basic* oder *Visual C++* quasi-standardisierte Abbildungen auf weitere Sprachen. Neben dem CLI und ODBC, die mittlerweile von jedem größeren RDBVS unterstützt werden, ist noch die von der Firma Sun entwickelte *Java Database Connectivity* zu nennen (JDBC, siehe [Sun97a]). JDBC basiert auf dem CLI, enthält aber auch eine Abbildung auf ODBC. Wir haben damit drei ähnliche Möglichkeiten zum SQL-basierten Zugriff auf relationale Systeme, die primär die Sprachen COBOL, C (und damit auch C++) sowie Java abdecken. Alle drei abstrahieren von den Eigenschaften konkreter DBVS. Sie benutzen standardisierte SQL-Syntax für Anfragen, das sog. SQL-92 oder kurz SQL2, und definieren generische Datenstrukturen für die Ergebnismenge. Das CLI-, ODBC- oder JDBC-API für den Client besteht im allgemeinen aus einer vorübersetzten Bibliothek, die mit dem jeweiligen RDBVS ausgeliefert und zum Client-Prozeß hinzugebunden wird (JDBC-Treiber liegen in Form eines oder mehrerer Java-Packages vor). Die Verarbeitung zur Laufzeit ist dann recht einfach: Der Client übergibt dem API die Anfrage in Form eines *Strings* und erhält eine Referenz auf eine generische Datenstruktur mit dem Ergebnis zurück. Beim CLI muß vorher noch ein ausreichend großer Pufferbereich zur Aufnahme des Ergebnisses allokiert werden.

Eine andere Form der Programmierung und Verarbeitung wird durch das sog. *Embedded SQL* [Da94, DD97] spezifiziert. Es stellt im Prinzip die Erweiterung einer Programmiersprache (die sog. *Wirtssprache*) um einige DB-spezifische Befehle dar. Man unterscheidet dabei zwischen der *Einbettung* in eine Sprache und einer vollständigen *Integration* [NHR99]: Die Einbettung führt zu einer zweiphasigen Verarbeitung: Zuerst wird das Client-Programm mit einem sog. *Precompiler* übersetzt, der mit dem RDBVS ausgeliefert wird und die Befehle der Spracherweiterung durch DBVS-spezifische Routinen in der jeweiligen Wirtssprache ersetzt. Anschließend kann der gesamte Client mit einem gewöhnlichen Compiler übersetzt und gebunden werden. Bei der vollständigen Integration wird der Umfang der Wirtssprache hingegen um die DB-Befehle erweitert und ein neuer Compiler erstellt. Dementsprechend ergibt sich eine einphasige Verarbeitung. In der Praxis wird aber meist die Einbettung verwendet, um bestehende Compiler für Wirtssprachen nutzen zu können.

Wenn wir nun unsere Aufmerksamkeit von den RDBVS auf die OODBVS verlagern, so gibt es auf dem Wege dorthin ein nicht klar einzuordnendes Konzept: Das von Microsoft entwickelte OLE-DB [Rau96]. Es benutzt die beiden Modelle OLE (*Object Linking and Embedding*) und COM (*Component Object Model*), um einen allgemeinen Zugriff auf Daten zu realisieren. Diese müssen aber nicht zwangsweise das Resultat einer Anfrage an eine DBVS sein, sie können auch das Ergebnis eines Methodenaufrufes repräsentieren. Weiterhin sind beliebige Datenquellen zulässig, wie z.B. relationale und objektorientierte DBVS, aber auch einfache Textdateien. Leider steht OLE-DB im Prinzip nur auf Microsoft-Plattformen zur Verfügung, so daß dieses Konzept für integrierte Systeme oberhalb heterogener Plattformen kaum von Interesse ist. Zwar gibt es zum Teil schon Produkte wie den ISG Navigator [ISG99], die selbst unter UNIX oder MVS eine sog. *OLE DB Engine* zur Verfügung stellen. Diese Produkte sind aber proprietär und bergen damit langfristig erhebliche Risiken.

Damit sind wir dann auch schon bei der Diskussion von *Middleware*-Lösungen für den Zugriff auf objektorientierte DBVS. Hier ist zu berücksichtigen, daß OODBVS (im Anfangsstadium ihrer Technologie) häufig nur ein Hilfsmittel zur persistenten Speicherung der innerhalb eines Programms benutzten Objekte waren. Somit ist ein Teil der Zugriffsschnittstelle bereits durch die Programmiersprache selbst gegeben. Weiterhin sind eigentlich alle OODBVS bereits Client/Server-basiert, d.h., sie stellen sowohl ein Client-API als auch die Kommunikationsroutinen zum Server bereit. Aspekte wie Transaktions- und Anfrageverarbeitung waren aber ursprünglich proprietär und hatten bei jedem System eine andere Schnittstelle. Aus diesem Grund wurde die *Object Database Management Group* (ODMG) gegründet, der alle bedeutenden Hersteller von OODBVS angehören. Sie hat inzwischen den ODMG-Standard in der Version 2.0 verabschiedet [Ca97], der eine einheitliche *Object Query Language* (OQL) sowie Abbildungen auf die Sprachen C++, Smalltalk und Java umfaßt. Aufgrund dieser standardisierten Schnittstelle sowie der impliziten Client/Server-Unterstützung gibt es im Bereich der OODBVS eigentlich keinen Bedarf für weitere *Middleware*.

2.4.4.2 Homogener Zugriff auf heterogene DBVS

Vielfach sind die von einem Programm benötigten Daten nicht mehr in einem einzigen DBVS gespeichert, sondern auf mehrere Datenbanken verteilt. Dabei können sowohl die Systeme, als auch die zugrundeliegenden Schemata heterogen sein. Es wäre nun sehr unpraktisch, wenn eine Applikation über n Schnittstellen auf m verschiedene Schemata zugreifen müßte. Statt dessen sollte es eine einzige Schnittstelle geben, die ein föderiertes Schema anbietet. Die tatsächliche Verteilung der Daten sowie die nötige (verteilte) Verarbeitung sind dabei für den Client transparent. Nun wollen wir uns an dieser Stelle aber nicht vertieft mit der Problematik der Schema-Integration und Föderierten Datenbankverwaltungssystemen auseinandersetzen. Dafür sei z.B. auf [Sa98] verwiesen. Vielmehr gilt es die Frage zu beantworten, welche Mechanismen für den globalen Zugriff zur Verfügung stehen. In den letzten Jahren haben sich dafür eine Reihe Produkte auf dem Markt etabliert, die häufig unter dem Stichwort *DB-Middleware* eingeordnet werden. Hier sind z.B. das *ORACLE Transport Gateway* [Hu96], *Information Builders EDA/SQL* [IB97] sowie der *IBM DB2 DataJoiner* [IBM97] zu nennen. Diese Systeme realisieren einen homogenen Zugriff auf heterogene DBVS, teilweise sogar auf beliebige Datenquellen wie Text- oder HTML-Dateien. Eine Analyse von drei Produkten hat gezeigt, daß Umfang und Mächtigkeit dieser Technologie durchaus vielversprechend sind [RH98]. Aus diesem Grund wurde der *IBM DB2 DataJoiner* bereits zur Integration heterogener Datenquellen im Projekt MEntAs (MotorEntwicklungsAssistent) eingesetzt [Rez98]. Ein Nachteil, der im Rahmen dieses Projektes nicht von Bedeutung ist, bleibt allerdings zu erwähnen: Das globale Schema ist immer relational. Unterstützung für objektorientierte Strukturen ist erst mit der endgültigen Einführung von SQL3 zu erwarten.

Zufriedenstellend ist die Lage hingegen bzgl. Schnittstellen und APIs. Zwar gibt es (bisher) keine konkrete Standardisierung im Bereich von DB-*Middleware*, die verfügbaren Lösungen für den Zugriff auf einzelne DBVS lassen sich aber im allgemeinen auch für den globalen Zugriff benutzen. Dementsprechend bieten mehr oder weniger alle Produkte standardisierte APIs für den globalen Zugriff an (wie z.B. das CLI, JDBC oder *Embedded SQL*). Für den Client ist die Verarbeitungsweise damit häufig äquivalent zum Zugriff auf ein einzelnes (R)DBVS: Die *Middleware* erlaubt die Definition eines globalen Schemas (und abstrahiert damit von der konkreten Verteilung der Daten) und kapselt weiterhin die verteilte Transaktionsverarbeitung (diese läuft intern in der *Middleware* ab). So waren z.B. erste Erfahrungen in [RH98] und [Rez98] sehr positiv. Dort wurde der globale Zugriff über *Embedded SQL* und JDBC getestet.

Ein anderer Ansatz zur Integration läßt sich über Microsofts OLE-DB realisieren [Bla97]. Mit Hilfe dieses Konzeptes können prinzipiell auch objektorientierte Strukturen berücksichtigt werden, jedoch ist es (wie bereits oben erwähnt) spezifisch für Microsoft-Plattformen. Wir werden diesen Ansatz deshalb im folgenden nicht weiter betrachten.

2.5 Grundbegriffe einer allgemeinen Datenversorgung

Im letzten Abschnitt haben wir Mechanismen zur Überbrückung der Client/Server-Grenze für eine Datenversorgung über DBVS diskutiert. Es sind aber nicht alle von einem Programm oder einer Komponente benötigten Daten in einem oder mehreren DBVS gespeichert. Viele Informationen sind in eher unstrukturierten Datenquellen (wie z.B. Dateien) enthalten oder repräsentieren gar das Ergebnis eines Funktionsaufrufes. Wir benötigen also allgemeinere Techniken zur Datenversorgung. In den nächsten Abschnitten werden wir deshalb einige Grundlagen betrachten, die als Basis für das weitere Vorgehen innerhalb dieser Arbeit dienen. Hier sind insbesondere die Definition eines globalen Datenmodells (Kapitel 2.5.1), die Unterscheidung zwischen datenintensiver und auftragsbezogener Verarbeitung (Kapitel 2.5.2) sowie die Beurteilung der Effizienz zu nennen (Kapitel 2.5.3).

2.5.1 Modellierung

Bereits in der Einleitung haben wir die Verwendung integrierter, aus Bausteinen aufgebauter Architekturen motiviert. Innerhalb dieser macht die Bearbeitung von Daten durch mehrere Werkzeuge aber nur dann Sinn, wenn die Daten von allen beteiligten Komponenten gleich interpretiert werden, d.h., daß in allen Fällen die gleiche Semantik zugrundeliegen muß. Es wäre z.B. fatal, wenn eine Linie von einem Werkzeug als Kabelbaum, vom nächsten aber nur als Begrenzung aufgefaßt würde. Natürlich wird es sich nie vermeiden lassen, daß unterschiedliche Komponenten intern auch unterschiedliche Datenformate verwenden. Dies gilt insbesondere im Bereich von CAD-Programmen. Ergänzend dazu kann man aber für jede

Entwurfsumgebung ein globales Datenmodell definieren, in dem alle Daten ausgetauscht und archiviert werden. Jede Komponente, die intern ein anderes Format benutzt, muß dann einen Import/Export-Filter für die nötige Konvertierung zur Verfügung stellen. Dadurch entsteht zwar ein etwas höherer Aufwand, es gibt aber keine bessere Möglichkeit zur Realisierung eines globalen Datenmodells mit einheitlicher Semantik. Würden z.B. alle Werkzeuge ihre Daten im eigenen (proprietären) Format weitergeben, so müßte jede Komponente Import-Filter für alle vorhandenen Formate enthalten. Bei n Werkzeugen gäbe es dementsprechend ca. n^2 verschiedene Filter. Im Gegensatz dazu sind bei der Verwendung eines globalen Datenmodells lediglich 2*n Filter nötig. Außerdem gestaltet sich im letzten Fall die Integration neuer Werkzeuge deutlich einfacher: Es müssen nicht die bestehenden Komponenten um neue Filter erweitert werden, sondern nur die neue. Bei Änderungen des Schemas einer Komponenten entsteht in beiden Fällen ein ähnlich hoher Aufwand: Ohne globales Schema müßte man n Import-Filter überarbeiten, mit globalem Schema müßte genau dieses aktualisiert und anschließend alle Import/Export-Filter angepaßt werden (2*n).

Gerade im Hinblick auf die bereits erwähnten *Virtual Enterprises* ist es nun aber nicht sinnvoll, daß für jede Entwurfsumgebung ein eigenes Datenmodell benutzt wird. Es bietet sich vielmehr die Verwendung international standardisierter Schemata an, z.B. ISO 10303 (STEP) im Bereich der Produktdatenverwaltung (siehe Kapitel 3). Diese Datenformate dienen dann primär dem Datenaustausch zwischen den einzelnen Komponenten eines integrierten Systems. Man kann sie natürlich auch als lokales Schema der beteiligten DBVS verwenden (dadurch würden eine Menge Konvertierungen eingespart), dieser Schritt ist aber nicht zwingend erforderlich. Bezugnehmend auf die Integration vorhandener Datenbestände ist es sogar nötig, daß innerhalb der DBVS andere Formate verwendet werden können. An dieser Stelle tritt auch gleich ein gewisser Nachteil des STEP-Standards zu Tage: Alle Schemata sind objektorientiert modelliert. Dadurch realisieren sie zwar eine sehr präzise Abbildung der realen Welt, sie lassen sich damit aber nicht als logisches Schema der (immer noch bevorzugt) eingesetzten RDBVS benutzen. Auch hier besteht allerdings große Hoffnung, daß dieses Problem mit der Einführung von SQL3 entfällt. Vorhandene Datenbestände könnten dann z.B. über DB-*Middleware* (siehe Kapitel 2.4.4.2) integriert werden, so daß es aus Sicht der Werkzeuge nur noch ein globales DBVS gäbe.

2.5.2 Datenintensive und auftragsbezogene Verarbeitung: Data Shipping versus Operation Shipping

Vor der Definition eines globalen Schemas stellt sich die Frage, inwieweit überhaupt Bedarf für einen Datenaustausch zwischen den einzelnen Komponenten (oder noch allgemeiner zwischen Client und Server) besteht. Dafür wollen wir zunächst Client/Server-basierte Anwendungen in zwei Kategorien aufteilen. Dabei ist es unerheblich, ob die Client/Server-Grenze nur durch die Software oder auch durch die Hardware vorgegeben ist (vgl. Kapitel 2.3.2). Die erste Gruppe fassen wir unter dem

Begriff *auftragsbezogene Anwendungen* zusammen. Die Clients senden hier einen Auftrag sowie benötigte Parameter an den Server und erhalten später das Ergebnis zurück, ohne daß weitere Kommunikation zwischen ihnen erforderlich ist. Die eigentliche Verarbeitung erfolgt typischerweise vollständig im Server. Beispiele sind Buchungs- oder Reservierungssysteme. Die resultierende Verarbeitungsweise bezeichnen wir als *Operation Shipping* (siehe linke Hälfte von Abbildung 2.5).

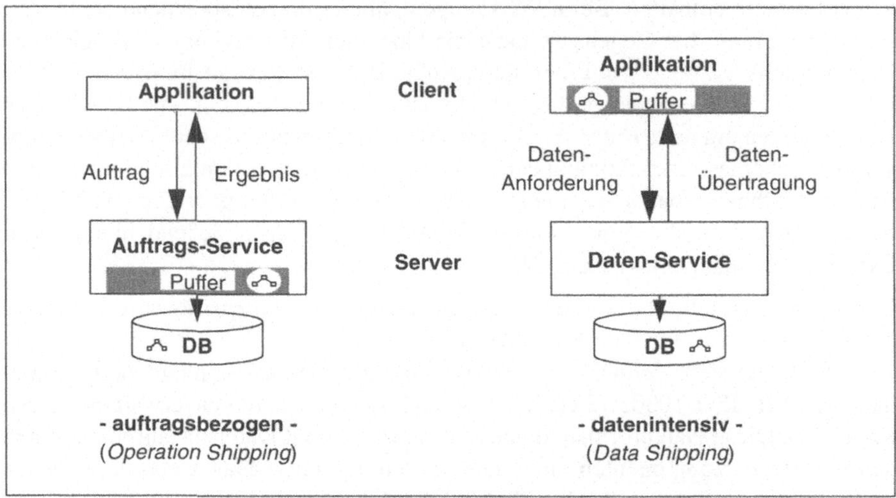

Abb. 2.5: Auftragsbezogene und datenintensive Client/Server-Architekturen

Die zweite Sparte sind *datenintensive Anwendungen*. Server dienen hier überwiegend als Datenhaltungskomponente und versorgen die Clients, welche die eigentliche Verarbeitung lokal durchführen, mit den benötigten Daten. Traditionell setzt man in diesen Umgebungen Client/Server-basierte DBVS ein, die im wesentlichen für den Transport der Daten zum Client sorgen (und diese dort puffern[1]) sowie ein umfassendes Schutzkonzept (z.B. ACID-Transaktionen, siehe [HR83]) realisieren. Wichtige Kriterien sind weiterhin die Minimierung der Kommunikation sowie das Verhalten im Fehlerfall. Eine Spezialisierung datenintensiver DB-Anwendungen sind *kooperative Anwendungen*, bei denen mehrere Clients gleichzeitig auf denselben Daten arbeiten wollen. Ergänzend zur exklusiven Synchronisation des ACID-Konzeptes sind hier kooperative und notifizierende Protokolle nötig (z.B. Replikation über Transaktionsgrenzen hinweg), die Änderungen in geeigneter Weise (etwa über sog. *Events*) an alle existierenden Kopien propagieren. Beispielsweise sollte während des Entwurfs eines Produktes die Änderung eines Sub-Moduls bei allen beteiligten Partnern unverzüglich sichtbar sein. Sowohl bei datenintensiven, als auch bei kooperativen Anwendungen bezeichnen wir das zugrundeliegende Konzept als *Data Shipping* (siehe rechte Hälfte von Abbildung 2.5).

---

1. Ganze Seiten bei objektorientierten (navigierenden) DBVS, Teilergebnisse von Anfragen bei relationalen DBVS.

Abschließend stellt sich die Frage, welches der beiden Konzepte (*Operation Shipping* oder *Data Shipping*) denn häufiger benötigt wird bzw. wo noch die größten Probleme liegen. Generell läßt sich erkennen, daß die objektorientierte Technologie eine gute Grundlage für auftragsbezogene Architekturen bildet: Jede Methode eines Objektes bearbeitet quasi einen speziellen Auftrag. Dementsprechend bieten objektorientierte Komponentenmodelle auch eine gute Basis zum Entwurf derartiger Systeme. In [SM97] haben wir diese Aussage exemplarisch am Beispiel CORBA diskutiert. Im Gegensatz dazu wird *Data Shipping* eigentlich nur durch Client/Server-basierte DBVS in geeignetem Umfang unterstützt. In den letzten Kapiteln ist aber deutlich geworden, daß diese Systeme für eine allgemeine Datenversorgung alleine nicht ausreichend sind. Wir benötigen vielmehr eine Unterstützung der datenintensiven Verarbeitung durch die verwendeten Komponentenmodelle und eingesetzte *Middleware*. Hier ergeben sich eine Reihe offener Fragen.

Bei einer genaueren Betrachtung von Entwurfsumgebungen läßt sich nun klar erkennen, daß überwiegend eine datenintensive Verarbeitung vorliegt. Dies trifft insbesondere auf den Bereich der CAD-Modellierung zu, die ohne lokale Pufferung der Daten undenkbar wäre. Aus diesem Grund, aber auch unter Berücksichtigung der Tatsache, daß im Bereich *Operation Shipping* bereits gute Konzepte und Lösungen existieren, liegt unser Fokus somit ganz klar auf der Untersuchung geeigneter Konzepte für das *Data Shipping*.

2.5.3 Effizienz der Datenversorgung

Will man die Qualität einer Datenversorgung, und damit insbesondere auch deren Effizienz, beurteilen, so gilt es zunächst geeignete Bewertungskriterien zu finden. Der wichtigste Aspekt wird im allgemeinen die Zeitspanne sein, die benötigt wird, um einer Anwendung die angeforderten Daten im gewünschten Format zur Verfügung zu stellen. Man spricht an dieser Stelle von *Antwortzeit* oder *Zugriffszeit*. Bei der Durchführung von Messungen ist es sehr wichtig, daß auch die für evtl. erforderliche Konvertierungen benötigte Zeit berücksichtigt wird. Andernfalls würde man quasi Äpfel mit Bananen vergleichen. Keine Komponente kann etwas mit Daten anfangen, deren Format sie nicht interpretieren kann.

Neben der Antwortzeit, die nur die Bedürfnisse einer einzigen Anwendung berücksichtigt, ist häufig der *Durchsatz* der Datenversorgung von Interesse. Er ist ein Maß dafür, wie viele Daten innerhalb einer Zeitspanne allen Anwendungen (insgesamt) zur Verfügung gestellt wurden. Während aus der Sicht eines Anwenders natürlich primär die Antwortzeit zu optimieren ist, so sollte gerade in Systemen mit mehreren Benutzern auf einen ausreichenden Durchsatz geachtet werden. Leider sind beide Aspekte aber nicht unabhängig voneinander. Wird z.B. einigen sehr umfangreichen Anforderungen eine höhere Priorität eingeräumt, um ihre Antwortzeiten zu reduzieren, so verschlechtert sich der Durchsatz, wenn dadurch viele kleine (und damit ursprünglich schneller zu bearbeitende) Anforderungen zurückgestellt werden. Verkürzt man hingegen die Antwortzeit *aller* Anforderungen, so steigt natürlich auch der Durchsatz. Mögliche Mechanismen hierfür sind z.B. die Pufferung von Daten, der Einsatz schneller Festplatten (und sonstiger Speichermedien) sowie die Verwendung effizienter Kommunikationsprotokolle. Letztere beziehen sich sowohl auf die physische Übertragungszeit, als auch auf den Einsatz geeigneter *Multicast*-Algorithmen [Ta92]. Ein weiteres Konzept ist das sog. *Prefetching*, bei dem man Daten abhängig vom aktuellen Verarbeitungskontext im voraus zur Verfügung stellt: Beispielsweise kann sich der Benutzer in Ruhe die erhaltenen Daten eines Motors ansehen, während im Hintergrund bereits die Daten des Getriebes übermittelt werden. Insgesamt erkennen wir also eine Reihe von Kriterien, welche die Effizienz der Datenversorgung bestimmen.

Unglücklicherweise wird in einigen Veröffentlichungen der Aspekt der Effizienz aber nur sehr ungenau betrachtet oder definiert. In [Vo98] wird z.B. vorgeschlagen die Effizienz der Datenversorgung dadurch zu steigern, daß man eigenständige *Threads* [Ta92] für die Programmierung der grafischen Benutzeroberfläche verwendet. Dadurch stehe das System dem Benutzer wieder schneller zur Verfügung. Dies ist natürlich korrekt. Allerdings wird dabei nur die Antwortzeit der Oberfläche, und eben *nicht* die der Datenversorgung, optimiert. Im Rahmen dieser Arbeit gehen wir daher im wesentlichen auf eine mögliche Optimierung der *tatsächlichen Antwortzeit der Datenversorgung* ein. Dabei betrachten wir zusätzlich die Auslastung einzelner Komponenten und Programme, um frühzeitig mögliche Engpässe zu erkennen, die später den Durchsatz des gesamten Systems reduzieren könnten.

2.6 Entwurfsumgebungen

Nachdem wir in den letzten Kapiteln grundlegende Begriffe und Techniken diskutiert haben, wollen wir uns nun dem Szenario widmen, das den Rahmen für die durchgeführten Untersuchungen bildet: Entwurfsumgebungen. Sie sind aus dem Grund entstanden, daß der Industrie für die Entwicklung neuer Produkte immer weniger Zeit zur Verfügung steht. Neben dem Entwurf neuer Bausteine erhält die Wiederverwendung und Anpassung bestehender Teile eine immer größere Bedeutung. Die riesigen Datenmengen für die Beschreibung einzelner Versionen können jedoch nur mit einer effizienten Oberfläche bearbeitet werden. Diese muß dem jeweiligen Ingenieur sowohl eine breite Palette von Werkzeugen für die Manipulation als auch für die Speicherung der einzelnen Objekte anbieten. Weiterhin sollte es eine mächtige Anfragesprache bzw. -oberfläche geben, die einen schnellen Zugriff auf gewünschte Einheiten bietet. Auch die parallele Bearbeitung der Daten durch mehrere Arbeitsgruppen muß hinreichend unterstützt werden, ohne daß einzelne Teams längere Zeit blockiert sind. Je nach Einsatzgebiet können die gerade genannten Anforderungen jedoch stark differieren, so daß eine komponentenbasierte Architektur des Systems wünschenswert ist. Entsprechend der konkreten Umgebung könnte jedes einzelne Programmpaket quasi wie aus einem Baukasten zusammengestellt werden.

Unabhängig von jeglicher Spezifikation werden wir immer gewisse Basisdienste benötigen. Hierzu zählen Kommunikationsverfahren, Konvertierung der Daten in heterogenen Netzen, Datenhaltung, grundlegende Betriebsoberflächen (z.B. Fenstersysteme) sowie Entwicklungs- und Integrationsdienste. Die Kombination dieser Bausteine bezeichnen wir im folgenden als *Rumpfumgebung* oder auch *Framework*. Die eigentlichen Werkzeuge werden dann auf diese aufgesetzt und sollten somit portabel sein. Das von der Anwendungsdomäne abhängige Gesamtsystem wird schließlich als *Entwurfsumgebung* bezeichnet [RS92].

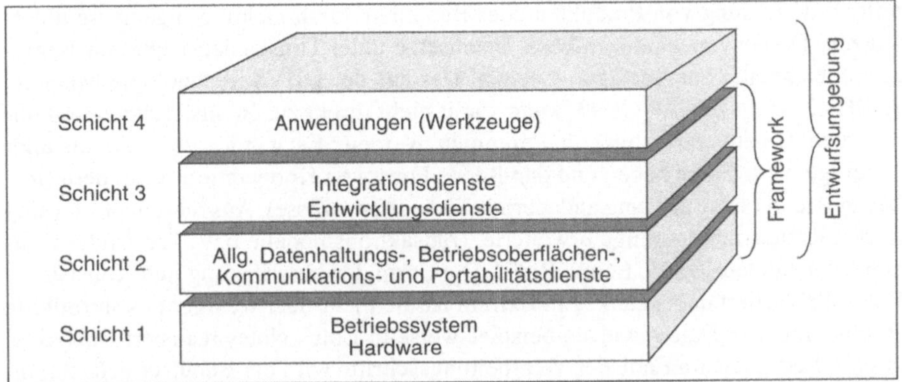

Abb. 2.6: Schichtenbasierte Architektur von Entwurfsumgebungen [RS92]

Abbildung 2.6 veranschaulicht eine mögliche Schichtenbildung. Innerhalb dieser ist Schicht 2 von besonderem Interesse für uns, da sie die Datenversorgung beinhaltet. Ähnliche Modelle werden auch in [HNSB90] und [Wo94] beschrieben. Dabei sollten wir immer berücksichtigen, daß die Schichtenbildung nicht zwangsweise einer Aufteilung in Komponenten entsprechen muß (siehe Kapitel 2.3.1).

2.6.1 Frameworks

Bezug nehmend auf Abbildung 2.6 sollten wir erwähnen, daß der Begriff *Framework* in der Literatur nicht immer mit der gleichen Bedeutung verwendet wird. Im allgemeinen bezeichnet er aber die Bereitstellung von Infrastruktur und Regeln für eine Interaktion von Objekten, prozeduralen bzw. funktionalen Bausteinen oder gar Komponenten. Die zugrundeliegende Modellierung ist in den meisten Fällen auf einen speziellen Anwendungsbereich zugeschnitten. Trotz der unterschiedlichen Verwendungen des Begriffes *Framework* haben Ralph Johnson und Vincent Russo folgende allgemeine Definition aufgestellt [OHE96]:

An abstract class is a design for a single object. A framework is the design of a set of objects that collaborate to carry out a set of responsibilities. Thus frameworks are larger scale designs than abstract classes. Frameworks are a way to reuse high-level design.

Diese Begriffsbildung stimmt im wesentlichen mit der bisher von uns verwendeten
Semantik überein. Vielfach sind *Frameworks* auch aus sog. *Design Patterns* aufgebaut, die weit verbreitete und akzeptierte Entwurfskonzepte beschreiben [MM97].
Wir werden allerdings im folgenden nicht genauer auf diese Begriffe eingehen, sondern auf Kapitel 12 von [OHE96] verweisen.

2.6.2 Isolation und Kooperation

Entwurfsumgebungen zeichnen sich im allgemeinen dadurch aus, daß sie die verteilte Entwicklung von Produkten oder Bauteilen durch mehrere Ingenieure unterstützen. Dementsprechend müssen Datensätze unter Umständen mehreren Benutzern gleichzeitig zur Verfügung stehen. Das aus der DBVS-Technologie bekannte
ACID-Konzept [HR83, GR93] kann somit nicht direkt zur Realisierung einer konsistenten Datenverarbeitung übernommen werden. Es würde die Isolation aller
Beteiligten zur Folge haben und damit jede Form von Kooperation verhindern (insbesondere in bezug auf lang andauernde Entwurfsprozesse). Aus diesem Grund sind
in den letzten Jahren einige erweiterte Transaktionsmodelle bzw. verwandte Konzepte entstanden [BS95, EG89, Ri97]. Die Form der Verarbeitung und Konsistenzkontrolle variiert dabei stark. Ein Extrem ist die mehr oder weniger unkontrollierte
Replikation von Daten, wie sie beispielsweise in Lotus Notes realisiert ist [DS96,
BS95]. Lediglich am Ende der Verarbeitungsschritte wird der Benutzer benachrich-
tigt, falls eine konkurrierende Kopie der gleichen Daten existiert. Es gibt jedoch keinen Mechanismus zum Auflösen dieser Konflikte. Auf der anderen Seite sind
Systeme mit einer umfangreichen, teilweise mehrstufigen Konsistenzkontrolle zu
nennen. Bei ihnen wird oft ein sog. *Check-in/Check-out*-Mechanismus verwendet
[Ri97, Sh96]. Sollen Daten lokal bearbeitet werden, so ist vorher ein *Check-out*
nötig. Anschließend sind diese Daten für andere Benutzer nicht zur Modifikation
verfügbar. Vielfach können sie allerdings gelesen werden. Im Unterschied zur Isolation beim ACID-Konzept können alle Anwender klar erkennen, wer nun welche
Daten bearbeitet. Man spricht dabei auch von *Group Awareness*. Am Ende eines
Verarbeitungsschrittes müssen die lokal modifizierten Daten über ein *Check-in* in
den globalen Datenbestand integriert werden. Während dieses Vorganges wird kontrolliert, ob alle spezifizierten Design-Anforderungen weiterhin erfüllt sind. Ist dies
nicht der Fall, so wird das *Check-in* zurückgewiesen. Eine andere Form der kooperativen Datenverarbeitung wird in TOGA realisiert [SFM99]. Hier wird innerhalb
einer Gruppe über jeden Verarbeitungsschritt abgestimmt. Eine Aktion muß zurückgesetzt werden, sobald ein Mitglied nicht zugestimmt hat. Die Abstimmungssphase
wird dabei durch ein 2-Phasen-Commit-Protokoll [GR93] überwacht.

2.6.3 Workflow, Groupware und CSCW

Mit der im letzten Abschnitt geführten Diskussion haben wir im Prinzip schon den
Bedarf für eine Kontrolle kooperativer Abläufe motiviert. Nun ist es aber nicht ausreichend, nur die Integrität der Daten zu betrachten. Es sollte insbesondere eine

geeignete (automatische) Steuerung der einzelnen Schritte des Entwurfsprozesses geben. Lassen sich alle Phasen durch ein vorher definiertes Ablaufschema beschreiben, so spricht man von einem *Workflow* [JBS97]. Das Schema wird dann als Eingabe für ein *Workflow Management System* (WFMS) benutzt, welches die gesamte Verarbeitung koordiniert. Es sorgt für die korrekte Weiterleitung von Zwischenergebnissen sowie die Initiierung der folgenden Verarbeitungsphase. Ist der Entwurfsprozeß hingegen hochgradig dynamisch, d.h., er läßt sich nicht im voraus durch ein Ablaufschema beschreiben, so braucht man flexiblere Konzepte. Man spricht in diesem Bereich von *Computer Supported Cooperative Work* (CSCW, auf der konzeptuellen Ebene) und *Groupware* (bei der Realisierung von konkreten Systemen). Dabei werden WFMS und *Groupware* meist als eine Kategorie von CSCW angesehen [BS95]. Es gibt jedoch auch einige Modelle, die sich in keine dieser Kategorien einordnen lassen. Ein Beispiel hierfür ist das CONCORD-System [Ri97]. Das zugrundeliegende Konzept wird als *Designflow* bezeichnet und ist besonders gut auf CAD-basierte Entwurfsprozesse abgestimmt.

Im Rahmen dieses Buches wollen wir das Thema Kooperation und Koordination aber gar nicht weiter vertiefen. Für uns ist es entscheidend, daß eigentlich alle Komponenten und Werkzeuge eine effiziente Datenversorgung benötigen. Bereits in Kapitel 2.5.2 haben wir erkannt, daß kooperative Abläufe (in bezug auf die Datenversorgung) nur ein Spezialfall datenintensiver Verarbeitungsweisen darstellen. Die erzielten Ergebnisse gelten also in beiden Bereichen. Sollte einmal an einer Stelle eine unterschiedliche Behandlung nötig sein, so werden wir das Thema dann explizit diskutieren. Ansonsten gelten alle Aussagen implizit als Grundlage für beide Kategorien.

2.7 WWW, Intra-/Internet, Java und XML

In den letzten Jahren ist die Präsenz im Internet und WWW (*World Wide Web*, siehe [W3C]) für die meisten Firmen immer bedeutender geworden. Diese Medien bieten die Möglichkeit zur schnellen Verbreitung von Information und stellen damit eine ideale Voraussetzung zur Vermarktung von Produkten dar. Ursprünglich konnten dafür nur statische, in HTML (*Hypertext Markup Language*, siehe [Rag98, Da98]) geschriebene Seiten benutzt werden. Aufgrund der Dynamik von Produktdaten mußten diese aber laufend angepaßt werden. Dafür stand jedoch keine geeignete maschinelle Unterstützung zur Verfügung, so daß im Endeffekt viele Seiten veraltet oder inkonsistent waren. Außerdem bietet pures HTML keine Möglichkeit, um Feedback vom Leser einer Seite zum Server zu propagieren. Dies wäre sehr nützlich.

Aufgrund der gerade erwähnten Probleme wurden in den letzten Jahren mehrere Techniken entwickelt, die den dynamischen Aufbau von Informationsseiten und die bidirektionale Interaktion zwischen Leser und WWW-Server realisieren. Dabei soll es insbesondere möglich sein, in DBVS gespeicherte Daten direkt zu verwenden. Eine Variante ist die Verwendung einer Kombination aus JavaScript und CGI-Komponenten, die in Kapitel 2.7.1 beschrieben wird. Sie führt allerdings zu Problemen bei der Verwaltung von Zuständen und Transaktionen, so daß wir die in Kapitel 2.7.2 präsentierte Java-Lösung bevorzugen. Ein Beispiel zur Begründung für diese Entscheidung ist in Kapitel 2.7.3 enthalten. Anschließend gehen wir in Kapitel 2.7.4 auf die Unterschiede zwischen Intranet und Internet ein und diskutieren den Aspekt, ob beide weitere Möglichkeiten als die reine Präsentation von Informationen bieten. Hieraus leiten sich zwei Fragen ab: Ist Java die ultimative Lösung (Kapitel 2.7.5) oder stellt XML das Konzept der Zukunft dar (Kapitel 2.7.6)? Eine Zusammenfassung aktueller WWW-Technologien ist auch in [Loe98] enthalten.

2.7.1 Das Common Gateway Interface (CGI) und JavaScript

Ausgehend von einem steigenden Bedarf an dynamisch erzeugten Informationsseiten im WWW wurde 1994 das sog. *Common Gateway Interface* [CGI] entwickelt. Mit diesem Konzept kann ein WWW-Server um Komponenten ergänzt werden, die z.B. auf verfügbare DBVS zugreifen und mit den daraus gewonnenen Daten aktuelle HTML-Seiten erstellen. Die Programme liegen dabei in einem speziellen Unterverzeichnis des WWW-Servers und lassen sich (wie normale HTML-Seiten) über URLs (*Uniform Resource Locator*) adressieren. Weiterhin ist es möglich Parameter zu übergeben, beispielsweise indem man diese an das Ende der URL anhängt (weitere Varianten sind in [YM96] beschrieben). Damit ist auf dem WWW-Server alles nötige vorhanden. Es muß allerdings noch eine Technik gefunden werden, welche die Eingabe von Daten in HTML-basierte Formulare auf dem Client (also im WWW-*Browser*) ermöglicht. An dieser Stelle hat sich die HTML-Erweiterung JavaScript etabliert, die aber keineswegs mit der Programmiersprache Java verwechselt werden sollte. Wir werden im nächsten Abschnitt sehen, daß beide nichts miteinander zu tun haben. JavaScript wird inzwischen von den meisten *Browsern* unterstützt und bietet damit eine gute Möglichkeit, um einfache Eingabemasken zu erstellen. Dementsprechend ist die Kombination aus CGI und JavaScript (bzw. korrespondierender Technologien, siehe [Loe98]) heutzutage auch weit verbreitet.

Leider ergeben sich aber immer noch gravierende Nachteile. Zuerst einmal sind die Skripte bzw. Programme häufig recht komplex und unstrukturiert, so daß eine Wartung dieser Komponenten sehr umständlich und fehleranfällig ist. Natürlich ist dieser Zustand überwiegend den jeweiligen Programmierern anzulasten, aber beide Konzepte erzwingen eben keine strukturierte Vorgehensweise. Das größere Problem betrifft jedoch die Realisierung einer transaktionsorientierten Verarbeitung. Gerade im Bereich von Systemen zur *Online*-Bestellung von Waren und Dienstleistungen ist diese unverzichtbar. Die Ursache liegt im zugrundeliegenden *Hypertext Transfer Protocol* (HTTP, siehe [W3C]), das zu einer zustandslosen Kommunikation führt. Vielfach vergibt man deshalb spezielle Kontext-IDs, die eine Referenz auf die zugeordnete Transaktion im WWW-Server darstellen und jeder Übertragung angehängt werden. Aber auch dieser Trick führt nicht zu einer zustandsorientierten Verbindung gemäß dem ISO/OSI-Schichtenmodell [DZ83]. Wir halten diese Lösung deshalb (langfristig gesehen) für unbefriedigend.

2.7.2 Java

Will man im Internet nicht auf gewohnte Charakteristika und Grundlagen, wie etwa eine transaktionsorientierte Datenverarbeitung, verzichten, so bietet sich die Verwendung altbewährter Konzepte entsprechend der neuen Rahmenbedingungen an. Bei der Entwicklung von HTTP, HTML, CGI und JavaScript (siehe letzter Abschnitt) hat man dies leider nur teilweise berücksichtigt. Anders sieht es bei der objektorientierten Programmiersprache Java [AG98, GJS96, Java] aus, die von der Firma Sun entwickelt wurde. Sie stellt unter anderem ein mächtiges Werkzeug zur Entwicklung WWW-basierter Anwendungen dar. Der Erfolg von Java beruht im wesentlichen auf zwei Aspekten: Portabilität und Sicherheit. Syntax und Semantik der Sprache sind klar definiert, so daß Java-Programme ohne Änderungen auf allen Plattformen (die Java unterstützen) laufen. Weiterhin können sie als sog. *Applets* über WWW-Server verbreitet und anschließend im *Browser* des Clients ausgeführt werden. Hier gilt es natürlich trojanische Pferde zu vermeiden, so daß von Sun einige Sicherheitsvorschriften definiert wurden: Jedes Java-*Applet* läuft z.B. in einer abgeschotteten Umgebung ab und hat insbesondere keinen Zugriff auf lokale Verzeichnisse usw. Diese Einschränkungen können allerdings selektiv vom Anwender (und eben nicht vom Programmierer!) aufgehoben werden. Daneben werden Java-Programme nicht als Quellcode, sondern in einer Zwischenstufe, dem sog. *Bytecode*, übertragen. Dieser kann vom Client auf Konsistenz und unzulässige Modifikationen überprüft werden.

Neben diesen allgemeinen Konzepten bietet Java standardmäßig einige Mechanismen zur zustandsorientierten Kommunikation und Datenversorgung an. So sind z.B. TCP/IP-Sockets und die darauf aufbauende *Java Database Connectivity* (JDBC, siehe auch Kapitel 2.4.4.1 und 6.2.3) bereits Bestandteil der Sprache selbst. Entsprechend dem zugrundeliegenden objektorientierten Design wurden sie als eigenständige Module, sog. Java-*Packages*, realisiert.

Natürlich ergeben sich durch die Verwendung von Java auch einige Nachteile. Diese betreffen insbesondere Aspekte wie multiple Vererbung, das Erzeugen, Puffern und Löschen von Objekten sowie die Leistung (der Java-*Bytecode* muß interpretiert bzw. vom Client bei Bedarf übersetzt werden). Eine detaillierte Diskussion dieser Themen ist Bestandteil von Kapitel 6.1.1 bzw. [SM98, SM99b]. Trotz aller Probleme halten wir Java für ein geeignetes Mittel zum Erstellen portabler Clients für WWW-basierte Anwendungen. Wir wollen diese Ansicht anhand des folgenden Beispieles begründen.

2.7.3 Warum Java?

Fast alle Unternehmen bieten heutzutage detaillierte Information zu ihren Produkten und Dienstleistungen über eigene WWW-Server an. Dabei wird häufig eine Kombination aus HTTP/HTML, CGI und JavaScript verwendet (siehe Kapitel 2.7.1). Informationen liegen entweder in Form statischer HTML-Seiten vor oder sie werden von CGI-Programmen, die in speziellen Unterverzeichnissen des WWW-Servers liegen, dynamisch erstellt. Diese Programme haben meist Zugriff auf lokale DBVS (sog. WWW-DBVS), die replizierte Daten in einem unternehmensspezifischen Format enthalten. Durch die Replikation erhofft man sich eine bessere Lastverteilung sowie eine höhere Verfügbarkeit der operativen DBVS mit den Original-Daten. Ein Beispiel für derartige Systeme ist der *Mercedes-Benz Configurator MBKS Online* [MB99]. Kunden können hier interaktiv die Ausstattungsmerkmale ihres neuen Fahrzeuges wählen und anzeigen lassen. Jeder Wunsch wird zum Server übertragen, der daraus das neue Bild berechnet und automatisch die Baubarkeit des Automobils prüft. Dieses Szenario ist in der linken Hälfte von Abbildung 2.7 dargestellt.

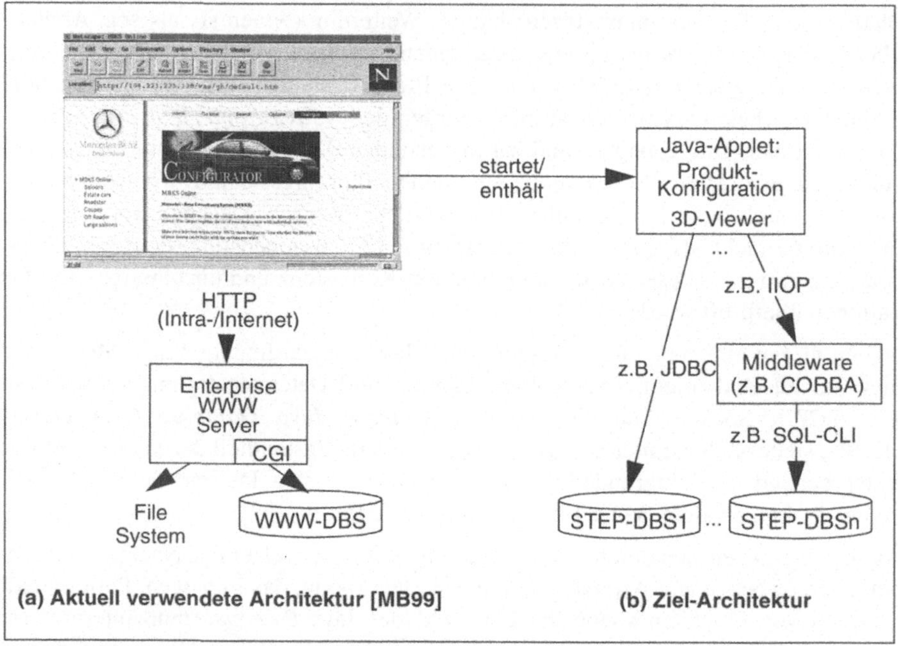

Abb. 2.7: WWW-basierte Produktkonfiguration

Die zugrundeliegende Verarbeitung läßt jedoch folgende Nachteile erkennen:

- Eingeschränkte Funktionalität von JavaScript
  JavaScript ist keine vollständige Programmiersprache wie C, C++, Smalltalk oder Java. Es ist deshalb schwierig oder gar unmöglich, komplexe Operationen, wie z.B. die Transformation von Vektordaten in Rasterdaten oder eine 3D-Rotation, auf dem Client auszuführen.

- Konsistenz und Aktualität der replizierten Daten
  Aufgrund inkompatibler Datenformate innerhalb eines Unternehmens, fehlender oder zu langsamer Netzverbindungen sowie Mechanismen für Lastverteilung und Zugriffsschutz greifen die meisten CGI-Programme (wie bereits

erwähnt) auf DBVS mit replizierten Daten zu. Um die Aktualität dieser Daten zu garantieren, müssen Änderungen in den operativen DBVS in konsistenter Weise in die WWW-DBVS eingebracht werden. Die Zusammenführung von Daten aus mehreren DBVS ist jedoch ein großes Problem, das nur selten zufriedenstellend unterstützt wird. Dementsprechend wird dieser Schritt häufig manuell durchgeführt, so daß neue, nicht zu unterschätzende Fehlerquellen entstehen.

- Verschiedene Datenmodelle und Schemata
  Betrachtet man Informationssysteme wie [MB99] in bezug auf *Virtual Enterprises*, so wäre es wünschenswert, Systeme und Datenquellen anderer Firmen einbeziehen zu können (beispielsweise für Teile, die nicht selbst hergestellt, sondern von Zulieferern bezogen werden). Andernfalls müßten sogar externe Daten in das WWW-DBVS eingebracht werden. Hier könnte man ohne komplexe Absprachen mit Sicherheit keine Aktualität und Konsistenz der replizierten Daten garantieren.

- Zustandslose Kommunikation (siehe Kapitel 2.7.1)

Letztendlich benötigen wir also ein System, welches

- die Leistung von Client-Maschinen für die Pufferung von Daten oder lokale Berechnungen, z.B. 3D-Operationen und Datenkonversionen, nutzt, um unnötige Kommunikation über das Netz zu reduzieren;

- eine zustandsorientierte Kommunikation zur Interaktion mit beliebigen Komponenten realisiert und damit eine abgesicherte, verteilte, transaktionsbasierte Verarbeitung ermöglicht;

- einen Mechanismus zur konsistenten, unternehmensübergreifenden Integration operativer Datenbestände umfaßt, der nicht auf manueller Replikation basieren sollte;

- geeignete DB-*Middleware* (siehe Kapitel 2.4.4.2) oder ähnliche Mechanismen zur Lastbalancierung benutzt, um die operativen DBVS sowohl intern als auch für WWW-Anwendungen effizient nutzen zu können.

Eine Lösung für diese Anforderungen ist der Einsatz von Java-*Applets*, die in HTML-Seiten eingebettet sind. Sie ermöglichen die Interaktion mit beliebigen Komponenten oder Datenquellen über zustandsorientierte Kommunikationsprotokolle (z.B. TCP/IP *Sockets*, JDBC usw.). Weiterhin können dadurch komplexe Berechnungen lokal auf dem Client ausgeführt werden. Zwischenergebnisse und andere Daten lassen sich außerdem im Hinblick auf weitere Aktionen puffern (sog. *Caching*). Beispielsweise könnte man die ein Fahrzeug beschreibenden Vektordaten in komprimierter Weise zum Client übertragen, sie dort in Rasterdaten konvertieren und anschließend visualisieren. Eine Änderung der Konfiguration durch den Anwender muß nun nicht mehr zum Server übertragen werden, sondern sie läßt sich durch lokale Operationen behandeln.

In einem weiteren Schritt ersetzen wir die WWW-DBVS durch standardisierte Zugriffsmethoden auf die operativen DBVS. Sind diese (bzw. die Daten der darüberliegenden *Middleware*) durch standardisierte, innerhalb der Branche akzeptierte Schemata modelliert, so können die Daten ohne Replikation für unternehmensübergreifende Informationssysteme genutzt werden. Im Bereich des Produktdatenmanagements ist hier erneut ISO 10303 (STEP) zu nennen (siehe Kapitel 3). Im Prinzip lassen sich sogar komplette Komponenten gemeinsam benutzen. Die resultierende Architektur ist in der rechten Hälfte von Abbildung 2.7 veranschaulicht. Die HTML-Seiten sowie der *Bytecode* der *Applets* werden dabei wie bisher über den WWW-Server zur Verfügung gestellt.

Anhand dieses Beispiels könnte nun leicht der Eindruck entstehen, daß wir generell die Verlagerung von Funktionalität vom Server auf den WWW-Client bevorzugen (sog. *Fat Clients*). Dies ist ganz und gar nicht der Fall. Mit den zugrundeliegenden Konzepten und Modellen einer Architektur sollte es aber möglich sein, auf die speziellen Eigenschaften jeder einzelnen Anwendung einzugehen. Dementsprechend kann es in einem System sowohl *Thin* als auch *Fat Clients* geben, die unter Umständen sogar interagieren.

2.7.4 Intranet und Internet: Mehr als ein Präsentationsmedium?

Bisher haben wir nur die Nutzung des Internets im Sinne von WWW-basierten Informationssystemen betrachtet. Es stellt sich nun die Frage, ob das Internet für weitere Aufgaben genutzt werden kann. Anhand von Abbildung 2.7 und der im letzten Abschnitt geführten Diskussion läßt sich bereits erahnen, daß dies der Fall ist. Ein *Applet* kann nämlich beliebige Funktionalität implementieren und beispielsweise auch ein Design-Werkzeug für Entwurfsumgebungen realisieren. In den letzten Jahren hat sich daher ein Trend abgezeichnet, bei dem komplette Anwendungssysteme (wie z.B. das Corel Office-Paket) in Java entwickelt, zentral installiert und dann auf beliebigen Clients in einem Browser gestartet werden. Auf den Client-Rechnern muß dann keine Software mehr installiert sein, so daß der Aufwand für die Wartung erheblich sinkt. Wird sogar das Betriebssystem von einem zentralen Server gebootet, so spricht man vom sog. *Net Computer*. Ein Beispiel dafür ist Suns JavaStation [Sun98c], die wir in Kapitel 6 für vergleichende Messungen herangezogen haben. Aufgrund von Leistungsproblemen hat sich diese Technik aber bisher nicht durchsetzen können.

Im Sinne dieser Verarbeitungsweise könnte man das Internet eigentlich als eine auf hohem Niveau modellierte Netzwerkschicht betrachten (quasi als Ergänzung zum ISO/OSI-Schichtenmodell [DZ83, Ta92]). Es läßt sich so auch sehr gut mit dem *Intranet* vergleichen: Im Rahmen dieses Buches wollen wir das *Internet* als weltumspannendes, allgemein zugängliches Netzwerk ansehen, während das *Intranet* die lokale Netzstruktur innerhalb eines Unternehmens darstellt. Mit beiden kann die gleiche Funktionalität realisiert werden, jedoch gibt es zwei wesentliche Unterschiede. Der erste betrifft die Bandbreite der Netzverbindungen. Nachdem das Intranet intern verwaltet wird, erwarten wir, daß sich die Leistung (gemäß den technischen Möglichkeiten) beliebig verbessern läßt. Im Internet sollte man dagegen prinzipiell von einer sehr geringen Übertragungsrate ausgehen. Der zweite Unterschied betrifft die Sicherheit. Innerhalb des Intranet gelten alle Clients und Server als vertrauenswürdig. Im Gegensatz dazu sollte man alle Rechner und Verbindungen im Internet prinzipiell als nicht vertrauenswürdig ansehen. Hier sind also ergänzende Maßnahmen zur Autorisierung, Authentifizierung und Verschlüsselung nötig. An der Schnittstelle zwischen Intranet und Internet werden dafür im allgemeinen sog. *Firewalls* eingesetzt [YM96].

Abschließend sei noch erwähnt, daß mit dem Begriff Intranet oftmals nur das lokale, schnelle und unternehmensinterne Informationssystem bezeichnet wird, während man die eher langsame weltweite Informationsverbreitung über das WWW mit dem Internet gleichsetzt. Diese Sichtweise halten wir für zu restriktiv und unangemessen: Bei großen Konzernen kann selbst das Intranet weltweite Verbreitung erfordern. Dementsprechend charakterisieren beide Begriffe lediglich die gewünschte Verbreitung (unternehmensintern oder öffentlich), nicht aber die zugrundeliegende Verteilung oder Kommunikationsbandbreite.

2.7.5 Ist Pure Java die ultimative Lösung?

Aufgrund der hohen Portabilität von Java-Programmen bietet es sich an, Java als Grundlage für neue Implementierungen zu nutzen. Insbesondere bei komponentenbasieren Architekturen wird so ein Höchstmaß an Flexibilität und Wiederverwertbarkeit gewonnen. Java bietet weiterhin bereits ein internes Komponentenmodell (*Java Beans* und *Enterprise Java Beans*, siehe Kapitel 2.1 bzw. [Sun97d, Sun98a]) und *Middleware*-Mechanismen wie *Remote Method Invocation* und *Object Serialization* an (RMI bzw. OS, siehe [Sun97b, Sun97c]). Aus diesem Grund wird vielfach die Ansicht vertreten, daß Java für alle Bestandteile eines Systems verwendet werden (und eben *nichts* anderes zum Einsatz kommen) sollte. Wir halten diese Sichtweise für sehr gefährlich und falsch. Natürlich bietet sich Java für die Implementierung portabler Clients an. Wir haben aber bereits in Kapitel 2.1 den Bedarf für die abstrakte Modellierung von Komponenten und die strikte Trennung von Schnittstelle und Implementierung erkannt. Dies ist bei einer puren Verwendung von Java nicht der Fall, so daß wir den Einsatz von Komponentenmodellen wie CORBA befürworten (siehe Kapitel 4). In vielen Fällen, beispielsweise bei der Integration von *Legacy*-Systemen, ist es nämlich nötig, von der benutzten Programmiersprache zu abstrahieren. Weiterhin favorisieren wir auf dem Server nach wie vor C++ oder ähnliche Sprachen. Auch wenn die Leistung von Java sich der von C++ annähern wird, so gibt es immer noch einige Konzepte (wie z.B. multiple Vererbung oder eine effiziente Pufferverwaltung, siehe Kapitel 6.1.1), die in Java nur schwer zu realisieren sind. Letztendlich stellt sich auch noch die Frage, welche Programmiersprache denn in zehn Jahren aktuell ist. Wer hat 1990 schon an Java gedacht? Will man immer wieder alle Systeme neu implementieren? Ein Austausch einzelner (Client-) Komponenten ist mit Sicherheit wirtschaftlicher und schneller zu realisieren.

2.7.6 XML – Das Konzept der Zukunft?

Im letzten Kapitel haben wir erkannt, daß Java ein sehr mächtiges Werkzeug darstellt, aber mit Sicherheit nicht die ultimative Lösung ist. In der letzten Zeit hat sich nun ein weiteres Schlagwort etabliert: XML (*eXtensible Markup Language*). Ist nun XML die ultimative Lösung, die Java schon wieder ablöst? Keinesfalls! XML ist keine Programmiersprache, sondern eine vom W3C definierte Sprache zur Modellierung und Repräsentation von Daten [BPS98]. Sie kann eher als Ergänzung zu Java angesehen werden. Zur Verdeutlichung wollen wir kurz die verschiedenen Techniken einordnen (vgl. Abbildung 2.8): Weit verbreitet ist bereits die Kombination aus HTML und Java, wobei HTML eine Anwendung der Sprache SGML ist. XML ist nun eine echte Untermenge von SGML. Abgeleitet von XML gibt es verschiedene Anwendungen wie XHTML. Diese wollen wir aber gar nicht genauer betrachten. Wichtig ist, daß alle diese Konzepte keine Konkurrenz zu Java sind, sondern eine echte Ergänzung.

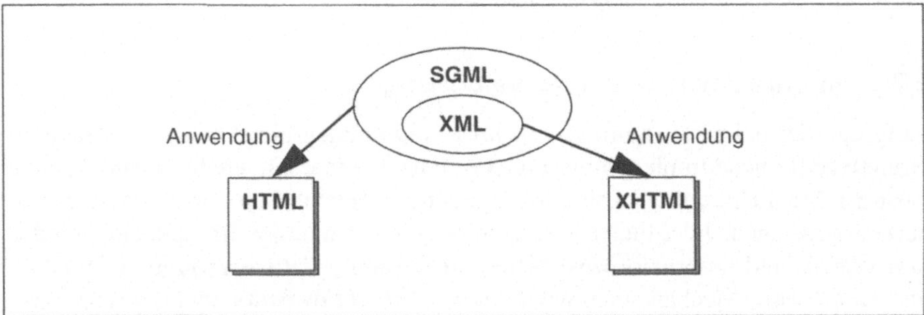

Abb. 2.8: Einordnung von XML

Bei der Diskussion von XML sollte man zwei verschiedene Aspekte betrachten: Die Modellierung und die Repräsentation bzw. den Transport von Daten. Für die Modellierung gibt es im Prinzip zwei verschiedene Varianten: XML *DTD* (*Document Type Definition*, siehe [BPS98]) und XML *Schema* [TBMM00]. Letztere sind erheblich mächtiger, befinden sich aber noch in der Standardisierung durch das W3C.

Auf Basis von DTD oder Schema werden dann die Dateien mit den eigentlichen Daten erzeugt. Man kann diesen Prozeß mit der Erstellung von HTML-Seiten vergleichen, bei denen benutzerdefinierte *Tags* und weitere Formate und Einschränkungen über DTDs oder Schemata definiert werden. Dementsprechend gibt es auch XML-*Browser*, die aber überwiegend nur auf DTDs basierende Dokumente darstellen können. Analog zu HTML beziehen diese *Browser* die XML-Dateien von einem WWW-Server oder dem lokalen Dateisystem.

XML-Dateien dienen aber nicht nur als Basis für die Präsentation. Sie lassen sich auch als Dateien für den Datenaustausch benutzen, die von einer Applikation als Datenbasis verwendet werden. Zur schnelleren Verarbeitung von XML-Dateien arbeitet das W3C an einer Anfragesprache *XML Query* [Mar98]. Die XML-Datei wird dann nicht mehr direkt angezeigt, sondern als Datenbasis für die Anfrage benutzt. Im Prinzip muß aber noch nicht einmal eine explizite XML-Datei vorliegen: Eine Modellierung über *XML Schema* reicht, um eine *XML Query* formulieren zu können. Diese kann dann z.B. an eine Datenhaltungskomponente geschickt werden, die intern ein völlig anderes Format als Dateien verwendet. Ein Beispiel hierfür ist das von der Software AG entwickelte Produkt Tamino [SAG00], das quasi ein in XML modelliertes DBVS darstellt.

Neben der Modellierung und dem Austausch von Daten ist XML aber auch ein hervorragendes Konzept zur Verwaltung von Metadaten. So werden beispielsweise in [HH99] die zum *Function Mapping* nötigen System- und Abbildungsbeschreibungen in XML-Dateien gespeichert. Weiterhin ist der XML-Ableger XMI (*XML Metadata Interchange*, siehe [XMI]) u.a. als textuelle Repräsentation von UML (*Unified Modeling Language*, siehe [UML]) vorgesehen.

2.8 Zusammenfassung

In diesem Kapitel haben wir einige Grundlagen diskutiert, die wesentlich für das weitere Verständnis der vorliegenden Arbeit sind. Zunächst einmal haben wir den Begriff von Komponenten und Komponentenmodellen definiert. Von besonderer Bedeutung ist hier die strikte Trennung von Schnittstellenbeschreibung und Implementierung, die im allgemeinen durch eine formale Beschreibungsmethode erreicht wird und die Austauschbarkeit und Wiederverwendbarkeit einzelner Bausteine ermöglicht. Neben der Bildung von Komponenten lassen sich Software-Architekturen dann noch mittels zwei weiterer Methoden strukturieren: Durch die Bildung von Schichten entsteht eine horizontale, logische Partitionierung von Systemen, während Client/Server-Grenzen eine implementierungsnahe Möglichkeit zur Aufteilung von Software auf mehrere Rechner darstellen. Für die Kommunikation zwischen diesen Rechnern benötigt man sog. *Middleware*. Neben den rudimentären Varianten RPC und MoM sind hier objektorientierte Erweiterungen (wie z.B. CORBA oder DCOM) sowie Speziallösungen für DBVS von Bedeutung. Alle Varianten werden wir noch ausführlich im Rahmen dieser Arbeit betrachten. Dabei gilt es zwei verschiedene Szenarien zu unterscheiden: Auftragsbezogene (*Operation Shipping*) und datenintensive Systeme (*Data Shipping*), deren Leistung jeweils durch unterschiedliche Aspekte beeinflußt wird. Eine angemessene Modellierung ist deshalb unabdingbar. Aufbauend auf diese allgemeinen Grundlagen haben wir uns dann den speziellen Rahmenbedingungen dieser Arbeit gewidmet: den Entwurfsumgebungen. Hier sind wir kurz auf die Begriffe *Workflow*, CSCW, *Groupware* sowie Isolation und Kooperation eingegangen. Abschließend haben wir dann eine mögliche Anbindung an das Intra-/Internet betrachtet und dabei den Einsatz von Java und XML zur Erstellung mächtiger Anwendungen motiviert.

3 Der Internationale Standard STEP

Wir haben bereits in den letzten Kapiteln die Verwendung standardisierter Datenmodelle und zugehöriger Zugriffsschnittstellen motiviert. Mit dieser Maßnahme wird garantiert, daß der von uns benötige Austausch und die Archivierung von Produktdaten auch über Komponenten-, Rechner- und Unternehmensgrenzen hinweg erfolgen kann. Er sollte insbesondere unabhängig von verwendeten Rechnerarchitekturen, Betriebssystemen, Programmiersprachen sowie Datenbankverwaltungssystemen (DBVS) und internen Datenmodellen bzw. Schemata sein. Wichtig ist letztendlich, daß sich der gesamte Entwicklungsprozeß eines Produktes einheitlich archivieren und dokumentieren läßt. Im Bereich des Produktdatenmanagements bietet sich dafür der Einsatz des ISO-Standards 10303 an. Dieser hat den Titel *Industrial Automation Systems and Integration – Product Data Representation and Exchange*, wird aber häufig unter dem Akronym STEP (*Standard for the Exchange of Product Data*) referenziert.

STEP [ISO94a, Ow93] wurde von der *International Organization for Standardization* (ISO) verabschiedet, die ein Zusammenschluß von nationalen Standardisierungsgremien ist. Die eigentliche Arbeit wird von sog. *Technical Committees* erledigt. In diesen sitzen Vertreter aller beteiligten Organisationen. Für die Verabschiedung eines Standards müssen mindestens 75% der Mitglieder stimmen. Zuständig für STEP ist das *Technical Committee ISO/TC 184, Industrial Automation Systems and Integration, Subcommittee SC4, Industrial Data* (kurz ISO TC184/SC4). Bei den dreimal pro Jahr stattfindenden Treffen dieses Ausschusses sind durchschnittlich 200 bis 300 Delegierte anwesend. Ein Großteil davon sind direkt von der Industrie entsandte Vertreter. Man kann also davon ausgehen, daß STEP nicht einfach nur ein weiterer Standard auf dem Papier ist. Im Gegenteil, die enthaltenen Modelle stoßen insbesondere innerhalb der Automobilindustrie auf hohe Akzeptanz, .

Zur Strukturierung der umfangreichen Konzepte und Schemata wurde STEP in verschiedene Serien (*Parts*) unterteilt. Die Serien 1-10 beschreiben die Grundlagen und den allgemeinen Aufbau von STEP. In den Serien 11-20 werden Beschreibungs- und Spezifikationsmethoden behandelt, darunter auch die in Kapitel 3.1 vorgestellte Datenmodellierungssprache EXPRESS [ISO94b, SW94]. Die Serien 21-30 beinhalten Implementierungsmethoden, z.B. das Format zum Produktdatenaustausch über ASCII-Dateien, die sog. *STEP Physical Files* [ISO94c], oder die Zugriffsschnittstelle SDAI [ISO98a], deren Eigenschaften wir in Kapitel 3.2 noch genauer betrachten werden. In den Serien 31-40 sind Methoden und Kriterien für Konformitätstests beschrieben. Grundlegende Datenstrukturen, sog. *Integrated Resources*, werden durch die Serien 41-50 definiert. Sie dienen als Grundlage für die in den Serien 201-

300 beschriebenen *Application Protocols*, die normierte Schemata für spezielle Anwendungsbereiche definieren. Ein Beispiel ist das auf den Produktlebenszyklus in der Automobilindustrie abgestimmte AP 214.

Jedes einzelne Dokument unterläuft während der Standardisierung verschiedene Phasen. Neue Projekte beginnen in der Regel als *New Work Item* (NWI), das eine Anforderungsanalyse sowie die Definition der Zielsetzung umfaßt. Anschließend folgt die Erstellung sog. *Working Drafts* (WD), anhand derer erste Ideen und Lösungen fixiert werden. Ist ein technisch stabiler Zustand erreicht, so folgt die Verabschiedung eines *Committee Drafts* (CD). Über diesen wird nun zum ersten mal international abgestimmt. Entsprechend der von den Ländervertretern eingeschickten Kommentare sind in diesem Stadium noch grundlegende technische Änderungen möglich. Wurde ein CD akzeptiert, so folgen die Phasen *Draft International Standard* (DIS), *Final Draft International Standard* (FDIS) und schließlich *International Standard* (IS). Innerhalb dieser sind keine technischen Änderungen erlaubt.

Klasse	Serie	Kurzbeschreibung	Status
Umfang und Architektur (1-10)	1	Überblick und fundamentale Prinzipien [ISO94a]	IS
Beschreibungs- methoden (11-20)	11	Definition der Sprache EXPRESS [ISO94b]	IS
Implementierungs- methoden (21-30)	21	Format von Austauschdateien (*STEP Physical File*) [ISO94c]	IS
	22	Definition der Schnittstelle SDAI [ISO98a]	FDIS
	23	SDAI Language Binding für C++ [ISO98b]	DIS
	26	SDAI Language Binding für IDL [ISO98c]	DIS
	27	SDAI Language Binding für Java [ISO99a]	CD
Testmethodik (31-40)	31	Generelle Konzepte zur Konformitätsprüfung	IS
Integrated Resources (41-50)	41	Generelle Informationen zur Produktbeschreibung	IS
	42	Darstellung von Geometrie	IS
Application Protocols (201-299)	203	Darstellung konfigurierbarer Geometrie	IS
	212	Elektrotechnische Informationen	DIS
	214	Produktlebenszyklus in der Automobil- industrie [ISO99b]	DIS

Tabelle 3.1: Dokument-Klassen und Serien innerhalb von ISO 10303 (STEP)

Eine Auflistung einiger Dokumente und ihrer Stati ist in Tabelle 3.1 enthalten. In der ersten Spalte sind die Klassen des STEP-Standards mit den dazugehörenden Bereichen für die Nummern der Serien aufgeführt. In der zweiten, dritten und vierten Spalte werden ausgewählte Dokumente mit Nummer, einer kurzen Beschreibung sowie ihrem Status benannt. Einige Serien (insbesondere die Implementierungsmethoden) werden wir in den folgenden Abschnitten noch genauer betrachten, andere (wie z.B. die Testmethodik) sind hingegen ohne Bedeutung für die hier geführte Diskussion.

Neben dem Einsatz im Szenario des Produktdatenmanagements werden einige Dokumente der 10er- und 20er-Serien inzwischen auch in anderen Bereichen verwendet. Beispielsweise wird EXPRESS auf europäischer Ebene zur Modellierung von Geodaten und GIS (*Geographic Information Systems*) benutzt. Damit ergibt sich ein deutlich breiteres Einsatzgebiet für eine EXPRESS-basierte Datenversorgung. Im Rahmen des vorliegenden Buches werden wir deshalb nicht speziell auf die in den *Application Prototcols* definierten Modelle eingehen, sondern eine allgemeine Datenversorgung für beliebige EXPRESS-Schemata betrachten. Als Grundlage dient uns dabei die Vorstellung der Konzepte und Techniken der Datenmodellierungssprache EXPRESS und der Zugriffsschnittstelle SDAI in den Kapiteln 3.1 und 3.2. Der Vollständigkeit halber geben wir in Kapitel 3.3 noch einen Überblick über den allgemeinen Aufbau von *Application Protocols* und deren Beziehung zu *Integrated Resources*. Kapitel 3.4 faßt abschließend die gewonnenen Erkenntnisse zusammen.

3.1 Die Modellierungssprache EXPRESS

EXPRESS (*Expressive Power*) ist eine strukturell objektorientierte Datendefinitionssprache [Di87], die eine sowohl für den Menschen als auch eine Maschine verständliche Spezifikation von Daten ermöglichen soll. Sie ist in Serie 11 von ISO 10303 definiert [ISO94b]. Im folgenden werden die einzelnen Bestandteile der Sprache kurz vorgestellt und durch abstrakte Beispiele oder Auszüge der in Kapitel 3.1.5 enthaltenen Beispielanwendung veranschaulicht. Für eine weitergehende Diskussion von EXPRESS sei z.B. auf [SW94] verwiesen.

3.1.1 Schemata

> *"A schema defines a universe of discourse in which the objects declared*
> *have a meaning and purpose. It is the basis for partitioning and inter-*
> *communication [ISO94b]."*

Wie in relationalen Systemen werden die Daten auch in EXPRESS nicht nur durch ein Schema, sondern unter Umständen mit Hilfe mehrerer Schemata modelliert. Dadurch lassen sich Metadaten bereits anwendungsspezifisch partitionieren. Ein

Schema stellt einen eigenen Namensraum für alle enthaltenen Komponenten dar, wobei allerdings auch Verweise zwischen Objekten unterschiedlicher Schemata möglich sind (siehe Kapitel 3.1.3.2). Die Spezifikation eines Schemas wird durch das Schlüsselwort schema eingeleitet. Anschließend folgt die Deklaration von Typen (Kapitel 3.1.2), Objekten (sog. *Entities*, siehe Kapitel 3.1.3), Regeln und Algorithmen (Kapitel 3.1.4). Die Reihenfolge ist dabei beliebig und unbedeutend. Kapitel 3.1.5 veranschaulicht die Spezifikation eines Schemas anhand eines kurzen Beispieles.

3.1.2 Typen

Für die Definition eines EXPRESS-Schemas stehen folgende Typen und Typkonstruktoren zur Verfügung. Ihre Verwendung wird in Beispiel 3.1 und Kapitel 3.1.5 illustriert.

- Basistypen (*Simple Types*)
  EXPRESS bietet bereits eine Reihe von Basistypen an: REAL, INTEGER, NUMBER (Supertyp von REAL und INTEGER), Boolean (mit den Werten TRUE oder FALSE), LOGICAL (TRUE, FALSE oder UNKNOWN), STRING und BINARY (eine Liste von Bits). Über die Genauigkeit und Länge von REAL- oder INTEGER-Werten wird im Standard leider keine Aussage gemacht.

- Aggregate (*Aggregation Data Types*)
  Für die Definition von Aggregaten gibt es die Konstruktoren ARRAY (feste Länge, feste Reihenfolge), LIST (variabel lang, feste Reihenfolge), BAG (variabel lang, keine Ordnung auf den Elementen, Duplikate erlaubt) und SET (BAG ohne Duplikate). Aggregate lassen sich über beliebige Typen bilden. Dabei können Kardinalitätsrestriktionen in Form unterer und oberer Schranken spezifiziert werden.

```
-- Kommentare werden durch '--' eingeleitet

-- Defined / Aggregation / Simple Data Type:
TYPE vector = ARRAY [1..3] OF INTEGER;
END_TYPE;

-- Defined / Enumeration Data Type:
TYPE figure = ENUMERATION OF (circle, box);
END_TYPE;

-- Defined / Simple Data Type with Where-Clause:
TYPE positive = INTEGER;
WHERE
   notnegative : SELF >= 0;
END_TYPE;

-- Defined / Select / Simple Data Type:
TYPE own_number = SELECT (NUMBER, positive);
END_TYPE;
```

Beispiel 3.1: Typdeklarationen in EXPRESS

- Allgemeine Supertypen (*Select Data Type*)
  Zur Realisierung einer Typhierarchie kann mit dem SELECT-Konstrukt ein Supertyp deklariert werden. Der Wertebereich ist die Vereinigung der Wertebereiche aller zugrundeliegenden Typen. So gilt z.B. NUMBER = SELECT (INTEGER, REAL). Ein SELECT-Typ ist aber nicht mit der Definition einer Superklasse im objektorientierten Sinne zu verwechseln! Eine Instanz dieses Typs kann zur Laufzeit immer nur die Rolle einer Instanz *eines* Basistyps annehmen, niemals die von zweien. Weiterhin ist eine Instanz eines Basistyps *keine* Instanz des SELECT-Typs.

- Aufzählungstypen (*Enumeration Data Type*)
  Aufzählungstypen können in gewohnter Weise deklariert werden. Dabei können die gleichen Namen für Elemente in unterschiedlichen Typen auftreten.

- Objekte (*Entity Data Type*)
  Eine ENTITY-Definition beschreibt den Aufbau eines Datenobjektes (siehe auch Kapitel 3.1.3). Diese Objekte können in Typdeklarationen und Parameterlisten wie normale Typen verwendet werden (siehe Beispiel 3.3 auf Seite 53).

- Benutzerdefinierte Typen (*Defined Data Type*)
  Mit dem TYPE-Konstrukt können unter Benutzung der bisher erwähnten Typen und Typkonstruktoren neue Typen definiert und benannt werden. Weiterhin lassen sich durch sog. WHERE-Klauseln Regeln formulieren, die z.B. den verwendeten Wertebereich einschränken (siehe auch Kapitel 3.1.4).

3.1.3 Objekte (Entities)

> *"The language focuses on the definition of entities, which are the things of interest. The definition of entities is in terms of data and behaviour [ISO94b]."*

Die Objekte eines Schemas werden in EXPRESS durch sog. *Entities* beschrieben. Diese können im Prinzip mit Klassen in allgemeinen objektorientierten Modellen verglichen werden [Ca97]. Sie entsprechen weiterhin dem in [At89] definierten Objektbegriff. Mit Hilfe von *Entities* kann man ganze Hierarchien von Typklassen definieren, wobei auch multiple Vererbung erlaubt ist (d.h., ein *Entity* kann unter Umständen von mehreren Superklassen erben).

Die Deklaration eines *Entities* beginnt mit dem Schlüsselwort ENTITY. Anschließend folgt der Name des (neuen) Typs, die Angabe der Vererbungsbeziehung zu Super- und Subtypen, eine Liste mit Attributen sowie die Definition von lokalen Regeln (siehe Kapitel 3.1.4). Die Reihenfolge innerhalb der Deklaration von Attributen und Regeln ist unbedeutend. Wird das Konzept der Vererbung benutzt, so enthält die Subklasse alle Bestandteile ihrer Superklasse(n). Eine Redefinition von Regeln ist nicht möglich, die Regelmenge kann nur durch weitere ergänzt werden. Für Attribute gibt es jedoch folgende Möglichkeiten:

- Ein Supertyp (*Select Data Type*) wird durch einen Basistyp eingeschränkt (so läßt sich ein Attribut vom Typ NUMBER auf den Typ INTEGER reduzieren).

- Ein optionales Attribut wird verpflichtend vorgeschrieben (ein Auto hat immer eine Farbe, ein beliebiges Produkt evtl. nicht, siehe Beispiel 3.5 auf Seite 55).

- Ein explizites Attribut wird durch eine Ableitungsregel (DERIVE) spezifiziert (siehe ENTITY Frau in Beispiel 3.4 auf Seite 54: eine Frau muß weiblichen Geschlechts sein).

Der Namensraum von *Entities* setzt sich aus dem eigenen und denen aller Super-klassen zusammen. Wichtig bei der Redeklaration von Attributen ist die Verwendung des Schlüsselwortes SELF (siehe Beispiel 3.5 auf Seite 55 oder Beispiel 3.4 auf Seite 54). Würde dieses ausgelassen, so wären beide Attribute (das gerade definierte und das der Basisklasse) sichtbar, obwohl sie den gleichen Namen tragen!

Eine weitere Besonderheit von EXPRESS sind verschiedene Vererbungsformen. Wird beispielsweise der Typ Person als Supertyp von Frau und Mann deklariert, so gibt es dafür drei verschiedene Möglichkeiten. Die erste Variante ergibt sich durch die Verwendung der Klausel SUPERTYPE OF ONEOF (Frau, Mann) (vgl. Entity Person in Beispiel 3.4 auf Seite 54). Sie entspricht der üblichen und erwarteten Semantik: Eine Person ist entweder eine Frau oder ein Mann. Wird hingegen mehrfache Typzugehörigkeit gewünscht, so können die Schlüsselwörter ANDOR (eine Person ist eine Frau, ein Mann, oder beides) oder gar AND (eine Person ist immer Frau und Mann) verwendet werden (siehe Kapitel 9.3.3.5 in [ISO94b]). Wird keines der drei Schlüsselwörter benutzt, so gilt automatisch ANDOR-Vererbung.

3.1.3.1 Beziehungen zwischen Objekten

Wird innerhalb einer *Entity*-Deklaration ein Attribut vom Typ eines *Entities* spezifiziert, so stellt dieses Attribut eine Referenz zwischen beiden *Entity*-Typen her. Diese kann sowohl innerhalb eines Typs (Waren bestehen aus anderen Waren) als auch zwischen verschiedenen Typen definiert sein (z.B. zwischen Frau und Mann). In dem in Kapitel 3.1.5 vorgestellten Szenario werden Varianten aller möglichen Beziehungstypen (1:1, 1:n, n:m) illustriert: Eine Frau ist mit maximal einem Mann verheiratet (und umgekehrt, 1:1), ein Hersteller produziert mehrere Produkte, die genau einen Hersteller haben (n:1), ein komplexes Produkt besteht aus mehreren Produkten, die Bestandteil mehrerer komplexer Produkte sein können (n:m) usw.

Im Sinne der Konsistenzerhaltung sowie einer einfacheren Navigation können zu jeder Referenz Gegenreferenzen in Form von inversen Attributen deklariert werden (Schlüsselwort INVERSE). Dabei ist zu beachten, daß in der INVERSE-Klausel aufgeführte Attribute nicht materialisiert werden müssen, sondern lediglich einen Mechanismus für die Überwachung der referentiellen Integrität bieten. Im Prinzip stellen sie nur eine Form von lokalen Regeln dar (siehe auch Kapitel 3.1.4). Die Verwendung des Schlüsselwortes OPTIONAL ist hier nicht erlaubt, Kardinalitätsrestriktionen lassen sich aber über die Konstrukte „SET [0:1]" (maximal eine), „SET [0:n]" (maximal n) bzw. „SET [0:?]" (beliebig viele Gegenreferenzen) nachbilden.

Gerade bei der Modellierung von 1:1-Beziehungen ergeben sich verschiedene Möglichkeiten, die durch Beispiel 3.3 auf Seite 53 illustriert werden (siehe auch Kapitel 3.1.4).

3.1.3.2 Beziehungen zwischen Objekten unterschiedlicher Schemata

Beziehungen zwischen Objekten aus verschiedenen Schemata lassen sich im Prinzip genauso wie lokale Referenzen modellieren. Dafür werden die jeweils fremden *Entity*-Typen in den Namensraum des lokalen Schemas eingeblendet (durch die Verwendung der Schlüsselworte USE oder REFERENCE). Beim Einsatz der USE-Klausel lassen sich die importierten *Entities* wie lokal deklarierte Typen verwenden. Sie können insbesondere auch von einem dritten Schema mit einer der beiden Klauseln importiert werden: SCHEMA C in Beispiel 3.2 kann ENTITY a2 aus SCHEMA B referenzieren, obwohl es eigentlich in SCHEMA A definiert wurde. Im Gegensatz dazu können alle über die REFERENCE-Klausel importierten Typen nur für die Modellierung von Beziehungen innerhalb des jeweiligen Schemas benutzt werden. Sie sind nach außen nicht mehr sichtbar: SCHEMA C könnte nicht ENTITY a1 aus SCHEMA B importieren (weder über USE, noch mittels REFERENCE). Sinnvoll ist dies, wenn SCHEMA C nichts von der Existenz von SCHEMA A wissen soll bzw. darf.

```
SCHEMA A;                SCHEMA B;                    SCHEMA C:
    ENTITY a1;               REFERENCE FROM A(a1);        REFERENCE FROM B(a2);
        ...                  USE FROM A(a2);              REFERENCE FROM B(b);
    END_ENTITY;
    ENTITY a2;               ENTITY b;                    ...
                                                      END_SCHEMA;
        ...                      ...
    END_ENTITY;              END_ENTITY;
END_SCHEMA;              END_SCHEMA;
```

Beispiel 3.2: Vergleich der USE- und REFERENCE-Klauseln

Aufzählungs- und benutzerdefinierte Typen, Konstanten, Funktionen, Prozeduren usw. können nur wie externe Werte behandelt werden, d.h., daß man sie nur über die REFERENCE-Klausel importieren darf. Rekursiv benötigte Strukturen sind implizit deklariert, lassen sich aber nicht explizit (z.B. für weitere Definitionen) verwenden.

3.1.4 Algorithmen und Regeln

Wir haben bereits in Kapitel 3.1.3 erwähnt, daß Attributwerte automatisch berechnet werden können. EXPRESS bietet dafür die Möglichkeit zur Definition von Algorithmen, die wahlweise Prozeduren oder Funktionen sind. In Anlehnung an Programmiersprachen stehen Konstrukte zur Bildung von Schleifen und Verzweigungen sowie einige vordefinierte Basisfunktionen zur Verfügung (z.B. LOINDEX, HIINDEX, LOBOUND, HIBOUND, INSERT und REMOVE zur Verarbeitung von Aggregaten). Parameter können den Algorithmen entweder mit *Call-by-Reference-* (VAR-Klausel) oder *call-by-value*-Semantik (Standard) übergeben werden. Für Generalisierungen gibt es weiterhin die Schlüsselworte AGGREGATE (es wird einer der vier möglichen Aggregattypen erwartet) und GENERIC (es wird ein beliebiger Typ zugelassen). Lokale Variablen können ebenfalls deklariert werden. Die in Beispiel 3.5 auf Seite 55 definierte Funktion Berechne_Gewicht illustriert exemplarisch die Benutzung einiger Konstrukte. Interessant ist der Aspekt, daß der Zugriff auf das Attribut Gewicht der beteiligten Instanzen aufgrund der DERIVE-Klausel automatisch einen rekursiven Aufruf dieser Funktion bewirkt, sofern es sich dabei um ein komplexes Produkt handelt.

Neben der automatischen Berechnung von Attributwerten lassen sich Algorithmen auch zur Spezifikation von Regeln verwenden. Diese lassen sich in drei Kategorien unterteilen:

- Lokale Regeln, die innerhalb einer *Entity*-Deklaration spezifiziert und auf *einer einzelnen Instanz* ausgewertet werden können, z.B. Beschränkungen des Wertebereiches, Anzahl von Listenelementen, Sortierreihenfolge in dynamischen Strukturen usw.

- Lokale Regeln, die innerhalb einer *Entity*-Deklaration spezifiziert, aber auf der Menge *aller existierenden Instanzen dieses Typs* ausgewertet werden müssen, z.B. Kardinalitätsrestriktionen ([low:high] für Aggregate), Eindeutigkeit (UNIQUE), referentielle Integrität (INVERSE) usw.

- Globale Regeln, die zwar innerhalb eines Schemas, aber außerhalb von Entity-Deklarationen spezifiziert und auf der Menge aller Instanzen ausgewertet werden.

Alle drei Varianten sind in Beispiel 3.3 anhand alternativer Möglichkeiten zur Modellierung der 1:1-Beziehung *verheiratet* illustriert. Obwohl alle Fälle das gleiche Ergebnis auf der Schema-Ebene haben, so ergeben sich zur Laufzeit doch gravierende Unterschiede: Im ersten Fall muß zur Auswertung der Bedingung (bzgl. einer Person) nur auf *zwei* Instanzen zugegriffen werden (sofern inverse Attribute materialisiert und nicht erst zu berechnen sind). Im dritten Fall werden immer *alle* Instanzen gelesen. Andererseits ist hier die Integritätsprüfung des gesamten Datenbestandes einfacher: Man muß nur die Auswertung einer Regel anstoßen. In Fall 1 ist hingegen für jede Instanz des Typs Mann die entsprechende Methode aufzurufen. Eine allgemeine Bewertung einzelner Varianten ist somit nicht möglich.

Im Hinblick auf eine mengenorientierte und regelbasierte Datenverarbeitung bietet sich nun noch die Betrachtung der Standard-Funktion QUERY an. Diese erhält ein Aggregat und eine logische Bedingung (Ergebnistyp Logical) als Eingabe. Die Ausgabe besteht dann aus einem Aggregat, das alle Elemente der Eingabe enthält, welche die übergebene Bedingung erfüllen. So wird z.B. in der globalen Regel verheiratet in Beispiel 3.3 auf Seite 53 der Variablen tr die Menge aller Frauen zugewiesen, die anschließend mit dem QUERY-Konstrukt auf diejenigen beschränkt wird, die mit einem Mann verheiratet sind, der mit einer anderen Frau verheiratet ist. Diese Menge sollte sinnvollerweise leer sein.

```
-- Fall 1: Verwendung der INVERSE-Klausel

ENTITY Frau SUBTYPE OF Person;
    Ehefrau_von : OPTIONAL Mann;
    ...
END_ENTITY;

ENTITY Mann SUBTYPE OF Person;
    ...
INVERSE
    Ehemann_von : SET [0:1] OF Frau FOR Ehefrau_von;
END_ENTITY;

-- Fall 2: optionale Attribute und lokale Regeln

ENTITY Frau SUBTYPE OF Person;
    Ehefrau_von : OPTIONAL Mann;
WHERE
    rf :   (NOT EXISTS (SELF.Ehefrau_von)) OR
           (SELF.Ehefrau_von.Ehemann_von :=: SELF);
END_ENTITY;

ENTITY Mann SUBTYPE OF Person;
    Ehemann_von : OPTIONAL Frau;
WHERE
    rm :   (NOT EXISTS (SELF.Ehemann_von)) OR
           (SELF.Ehemann_von.Ehefrau_von :=: SELF);
END_ENTITY;

-- Fall 3: optionale Attribute und eine globale Regel

ENTITY Frau SUBTYPE OF Person;
    Ehefrau_von : OPTIONAL Mann;
END_ENTITY;

ENTITY Mann SUBTYPE OF Person;
    Ehemann_von : OPTIONAL Frau;
END_ENTITY;

RULE verheiratet FOR (Frau, Mann);
WHERE
    r1 : SIZEOF (
             QUERY (tf <* Frau | EXISTS (tf.Ehefrau_von) AND
                    (tf.Ehefrau_von.Ehemann_von :<>: tf))
          ) = 0;
    r2 : SIZEOF (
             QUERY (tm <* Mann | EXISTS (tm.Ehemann_von) AND
                    (tm.Ehemann_von.Ehefrau_von :<>: tm))
          ) = 0;
END_RULE;
```

Beispiel 3.3: Modellierung von 1:1-Beziehungen

3.1.5 Beispiel

Zum besseren Verständnis der in den letzten Abschnitten vorgestellten Konzepte von EXPRESS wollen wir abschließend ein fiktives Beispiel aus der Automobilindustrie spezifizieren, anhand dessen die meisten Konstrukte veranschaulicht werden. Die Modellierung der Daten ist in Abbildung 3.1 dargestellt. Sie basiert auf den EXPRESS-Definitionen in Beispiel 3.4 und Beispiel 3.5.

```
SCHEMA Produzent;

    REFERENCE FROM Produkt (Produkt);

    TYPE Geschlecht = (weiblich, männlich, unbekannt);
    END_TYPE;

    ENTITY Produzent;
        Name : String;
        produziert : SET [1:?] OF Produkt;
        Zweigwerke_in : SET [1:?] OF Ort;
        Mitarbeiter : SET [1:?] OF Person;
    UNIQUE
        Name;
    END_ENTITY;

    ENTITY Person SUPERTYPE OF ONEOF (Frau, Mann);
        Name, Vorname : STRING;
        Geburtsjahr : INTEGER;
        Geschlecht : Geschlecht;
        Hauptwohnsitz : Ort;
    INVERSE
        arbeitet_bei : SET [0:1] OF Produzent FOR Mitarbeiter;
    END_ENTITY;

    ENTITY Frau SUBTYPE OF Person;
        Ehefrau_von : OPTIONAL Mann;
    DERIVE
        SELF\Geschlecht : Geschlecht := weiblich;
    END_ENTITY;

    ENTITY Mann SUBTYPE OF Person;
    DERIVE
        SELF\Geschlecht : Geschlecht := männlich;
    INVERSE
        Ehemann_von : SET [0:1] OF Frau FOR Ehefrau_von;
    END_ENTITY;

    ENTITY Ort;
        Name : STRING;
    INVERSE
        ansässige_Firmen : SET [0:?] OF Produzent FOR Zweigwerke_in;
        Einwohner : SET [1:?] OF Person FOR Hauptwohnsitz;
    END_ENTITY;

END_SCHEMA;
```

Beispiel 3.4: EXPRESS-Definitionen des Schemas Produzent

Ergänzend zu den bereits in der Einleitung zu Kapitel 3.1.3 erwähnten Formen der
Vererbung (ONEOF, ANDOR und AND) möchten wir noch auf das Schlüsselwort
ABSTRACT hinweisen (siehe ENTITY Produkt in Beispiel 3.5). Es verhindert,
daß es zur Laufzeit Instanzen dieses Typs gibt. Innerhalb der *Entity*-Deklaration
wird weiterhin die Klausel UNIQUE Gewicht, Farbe benutzt. Sie besagt, daß die
Kombination aus diesen beiden Attributen eindeutig sein muß (**nicht** jedes Attribut
für sich). Der Zugriff auf das Gewicht führt aber unter Umständen zum Aufruf der
Prozedur Berechne_Gewicht, die dann rekursive Aufrufe verursacht usw. Weiterhin ist Farbe optional, d.h., daß kein Wert spezifiziert sein muß. Was heißt aber in
diesem Fall eindeutig? Der Standard macht darüber keine Aussage.

```
SCHEMA Produkt;

   REFERENCE FROM Produzent (Produzent);

   TYPE Art = ENUMERATION OF (komplex,einfach);
   END_TYPE;

   TYPE Farbton = ENUMERATION OF (rot, blau, gelb, grün, weiß);
   END_TYPE;

   TYPE Produkte = SET [2:?] OF Produkt;
   END_TYPE;

   FUNCTION Berechne_Gewicht (in : Produkte) : REAL;
      LOCAL
         result : REAL:=0;
      END_LOCAL;
      REPEAT i:=LOINDEX(in) TO HIINDEX(in);
         result:=result + in[i].Gewicht;
      END_REPEAT;
      RETURN (result);
   END_FUNCTION;

   ENTITY Produkt ABSTRACT SUPERTYPE OF
                          ONEOF (Einfaches_Produkt, Komplexes_Produkt);
      Produkt_Typ : Art;
      Gewicht : REAL;
      Farbe : OPTIONAL Farbton;
   INVERSE
      hergestellt_von : Produzent FOR produziert;
      benötigt_für : SET [0:?] OF Komplexes_Produkt FOR besteht_aus;
   UNIQUE
      Gewicht, Farbe;
   END_ENTITY;

   ENTITY Einfaches_Produkt SUBTYPE OF (Produkt);
   DERIVE
      SELF\Produkt_Typ : Art := einfach;
   END_ENTITY;

   ENTITY Komplexes_Produkt SUBTYPE OF (Produkt);
      besteht_aus : Produkte;
   DERIVE
      SELF\Produkt_Typ : Art := komplex;
      SELF\Gewicht : REAL := Berechne_Gewicht (besteht_aus);
   END_ENTITY;

   ENTITY Auto  SUBTYPE OF (Komplexes_Produkt);
      SELF\Farbe : Farbton; -- jetzt vorgeschriebenes Attribut
   END_ENTITY;

   ENTITY PKW SUBTYPE OF (Auto);
      ...
      ...
   WHERE Gewichts_Regel : (Gewicht < 2,8 t);
   END_ENTITY;

END_SCHEMA;
```

Beispiel 3.5: EXPRESS-Definitionen des Schemas Produkt

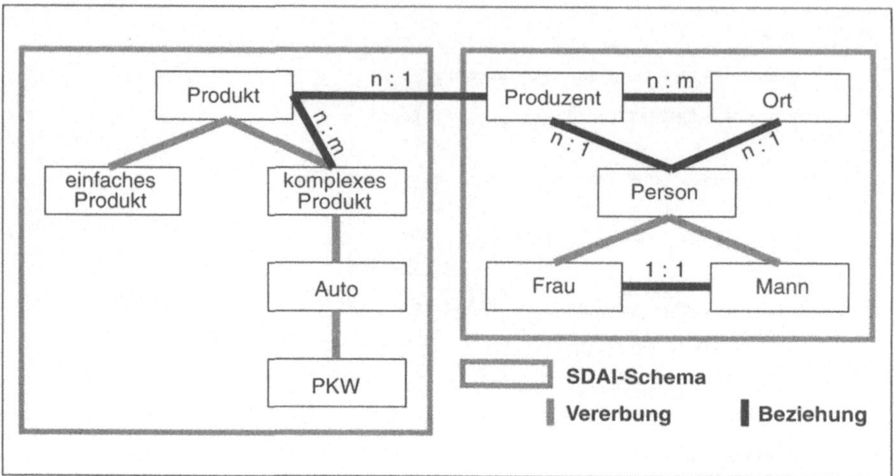

Abb. 3.1: Schema der Beispielanwendung

3.2 Die Zugriffsschnittstelle SDAI

Während wir bisher nur die Modellierung der Daten betrachtet haben, so werden wir uns nun dem zur Laufzeit stattfindenden Zugriff auf Instanzen widmen. Der STEP-Standard enthält dafür das *STEP Data Access Interface*, kurz SDAI [ISO98a]. Es stellt eine einheitliche Schnittstelle zur Verarbeitung EXPRESS-basierter Daten dar, die vollständig von der tatsächlichen Datenspeicherung und möglicherweise verwendeten DBVS (und der damit verbundenen physischen Verteilung) abstrahiert. Das SDAI kann somit als abstrakte Beschreibung der Schnittstelle einer Datenhaltungskomponente betrachtet werden, deren Verwendung ein wichtiger Schritt für die Realisierung einer komponentenbasierten, modularen und offenen Architektur ist (wie wir sie in Kapitel 2.1 skizziert und gefordert haben). Die erzielte Kapselung wird durch Abbildung 3.2 illustriert: Die Implementierung von Applikationen basiert nur auf der SDAI-Spezifikation. Ein Austausch der konkreten Datenhaltung bleibt für die Anwendungsprogramme transparent.

Innerhalb des SDAI werden alle anfallenden Informationen in drei Sparten aufgeteilt: Die eigentlichen Daten (*Application Data*), Metadaten (*SDAI Dictionary Data*) sowie Kontextinformationen zum aktuellen Zustand der Verarbeitung, laufenden Transaktionen usw. (*SDAI Session Data*). Letztere können im allgemeinen transient im Hauptspeicher gehalten werden. Daten und Metadaten sind hingegen in sog. *Repositories* abgelegt. Diese realisieren quasi *virtuelle* Datenbanken, deren Inhalt persistent zu speichern ist (wie und in welchem Format auch immer).

Der Zugriff auf Daten/Objekte erfolgt nun einheitlich über das *SDAI Programming Interface*. Die einzelnen Funktionen und Typen der Schnittstelle werden in Serie 22 von ISO 10303 [ISO98a] spezifiziert, wobei alle benötigten Typen in EXPRESS

modelliert sind. Die Signatur und Semantik von Methoden wird hingegen in einer
Pseudo-Sprache beschrieben. Für die Einbettung in eine konkrete Programmiersprache gibt es jeweils ein eigenes Dokument (siehe auch Kapitel 3.2.6). Aufgrund
der Tatsache, daß die Formate von Daten und Metadaten mit Hilfe von EXPRESS
modelliert werden, kann der Zugriff auf beide über die gleichen Funktionen erfolgen. Dabei ist zu beachten, daß Metadaten nicht geschrieben werden können, sondern nur (automatisch) als Nebenwirkung von Operationen aktualisiert werden.

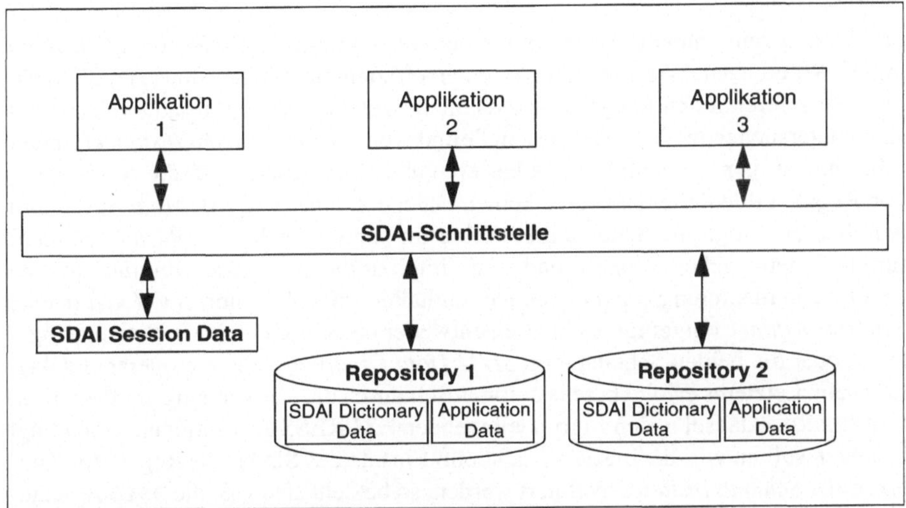

Abb. 3.2: Kapselung von Komponenten durch den Einsatz der SDAI-Schnittstelle

Ein Problem ergibt sich leider aus der Tatsache, daß das SDAI per Definition nur für
den Einbenutzerbetrieb gedacht ist. Das Transaktionsmodell kann aber zusammen
mit den spezifizierten Fehlercodes und Zustandsübergängen zur Implementierung
eines Mehrbenutzerbetriebes benutzt werden (Kapitel 3.2.3 und Kapitel 6.1.1). Aus
der Sicht der Anwendung oder eines Benutzers ändert sich dabei nichts.

In den folgenden Abschnitten wollen wir noch auf einige Details des SDAI eingehen. In Kapitel 3.2.1 werden dafür die verschiedenen Möglichkeiten zur Strukturierung und Partitionierung von Daten anhand eines Beispieles erörtert. Im Anschluß
daran betrachten wir in Kapitel 3.2.2 die Manipulation von Daten. Verarbeitungszu-
stände, mögliche Übergänge, Transaktionen und *Sessions* sind hingegen das Thema
von Kapitel 3.2.3. Die weitere Diskussion betrifft dann die Auswertung von Regeln
(Kapitel 3.2.4), die Abhängigkeit von Implementierungen gegenüber den verwendeten EXPRESS-Schemata (*Early* und *Late Binding*, Kapitel 3.2.5), Anbindungen
an konkrete Programmiersprachen (Kapitel 3.2.6) sowie Implementierungsklassen
(Kapitel 3.2.7). Neben diesen Aspekten ist für das SDAI noch ein Konstrukt zur Bildung geschachtelter Namensräume (sog. *Scopes*) spezifiziert, das für unsere Über-
legungen aber nicht von Interesse ist.

3.2.1 Strukturierung der Daten

Wie wir bereits in Kapitel 3.1.1 gelernt haben, werden die Metadaten in einzelne Schemata partitioniert, die damit implizit mehrere Mengen von *Entity*-Instanzen bilden, denen jeweils ein eigenes Schema zugrunde liegt. Diese Einteilung ist aber noch recht grob. Eine feinere Aufteilung der auf *einem* Schema basierenden *Entities* ergibt sich durch das *Model*-Konstrukt: Jedes *Entity* muß in genau einem *Model* enthalten sein, dem genau ein Schema zugrunde liegt. Somit erhalten wir eine strikte Partitionierung der Daten.

Probleme bereitet nun die Verknüpfung der Daten mehrerer *Models* oder *Schemata* mittels Referenzen. Wie soll man z.B. einen effizienten Mechanismus zur Überprüfung der referentiellen Integrität bereitstellen, wenn dieser den gesamten Datenbestand untersuchen müßte? Aus diesem Grund wurden sog. *Schema Instances* eingeführt, die auf genau einem Schema basieren und einen Kontext für die Auswertung von Regeln bilden. Sie realisieren keinen Datencontainer wie z.B. *Models*, sondern lediglich eine logische Schutzhülle. Weiterhin kann es mehrere *Schema Instances* für ein Schema geben. *Models*, und somit implizit die enthaltenen *Entities*, können ebenfalls in mehreren *Schema Instances* enthalten sein. Wird nun ein *Model* in eine *Schema Instance* eingefügt, so müssen entweder beide vom gleichen Schema abgeleitet, oder die beiden Schemata im *SDAI Data Dictionary* als interoperabel deklariert sein. Letzteres erfolgt bereits automatisch durch die Verwendung der USE- bzw. REFERENCE-Klausel in den zugrundeliegenden EXPRESS-Definitionen. Unbedingt beachten sollten wir die Tatsache, daß beim Einsatz des SDAI *alle* Regeln im Kontext einer *Schema Instance* evaluiert werden, so bezieht sich z.B. die UNIQUE-Klausel nicht mehr auf alle Instanzen eines *Entity*-Typs!

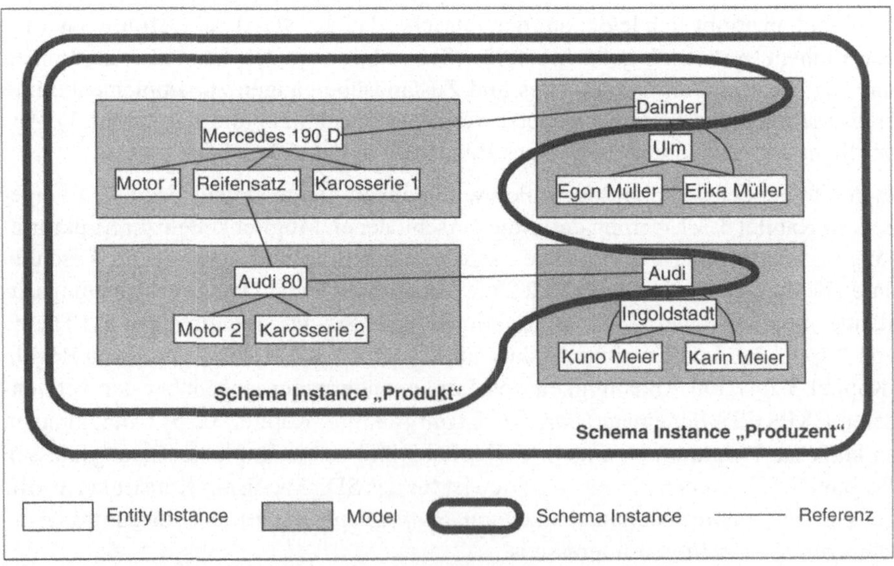

Abb. 3.3: Mögliche Ausprägung für die Beispielanwendung in Kapitel 3.1.5

Schema Instances, Models und deren *Entity*-Instanzen sind genau einem *Repository* zugeordnet. *Schema Instances* können allerdings mit *Models* in anderen *Repositories* assoziiert sein (s.o.). Die Zuordnung von Schemata zu *Repositories* ist hingegen nicht spezifiziert. Referenzen zwischen zwei *Entity*-Instanzen sind nur dann erlaubt, wenn beide im gleichen *Model* enthalten sind, oder es eine *Schema Instance* gibt, in der die beiden unterschiedlichen *Models* (und damit auch die beiden *Entity*-Instanzen) enthalten sind. An dieser Stelle liegt die Folgerung nahe, daß damit nur Referenzen innerhalb eines *Repositories* möglich sind. Dies ist aber nicht der Fall, da sich *Schema Instances* über mehrere *Repositories* erstrecken können, obwohl sie (administrativ gesehen) nur einem zugeordnet sind.

Eine mögliche Ausprägung für das in Kapitel 3.1.5 definierte Beispiel wird durch Abbildung 3.3 veranschaulicht. Die Objekte der linken Seite basieren auf dem Schema Produkt, die der rechten auf dem Schema Produzent. Die beiden *Schema Instances* beziehen sich jeweils auf das Schema mit dem gleichen Namen. Obwohl alle *Models* in beide *Schema Instances* eingehängt werden müssen (sonst wären die Referenzen zwischen den *Models* nicht erlaubt), sind z.B. die *Entity*-Instanzen Ulm, Egon Müller, Erika Müller, Ingoldstadt, Kuno Meier und Karin Meier nicht in der *Schema Instance* Produkt enthalten, da ihre Typen in der EXPRESS-Definition nicht mit der USE- bzw. REFERENCE-Klausel verknüpft sind. Dieser Fakt vereinfacht die Auswertung von Regeln zur referentiellen Integrität. Wir sollten uns aber darüber im klaren sein, daß die Zugehörigkeit von *Entity*-Instanzen zu *Schema Instances* nicht an der Schnittstelle sichtbar ist, sondern nur eine logische Sichtweise darstellt. Abschließend sei bemerkt, daß die Daten dieser Beispielanwendung in maximal vier *Repositories* abgespeichert werden können (jedes *Model* in ein eigenes).

3.2.2 Manipulation von Daten

Für die Bearbeitung einzelner Objekte wird ein ausreichender Satz von Prozeduren definiert. So kann beispielsweise ein Attribut mit den Operationen Get bzw. Put Attribute gelesen oder verändert, oder ein *Entity* mittels Copy bzw. Delete Application Instance kopiert oder gelöscht werden. Auch Funktionen für die Abfrage der zugrundeliegenden Schemata, Typen, *Models* oder *Schema Instances* werden zur Verfügung gestellt. Eine von relationalen DBVS gewohnte mengenorientierte Verarbeitung ist hingegen nur eingeschränkt über das SDAI Query-Konstrukt [ISO98a] möglich. Dieses unterstützt relativ einfache Selektionsbedingungen auf Attributwerten und läßt sich auf eine der folgenden vier Quellen anwenden: Aggregate, *Model*, *Schema Instances* oder *Repositories*. Dabei gibt es allerdings einige Einschränkungen, so daß sich die Mächtigkeit z.B. nur schwer mit der von SQL vergleichen läßt. Auf jeden Fall sollte das SDAI Query-Konstrukt nicht mit der in EXPRESS enthaltenen Standard-Funktion QUERY [ISO94b, Kapitel 3.1.4] verwechselt werden!

3.2.3 Sessions und Transaktionen

Mit Hilfe von *Sessions* wird ein globaler Kontext für Applikationen modelliert, ohne den keine Operationen möglich sind. In ihm werden alle verfügbaren *Repositories* und *Schema Instances* vermerkt sowie der Zustand von *Models*, Transaktionen und *Repositories* gespeichert. Zu einem Zeitpunkt kann allerdings immer nur eine *Session* je Applikation geöffnet sein. Innerhalb dieser läßt sich dann maximal eine Transaktion starten. Dabei ist jedoch zu erwähnen, daß die SDAI-Spezifikation drei Ebenen für die Unterstützung von Transaktionen definiert. Für jede Implementierung muß dann angegeben werden, welche dieser Ebenen realisiert wird (siehe auch Kapitel 3.2.7). Im einfachsten Fall gibt es überhaupt keine Unterstützung einer transaktionsorientierten Verarbeitung (Ebene 1). Einfache *Save-* und *Undo-*Operationen bietet Ebene 2. Diese Befehle beziehen sich immer auf alle in einem *Model* enthaltenen Daten. Erst in Ebene 3 wird der eigentliche Begriff von Transaktionen eingeführt. Leider erfüllt aber selbst dieser nicht die Anforderungen des ACID-Konzeptes [HR83, GR93]. Lediglich die Atomizität (A) und Dauerhaftigkeit (D) von Aktionen kann garantiert werden. Die Isolation (I) wird hier nicht durch die Verwendung eines Synchronisationskonzeptes innerhalb von Transaktionen erreicht, sondern durch den Einbenutzerbetrieb per Definition. Weiterhin wird die Konsistenz der Daten (C) nicht automatisch durch das System, sondern nur auf explizite Anforderung der Applikation überprüft (siehe auch Kapitel 3.2.4). Die Auswertung aller definierten Regeln kann dabei zu einer langen Befehlsfolge führen.

Nachdem wir den Einsatz von Transaktionen in verteilten Umgebungen für unverzichtbar halten, wollen wir uns in der vorliegenden Arbeit auf die Verwendung von Transaktionsebene 3 beschränken (auch wenn man selbst bei dieser kaum von Transaktionen gemäß [HR83, GR93] sprechen kann). In Kapitel 3.2.3.1 diskutieren wir diesbezüglich einige Probleme, die bei einer möglichen Erweiterung zum Mehrbenutzerbetrieb entstehen. Kapitel 3.2.3.2 präsentiert schließlich das für Transaktionsebene 3 spezifizierte Zustandsmodell, das anhand eines kurzen Beispieles erläutert wird.

3.2.3.1 Synchronisation und Mehrbenutzerbetrieb

Obwohl das SDAI nur für den Einbenutzerbetrieb definiert ist, so wollen wir doch auf zu erwartende Probleme in verteilten Umgebungen eingehen. Zwar erlaubt das SDAI (in Transaktionsebene 3) den Zugriff auf Daten erst nach dem expliziten Öffnen von *Sessions*, *Transaktionen* und *Models*, es kann aber nicht von einer Sperrverwaltung im herkömmlichen Sinne gesprochen werden. Das explizite Schließen einzelner *Models* und *Repositories* würde quasi die Freigabe von Sperren zu beliebigen Zeitpunkten ermöglichen. Dieser Umstand führt aber im Mehrbenutzerbetrieb zu nicht mehr kontrollierbaren Anomalien. Nicht nur *Phantome*, sondern auch *lost-update* und *dirty-read* wären die Folge [HR99]. Wünschenswert wäre ein zweiphasiges Sperr- und *Commit-*Protokoll, mit dem auch verteilte Anwendungen realisiert werden könnten. Eine SDAI-Implementierung für den Mehrbenutzerbetrieb sollte daher die Freigabe von Sperren bis zum Ende einer Transaktion verzögern.

Ein größeres Problem stellt die Behandlung von *Deadlocks* dar. Es gibt zwar eine Reihe von Fehlermeldungen, diese besitzen aber bereits eine andere Semantik. Die Operation *Start Read Only Access* (für ein *Model*) kann z.B. die Meldung TR_NEXS (*Transaction does not exist*), TR_NAVL (*Transaction not available*), TR_EAB (*Transaction ended abnormally*) oder MX_NVLD (*SDAI Model access invalid*) verursachen. Letztere zeigt aber eine Verletzung von Zugriffsrechten an, während die erste auf das fehlende Öffnen einer Transaktion hinweist. TR_NAVL kann auch nicht benutzt werden, da sie einen temporären Fehler anzeigt, *Deadlocks* aber endgültig sind. Auch TR_EAB stellt nur eine bedingt brauchbare Alternative dar, da unter Umständen nicht die ganze Transaktion zurückgesetzt werden muß. Häufig wird daher der allgemeine Fehlercode SY_ERR (*Underlying System Error*) benutzt. Er zeigt der Applikation an, daß die letzte Operation aufgrund eines allgemeinen Systemfehlers nicht erfolgreich ausgeführt werden konnte.

3.2.3.2 Zustandsmodell für Transaktionsebene 3

Die SDAI-Spezifikation definiert für Transaktionsebene 3 ein Zustandsmodell, das durch Abbildung 3.4 illustriert wird. In Beispiel 3.6 ist weiterhin eine mögliche Befehlsfolge innerhalb einer SDAI-*Session* dargestellt. Dabei ist zu beachten, daß die Syntax einer Pseudo-Sprache entspricht und nicht im Standard spezifiziert ist. Für eine Erklärung von Transaktionsebene 2 sei auf [ISO98a, Sel96] verwiesen.

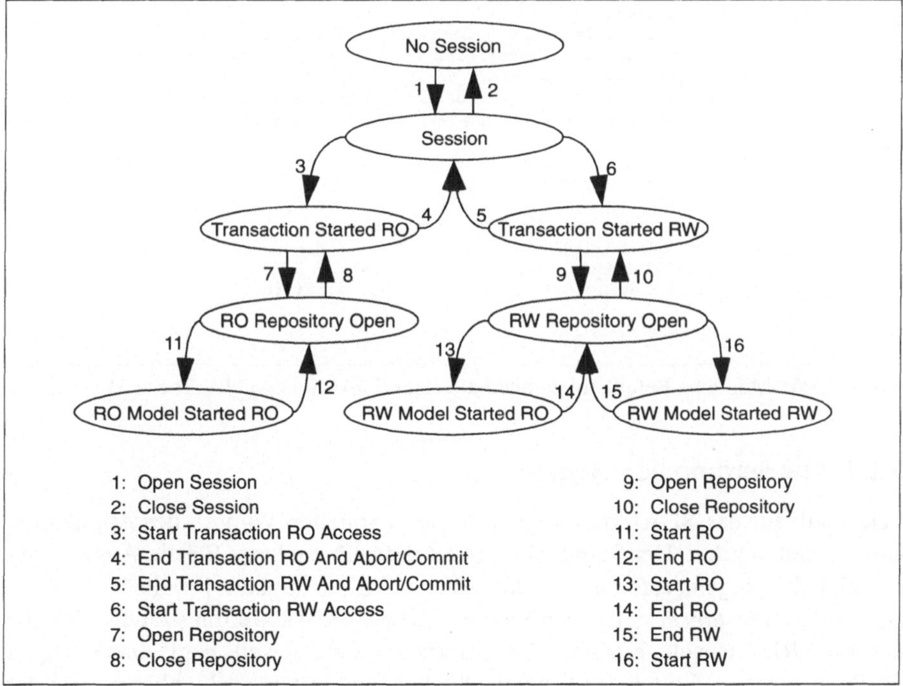

Abb. 3.4: Zustandsübergänge in der SDAI-Schnittstelle (Transaktionsebene 3)

Allgemein gilt, daß in Transaktionsebene 3 nach dem Öffnen einer *Session* auch eine neue Transaktion zu starten ist. Abhängig von deren Modus (*read-only* oder *read-write*) kann dann der Zugriff auf einzelne *Repositories* und *Models* erlaubt oder beendet werden. Im *read-write*-Modus durchgeführte Änderungen können wir mittels *Commit* bzw. *Abort* persistent machen oder zurücksetzen. Ein Ende der Transaktion wird erst mit *End Transaction Access And Commit* bzw. *Abort* eingeleitet. Vorher sollten wir aber alle geöffneten *Repositories* mittels *Close Repository* explizit schließen. Diese Operation scheitert, wenn noch Schreibzugriffe auf *Models* erlaubt sind, diese also noch nicht explizit geschlossen wurden. Der Aufruf von *Close Session* kann hingegen jederzeit erfolgen und verursacht das Rücksetzen aller Änderungen sowie das Schließen aller *Models*, *Repositories* und der aktuellen Transaktion.

```
current_session = Open_Session ();

    current_ta = Start_Transaction_RW_Access (current_session);
        Open_Repository (current_session, repository_1);
        Start_RW (model_1);
            ...     // Manipulation von Instanzen in model_1
                    // model_1 befindet sich in repository_1
        End_RW (model_1);
    Commit (current_ta);
            // Die Änderung von model_1 wird persistent gemacht,
            // aber: Die Transaktion current_ta läuft weiter !!!

        Start_RW (model_2);
            ...     // Manipulation von Instanzen in model_2
                    // model_2 befindet sich ebenfalls in repository_1
            Close_Repository (repository_1);
            // Die Operation scheitert, da noch Zugriffe auf model_2
            // erlaubt sind. Es wird ein Fehlercode zurückgegeben.

        End_RW (model_2);
        Close_Repository (repository_1);

    End_Transaction_Access_And_Abort (current_ta);
    // Die Änderung von model_2 wird ignoriert,
    // und die Transaktion current_ta wird beendet.
    // Beachte: Die Änderungen in model_1 bleiben persistent !!!

Close_Session (current_session);
```

Beispiel 3.6: Mögliche Befehlsfolge innerhalb einer SDAI-*Session* (TA-Ebene 3)

3.2.4 Auswertung von Regeln

Leider gilt für das SDAI, daß Regeln nur auf expliziten Wunsch der Applikation ausgewertet werden. Der Standard definiert dafür Prozeduren für die Auswertung von globalen Regeln, referentieller Integrität und Eindeutigkeit (jeweils im Kontext einer *Schema Instance*, siehe auch Kapitel 3.2.1) sowie Auswertung von INVERSE- und WHERE-Klauseln, Kardinalitätsrestriktionen usw. (jeweils bzgl. einer einzigen *Entity*-Instanz). Lediglich der Typ von Objekten und Daten wird (abhängig von der verwendeten Programmiersprache) bei der Zuweisung eines Attributes überprüft.

3.2.5 *Early* und *Late Binding*

Die in der SDAI-Spezifikation benutzten Begriffe *Early* und *Late Binding* sind leider etwas irreführend. Sie haben nämlich nichts mit dem Bindezeitpunkt von Programmen (im Sinne eines Programmiersprachen-Compiler) zu tun. Sie beziehen sich vielmehr auf die Abhängigkeit eines Programms vom jeweiligen EXPRESS-Schema. Beim *Early Binding* wird das EXPRESS-Schema direkt in die Struktur der Applikation eingebracht. Die Modellierung der Daten muß also beim Erstellen des Programms bekannt sein und darf sich dann auch nicht mehr ändern. Somit sind in dieser Applikation auch keine Zugriffe auf die Metadaten (*SDAI Dictionary Data*) nötig. Im Gegensatz dazu werden Anwendungsprogramme mit *Late Binding* in einer vom EXPRESS-Schema unabhängigen Form geschrieben. Sie greifen erst während der Laufzeit auf die Metadaten zu, können diese allerdings nicht verändern. Die Manipulation von Daten erfolgt in diesem Fall über generische Funktionen, denen neben dem eigentlichen Wert auch dessen Typ übergeben werden muß.

3.2.6 Sprachanbindungen

Wir haben in der Einleitung zu diesem Kapitel bereits erwähnt, daß Serie 22 von ISO 10303 [ISO98a] eine abstrakte Definition der Funktionalität des SDAI enthält. Daneben gibt es weitere Dokumente mit Abbildungen auf die gebräuchlichsten Programmiersprachen (siehe auch Tabelle 3.1 auf Seite 46). Hier sind Serie 23 [ISO98b] für C++ , Serie 24 [ISO96] für C, Serie 26 [ISO98c] für die *Interface Definition Language* (IDL) von CORBA [OMG96a] sowie Serie 27 [ISO99a] für Java zu nennen. Innerhalb dieser Dokumente werden alle in Serie 22 (abstrakt) spezifizierten Operationen und Datenstrukturen sowie die in Serie 11 enthaltenen EXPRESS-Datentypen auf Konstrukte der jeweiligen Programmiersprache abgebildet. Für den von uns entwickelten Prototypen (siehe Kapitel 6) sind insbesondere die Dokumente für Java und IDL von Interesse. Wir werden in den folgenden Kapiteln erkennen, daß die Abbildung auf IDL zu sog. *Operation Shipping* (Kapitel 2.5.2) führt. Diese Form der Verarbeitung ist aber häufig nicht erwünscht, so daß alternative Konzepte zu entwickeln sind (siehe Kapitel 5.4). Die Entwicklung von Serie 27 (Java) wurde hingegen im Rahmen unseres Projektes aktiv mitgestaltet. Die zugrundeliegenden Konzepte entsprechen somit im wesentlichen unseren Anforderungen und Ergebnissen. Eine detaillierte Diskussion von JavaSDAI befindet sich in Kapitel 6.

3.2.7 Implementierungsklassen

Obwohl SDAI eine genormte Standard-Schnittstelle darstellt, so kann es für einige Implementierungen sinnvoll sein, nur einen Teil der beschriebenen Funktionalität zu benutzen bzw. anzubieten. Aus diesem Grund werden in Kapitel 13 von [ISO98a] mehrere Implementierungsklassen beschrieben, die jeweils eine Untermenge des Standards darstellen (siehe Tabelle 3.2).

Die einzelnen Klassen werden durch verschiedene Ebenen der Unterstützung von Transaktionen, Regeln, *Sessions*, *Scopes* und Interoperabilität definiert, die in Tabelle 3.3 aufgeführt sind.

Implementierungsklasse	1	2	3	4	5
Ebene für Transaktionen	1	2	3	3	3
Ebene für Regeln und abgeleitete Attribute	1	2	2	3	4
Ebene für Fehlermeldungen	1	2	2	2	2
Ebene für Namensräume	1	1	1	1	2
Ebene für Interoperabilität	1	1	2	2	2

Tabelle 3.2: Mögliche Implementierungsklassen einer SDAI-Implementierung

Kategorie	Ebene	Beschreibung
Transaktionen	1	keine Transaktionen
	2	*Save* und *Undo* für *Models*
	3	vollständige Transaktionen, kein *Save* und *Undo* für *Models*
Auswertung von Regeln und abgeleiteten Attributen	1	jede Auswertung einer Regel hat das Ergebnis *UNKNOWN*
	2	Unterstützung einfacher Regeln, keine Auswertung von globalen Regeln und WHERE-Klauseln
	3	wie 2, zusätzlich globale Regeln und WHERE-Klauseln ohne Unteranfragen und selbst definierte Funktionen
	4	komplette Unterstützung aller Regeln
Archivierung von Fehlermeldungen	1	keine Archivierung
	2	Fehlermeldungen innerhalb von *Sessions* werden gespeichert
Namensräume (*Scopes*)	1	keine Unterstützung
	2	Namensräume werden unterstützt
Interoperabilität	1	keine Unterstützung
	2	Unterstützung von Interoperabilität zwischen *Entity*-Instanzen, die auf unterschiedlichen Schemata basieren

Tabelle 3.3: Ebenen der Unterstützung für SDAI-Implementierungen

3.3 Standardisierte Schemata

Bereits in der Einleitung zu diesem Kapitel haben wir gesehen, daß der STEP-Standard auch Datenmodelle für mehrere Einsatzbereiche des Produktdatenmanagements definiert. Dafür werden einige Schemata spezifiziert, die sich in zwei Kategorien unterteilen lassen: anwendungsunabhängige Schemata, die sog. *Integrated Resources* (IR), und anwendungsabhängige Schemata, die sog. *Application Protocols* (AP). Mit Hilfe dieser Aufteilung soll erreicht werden, daß allgemein benötigte Strukturen zur Beschreibung von Geometrie, Versionierung, Zusammenbauten usw. nur in einem IR-Dokument enthalten sind und eben nicht mehrfach standardisiert werden. Die Modellierung der eigentlichen Anwendungsgebiete erfolgt dann durch jeweils ein AP-Dokument, das die Schemata der IR-Dokumente quasi als Bausteine benutzt. Als Beispiel sei hier das AP 214 [ISO99b] genannt, mit dem sich der Produktlebenszyklus in der Automobilindustrie dokumentieren läßt.

An der Erstellung eines *Application Protocols* sind in der Regel zahlreiche Anwender beteiligt, die wesentlich zur Vollständigkeit und späteren Akzeptanz der Dokumente beitragen. In der endgültigen Fassung eines AP sind schließlich alle definierten Objekte (*Entities*) in dreifacher Ausführung spezifiziert: als EXPRESS-G-Diagramm (einer grafischen Repräsentation des EXPRESS-Schemas), als textuelle EXPRESS-Definition (da sich nicht alle EXPRESS-Konstrukte, wie z.B. Regeln, durch EXPRESS-G visualisieren lassen) und als umgangssprachliche Beschreibung (um die Semantik und Bedeutung einzelner Attribute und Beziehungen näher zu erläutern).

Wie schon zuvor erwähnt, werden wir uns in den folgenden Kapiteln mit einer generischen Datenversorgung für beliebige EXPRESS-basierte Daten beschäftigen. Dementsprechend sind die IR- und AP-Dokumente hier nur von geringem Interesse.

3.4 Zusammenfassung

In diesem Kapitel haben wir eine Einführung in den ISO-Standard 10303 (STEP) gegeben, dessen primäres Einsatzgebiet im Bereich des Austausches von Produktdaten zu sehen ist. Dafür gibt es eine Reihe anwendungsspezifischer Schemata (*Application Protocols* und *Integrated Resources*), die mit der ebenfalls im Standard enthaltenen, strukturell objektorientierten Datenmodellierungssprache EXPRESS definiert wurden. Für den einheitlichen Zugriff auf die Daten steht außerdem das *STEP Data Access Interface* (SDAI) zur Verfügung. Wir haben weiterhin erkannt, daß EXPRESS eine sehr mächtige Sprache ist, die z.B. weit über die Modellierungskonzepte einer objektorientierten Programmiersprache wie C++ hinaus geht (so gibt es z.B. drei verschiedene Formen von Vererbung, abgeleitete Attribute, Regeln usw.). Es bietet sich daher an, EXPRESS auch zur Modellierung außerhalb des Produktdatenmanagements zu benutzen. In Verbindung mit dem SDAI steht also ein standardisierter Mechanismus für eine allgemeine Datenversorgung zur Verfügung. Leider realisiert das SDAI aber nur einen navigierenden Zugriff sowie ein rudimentäres Transaktionsmodell, das nicht dem ACID-Konzept entspricht. Eine Überprüfung der Praxistauglichkeit ist somit nötig. So werden wir in Kapitel 5 erkennen, daß die standardisierte Abbildung des SDAI auf die IDL von CORBA im allgemeinen zu reinem *Operation Shipping* (Kapitel 2.5.2) und einer unzureichenden Leistung führt. In Kapitel 6 stellen wir deshalb einen Prototypen vor, mit dem verschiedene Techniken der Datenversorgung über ein in Java implementiertes SDAI integriert und bewertet werden. Die gewonnenen Ergebnisse sind bereits in den Standardisierungsprozeß eingeflossen und damit auch Bestandteil der Abbildung des SDAI auf die Programmiersprache Java [ISO99a].

4 Der CORBA-Standard

Bereits in der Einleitung sowie bei der Diskussion einiger Grundlagen in Kapitel 2 haben wir die Verwendung von Komponenten motiviert. Wir haben gleichzeitig erkannt, daß wir dafür sowohl ein geeignetes Komponentenmodell (Kapitel 2.1) als auch eine passende Infrastruktur (sog. *Middleware*, Kapitel 2.4) benötigen. Dabei erschien uns CORBA (*Common Object Request Broker Architecture*) aus einer oberflächlichen Betrachtung der realisierten Konzepte bereits als am besten geeignet. An dieser Stelle wollen wir nun einen genaueren Blick auf den Standard werfen und seine Stärken, aber auch seine Schwächen diskutieren.

Zuständig für die Standardisierung von CORBA ist die *Object Management Group* (OMG), ein Zusammenschluß führender Software-Firmen. Sie begann 1989 ihre Arbeit mit dem Ziel, die Komplexität und die damit verbundenen Kosten für die Entwicklung und Wartung von Software zu reduzieren. Der Einsatz objektorientierter Konzepte erschien den Mitgliedern dabei von Anfang an am geeignetsten. Dementsprechend wurde die *Object Management Architecture* (OMA) definiert, eine Architektur für verteilte Objekte in heterogenen Umgebungen. Durch den Einsatz wohldefinierter Schnittstellen sollte die Entwicklung modularer, gekapselter und damit interoperabler, portabler und wiederverwendbarer Software ermöglicht werden. Obwohl die OMG den Begriff von Komponenten nicht explizit verwendet, so lassen sich doch viele der von uns für Komponentenmodelle geforderten Eigenschaften in der Zielsetzung der OMA wiederfinden. Eine sehr gute Beschreibung der OMA und des zugrundeliegenden Objektmodells befindet sich in [OMG97]. Im folgenden wollen wir kurz auf die wesentlichen Bestandteile eingehen.

Zur Definition der Schnittstellen von Objekten wurde zuerst einmal eine eigene *Interface Definition Language* (IDL) entwickelt. Der Umfang dieser Sprache wird im wesentlichen durch das der OMA zugrundeliegende Objektmodell bestimmt: Objekte sind identifizierbar und gekapselt. Sie bieten Dienstleistungen bzw. Operationen für andere Objekte an. Sowohl dieses Objektmodell als auch IDL selbst werden wir noch genauer in Kapitel 4.1 betrachten.

Aufbauend auf dem Objektmodell wurde von der OMG das OMA-Referenzmodell definiert (siehe Abbildung 4.1). Das Herzstück dieser Architektur bildet der *Object Request Broker* (ORB). Er realisiert die Infrastruktur (häufig auch Objekt-Bus genannt) für eine fehlertolerante und ortstransparente Verarbeitung. Dabei abstrahiert er vollständig von der von den einzelnen Objekten konkret verwendeten Hardware, Betriebssystemen oder Programmiersprachen. Neben dieser generischen Komponente gibt es noch standardisierte Abbildungen von IDL auf die Programmiersprachen C, C++, Java, Smalltalk, Ada und Cobol. Anhand dieser werden von einem IDL-Compiler applikationsspezifische Ergänzungen für das Laufzeitsystem des ORB generiert (wie etwa Stub-Objekte für den Client oder Routinen zur Parameterkonvertierung zwischen unterschiedlichen Plattformen). Die Spezifikation des ORB bildet zusammen mit den einzelnen Sprachanbindungen die eigentliche Kernarchitektur von CORBA. Die derzeit aktuelle Version ist CORBA 2.2 [OMG98f]. Sie wird in Kapitel 4.2 beschrieben.

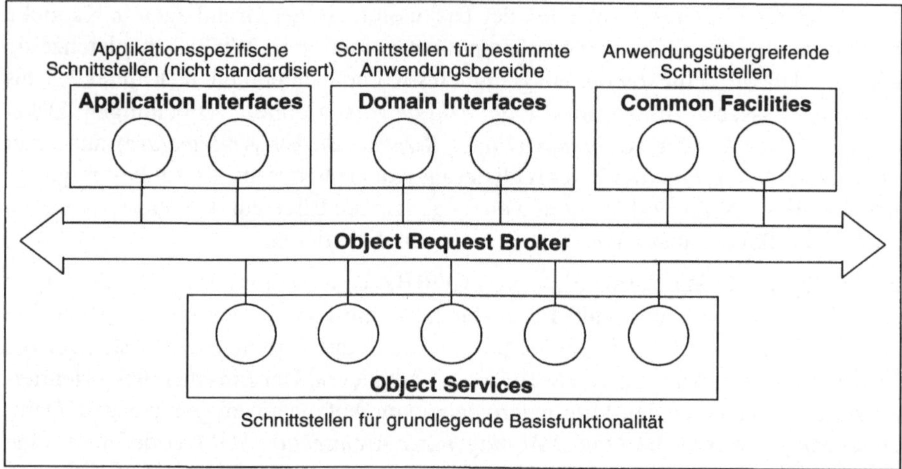

Abb. 4.1: Der Aufbau des OMA-Referenzmodells

Zur Bildung eines höherwertigen Komponentenmodells, das gleichzeitig die mehrfache Implementierung von Funktionalität vermeiden soll, gibt es noch eine Reihe weiterer Bausteine. Zuerst sind hier die *Object Services* zu nennen (siehe auch Kapitel 4.3). Sie realisieren grundlegende Dienstleistungen, die mehr oder weniger von jeder Anwendung benötigt werden. Dementsprechend sollten sie eigentlich von jedem CORBA-System zur Verfügung gestellt werden. Beispiele sind der *Naming* und *Trader Service* (analog zum Telefonbuch und den "Gelben Seiten"), der *Event Service* (asynchrone Kommunikation und/oder *Message Queues*) sowie der *Transaction*, *Synchronization* und *Query Service*.

Ergänzend zu den *Object Services* gibt es die *Common Facilities*. Sie bieten wiederum grundlegende Dienstleistungen an, diesmal aber speziell für einen bestimmten Anwendungsbereich. Beispiele sind der *PDM Enabler*, der rudimentäre Funktionen für das Produktdatenmanagement (PDM) bereitstellt, oder die *Workflow Management Facility* zur Modellierung prozeßorientierter Abläufe.

Object Services und *Common Facilities* werden schließlich zur Definition sog. *Domain Interfaces* genutzt, die Schnittstellen zu branchenspezifischer Software auf einem relativ hohen Niveau bereitstellen. Die angebotene Funktionalität soll direkt von den Anwendungssystemen genutzt werden können. In einer Mehrebenenarchitektur (Kapitel 2.3.1) lassen sich die *Domain Interfaces* dann über die *Application Interfaces* der Präsentationsschicht zur Verfügung stellen.

Mit Ausnahme der *Application Interfaces* werden die Schnittstellen aller Bestandteile der OMA bzw. CORBA von der OMG standardisiert. Auf diese Weise soll die Interoperabilität und Austauschbarkeit von Komponenten erreicht werden. Aufgrund der Modularität der gesamten Architektur stellt dieser Ansatz gleichzeitig einen Investitionsschutz für Unternehmen dar: Es muß nie das gesamte System, sondern lediglich ein einzelnes (z.B. fehleranfälliges oder leistungsschwaches) Modul ausgetauscht werden. Könnte man bei einer Diskussion des ORB noch auf die Idee kommen, daß CORBA lediglich einen objektorientierten RPC (siehe Kapitel 2.4.1), also ein reines *Middleware*-System, realisiert, so muß man spätestens an dieser Stelle erkennen, daß die OMG gleichzeitig ein weitreichendes Komponentenmodell definiert hat. Leider ist die Standardisierung aber bei weitem noch nicht abgeschlossen. Während sich die Kernarchitektur und die *Object Services* als überwiegend stabil bezeichnen lassen (natürlich gibt es ab und zu sinnvolle Erweiterungen), so sind im Bereich der *Common Facilities* und *Domain Interfaces* überhaupt noch keine standardisierten Lösungen verabschiedet. Zwar werden z.B. bereits erste Entwürfe der *PDM Enabler Facility* praktisch evaluiert, eine endgültige Lösung scheint aber noch nicht in Sicht zu sein. Im Bereich der *Domain Interfaces* sind noch gar keine Vorschläge verfügbar. Wir werden uns in dieser Arbeit daher auf eine Diskussion der Kernarchitektur sowie ausgewählter *Object Services* beschränken. Anhand dieser lassen sich bereits die Stärken und Schwächen von CORBA in datenintensiven Umgebungen erkennen.

Ausgehend von Einführungen in IDL (Kapitel 4.1), die Kernarchitektur von CORBA (Kapitel 4.2) und einige *Object Services* (Kapitel 4.3) präsentieren wir in Kapitel 4.4 ein Beispiel zur Illustration der Modellierung und Programmierung in CORBA-Umgebungen. Im Anschluß daran leitet Kapitel 4.5 zum eigentlichen Thema dieses Buches über: Wie lassen sich Daten in IDL modellieren, so daß auch in datenintensiven Anwendungen eine ausreichende Leistung erzielt wird? Leider müssen wir erkennen, daß an dieser Stelle eine Reihe Probleme entstehen, für die wir in den folgenden Kapiteln Lösungen erarbeiten wollen. Zuvor widmen wir uns in Kapitel 4.6 aber Komponenten und komponentenbasierten Architekturen, indem wir einen Blick auf die derzeit in der Entwicklung befindliche *Business Object Component Architecture* (BOCA) und die CORBA *Components* werfen. Letztere definieren allerdings weniger ein Komponentenmodell, sondern eher implementierungnahe Details zur Konfiguration von Software-Paketen und ihrer Installation. In Kapitel 4.6 vergleichen wir dann CORBA mit anderen Middleware-Standards und Produkten wie DCE, (D)COM, OLE und (D)SOM. Abschließend fassen wir die erzielten Ergebnisse kurz zusammen (Kapitel 4.7).

Für eine weitergehende Beschreibung der Kernarchitektur von CORBA, der *Objects Services* und der *Common Facilities* sei auf [Si96] oder [OHE96] verwiesen. Eine gute Einführung in die Programmierung mit dem CORBA-System Orbix von IONA befindet sich z.B. in [Red96].

4.1 Das Objektmodell und die Modellierungssprache IDL

Grundlage der OMA ist das bereits erwähnte Objektmodell der OMG. Es ist eng verzahnt mit der ebenfalls von der OMG standardisierten *Interface Definition Language* (IDL). Diese stellt eine Reihe von Basistypen und *Templates* zur Verfügung, mit denen sich komplexe Typen wie Strukturen oder Aggregate definieren lassen. Sowohl benutzerdefinierte als auch Basistypen können schließlich zur Modellierung der Schnittstellen von Objekten benutzt werden.

4.1.1 Das Objektmodell

Objekte sind identifizierbar und gekapselt. Sie bieten Dienstleistungen bzw. Operationen für andere Objekte an. Ein Objekt (Client) kann eine Dienstleistung in Anspruch nehmen, indem es eine Nachricht (*Request*) an das anbietende Objekt (Server) schickt. Dabei können Parameter und ein optionaler Kontext übergeben werden. Nach Abarbeitung des Auftrages wird im allgemeinen ein Ergebnis zurückgegeben. In diesem Fall erfolgt die Verarbeitung synchron, d.h., der Client ist bis zum Erhalt des Ergebnisses blockiert. Tritt während der Bearbeitung ein Fehler auf, so wird eine *Exception* an das aufrufende Objekt zurückgegeben. Das Ergebnis der Operation ist in diesem Fall undefiniert.

Wurde für eine Operation kein Ergebnistyp definiert, so wird der Client nicht blockiert. Allerdings erhält er auch keine Benachrichtigung über den Ausgang oder Erfolg einer Operation. Es können in diesem Fall auch keine *Exceptions* spezifiziert oder ausgelöst werden. Man kann an dieser Stelle also nicht von asynchroner Kommunikation sprechen. Dementsprechend erkennen wir auch keine sinnvollen Einsatzgebiete dieser Variante.

CORBA-Objekte werden mit Hilfe der `interface`-Klausel von IDL modelliert (siehe Kapitel 4.1.4). Ihr Zustand (bzw. ein Teil davon) läßt sich an der Schnittstelle in Form von Attributen zur Verfügung stellen. Dienstleistungen bzw. Operationen werden in Form von Methoden deklariert. Jede Verwendung des Schlüsselwortes `interface` führt zur Definition eines neuen (Objekt-) Typs, der zur Deklaration von Parametern oder Rückgabewerten von Methoden benutzt werden kann (sowohl innerhalb der eigenen Definition als auch für andere Schnittstellen).

4.1.2 Basistypen (Basic Types)

IDL enthält analog zu den meisten Programmiersprachen einen umfangreichen Satz an Basistypen. So gibt es zur Darstellung von Zahlen und Zeichen(ketten) Typen für 16-Bit- und 32-Bit-Kardinalzahlen mit oder ohne Vorzeichen in 2er-Komplement-Darstellung (`short`, `long`, `ushort`, `ulong`), 32-Bit- und 64-Bit-IEEE-Fließkommazahlen (`float`, `double`), durch 8 Bit kodierte Zeichen (`char`) und daraus aufgebaute Zeichenketten mit fester oder variabler Länge (`string`). Daneben gibt es den Typ `boolean` mit den Werten `TRUE` und `FALSE`, sowie einen opaquen 8-Bit-Typ `octet`, der auch bei der Übertragung zwischen heterogenen Architekturen garantiert keiner Konvertierung unterliegt. Benutzerdefinierte Aufzählungstypen lassen sich über das Schlüsselwort `enum` definieren (dabei wird die Ordnung der Elemente übernommen).

Eine Besonderheit von IDL ist der Typ `any`, der zur Laufzeit den Wert eines beliebigen Typs annehmen kann. Er besteht aus einem Diskriminator sowie dem eigentlichen Wert. Dies unterscheidet ihn z.B. vom Typ `void` der Programmiersprache C++, der lediglich den Wert selbst enthält (aber eben keinerlei Typinformation).

Mit der Version 2.1 des CORBA-Standards wurde weiterhin der Typ `wchar` (*Wide Character*) in die Sprache aufgenommen. Er ist für Zeichensätze gedacht, deren Repräsentation mehr als 8 Bit je Zeichen in Anspruch nimmt. Zur Bildung von Zeichenketten steht darüber hinaus der Typ `wstring` zur Verfügung.

4.1.3 Zusammengesetzte Typen (Constructed Types) und Namensräume

Mit Hilfe der gerade vorgestellten Basistypen lassen sich eine Reihe zusammengesetzter Typen definieren. Als Typkonstruktoren stehen dafür Strukturen bzw. *Records* (`struct`), sog. *variante Records* (`union`) sowie Kollektionstypen (`sequence` und `array`) zur Verfügung. Ihre Definition kann mit der `module`-Klausel in eigene, unter Umständen geschachtelte Namensräume eingebettet werden. Die Verwendung der Schlüsselwörter ist in Beispiel 4.1 veranschaulicht. Kommentare werden in IDL mittels „`//`" eingeleitet.

```
module TRS {                             union SeatProp switch (Category) {
    // TRS == Train Reservation System       case Compartment: short    cpt_no;
                                              case Open_plan:   boolean table;
    enum Category {    Compartment,       };
                       Open_plan};
                                          struct Seat {
    struct ResData {                          short       coach_no, seat_no;
        short       day, month, year;         SeatProp    properties;
        short       dept_station,             any         additional_info;
                    dest_station; // coded };
        Category    cat_wish;                 // etc ...
        boolean     smoker;
    };                                    }; // end of module

    typedef sequence<ResData> ResDataSeq;
    typedef ResData[10] ResDataArray;
```

Beispiel 4.1: Definition zusammengesetzter Typen in IDL

Strukturen (`struct`) sind eine Menge von Attributen, auf die alle einzeln zugegriffen werden kann. Eine `union` kann hingegen immer nur zwei Werte enthalten: Den Diskriminator sowie den korrespondierenden Attributwert. Eine Instanz des Typs `SeatProp` aus Beispiel 4.1 enthält entweder einen Wert für das Attribut `cpt_no` (wenn der Diskriminator den Wert `Compartment` hat) oder einen Wert für das Attribut `table` (wenn der Diskriminator den Wert `Open_plan` hat).

Ein `array` ist eine ein- oder mehrdimensionale, geordnete Liste mit fester Länge in jeder Dimension. Eine `sequence` ist eine eindimensionale, geordnete Liste mit variabler Länge. Allerdings läßt sich die maximale Länge in der Typdefinition angeben (z.B. `sequence<short, 10>` für eine `sequence` mit maximal 10 Einträgen vom Typ `short`).

4.1.4 Objekte und Objektreferenzen

Neben den Basistypen und zusammengesetzten Typen enthält die OMA eine weitere Kategorie: Objekttypen bzw. Objektreferenzen. Neue Objekttypen werden durch das Schlüsselwort `interface` definiert (genau genommen dürfte man eigentlich nur von einer Deklaration sprechen, da lediglich die Schnittstelle und eben nicht die Implementierung von Objekten beschrieben wird). Verwendet man diesen Typ innerhalb der gleichen oder einer anderen Typdefinition, so spricht man an dieser Stelle von einer Objektreferenz. Nachdem wir in Kapitel 4.1.1 bereits auf die Semantik des Objektmodells eingegangen sind, wollen wir hier einen genaueren Blick auf die Definition von Objekttypen werfen. Im Prinzip lassen sich drei Blöcke charakterisieren: Der Kopf mit Angabe von Vererbungsbeziehungen, die Auflistung der sichtbaren Attribute sowie die Deklaration der Methoden. Im folgenden veranschaulichen wir die einzelnen Aspekte anhand von Beispiel 4.2. Grundlage bilden dabei die Datentypen aus Beispiel 4.1.

```
module TRS {
    // TRS == Train Reservation System
    // Beachte: IDL-Module lassen sich erneut öffnen (z.B. in anderen IDL-Dateien).

    exception NoSeatAvailable {CosEventChannelAdmin::ProxyPushSupplier waitList;};
    exception TrainNotAvailable {string explanation;};

    interface Reservation_Service :    CosEventComm::PushSupplier,
                                       CosTransaction::TransactionalObject,
                                       CosTransaction::Resource {
        // attribute declaration:
        readonly attribute short status_flag; // kodiert

        // method declaration:
        Seat    ReserveTrain (in long train_no, in ResData data)
                raises (NoSeatAvailable, TrainNotAvailable);
    };

}; // end of module
```

Beispiel 4.2: Definition von Schnittstellen in IDL (basiert auf Beispiel 4.1)

Der Kopf eines Objekttyps besteht aus dem Namen (`Reservation_Service`) sowie einer Liste von Objekttypen, von denen alle Attribute und Methoden geerbt werden sollen (IDL unterstützt mehrfache Vererbung). Im Beispiel haben wir drei Vererbungsbeziehungen verwendet, die angeben, daß der neue Typ einen *Push Supplier* des CORBA *Event Service* (siehe Kapitel 4.3.1) sowie eine *Transactional Resource* des CORBA *Transaction Service* (eine Kombination aus `CosTransac-`

`tion::TransactionalObject` und `CosTransaction::Resource`, siehe Kapitel 4.3.4) darstellt. An dieser Stelle ist zu betonen, daß lediglich die Signatur (also die Schnittstelle) von Methoden und Attributen geerbt wird, nicht die Implementierung. Insbesondere stellen Implementierungen der CORBA Services (COSS) im allgemeinen keine Implementierung der o.g. Schnittstellen bereit. Diese sollen vielmehr von Objekten wie dem hier spezifizierten `Reservation_Service` implementiert werden (siehe auch Kapitel 4.3).

Die Angabe von Attributen eines Objekttyps erfolgt mit dem Schlüsselwort `attribute`. Ihm folgen der zugrundeliegende Typ (`short`) sowie der Name (`status_flag`). Soll ein Attribut wie in unserem Fall lediglich gelesen, aber nicht geschrieben werden können, so bietet sich die Verwendung des Schlüsselwortes `readonly` an.

Die Spezifikation der Signatur von Methoden ist komplexer:

```
[oneway] <op_type_spec>        <identifier> (<param_1>, ..., <param_L>)
                               [raises    (<exception_1>, .., <exception_M>)]
                               [context   (<name_1>, ..., <name_N>)];
```

Jede Deklaration besteht mindestens aus der Angabe des Namens der Methode (`identifier`), dem Ergebnistyp (`op_type_spec`) sowie einer Liste von Parametern (`param_X`). Für jeden Parameter wird die Art bzw. der Datenfluß (`in`, `out` oder `inout`), der Typ und der Name festgelegt. In Beispiel 4.2 haben wir eine Methode mit dem Namen `ReserveTrain`, dem Ergebnistyp `Seat` und zwei Parametern `train_no` vom Typ `long` und `data` vom Typ `ResData` deklariert. Beide Parameter sind reine Eingabeparameter, d.h., sie werden lediglich vom Client zum Server übertragen (aber nicht mehr zurück). Hätten wir das Schlüsselwort `inout` verwendet, so würden mögliche Änderungen dieser Daten (durch den Server) nach Abarbeitung der Methode zusammen mit dem Ergebnis zurück zum Client übertragen. Mit Hilfe von `out`-Parametern lassen sich quasi mehrere Ergebnisse einer Methode spezifizieren. Sie werden nur vom Server zum Client, aber eben nicht initial vom Client zum Server übertragen.

Optional läßt sich in IDL noch eine Liste von benutzerdefinierten *Exceptions* spezifizieren, über die der Client auf bestimmte Fehlersituationen reagieren kann. CORBA definiert bereits eine Reihe von *System Exceptions*, jedoch sollte man für vorhersehbare Fehlerfälle immer eigene *Exceptions* definieren. Diese können dann auch Daten zur Beschreibung der Ausnahmesituation enthalten (z.B. `TrainNotAvailable` mit dem Attribut `explanation`). *Exceptions* werden außerhalb des Objekttyps spezifiziert und sind damit für mehrere Typen verwendbar. Bei jeder Methode muß man aber angeben, welche *Exceptions* potentiell auftreten können.

Neben *Exceptions* kann man bei der Deklaration von Methoden noch Kontexte definieren. Über diese wird beim Aufruf einer Methode der aktuelle Zustand der Client-Umgebung zum Server übertragen. Diese Möglichkeit ist für die weitere Arbeit aber nicht von Interesse, so daß wir sie hier nicht weiter behandeln wollen. Der interessierte Leser sei dafür auf [OMG98f] verwiesen.

Von großer Bedeutung ist hingegen die resultierende Art sowie die Qualität der Kommunikation beim Aufruf einer Methode. Die vorliegende Deklaration von ReserveTrain führt zu einer synchronen Kommunikation: Der Client ist (analog zu einem lokalen Prozeduraufruf) während der Abarbeitung der Methode blockiert. Das CORBA-System garantiert dabei, daß die Methode entweder genau einmal erfolgreich ausgeführt oder eine *Exception* ausgelöst wird. Benutzt man hingegen das optionale Schlüsselwort oneway, so wird lediglich der Aufruf der jeweiligen Methode initiiert. Der Client blockiert nicht, er erhält aber auch keine weitere Nachricht über den Ausgang des Aufrufes. Dementsprechend lassen sich in diesem Fall auch keine out- oder inout-Parameter, ein Ergebnis oder *Exceptions* spezifizieren (der Ergebnistyp muß void sein). Man kann hier also nicht von asynchroner Kommunikation sprechen! Allerdings befindet sich derzeit das sog. CORBA *Messaging* in der Entwicklung, das in zukünftigen Versionen des CORBA-Standards auch asynchrone Kommunikationsmodi unterstützen soll [OMG98e].

Abschließend wollen wir noch einen generellen Blick auf die Semantik von Parametern und Ergebnissen werfen. Bei Objekttypen werden bei jedem nötigen Kommunikationsschritt lediglich Referenzen auf das eigentliche Objekt kopiert (also der *Client Stub*). Sender und Empfänger arbeiten somit immer auf dem identischen Objekt. Die Werte von Basistypen und zusammengesetzten Typen werden hingegen immer kopiert, d.h., sowohl der Sender als auch der Empfänger haben nach der Kommunikation eine eigene Kopie, die sie unabhängig voneinander modifizieren können. Nun ist noch zu beachten, daß z.B. inout-Parameter nur bei synchroner Kommunikation möglich sind. Dementsprechend ist der Client während des Methodenaufrufes blockiert und kann in dieser Zeitspanne seine Kopie der Parameter nicht modifizieren. Es ergeben sich somit die in Tabelle 4.1 dargestellten Möglichkeiten.

Kategorie des Parametertyps	Art	Resultierende Semantik
Objekttyp bzw. Objektreferenz	in, out	*Call-By-Reference* (bezogen auf das eigentliche Objekt)
Objekttyp bzw. Objektreferenz	inout	*Call-By-Reference* (bezogen auf die Objektreferenz)
Basistyp oder Zusammengesetzter Typ	in	*Call-By-Value* (Client to Server)
Basistyp oder Zusammengesetzter Typ	out	*Call-By-Value* (Server to Client)
Basistyp oder Zusammengesetzter Typ	inout	*Call-By-Reference* (sofern der Server seine Kopie nach der Abarbeitung der Methode löscht)

Tabelle 4.1: Semantik von Parametern in IDL

Für Objekttypen gilt dabei folgendes: Wird ein Objekttyp als in- oder out-Parameter einer Methode benutzt, so wird zur Laufzeit jeweils eine Kopie der Objektreferenz übertragen. Beide Referenzen zeigen aber auf dasselbe Objekt, d.h., wir erhalten eine *Call-By-Reference*-Semantik in bezug auf das Objekt (Client und Server referenzieren dasselbe Objekt). Bei `inout`-Parametern wird zwar auch eine Kopie der Objektreferenz übertragen, zum Ende der Methode wird deren Inhalt aber wieder zurück kopiert. Somit erhalten wir eine *Call-By-Reference*-Semantik in bezug auf die Objektreferenz (Client und Server benutzen dieselbe Objektreferenz). Im Gegensatz zum ersten Fall könnte die Referenz nach dem Methodenaufruf z.B. auf ein ganz anderes Objekt zeigen.

Derzeit arbeitet die OMG weiterhin an dem neuem IDL-Schlüsselwort `value` [OMG98d]. Mit ihm soll sich eine zweite Kategorie von Objekttypen definieren lassen, die dann der *Call-By-Value*-Semantik unterliegen. Dieser Vorschlag ist noch nicht in der aktuellen CORBA-Version enthalten, wir werden ihn aber in unsere Diskussion über Modellierung (Kapitel 4.5) einbeziehen.

4.2 Die Kernarchitektur von CORBA

Häufig wird CORBA bzw. der zugrundeliegende ORB als Steckleiste bezeichnet, in die man die Server (sog. *Services*) und Clients beliebig einklinken kann. Diese Sichtweise betont die ortstransparente Verarbeitung des Systems, dessen Architektur in Abbildung 4.2 veranschaulicht ist. Neben den dort dargestellten Komponenten gibt es noch einen IDL-Compiler, der die IDL-Definitionen in Konstrukte der jeweils gewünschten Programmiersprache übersetzt.

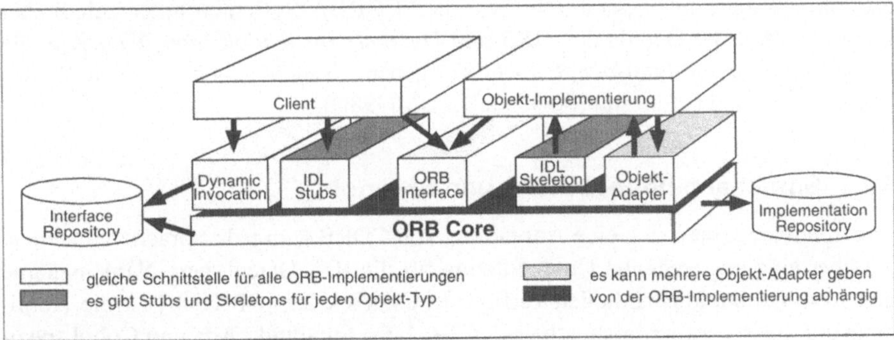

Abb. 4.2: Die Kernarchitektur von CORBA

Die Basiskomponente von CORBA ist der Kern des ORB (*ORB Core*), der für die Kommunikation, die Konvertierung von Daten (z.B. *Little Endian* in *Big Endian*) sowie die Registrierung und Lokalisierung von Objekten zuständig ist. Er kann dafür sowohl auf ein *Interface Repository*, in dem alle Schnittstellen abgelegt sind, als auch auf ein *Implementation Repository*, das Informationen über verfügbare Objekte bzw. Implementierungen enthält, zugreifen. Ein Teil seiner Funktionalität wird über das *ORB Interface* allen Komponenten zur Verfügung gestellt. Beispielsweise lassen sich Objektreferenzen in *Strings* konvertieren (und umgekehrt). Durch Austauschen der *Strings* kann man initiale Verbindungen über ORB-Grenzen hinweg aufbauen.

Clients können zum Absenden ihrer Aufträge an den Server wahlweise die vom IDL-Compiler erzeugten Stub-Prozeduren (*IDL Stubs*) benutzen oder über Funktionen des *Dynamic Invocation Interface* Schnittstellenbeschreibungen aus dem *Interface Repository* extrahieren und damit zur Laufzeit einen Auftrag erzeugen. Dies wird häufig auch als *Early* bzw. *Late Binding* bezeichnet. Zu jeder `interface`-Definition wird vom IDL-Compiler ein *Skeleton* erzeugt, das die vom Kern übertragenen Daten entsprechend aufbereitet (z.B. Parameter-Instanzen erzeugt und korrekt initialisiert). *Skeletons* sind eingebettet in einen Objekt-Adapter, der die Kopplung zum Kern bildet. Neben dieser Aufgabe sowie der Realisierung von Funktionen zur Zugriffskontrolle ist der Adapter für die Aktivierung[1] von Objekten zuständig.

Im folgenden wollen wir noch einen genaueren Blick auf einzelne Aspekte werfen. In Kapitel 4.2.1 betrachten wir zunächst die standardisierten Sprachanbindungen. Sie bilden die Grundlage für den vom IDL-Compiler generierten Code (*Stubs* für den Client und *Skeletons* für den Server). Anschließend illustrieren wir in Kapitel 4.2.2 die Verarbeitungsweise innerhalb des ORB anhand eines kurzen Beispieles aus der Bruchrechnung. In Kapitel 4.2.3 widmen wir uns dann den Objekt-Adaptern, die wesentlich die Leistung des Gesamtsystems beeinflussen. Wir werden in den folgenden Kapiteln noch öfter auf sie Bezug nehmen. Kapitel 4.2.4 bezieht sich schließlich auf die standardisierte Kommunikation von ORB zu ORB und die dadurch erreichte Interoperabilität zwischen CORBA-Systemen unterschiedlicher Hersteller. Auf die Details des *ORB* und *Dynamic Invocation Interface* sowie die *Implementation* und *Interface Repositories* gehen wir nicht näher ein, da sie für uns unbedeutend sind (siehe statt dessen z.B. [OMG98f]).

4.2.1 Sprachanbindung, Stubs und Skeletons

Prinzipiell kann man sich eine Anbindung von CORBA an jede Sprache vorstellen, die über eine ausreichende Unterstützung für die IDL-Datentypen, Namensräume und Kommunikationsmethoden verfügt. In CORBA 2.2 [OMG98f] ist die Abbildung auf die Programmiersprachen C, C++, Java, Smalltalk, Ada und Cobol spezifiziert. Weitere Anbindungen sind denkbar, aber gemäß den Informationen der OMG nicht geplant.

Gleichzeitig ist aber zu betonen, daß nicht jede Sprachanbindung unbedingt sinnvoll und praktikabel ist. So stellt sich z.B. bereits bei der Kopplung zur Sprache C die Frage, ob die objektorientierten Konzepte von IDL angemessen abgebildet werden.

---

1. Ruft ein Client die Methode eines Servers (Objektes) auf, von dem gerade keine Instanz verfügbar ist, so kann das CORBA-System unter Umständen einen neuen Server erzeugen und den aktuellen Auftrag an ihn weiterleiten.

C enthält keine Klassen und unterstützt damit nicht das Konzept der Vererbung. Dieses muß also durch redundante Definition von Attributen und Methoden nachgebildet werden (siehe Abbildung 4.3).

```
                        IDL to C Compiler

 // IDL:                            // C:
 interface example1 {              typedef CORBA_Object example1;
     void op1 ();                  extern void example1_op1 ();
 };
 interface example2:example1 {     typedef CORBA_Object example2;
     void op2 ();                  extern void example2_op1();
 };                                extern void example2_op2();
```

Abb. 4.3: Transformation von IDL-Definitionen in die Sprache C

Passender erscheint die objektorientierte Programmiersprache C++. Die zugrunde-liegenden Konzepte stimmen im wesentlichen mit denen der IDL überein. So werden in IDL definierte `struct`- und `interface`-Konstrukte jeweils auf eine eigene Klasse abgebildet (siehe Abbildung 4.4). Dabei wird insbesondere der Vererbungs-mechanismus dieser Programmiersprache ausgenutzt.

```
                        IDL to C++ Compiler

 // IDL:                            // C++:
 interface example1 {              class example1 {
     void op1 ();                      void op1 ();
 };                                };
 interface example2:example1 {     class example2:example1 {
     void op2 ();                      void op2();
 };                                };
```

Abb. 4.4: Transformation von IDL-Definitionen in die Sprache C++

Ähnliches gilt für die derzeit sehr populäre Sprache Java. Aufgrund der sehr strikten Definition von Java ist die Abbildung von IDL-`interfaces` allerdings etwas komplizierter. Java unterscheidet bei Objekten (im Unterschied zu C++) zwischen Schnittstellen (`interfaces`) und Implementierung bzw. Klassen (`class`). Für Schnittstellen wird multiple Vererbung unterstützt, für Klassen nur einfache. Nachdem CORBA nur Schnittstellen definiert, bietet sich natürlich die Abbildung von IDL-`interfaces` auf Java-`interfaces` an. Dieses wurde auch standardisiert. Probleme entstehen nun aber bei der Spezifikation von statischen (`static`) Methoden der *Client Stubs*, wie sie z.B. für CORBA-spezifische *Cast*-Operationen oder das Einfügen von Objekten in eine Instanz des any-Typs benötigt werden. Schnittstellen können keine statischen Methoden enthalten, so daß man gezwungen war sog. *Helper Classes* einzuführen. Weiterhin unterstützt Java bei der Übergabe von Parametern nur *Call-By-Value*-Semantik (wiederum im Gegensatz zu C++). Für Parameter, die in IDL als `inout` deklariert wurden, kann also nicht einfach der korrespondierende Java-Typ zur Erstellung des Java-`interface` verwendet werden. Aus diesem Grunde wurde sog. *Holder Classes* eingeführt. Sie werden bei `inout`-Parametern als Basistyp verwendet und können genau eine Instanz oder einen Wert aufnehmen bzw. kapseln. Letztendlich werden also bereits für den Java-Client für jedes IDL-`interface` zwei Java-Klassen und eine Java-Schnittstelle generiert. Hingegen lassen sich IDL-Strukturen (`struct`) direkt auf Java-Klassen und IDL-Aggregate auf Java-`Arrays` abbilden.

Trotzdem ist die Einführung der Abbildung auf Java sehr zu begrüßen. Aufgrund der Plattformunabhängigkeit der Sprache entsteht eine weitere Flexibilität bei der Entwicklung von Komponenten, die insbesondere in WWW- bzw. Inter/Intranet-basierten Umgebungen sehr hilfreich ist. Wir werden diesen Aspekt im weiteren Verlauf dieser Arbeit noch häufiger betrachten. Im allgemeinen werden wir dabei Server, die sehr leistungsfähig und eher weniger portabel sein müssen, in C++ und Clients, für die Portabilität und Internet-Tauglichkeit von Bedeutung ist, in Java entwickeln.

4.2.2 Verarbeitungsszenario: Bruchrechnung

In diesem Abschnitt wollen wir nun die Kommunikationsfähigkeiten von CORBA mit einem kurzen Beispiel aus der Mathematik veranschaulichen. Es gibt einen Server, der die Grundrechenarten für die Bruchrechnung realisiert, und Clients, die Aufträge an diesen schicken. Beispiel 4.3 enthält die dafür erforderlichen Definitionen.

```
struct Bruch {               interface Bruchrechnung {
    long Zaehler;                Bruch add (in Bruch bruch1, in Bruch bruch2);
    long Nenner;                 Bruch sub (in Bruch bruch1, in Bruch bruch2);
};                               Bruch mul (in Bruch bruch1, in Bruch bruch2);
                                 Bruch div (in Bruch bruch1, in Bruch bruch2);
                             };
```

Beispiel 4.3: IDL-Definitionen für die Grundrechenarten der Bruchrechnung

Mit dem zum CORBA-System gehörenden Compiler werden die IDL-Konstrukte z.B. in Klassen der Programmiersprache C++ übersetzt. Für jedes IDL `interface` (hier: `Bruchrechnung`) gibt es in C++ jeweils zwei korrespondierende Klassen: Den *Client Stub* (die Instanzen sind Objektreferenzen) sowie das *Skeleton* für die Implementierung des Server-Objektes. Strukturen (hier: `Bruch`) werden hingegen auf eine einzige Klasse in C++ abgebildet. Diese wird im Client und im Server verwendet.

Auszüge einer möglichen Realisierung des Clients sind in Beispiel 4.4 wiedergegeben. Wir benutzen dabei die vom IDL-Compiler erzeugten *Stub*-Prozeduren. Der *Stub* enthält eine statische Methode _bind[2], die zur Laufzeit eine gültige Objektreferenz auf ein Server-Objekt des Typs Bruchrechnung zurückgibt. Existieren mehrere laufende Implementierungen des gewünschten *Services*, so wählt das System den günstigsten[3]. Gibt es hingegen keine, so kann unter Umständen ein neuer Server vom zuständigen Objekt-Adapter gestartet werden. Aus Sicht des Clients entspricht nun der Aufruf von Funktionen dem von Methoden lokaler Objekte.

```
main {
    Bruchrechnung *obj_ref = Bruchrechnung::_bind();          ①
    Bruch bruch_1 = Bruch (1,2);                              ②
    Bruch bruch_2 = Bruch (2,4);
    Bruch bruch_3;                                            ③
    ...
    bruch_3 = obj_ref->mul (bruch_1, bruch_2);               ④
    ...
}
```

Beispiel 4.4: Auszüge aus dem Client-Programm

Wir wollen an dieser Stelle aber einen Blick auf die Abläufe innerhalb des ORB werfen. Dabei beziehen wir uns auf die Markierungen in Beispiel 4.4 (①) und Abbildung 4.5 auf Seite 80 (❶). Als Resultat des _bind-Befehles (①) wird im Client eine Objektreferenz (*Client Stub*) auf das Server-Objekt erzeugt (❶). Anschließend erzeugt der Client zwei lokale Instanzen bruch_1 und bruch_2 des Typs Bruch (②), deklariert eine weitere Variable bruch_3 (③), die später das Ergebnis aufnehmen soll, und ruft letztendlich die Methode mul des *Stubs* auf (④, ❷). Aufgrund dieses Aufrufes werden vom CORBA-System Kopien von bruch_1 und bruch_2 an das Server-Objekt weitergeleitet und dessen Methode mul aufgerufen (❸, ❹). Das Server-Objekt berechnet das Ergebnis res_bruch und gibt eine Kopie davon an den Client zurück (❺, ❻). Dieser instantiiert die Kopie in der Variablen bruch_3 (❼, ④).

Stürzt der Server-Prozeß bzw. dessen Rechner zur Laufzeit ab, so versucht das CORBA-System beim Aufruf einer Bruchrechnungsfunktion einen weiteren Server zu lokalisieren (oder einen neuen zu starten). Ist dies nicht möglich, so wird im Client eine *System Exception* ausgelöst (siehe Kapitel 4.1.4).

---

2. Diese Methode ist nicht im CORBA-Standard spezifiziert, sie entspricht der Realisierung in Orbix. Es bleibt jeder CORBA-Implementierung überlassen, welche Funktionen sie zum Binden bzw. Lokalisieren von Objekten anbietet.
    Beachte: Mit dem „Binden von Objekten" ist an dieser Stelle die Lokalisierung der Objekte und nicht das Binden von Prozessen gemeint!
3. Auch dieser Algorithmus ist nicht genormt. Liegt ein Server-Objekt auf dem gleichen Rechner wie der Client, so sollte dieses bevorzugt werden. Unter Umständen kann man dabei die gesamte Kommunikation durch den ORB umgehen.

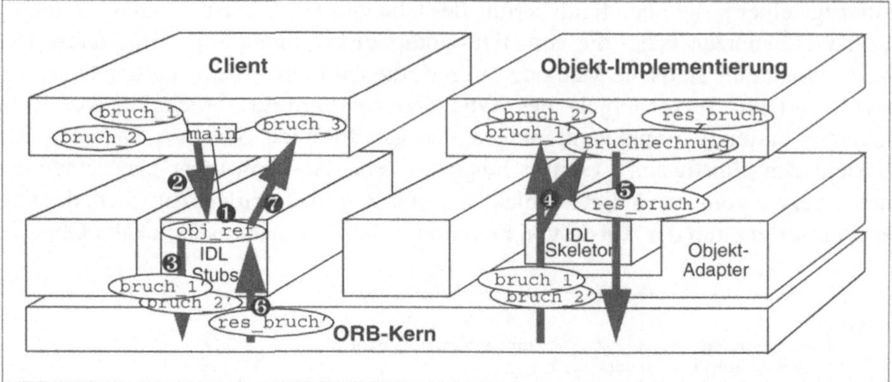

Abb. 4.5: Aufruf einer Methode des CORBA-Objektes Bruchrechnung

4.2.3 Objekt-Adapter

Wie man aus Abbildung 4.2 auf Seite 75 entnehmen kann, wird die Anbindung von
Server-Objekten an den ORB-Kern über Objekt-Adapter (OA) und *Skeletons* realisiert. Sie abstrahieren von der konkreten Implementierung des ORB (sind also
abhängig von dieser) und garantieren eine rudimentäre Portabilität der darüber lie-
genden Komponenten.

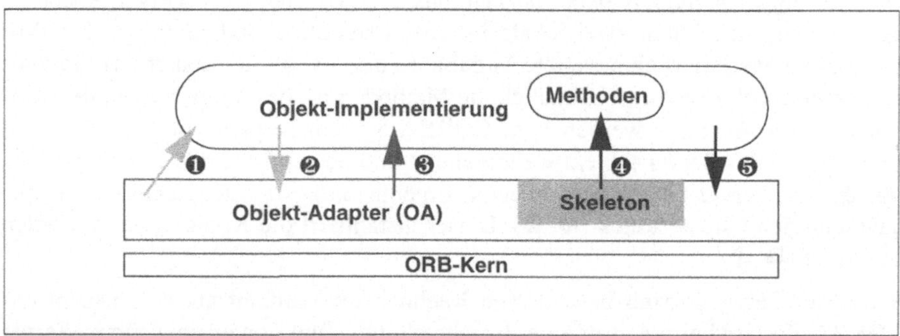

Abb. 4.6: Kommunikation zwischen dem Objekt-Adapter und dem Server-Objekt

Der mögliche Ablauf einer Methoden-Aktivierung im Server-Objekt wird in
Abbildung 4.6 beschrieben: Erhält der zuständige OA eine Referenz auf ein Objekt,
zu dem es noch keine aktive Implementierung gibt, d.h., daß kein Prozeß, Programm
usw. läuft, das den verlangten Dienst anbietet, dann wird eine Implementierung
gestartet (❶). Die dafür benötigten Informationen können aus dem *Implementation
Repository* extrahiert werden. Nachdem die Initialisierung abgeschlossen ist, meldet
die Implementierung dem OA, daß sie zum Empfang von Nachrichten bereit ist (❷).
Je nach Aktivierungsmodus [OMG98f] gibt es zu diesem Zeitpunkt evtl. noch keine
Instanzen der eigentlichen Server-Objekte. Das Erzeugen geschieht dann erst mit

einer expliziten Aktivierung einzelner Ausprägungen (❸). Anschließend können die gewünschten Methoden über das zugehörige *Skeleton* aufgerufen werden (❹). Bei deren Abarbeitung kann es zu weiteren Aufträgen an den OA kommen (❺).

Im allgemeinen wird zu jedem IDL `Interface` eine eigene *Skeleton-Klasse* generiert, die für die Aktivierung der einzelnen Methoden zuständig ist. Im Gegensatz dazu sollte es nur wenige OA-Klassen geben, die auf die wesentlichen Unterschiede der Objekte eingehen und sie damit implizit gruppieren. So könnte man sich zum Beispiel eigene Adapter für Datenbanksysteme, Entwurfswerkzeuge, Administrationskomponenten usw. vorstellen. Sollen vom CORBA-System Funktionen für die Zugriffskontrolle und Sicherheit der Daten angeboten werden, so müssen diese explizit in den Objekt-Adapter (OA) integriert werden. Der ORB-Kern bietet dafür über das *ORB Interface* Methoden an, mit denen der OA den Initiator des gerade zu bearbeitenden Auftrags abfragen kann.

Bis zur Version 2.1 enthielt der CORBA-Standard mehrere vordefinierte OA (die *Basic*, *Library* und *Object Oriented Database Adapter* – BOA, LOA, OODA), die entweder direkt oder als Basis für eigene Erweiterungen benutzt werden konnten. Wir diskutieren diese Adapter in den Abschnitten 4.2.3.1 und 4.2.3.2. Dabei werden wir erkennen, daß sie sich z.T. nicht sinnvoll realisieren lassen bzw. ergänzender Spezifikationen bedürfen. Die OMG hat deshalb in der Version 2.2 von CORBA nur noch den *Portable Object Adapter* (POA) definiert, der als Basis für systemspezifische OA zu benutzen ist (siehe Abschnitt 4.2.3.3).

Aufgrund der vielfältigen Aufgaben eines OA hat dessen Auswahl bzw. Spezifikation einen erheblichen Einfluß auf die Leistungsfähigkeit des resultierenden Gesamtsystems. Insbesondere in datenintensiven Umgebungen entstehen hier einige Probleme, die wir noch genauer in Kapitel 4.5 betrachten werden. Unglücklicherweise hängen OA von der internen Schnittstelle des ORB ab, so daß neue OA nur vom Entwickler des CORBA-Systems selbst implementiert werden können. In den meisten Fällen ist man damit auf die Verwendung des BOA bzw. POA angewiesen, da CORBA-Implementierungen kaum andere OA zur Verfügung stellen.

4.2.3.1 Basic Object Adapter (BOA)

Der CORBA-Standard definierte bis zur Version 2.1 einen *Basic Object Adapter* (BOA) als Grundlage für alle OA eines Systems. Der BOA stellt rudimentäre Funktionalität zur Verfügung, die von jedem System benötigt wird. Sie umfassen beispielsweise die Erzeugung und Interpretation von Objektreferenzen, Authentifizierung von Clients, Aktivierung und Deaktivierung von Objekten und Implementierungen (Prozeß, Programm o.ä.) sowie den Aufruf von Server-Objekt-Methoden durch das jeweilige *Skeleton*. Bei der Verwendung des BOA bleiben alle auf einem IDL `interface` basierenden Objekte permanent auf dem Rechner, auf dem sie erzeugt bzw. registriert wurden. Alle anderen Objekte werden (wie in Kapitel 4.2.2 geschildert) bei der Verwendung als Parameter oder Ergebnis einer Methode kopiert.

4.2.3.2 Library Object Adapter (LOA) und Object Oriented Database Adapter (OODA)

Zur besseren Erklärung weiterer OA wollen wir zunächst auf eine Schwäche des BOA eingehen. Betrachten wir dazu Server-Objekte, die häufig benutzte Operationen an ihrer Schnittstelle anbieten (z.B. eine Funktionsbibliothek zur Berechnung komplexer Zahlen). Weiterhin gibt es einen Client, der auf einem anderen Rechner als das Server-Objekt liegt, aber häufig dessen Methoden aufruft. Wird das Server-Objekt nun über den BOA verwaltet, so führt jeder Aufruf einer Methode durch den Client zu Rechner-Rechner-Kommunikation über den ORB. Diese Art der Berechnung ist natürlich sehr ineffizient. Ursprüngliche Versionen des CORBA-Standards enthielten deshalb den *Library Object Adapter* (LOA). Dessen Definition besagt, daß beim Einsatz des LOA die Implementierung des CORBA-Objektes im Adreßraum des Clients verfügbar ist. Obwohl der Standard sich kurz faßt und die Migration von Objekten nicht explizit erwähnt, so ist diese Fähigkeit unserer Ansicht nach impliziter Bestandteil des LOA. Gerade bei der Verarbeitung von Datenobjekten stört aber noch der Aspekt, daß alle Objekte einzeln und erst beim Zugriff transportiert werden. Abhilfe schuf der *Object Oriented Database Adapter* (OODA), der gemäß Definition eine Anbindung an objektorientierte Datenbanksysteme (OODBS) realisiert. Wie schon beim LOA ist der Standard auch hier recht knapp. Wir sind aber der Ansicht, daß eine sinnvolle Anbindung an OODBS automatisch den Transport ganzer Seiten von Objekten zum Client umfaßt. Dieser Aspekt ist allerdings umstritten.

Ein generelles (und ungelöstes) Problem bei der Migration von CORBA-Objekten ist der folgende Punkt: Migriert ein Objekt im Rahmen der LOA- oder OODA-Funktionalität auf einen anderen Rechner, so muß die Implementierung entweder bereits auf der Client-Seite verfügbar sein oder mit dem Zustand des Objektes übertragen werden. Letzteres wäre aber weder standardisiert noch allgemein möglich: Wie soll z.B. die in C++ geschriebene Implementierung eines Server-Objektes von einem Java-Client sinnvoll genutzt werden? Lediglich bei der homogenen Verwendung von Java für den Client und den Server wäre die Übertragung der Implementierung in Form von Java-*Bytecode* möglich. Darüber hinaus entsteht noch ein Problem: Referenziert ein CORBA-Objekt externe Ressourcen wie z.B. Dateien, so sind diese u.U. nicht auf dem Rechner des Clients verfügbar. In diesem Fall müßte das migrierte Objekt (auf dem Client) also weiterhin Zugriff auf einige Bestandteile des ursprünglichen Objektes auf dem Server haben.

Die geschilderten Probleme sowie Unstimmigkeiten über die Definition des LOA und OODA haben die OMG dazu bewegt, die recht knapp gehaltenen Definitionen dieser beiden OA mit der Version 2.2 aus dem CORBA-Standard zu entfernen.

4.2.3.3 Portable Object Adapter (POA)

Mit der Version 2.2 des CORBA-Standards wurden alle bisherigen OA durch den *Portable Object Adapter* (POA) ersetzt. Portabel bezieht sich in diesem Sinne nicht auf Laufzeitaspekte oder Rechnerarchitekturen, sondern auf die Portabilität von

Quellcode zum Entwicklungszeitpunkt: Die Implementierung von Server-Objekten soll ohne Probleme zwischen CORBA-Systemen unterschiedlicher Hersteller ausgetauscht werden können. Ansonsten hat der POA mehr oder weniger dieselben Aufgaben wie der BOA. Allerdings mußten die Schnittstellen nun sehr viel genauer definiert werden. Die Spezifikation nimmt inzwischen ein eigenes Kapitel statt weniger Absätze ein (siehe Kapitel 9 von [OMG98f]). Besonderer Wert wird dabei auf die standardisierte Initialisierung von Server-Prozessen sowie Schnittstellen für die Unterstützung unterschiedlicher Arten von Objekten gelegt: Transiente und persistente Objekte, Objekte mit und ohne ID, IDs die wahlweise vom Benutzer oder vom System erzeugt werden, usw. Anhand der Spezifikation des POA wird nun auch klar deutlich, daß die Migration von Objekten zur Laufzeit keine Aufgabe des OA ist. Der POA enthält lediglich umfangreiche Möglichkeiten zur Einbettung von Objekten, deren persistenter Zustand in einem Datenbankverwaltungssystem (DBVS) gespeichert sein kann (siehe auch Kapitel 4.5 und 5.4).

4.2.4 Kommunikation und Interoperabilität

Im Rahmen einer standardisierten *Middleware* sollte es natürlich möglich sein, daß CORBA-Systeme unterschiedlicher Hersteller miteinander interagieren können. Dafür ist es nötig, die Kommunikation (also das Protokoll) zwischen den beteiligten ORBs zu standardisieren. Diese Spezifikation sollte natürlich die Vielfalt der verfügbaren Netzwerkprotokolle berücksichtigen. Die OMG hat daher zwei abstrakte Protokollklassen für die Kommunikation zwischen ORBs definiert: Das *General Inter-ORB Protocol* (GIOP) für allgemeine, verbindungsorientierte Netzwerke sowie das *Environment-Specific Inter-ORB Protocol* (ESIOP), das spezielle Optimierungen auf die aktuell verwendete Umgebung zuläßt [OMG98f].

Eine Ausprägung des GIOP für TCP/IP-basierte Netzwerke ist das *Internet Inter-ORB Protocol* (IIOP). Es muß als einziges Protokoll von allen CORBA-konformen Systemen angeboten werden und ist mittlerweile auch die Kommunikationsbasis fast aller angebotenen ORBs. Dementsprechend läßt sich die Interoperabilität zwischen CORBA-Systemen auf dieser Ebene als gelöst betrachten (abgesehen von kleineren Problemen mit IIOP-Versionen: Manche Systeme benutzen IIOP 1.0 aus CORBA 2.0, andere aber bereits IIOP 1.1 aus CORBA 2.1).

4.3 Services

Aufbauend auf der Kernarchitektur von CORBA, die ja im Prinzip nur eine umfangreiche Infrastruktur zur Kommunikation definiert, hat die OMG einige sog. *Common Object Services* spezifiziert. Diese realisieren gekapselte Komponenten mit grundlegender Funktionalität, die sowieso von den meisten Systemen benötigt wird. Auf diese Weise wird die mehrfache Implementierung ähnlicher Module vermieden. Gleichzeitig kann so natürlich bei der Entwicklung von Systemen auf diese *Services* zurückgegriffen werden, um den Implementierungsaufwand zu reduzieren (siehe auch Abbildung 4.1 auf Seite 68). Durch die klar definierten Schnittstellen lassen sich einzelne *Services* austauschen, ohne daß darauf zugreifende Komponenten zu ändern sind.

Jeder *Service* basiert auf einer Reihe von IDL-Definitionen, deren `interfaces` sich in zwei Kategorien unterteilen lassen: Die erste Sparte beschreibt Schnittstellen von Objekten, die vom jeweiligen *Service* selbst implementiert werden. Die zweite Kategorie beschreibt Schnittstellen, die Clients erfüllen müssen, um die Dienste des *Services* in Anspruch nehmen zu können. So enthält der in Kapitel 4.3.1 beschriebene *Event Service* z.B. ein `interface EventChannel`. Dieses wird vom Service selbst implementiert und regelt die Weiterleitung von Ereignissen. Im Gegensatz dazu gibt es ein `interface PushConsumer`, das von den Clients eines *Event Channel* implementiert werden muß, sofern sie unmittelbar über Ereignisse informiert werden wollen. Dementsprechend ist der Client eines *Object Services* in den meisten Fällen kein reiner Client im Sinne der Kernarchitektur: So ist z.B. die Implementierung des `PushConsumer` ein CORBA-Objekt, das über einen Objekt-Adapter und ein *Skeleton* an den ORB angebunden wird. Damit ist es aus Sicht des ORB ebenfalls ein Server-Objekt, dessen Methoden von anderen Objekten aufgerufen werden können. Insbesondere in WWW-basierten Umgebungen ist dieser Umstand zu beachten. Viele CORBA-Implementierungen bieten sog. Client-ORBs mit reduzierter Funktionalität an, um z.B. die Ladezeiten für *Applets* zu verkürzen. Diese Client-ORBs enthalten aber keine Objekt-Adapter oder *Skeletons* und erlauben nur die Weiterleitung von Methodenaufrufen des *Applets* zum Server. Somit kann das Applet nicht Client eines `EventChannel` sein, da es keine Möglichkeit gibt, Implementierungen für `PushConsumer` zur Verfügung zu stellen.

Die Definition eines *Services* umfaßt neben den gerade erwähnten IDL-Definitionen noch die umgangssprachliche Beschreibung der zugrundeliegenden Semantik. Alle *Services* sind in einem Dokument spezifiziert [OMG98h], der sog. *Common Object Services Specification* (COSS). Eine Aufstellung aller bisher standardisierten *Services* sowie eine kurze Beschreibung ihrer Aufgabe ist in Tabelle 4.2 enthalten.

Durch die strikte objektorientierte Modellierung jeglicher Funktionalität ergeben sich bei der Verwendung aller *Services* letztendlich sehr viele feingranulare Objekte, die über die definierten Schnittstellen miteinander interagieren. Wir bezeichnen dies als die „Philosophie von CORBA": Der *Lifecycle Service* definiert die separate Erzeugung sog. *Factory*-Objekte für jeden verfügbaren Objekttyp (also ein weiteres Objekt je Objekttyp). Mit ihm werden Instanzen dieses Typs erzeugt. Der *Relationship Service* beschreibt weitere Objekte zur Modellierung von Beziehungen zwischen zwei oder mehr Objekten (ein Objekt je Beziehung). Der *Property Service* enthält Objekte zur Beschreibung der Eigenschaften von Objekten (mindestens ein Objekt je Objekt mit Eigenschaften). Gerade in verteilten Umgebungen führt die große Zahl von Objekten aber zu einem übermäßig hohen Kommunikationsvolumen – und damit zu Leistungseinbußen. Dieser Aspekt wurde bereits häufig bemängelt, spiegelt sich aber selbst noch in der aktuellen Entwicklung von CORBA *Facilities* wider (die auf die *Object Services* aufsetzen, siehe Abbildung 4.1 auf Seite 68). Beispielsweise enthalten erste Vorschläge für den *PDM Enabler* (der geplanten *Facility* für das Produktdatenmanagement) eine extrem feingranulare Modellierung [OMG98a]. Dementsprechend gewinnt die Migration und lokale Verarbeitung von Objekten, wie wir sie bereits in Kapitel 4.2.3 eingeführt haben, eine noch größere Bedeutung. Wir werden diesen Aspekt aber erst im Zusammenhang mit der allgemeinen Modellierung von Daten(objekten) in Kapitel 4.5 betrachten.

Name	Standardisiert seit	Beschreibung
Naming	Dezember 1993	Quasi das Telefonbuch der Objekte – Objekte können eine Referenz auf sich unter einem bestimmten Namen registrieren lassen, müssen es aber nicht. Geschachtelte Namensräume sowie die Einbettung externer Hierarchien über *Links* werden analog zum UNIX-Dateisystem unterstützt.
Event	Dezember 1993	Siehe Diskussion in Kapitel 4.3.1.
Persistent Object	April 1994	Siehe Diskussion in Kapitel 4.3.2 (Ablösung geplant)
Lifecycle	Dezember 1993	Siehe Diskussion in Kapitel 4.3.3
Concurrency	Dezember 1994	Regelt den konkurrierenden Zugriff auf Objekte. Analog zu Datenbankverwaltungssystemen werden die Sperrmodi IR, R, U, IW und W unterstützt. Die Benutzung ist i.allg. eng verzahnt mit dem *Transaction Service*.
Externalization	Dezember 1994	Definiert Schnittstellen, um den Zustand von Objekten in einen *Stream* zu schreiben bzw. ihn daraus wiederherzustellen.
Relationships	Dezember 1994	Enthält umfangreiche Schnittstellen zur Modellierung von Beziehungen zwischen Objekten sowie deren Rollen und Identität. Zur Unterstützung von m:n-Relationen werden Beziehungen immer über eigenständige CORBA-Objekte (und eben nicht als Objektreferenz) dargestellt.
Transaction	Juni 1997 (v 1.1)	Siehe Diskussion in Kapitel 4.3.4
Query	März 1995	Siehe Diskussion in Kapitel 4.3.5
Licensing	November 1995	Dient der rudimentären Kontrolle über lizenzierte Software, benötigt aber sichere Kommunikation, Authentifizierung und Autorisierung und ist damit nur in Kooperation mit dem *Security Service* sinnvoll.

Tabelle 4.2: Bisher definierte *Common Object Services*

Name	Standardisiert seit	Beschreibung
Property	November 1995	Dient zur Angabe von Eigenschaften einzelner Objekte, die über feste Schnittstellen abgefragt und modifiziert werden können.
Time	März 1996	Definiert Datenstrukturen zur Repräsentation von Zeit(intervallen) sowie Schnittstellen zur Verarbeitung von Zeitstempeln und einen *Timer*.
Security	November 1996	Definiert sichere Kommunikation, Authentifizierung, Autorisierung usw.
Trading	Oktober 1996	Quasi die "Gelben Seiten" der Objekte (ergänzend zum *Naming Service*), definiert umfangreiche Schnittstellen zur mengenorientierten Anfrage.
Collection	Oktober 1996	Umfangreiche Definition verschiedener Aggregattypen und Iteratoren
Persistent State	in Arbeit	Ablösung des *Persistent Object Services*, siehe Diskussion in Kapitel 4.3.2

Tabelle 4.2: Bisher definierte *Common Object Services*

An dieser Stelle sei aber noch auf einen weiteren Aspekt im Zusammenhang mit komponentenbasierten Architekturen (siehe Kapitel 2.1) hingewiesen: Obwohl man jeden *Service* aufgrund der wohldefinierten Schnittstellen prinzipiell als eine eigenständige, gekapselte Komponente ansehen könnte, so ergeben sich leider doch eine Reihe von Abhängigkeiten gegenüber dem ORB. Zuerst einmal definieren fast alle *Object Services* ein Kontext-Objekt (`current`), das über Methoden des *ORB Interface* (siehe Abbildung 4.2 auf Seite 75) abgefragt werden kann. Es ist aber weder standardisiert, wie der ORB initiale Verbindungen zum *Service* aufbauen, noch wie er die Referenz auf diesen Kontext erhalten kann. Insbesondere beim *Transaction Service* ergeben sich weitere Probleme: Wurde eine Transaktion geöffnet, so muß der jeweilige Transaktionskontext (vom ORB des Clients) bei jedem Aufruf einer Methode implizit (an den ORB des Servers) übergeben werden. Hier ist also eine enge Verzahnung mit dem ORB nötig. Ähnliches gilt für den *Security Service*: Eine sichere Kommunikation oder Verschlüsselung läßt sich nur in Interaktion mit dem ORB erreichen. Dementsprechend wird sich ein *Object Service* des Herstellers A nur selten direkt an den ORB des Herstellers B ankoppeln lassen [DC99]. Eine weitergehende Standardisierung der Schnittstellen zwischen ORB und *Object Services* ist somit mehr als wünschenswert. In der Zwischenzeit ist man leider darauf angewiesen, den ORB zusammen mit allen benötigten *Services* von einem einzigen Hersteller zu beziehen. Leider wird die Auswahl dadurch aber erheblich eingeschränkt, denn die meisten CORBA-Systeme umfassen bisher nur wenige *Object Services*.

Im folgenden wollen wir nun näher auf einige ausgewählte *Common Object Services* eingehen, die für den Rest der Arbeit von größerer Bedeutung sind. Dies sind der *Event* (Kapitel 4.3.1), *Lifecycle* (Kapitel 4.3.3), *Persistent Object/State* (Kapitel 4.3.2), *Transaction* (Kapitel 4.3.4) und *Query Service* (Kapitel 4.3.5). Dabei werden wir den *Event Service* etwas ausführlicher behandeln, um die generelle Benutzung von *Object Services* zu demonstrieren. Die Diskussion der anderen *Services* beschränkt sich dann auf die grundlegende Funktionalität bzw. daraus entstehende Probleme. Für eine weitergehende Einführung in die *Common Object Services* sei z.B. auf [OHE96] verwiesen.

4.3.1 Der CORBA Event Service

Die bisher beschriebene Verarbeitung in CORBA erlaubt lediglich die synchrone Kommunikation mit bereits bekannten Objekten, d.h., es muß explizit die jeweilige Methode eines Objektes (bzw. dessen *Client Stub*) aufgerufen werden. Oftmals ist es aber erwünscht, daß ein Objekt auf Zustandsänderungen reagiert, die ihm nicht direkt von einem Client mitgeteilt werden (unter Umständen gibt es überhaupt keinen expliziten Client dieses Objektes). Man stelle sich z.B. einen System-Monitor vor, der auf unterschiedliche Ereignisse – wie etwa eine volle Festplatte – reagieren soll. Bisher wäre es nötig, daß das Betriebssystem eine spezielle Methode dieses Monitor-Objektes aufruft. Diese Form der Verarbeitung ist aber nicht sinnvoll, da der Monitor nicht immer verfügbar sein muß. Vielmehr bietet es sich an, einen sog. *Event Channel* für diesen Fall zu definieren, der alle Ereignisse puffert und zu gegebener Zeit an daran interessierte Objekte weiterleitet (siehe Abbildung 4.7). Das *Event-Channel*-Objekt wird beim Systemstart erzeugt, der Prozeß zur Festplattenverwaltung baut anschließend eine Verbindung zu diesem auf. An *Events* interessierte Objekte kommunizieren dann lediglich mit dem *Event-Channel*-Objekt.

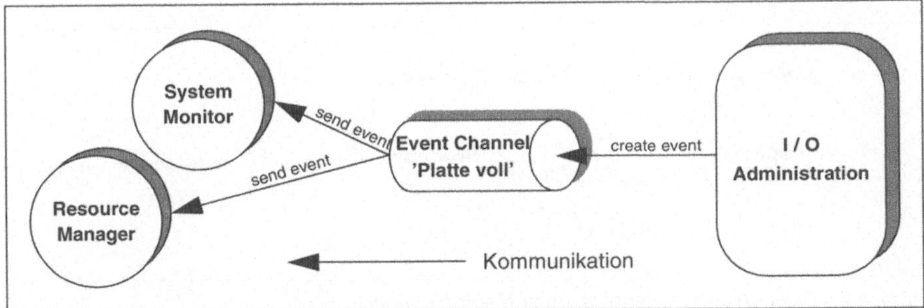

Abb. 4.7: Beispiel für die Verarbeitung in einem *Event Channel*

4.3.1.1 Allgemeine Spezifikationen

Der *Event Service* ist einer der wenigen Services, der prinzipiell unabhängig vom jeweiligen ORB ist. Er definiert einige Schnittstellen, deren Implementierungen reine Server-Objekte im Sinne der Kernarchitektur sind. *Events* werden dabei nicht durch eigene Objekte, sondern durch den Aufruf spezieller Methoden modelliert. Sie können entweder generisch (Typ any) oder von einem speziellen Typ (d.h. klassifiziert) sein. Klassifizierte *Events* verwenden die Schnittstellen für generische *Events* als *Templates* für die Erzeugung spezifischer Schnittstellen. Wir werden daher im folgenden nur den generischen Ansatz betrachten.

```
module CosEventCom {                       interface PullSupplier {
                                               any  pull() raises(Disconnected);
    exception Disconnected();                  any  try_pull (out boolean has_event)
                                                    raises(Disconnected);
    interface PushConsumer {                    void disconnect_pull_supplier();
        void push (in any data)            };
            raises(Disconnected);
        void disconnect_push_consumer();   interface PullConsumer {
    };                                         void disconnect_pull_consumer();
                                           };
    interface PushSupplier {
        void disconnect_push_supplier();   }; // end module
    };
```

Beispiel 4.5: Definition der Kommunikations-Schnittstellen (generischer Ansatz)

Der *Event Service* definiert zwei verschiedene Kommunikationsarten: *push style*, bei der ein Erzeuger das *Event* auslöst und die Übertragung der nötigen Daten initiert, und *pull style*, bei der ein Konsument ein *Event* anfordert (blockierend oder per *Polling*). Dementsprechend sieht der Standard die vier Schnittstellen PushSupplier, PushConsumer, PullSupplier und PullConsumer vor (siehe Beispiel 4.5). Die beschriebenen Schnittstellen alleine reichen aber nicht aus, um die Erzeugung und Verarbeitung von *Events* von den einzelnen Objekten zu entkoppeln (hier haben die Objekte weiterhin gegenseitig Kenntnis voneinander, siehe Abbildung 4.8).

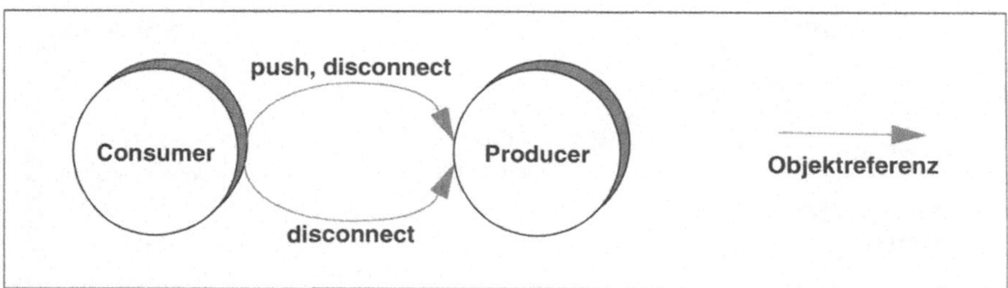

Abb. 4.8: *Push-style*-Verarbeitung ohne *Event Channel*

4.3.1.2 Event Channel

Zur Lösung des Problems wurde von der OMG ein sog. *Event Channel* definiert, der quasi die Verwaltung aller an einem Ereignis interessierten Objekte übernimmt. Diese können sich wahlweise als Erzeuger oder Konsument beim *Event Channel* anmelden, wobei sowohl *push-style*- als auch *pull-style*-Kommunikation möglich ist (auch gemischt, siehe Abbildung 4.9). Ein von einem Erzeuger initiiertes Event wird an alle registrierten Konsumenten verteilt. Der *Supplier* muß dafür nicht wissen, wieviel und welche *Consumer* es gibt!

In Abbildung 4.9 wird ein mögliches Szenario dargestellt, bei dem mehrere Objekte an Änderungen eines Textdokumentes interessiert sind. Die beiden Browser 1 und 2 zeigen immer die aktuelle Version. Sie blockieren so lange im `pull`-Aufruf, bis eine Änderung vorliegt und sie die neuen Daten laden müssen. Browser 3 hat die *push-style*-Kommunikation gewählt und kann in der Zwischenzeit (bis seine `push`-Methode vom *Event Channel* aufgerufen wird) andere Aktionen ausführen. Die gewählte Konfiguration der drei Produzenten kann hier einige Probleme mit unterschiedlichen (und falschen) Verarbeitungszuständen verursachen: Editor 2 und 3 erzeugen *Events* ohne die *Events* der anderen beiden *Supplier* jemals zu erhalten. Editor 1 ist hingegen Erzeuger und Konsument und sieht somit alle *Events*. Alle Erzeuger verwenden hier die *push-style*-Kommunikation, es wäre aber auch *pull style* möglich (wenn auch nicht unbedingt sinnvoll).

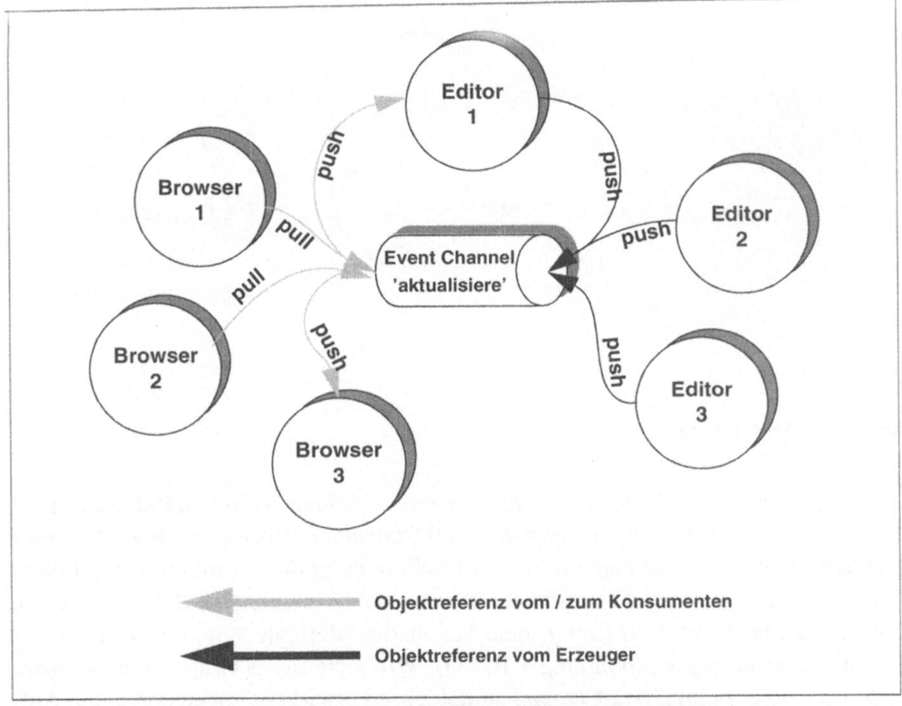

Abb. 4.9: Verarbeitung mit *Event Channel* (*push style* gemischt mit *pull style*)

Leider werden vom Standard aber weder Atomizität noch Reihenfolgeerhaltung garantiert. Ein *Supplier* kann sich also nicht sicher sein, daß wirklich alle *Consumer* sein Event erhalten haben (denkbar wäre, daß eine Netzverbindung zusammenbricht und ein neues *Routing* durchgeführt wird, die in der Zwischenzeit ausgelösten

Events aber verloren gehen). Weiterhin stellt insbesondere die mögliche Änderung der Reihenfolge für o.g. Anwendung ein Problem dar: Wird ein *Event* in der Form „Lösche Zeichen 12 bis 18" kodiert, so sind diese Ereignisse natürlich kontextsensitiv und somit reihenfolgeabhängig. Auch die konkrete Angabe der zu löschenden Zeichen kann zu Problemen führen, wenn das vorherige *Event*, mit dem ein Teil dieser Zeichen gerade erst eingefügt wurde, noch nicht eingetroffen ist. Wir sehen also, daß unter Umständen ergänzende Maßnahmen nötig sind. Die OMG arbeitet aus diesem Grund an einer Erweiterung des *Event Service*, dem sog. *Notification Service* [OMG98c]. Er soll insbesondere umfangreiche Filtermechanismen sowie die persistente Pufferung und die Einhaltung der Reihenfolge von Nachrichten garantieren können (konfigurierbarer *Quality of Service*).

Wir werden uns hier aber auf den ursprünglichen *Event Service* beschränken. Zur Verwaltung von *Event Channels* gibt es insgesamt sieben Schnittstellen, die in Beispiel 4.6 aufgeführt sind. Ihre Verwendung wird durch Abbildung 4.10 illustriert:

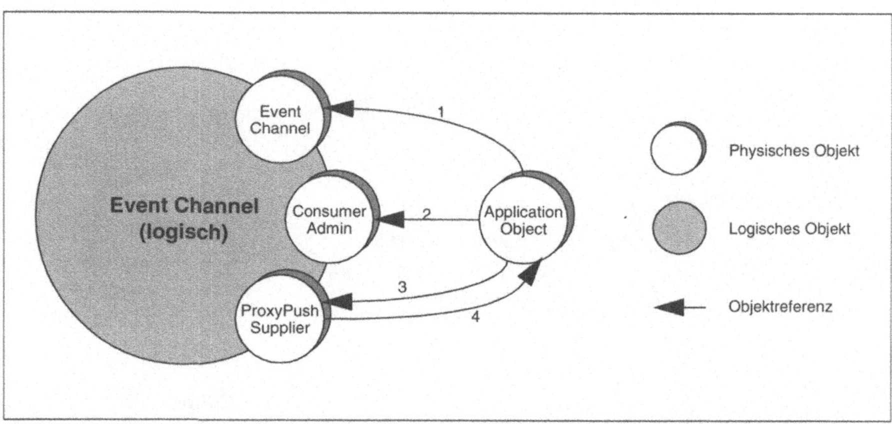

Abb. 4.10: Verbindungsaufbau zum *Event Channel*

Über das eigentliche Objekt für den *Event Channel* können lediglich Referenzen auf die Objekte zur Verwaltung der *Supplier* und *Consumer* erhalten werden. Mit dieser Maßnahme wird ein rudimentärer Zugriffsschutz eingeführt: Soll ein Objekt einer Applikation z.B. nur *Events* empfangen können, so darf es nur eine Referenz auf den `ConsumerAdmin` erhalten (durch den Aufruf der Methode `for_consumers` des `EventChannel`, siehe Abbildung 4.10-(1)). Will sich dieses Objekt nun als *pushstyle-Consumer* beim *Event Channel* anmelden, so erwirbt es zuerst durch den Aufruf der Methode `obtain_push_supplier` (2) des `ConsumerAdmin` eine Referenz auf einen `ProxyPushSupplier`, der jetzt aus Sicht dieses Objektes der Erzeuger aller Events ist. Anschließend muß noch durch den Aufruf der Methode `connect_push_consumer` des `ProxyPushSuppliers` die Verbindung hergestellt werden (3). Dabei wird eine Referenz auf das aktuelle Objekt übergeben. Der *Event Channel* leitet nun alle *Events* durch Aufruf der Methode `push` des `Appli-`

`cationObject` (welche das `interface  PushConsumer` implementieren muß)
weiter (4). Der Aufbau der anderen Kommunikationsarten erfolgt analog dazu.
Selbst für klassifizierte *Events* ist kein neues Verfahren nötig. Es müssen lediglich
für jeden *Event*-Typ neue Klassen für *Push/Pull Supplier* bzw. *Push/Pull Consumer*
definiert werden [OMG98h].

```
module CosEventChannelAdmin {

    exception AlreadyConnected {};
    exception TypeError {};

    interface EventChannel {
        ConsumerAdmin           for_consumers();
        SupplierAdmin           for_suppliers();
        void                    destroy();
    };

    interface ConsumerAdmin {
        ProxyPushSupplier obtain_push_supplier();
        ProxyPullSupplier obtain_pull_supplier();
    };

    interface SupplierAdmin {
        ProxyPushConsumer obtain_push_consumer();
        ProxyPullConsumer obtain_pull_consumer();

    interface ProxyPushConsumer : CosEventComm::PushConsumer {
        void connect_push_supplier
                (in CosEventComm::Push_Supplier push_supplier)
                raises(Already_connected);
    };

    interface ProxyPullSupplier : CosEventComm::PullSupplier {
        void connect_pull_consumer
                (in CosEventComm::PullConsumer pull_consumer)
                raises(AlreadyConnected);
    };

    interface ProxyPullConsumer : CosEventComm::PullConsumer {
        void connect_pull_supplier
                (in CosEventComm::PullSupplier pull_supplier)
                raises(AlreadyConnected, TypeError);
    };

    interface ProxyPushSupplier : CosEventComm::PushSupplier {
        void connect_push_consumer
                (in CosEventComm::PushConsumer push_consumer)
                raises(AlreadyConnected, Type_Error);
    };

}; // end module
```

Beispiel 4.6: Standardisierte Schnittstellen für *Event Channels*

4.3.2 Die CORBA Persistent Object und Persistent State Services

Die OMG hatte bereits relativ früh mit der Arbeit am *Persistent Object Service* (POS) begonnen. Mit ihm sollte eine allgemeine Anbindung an persistente Speichermedien geschaffen werden, d.h., der Zustand von Objekten sollte z.B. wahlweise in Dateien, relationalen oder objektorientierten Datenbankverwaltungssystemen (RDBVS bzw. OODBVS) gespeichert werden können. An der Schnittstelle der CORBA-Objekte sollte die Wahl des Speichermediums nicht sichtbar sein. Gerade der letzte Aspekt hat aber dazu geführt, daß die Spezifikation des Services nur ein mehr oder weniger fraglicher Kompromiß ist. Ursprünglich gab es zwei Vorschläge: Ein auf den Einsatz von OODBVS optimierter aus dem Lager der ODMG, sowie ein weiterer von IBM, der speziell auf die Eigenschaften von RDBVS einging. Auf Druck der OMG wurden beide Dokumente Anfang 1994 zum POS verschmolzen [Ses96]. Die resultierende Strukturierung des Services ist in Abbildung 4.11 dargestellt. Aus der Sicht des Clients gibt es jeweils ein Objekt mit persistentem Zustand (PO) sowie eine zugehörige persistente ID (PID), mit der ein Objekt lokalisiert werden kann. Jedes PO kommuniziert mit einem *Persistent Object Manager* (POM), der eine einheitliche Schnittstelle zur Verarbeitung des Zustandes bietet. Nur der POM kennt dann das konkrete Speichermedium sowie den zugehörigen *Persistent Data Service* (PDS). Weiterhin initiiert er die Übertragung des jeweiligen Zustandes über das zum PDS gehörende Protokoll. Der PDS kommuniziert schließlich mit dem eigentlichen Speichermedium. Der Standard enthält dafür bereits eine Reihe weiter spezialisierter PDS-Schnittstellen für DBVS u.ä., auf die wir hier aber nicht weiter eingehen wollen.

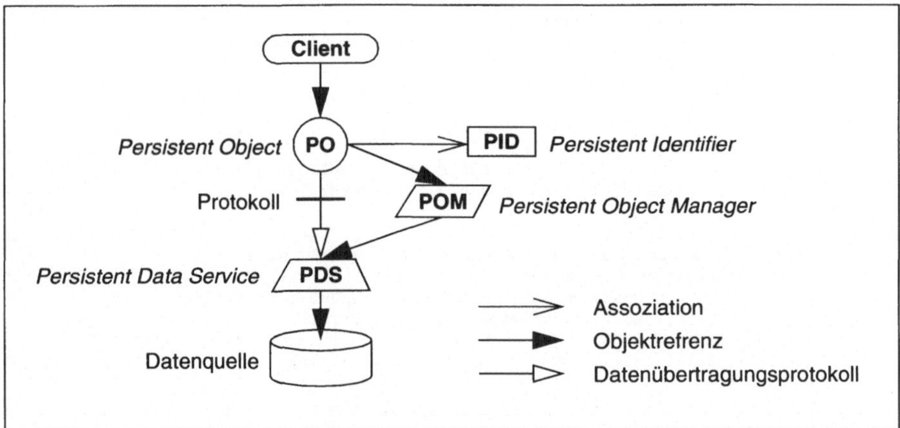

Abb. 4.11: Die Struktur des *Persistent Object Services* (POS)

Anhand von Abbildung 4.11 läßt sich leicht erkennen, daß der POS eine recht komplexe Schnittstelle besitzt. So umfaßt bereits das Laden und Speichern von Objektzuständen mehrere Operationen und Kommunikationsschritte. Dabei muß jeder Zustand einzeln verarbeitet werden, eine mengenorientierte Übertragung ist nicht möglich. Weiterhin wird die Anzahl der Objekte durch das assoziierte PID-Objekt schlicht verdoppelt. Diese Umstände sind in verteilten Umgebungen aber inakzeptabel und dementsprechend ist uns bisher auch keine Implementierung des POS bekannt. Vielmehr vertreten die meisten Hersteller von CORBA-Produkten wie wir die Ansicht, daß eine effektive und effiziente Umsetzung der POS-Spezifikation nicht möglich ist. Die OMG bezeichnet den POS deshalb teilweise auch schon als *deprecated* (abgelöst).

Als Ersatz für den POS wird derzeit an der Entwicklung des *Persistent State Service* (PSS) gearbeitet. Er soll die Nachteile des POS vermeiden und gleichzeitig eine sinnvolle Integration mit dem *Transaction* und *Query Service* bilden. Bis Dezember 1998 wurden drei vielversprechende sog. *Joint Revised Submissions* bei der OMG eingereicht, die alle auf neuesten Entwicklungen wie dem *Portable Object Adapter* (POA, siehe Abschnitt 4.2.3.3) und dem IDL value-Typ (Kapitel 4.1.4) basieren. Letzterer ermöglicht insbesondere den Transfer von Objektzuständen vom Server zum Client. Diese Fähigkeit ist in datenintensiven Umgebungen besonders wichtig (siehe Kapitel 4.5). Eine endgültige Entscheidung der OMG sowie erste Implementierungen werden für 1999 erwartet. Nähere Informationen können der zugehörigen WWW-Seite entnommen werden [OMG99].

4.3.3 Der CORBA Lifecycle Service

Der *Lifecycle Service* definiert Funktionalität zum Erzeugen, Kopieren, Migrieren und Löschen von Objekten. Er spiegelt damit einen wesentlichen Aspekt der Philosophie von CORBA sowie verteilter Umgebungen allgemein wider.

```
module CosLifeCycle {

    typedef Naming::Name Key;
    typedef Object Factory;
    typedef sequence<Factory> Factories;
    struct NameValuePair {Naming::IString name; any value;};
    typedef sequence<NameValuePair> Criteria;

    ... // definition of several exceptions

    interface FactoryFinder {
        Factories find_factories (in Key factory_key) raises (NoFactory);
    };

    interface LifeCycleObject {
        LifecycleObject copy (in FactoryFinder there, in Criteria the_criteria)
                            raises (NoFactory, NotCopyable, InvalidCriteria, ...);
        void move  (in FactoryFinder there, in Criteria the_criteria)
                    raises (NoFactory, NotMovable, InvalidCriteria, ...);
        void remove () raises (NotRemovable);
    };

    ...

}; // end module
```

Beispiel 4.7: Auszüge aus der Spezifikation des *Lifecycle Service*

Betrachten wir zunächst einmal die Erzeugung von Objekten. Hier reicht die bei lokaler Verarbeitung bewährte Verwendung von Konstruktoren nicht aus. Erstens sind Konstruktoren immer statische Methoden einer Implementierungsklasse, die sich nicht mit einer Schnittstellenbeschreibungssprache wie IDL definieren lassen, und zweitens operieren Konstruktoren eben immer lokal, d.h., mit ihnen können keine Objekte auf anderen Rechnern erzeugt werden. Gemäß der Spezifikation des *Lifecycle Service* sollte es daher auf jedem Rechner für jeden dort implementierten Objekttyp eine eigene sog. *Factory* geben. Diese enthält eine Methode zum Erzeugen und Initialisieren eines Objektes, das im selben Adreßraum wie die *Factory* angelegt wird. Die Signatur dieser Methode ist allerdings nicht standardisiert. Das erzeugte Objekt implementiert dann das `interface LifeCycleObject`, welches die Methoden `copy`, `move` und `remove` definiert (siehe IDL-Definitionen in Beispiel 4.7). Dieses `interface` wird also nicht vom Service, sondern von den einzelnen CORBA-Objekten selbst implementiert.

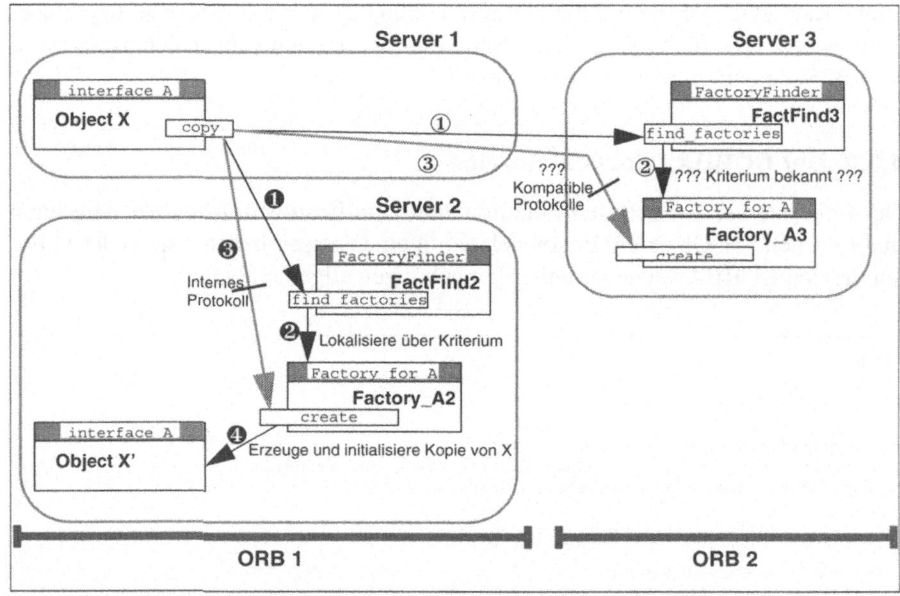

Abb. 4.12: Illustration der Operation `copy` des *Lifecycle Service*

Zur Unterstützung der Operationen `copy` und `move`, deren Semantik eigentlich der ortstransparenten Verarbeitung von CORBA widerspricht, wurden sog. `Factory-Finder` eingeführt. Sie repräsentieren quasi den Adreßraum, in den die Objekte kopiert oder migriert werden sollen. Referenzen auf `FactoryFinder` kann man beispielsweise über den *Naming Service* erhalten. Der prinzipielle Ablauf der Operation `copy` wird durch die linke Hälfte von Abbildung 4.12 veranschaulicht. Ziel ist es, das Objekt X von Server 1 auf Server 2 zu kopieren. Beide Server basieren auf der gleichen Implementierung und demselben ORB. Die Implementierung der copy-Methode des Objektes X lokalisiert zuerst einen `FactoryFinder` auf dem Server 2 (z.B. über den *Naming Service*) und ruft dessen Methode `find_factories` auf (❶), die anhand der übergebenen Kriterien eine entsprechende *Factory* sucht (❷) und eine Referenz darauf an die aufrufende copy-Methode zurückgibt. Diese ruft die nicht standardisierte `create`-Methode der *Factory* auf und übergibt dabei den Zustand des zu kopierenden Objektes in einem internen Format (❸). Die Factory erzeugt anschließend die eigentliche Kopie des Objektes (X', ❹) und gibt eine neue Objektreferenz an die copy-Methode des ursprünglichen Objektes zurück. Im Fall der move-Operation müßte außerdem die alte Objektreferenz gültig bleiben, d.h., die ID eines Objektes ist dann ebenfalls zu transferieren (anschließend muß natürlich das alte Objekt gelöscht werden).

Problematisch ist nun die Anwendung der Operationen des *Lifecycle Service* beim Einsatz verschiedener Server-Implementierungen oder gar mehrerer CORBA-Systeme. Wie bereits erwähnt ist das `interface LifeCycleObject` von jedem einzelnen CORBA-Objekt selbst zu implementieren. Dies ist sinnvoll, da nur sie bzw. die korrespondierenden *Factories* Kenntnis über den internen Zustand und notwendige Initialisierungen haben. Gleichzeitig kann ein anderer Server die gleichen IDL-Schnittstellen natürlich vollkommen anders implementieren und auch andere *Factories* definieren. Wie soll nun aber z.B. die Implementierung der copy-Operation von Objekt X eine Kopie auf Server 3, der auf einer anderen Implementierung und einem anderen ORB basiert, anlegen? Eine Referenz auf einen `FactoryFinder` von Server 3 kann sicherlich erworben werden (①), aber kann dieser die übergebenen Kriterien nutzen, um eine entsprechende *Factory* zu finden (②)? Selbst wenn diese Operation erfolgreich ist, so wird spätestens ein Aufruf der `create`-Methode der *Factory* scheitern (③), da hierfür ein internes Protokoll der jeweiligen Implementierung verwendet wird. Was passiert weiterhin, wenn Objekt X Referenzen auf offene Dateien hält, auf die Server 3 keinen Zugriff hat? Diese Fragen sind bisher ungelöst und haben dazu geführt, daß fast kein CORBA-System einen *Lifecycle Service* enthält. Uns ist lediglich eine Implementierung im Rahmen des *IBM Component Broker* [IBM98a] bekannt, der copy und move aber nur intern zur Verfügung stellt. Letztendlich muß die Praxistauglichkeit des aktuell spezifizierten *LifeCycle Service* mehr als bezweifelt werden. Nachdem die meisten Operationen sowieso implementierungsabhängig sind, kann man sie auch durch interne Funktionen in den einzelnen CORBA-Servern realisieren.

4.3.4 Der CORBA Transaction Service

Mit dem *Transaction Service* soll eine transaktionsorientierte und durch das System kontrollierbare Verarbeitung von Daten ermöglicht werden, wie sie sich bereits seit Jahrzehnten im Bereich von Datenbankverwaltungssystemen etabliert hat. Grundlage bildet in beiden Fällen das ACID-Konzept [HR83], das hier aber an die Eigenschaften verteilter Objekte anzupassen ist. Hierfür wurden mehrere Kategorien von Objekten und Servern definiert, deren Interaktion in Abbildung 4.13 illustriert ist.

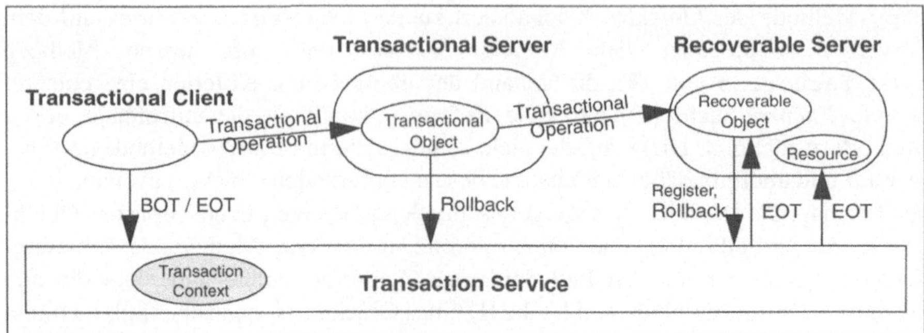

Abb. 4.13: Kategorien von Objekten im CORBA *Transaction Service*

Jeder Client, der eine transaktionsbasierte Verarbeitung einleitet, ist automatisch ein *Transactional Client*. Er muß dazu keine speziellen Schnittstellen implementieren. Zum Starten einer neuen Transaktion (TA) erwirbt der Client über das *ORB Interface* (siehe Abbildung 4.2 auf Seite 75) eine Referenz auf das sog. `current`-Objekt des *Transaction Service* und ruft dessen Methode `begin` auf (*Begin of Transaction* – BOT). Das `current`-Objekt repräsentiert dann den *Transaction Context*, der bei jedem Aufruf einer transaktionsbasierten Methode an den Server übergeben wird. Die Server-Objekte selber lassen sich in zwei Kategorien gliedern. *Transactional Objects* umfassen Methoden, die zwar innerhalb einer TA ausgeführt werden müssen, aber nicht an der *Commit*-Phase beteiligt sind (die Objekte rufen nur weitere Methoden auf, enthalten aber keinen persistent zu speichernden Zustand). Allerdings können sie eine TA bei Bedarf zurücksetzen (*Rollback*). *Recoverable Objects* enthalten oder benutzen hingegen persistente Daten, die im Rahmen einer TA verändert werden können. Sie müssen somit an der *Commit*-Phase oder einem *Rollback* (den sie u.U. selbst initiiert haben) beteiligt werden. Häufig sind sie mit einem oder mehreren *Resource Objects* assoziiert, die sie beim *Transaction Service* registrieren lassen. Die *Resource Objects* kapseln allgemeine Ressourcen wie z.B. Datenquellen (oder lediglich einzelne persistente Objekte). Sie sind ebenfalls an der *Commit*-Phase oder einem Rollback beteiligt, können aber beides nicht initiieren. *Transactional Clients* können jederzeit über das `current`-Object ein *Commit* oder *Rollback* einleiten und damit die TA beenden (*End of Transaction* – EOT).

Die Spezifikation des *Transaction Service* definiert u.a. zwei Schnittstellen, die von den jeweiligen Server-Objekten zu implementieren sind und sie charakterisieren: *Transactional Objects* implementieren das `interface TransactionalObject`, dessen IDL-Definition allerdings einen leeren Rumpf hat. Es dient lediglich der Kennzeichnung der transaktionsbasierten Verarbeitung auf der Ebene der IDL-Definitionen eines Servers. *Resource Objects* implementieren das `interface Resource` mit den Methoden `rollback`, `commit_one_phase`, `prepare` und `commit`. Sie unterstützen damit wahlweise ein ein- oder zweiphasiges *Commit*-Protokoll [GR93]. *Recoverable Objects* implementieren einfach beide Schnittstellen.

Ergänzend zu der gerade diskutierten Kategorisierung von Objekten wurden zwei verschiedene Transaktionsmodi spezifiziert: Beim impliziten Modus wird eine Referenz auf den *Transaction Context* bei jedem Aufruf einer Methode automatisch vom ORB des Clients an den ORB des Servers übertragen. Im expliziten Modus muß der *Transaction Kontext* explizit als Parameter einer Methode in IDL spezifiziert und zur Laufzeit übergeben werden. In beiden Fällen gilt: Wurde vom Client bisher keine TA gestartet, so löst der Server entweder eine *Exception* aus, oder er führt die jeweilige Methode in einer neuen TA aus, die er auch gleich wieder beendet (das Ergebnis der Methode läßt sich in diesem Fall also nicht mehr per *Rollback* zurücksetzen).

Die einzelnen Operationen und Protokolle des *Transaction Service* wurden so gewählt, daß eine Integration von Systemen mit Transaktions- bzw. *Resource*-Managern gemäß den folgenden Normen möglich ist [GR93]:

- X/Open-TX-Schnittstelle (*X/Open Distributed Transaction Protocol*)
- X/Open-XA-Schnittstelle (*X/Open DTP compliant Resource Manager*)
- OSI-TP-Protokoll (*transactional protocol defined by ISO*)
- SNA-LU-6.2-Protokoll (*transactional protocol defined by IBM*)
- ODMG-Standard [Ca97]

Insgesamt kann man den *Transaction Service* als eine sehr sinnvolle und notwendige Komponente zur Integration von Transaktionen in eine CORBA-basierte Umgebung bezeichnen. Seine Spezifikation ist aufgrund der Komplexität des Themas zwar sehr umfangreich, beschränkt sich aber auf eine effektive Modellierung unbedingt erforderlicher Aspekte. Optional werden sogar *Nested Transactions* unterstützt [GR93, HR93]. Probleme entstehen lediglich durch die bereits angesprochene Art der Modellierung von Objekten in CORBA: Es gibt einfach zu viele feingranulare Objekte. Stellen diese alle ein *Resource* oder *Recoverable Object* dar, so steigt die benötigte Kommunikation je *Commit* unangemessen und der *Transaction Service* wird schnell zum Flaschenhals. Modelliert man hingegen nur wenige dieser Objekte (z.B. als *Database Wrapper*), so kann man prinzipiell eine sehr effiziente Verarbeitung erreichen.

4.3.5 Der CORBA Query Service

Einen ersten Schritt in Richtung mengenorientierter Verarbeitung von Daten und Objekten wurde mit der Spezifikation des CORBA *Query Service* (QS) erreicht. Nachdem wir diese Form der Verarbeitung schon mehrfach gefordert haben, wird der QS von wesentlicher Bedeutung für die weitere Arbeit sein. Er definiert eine generische Schnittstelle, um Anfragen an beliebige Datenquellen (also nicht nur DBVS) zu stellen. Daneben enthält die Spezifikation einige grundlegende Aggregattypen (sog. *Collections*), die aber mittlerweile durch den *Object Collection Service* (siehe Tabelle 4.2 auf Seite 85) abgelöst wurden. Das zugrundeliegende Verarbeitungskonzept des QS wird durch Abbildung 4.14a illustriert: Clients senden Anfragen als `string` an den QS, welcher das Ergebnis in einer Instanz des generischen IDL-Typs `any` zurückgibt.

In Bezug auf die Anbindung an relationale Datenbankverwaltungssysteme (RDBVS) läßt sich die Schnittstelle des QS sehr gut mit dem *X/Open Call Level Interface* (CLI, siehe [OG95]), Microsofts *Open Database Connectivity* (ODBC, siehe [Mi95]) oder der *Java Database Connectivity* (JDBC, siehe [Sun97a]) vergleichen. Dementsprechend kann man RDBVS auch recht einfach über sog. *Wrapper* in eine CORBA-Umgebung integrieren (siehe Abbildung 4.14b): So könnte z.B. die SQL-Anfrage eines Clients vom *Wrapper* über das CLI an DB/2 weitergeleitet werden. Anschließend konvertiert der *Wrapper* das Ergebnis (eine Menge relationaler Tupel) in eine `sequence` von IDL-Basistypen und sendet diese an den Client zurück (gekapselt in einer Instanz vom Typ `any`). Will man sogar mehrere (R)DBVS auf einmal anbinden, so bietet sich der Einsatz von DB-*Middleware* wie z.B. der *IBM DataJoiner* [IBM97] an (siehe auch Kapitel 2.4.4.2). Auf derartige Systeme kann meist auch über das CLI, ODBC oder JDBC zugegriffen werden, so daß sie aus der Sicht des Wrappers wie ein einziges (R)DBVS wirken. Selbst die Integration von ODMG-konformen OODBVS ist ähnlich. Nur werden in diesem Fall Anfragen in OQL statt SQL formuliert. Außerdem sind komplexere Ergebnistypen denkbar.

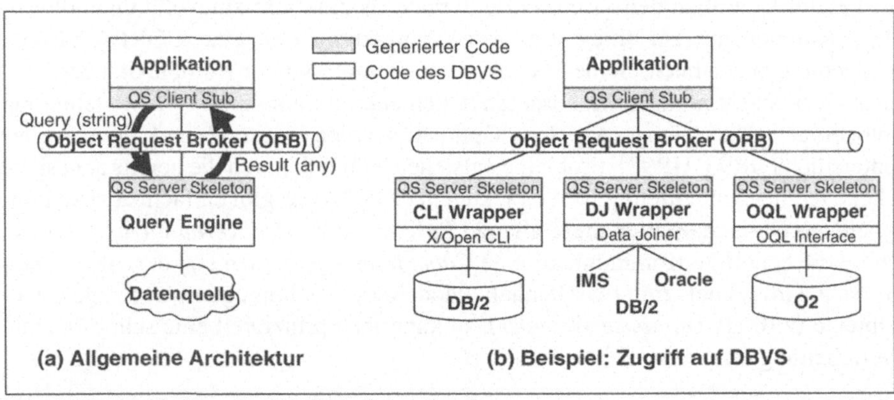

Abb. 4.14: Architektur des CORBA *Query Service*

Die Hierarchie der IDL-Schnittstellen des *Query Service* ist in Abbildung 4.15a dargestellt. Das `interface QueryEvaluator` beschreibt Methoden für Ad-hoc-Anfragen und die Abfrage der unterstützten Anfragesprachen (*Query Language Types*). Der `QueryManager` deklariert eine ergänzende Methode zur Erzeugung sog. `Query`-Objekte für mehrfach benötigte Anfragen. Die konkrete Anfrage muß dieser Methode als Parameter übergeben werden und läßt sich später nicht mehr ändern (allerdings sind Parameter möglich). Das `Query`-Objekt selbst bietet dann Methoden zum Vorübersetzen und Ausführen der Anfrage, zur Abfrage des Ergebnisses sowie ein Status-*Flag*. Das `interface` `Collection` beschreibt einfache Aggregate, ist aber mittlerweile durch den *Collection Service* abgelöst worden. Das `interface` `QueryableCollection` enthält keine weiteren Methoden.

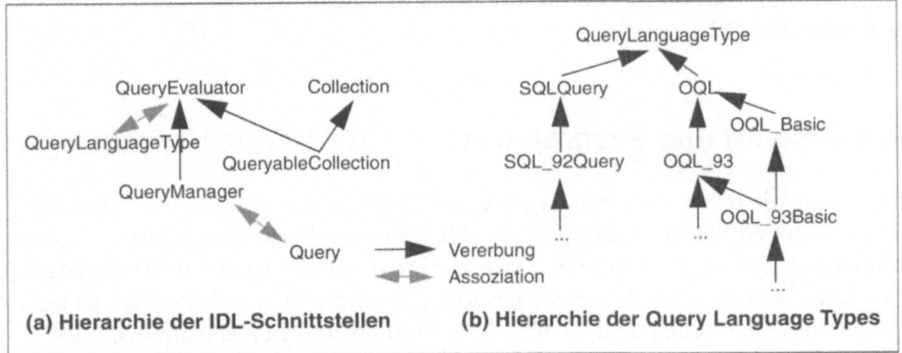

Abb. 4.15: Hierarchie der IDL-Schnittstellen des CORBA *Query Service*

Der QS beschreibt zwei verschiedene Ebenen der Anfrageverarbeitung. Die erste bietet lediglich die Möglichkeit für Ad-hoc-Anfragen. Sie umfaßt die Schnittstellen `QueryEvaluator` und `QueryableCollection`. Der Aufruf der execute-Methode des `QueryEvaluator` bewirkt implizit das Übersetzen, Optimieren und Ausführen einer Anfrage, auch wenn dieselbe Anfrage mehrfach gestellt wird. Die zweite Ebene benutzt zusätzlich spezielle `Query`-Objekte. Durch das Vorübersetzen häufig benutzter Anfragen lassen sich hier erhebliche Leistungssteigerungen erzielen. Wir werden diese Ebene für eigene Implementierungen des QS benutzen (siehe Kapitel 5.4.3 und 6.2.2). In beiden Ebenen wird (wie bereits erwähnt) das Ergebnis einer Anfrage in Form einer Instanz des Typs `any` zurückgegeben. In dieser Instanz lassen sich beliebige Daten übertragen, deren Format in IDL definiert werden kann.

Das `interface` `QueryLanguageType` beschreibt die Wurzel einer weiteren Hierarchie von IDL-Schnittstellen, die allerdings leere Rümpfe haben (siehe Abbildung 4.15b). Anhand dieser Typen lassen sich die von einer QS-Implementierung unterstützten Anfragesprachen, also Syntax und Semantik des Anfrage-*Strings*, bestimmen. Derzeit muß ein QS entweder `SQL_92Query`, `OQL_93`, `OQL_93Basic` oder eine Kombination dieser Sprachen unterstützen. Die Definition einer neuen Anfragesprache setzt die Spezifikation einer weiteren IDL-Schnittstelle voraus, die von mindestens einer der vordefinierten Schnittstellen erbt (angedeutet durch die jeweils drei Punkte in Abbildung 4.15b). Für weitergehende Informationen sei auf die Spezifikation des QS verwiesen (Kapitel 11 von [OMG98h]).

Große Erwartungen werden derzeit in die Harmonisierung von SQL und OQL gesetzt. Sollten diese Sprachen einmal eine ausreichende Überschneidung haben, dann soll diese laut Angaben der OMG als einzig zulässige Anfragesprache für den QS benutzt werden.

Eine Implementierung des QS kann selbstverständlich mit anderen *Object Services* kooperieren. Zur Kopplung mit dem *Transaction Service* bietet es sich z.B. an, daß die Implementierung eines `QueryManagers` gleichzeitig auch ein *Resource* oder *Recoverable Object* darstellt (siehe Kapitel 4.3.4). Weiterhin bietet sich bei der Modellierung von Aggregaten und korrespondierenden Iteratoren natürlich die Verwendung des *Collection Services* an.

4.4 Entwurf und Programmierung in CORBA-Umgebungen

Nachdem wir bisher die Grundlagen von CORBA sowie ausgewählte *Object Services* diskutiert haben, wollen wir nun den gesamten Entwicklungsprozeß in einer CORBA-Umgebung illustrieren. Dazu benutzen wir das bereits in Abbildung 2.3 auf Seite 21 eingeführte Beispiel eines Reservierungssystems. Wir wollen an dieser Stelle die Ausführungsschicht der TRS-Komponente implementieren. CORBA dient hier in diesem Sinne also nur zur Überbrückung der Client/Server-Grenze. Andererseits könnte man den TRS-Server aber auch als eine eigenständige Komponente betrachten. Man beachte aber bitte, daß der Begriff *CORBA Components* von der OMG in einem anderen Sinne verwendet wird (siehe Kapitel 4.6).

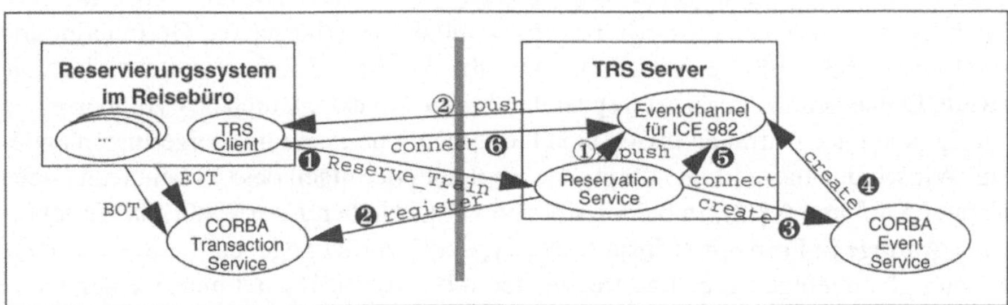

Abb. 4.16: Verarbeitungsszenario innerhalb der TRS-Komponente

Der TRS-Server soll im wesentlichen nur eine Methode zur Reservierung von Zügen anbieten. Ist im gewünschten Zug kein Platz mehr frei, so soll eine *Exception* ausgelöst und die Möglichkeit geboten werden, sich auf einer Warteliste einzutragen. Die Warteliste entspricht dabei einem `EventChannel` des *Event Service* (Kapitel 4.3.1). Weiterhin soll die ganze Verarbeitung durch den Einsatz des *Transaction Service* abgesichert werden. Hierfür ist der TRS-Server als *Recoverable Object* zu modellieren (siehe Kapitel 4.3.4). Dementsprechend benötigte IDL-Schnittstellen sind in Beispiel 4.2 auf Seite 72 enthalten (wir haben sie bereits zur Illustration der Eigenschaften von IDL benutzt). Das resultierende Verarbeitungsszenario ist in Abbildung 4.16 dargestellt. Die linke Hälfte beschreibt die Rechnerumgebung im Reisebüro, die rechte repräsentiert das Rechenzentrum der Deutschen Bahn AG.

Wir wollen nun kurz die einzelnen Schritte zur Durchführung einer Reservierung betrachten. Zuerst einmal muß vom Reservierungssystem im Reisebüro eine neue Transaktion gestartet werden (BOT). Nachdem wir auch die Buchung von Flügen, Hotels und Bahnfahrten innerhalb einer einzigen TA unterstützen wollen, wird dieser Schritt i.allg. von der globalen Komponente des Reservierungssystems (und eben nicht vom TRS-Client) durchgeführt. Anschließend ruft der TRS-Client die Methode `ReserveTrain` des `Reservation_Service` auf (❶). Dabei übergibt der ORB automatisch den jeweiligen TA-Kontext. Der `Reservation_Service` registriert sich daraufhin beim *Transaction Service* als `Resource` der laufenden TA (❷), um später an der *Commit-* oder *Rollback*-Phase beteiligt zu werden. Ist ein Platz im gewünschten Zug (ICE 982) verfügbar, so wird die Reservierung ausgeführt und das Ergebnis an den TRS-Client zurückgegeben. Ist der Zug bereits ausgebucht, so erstellt der `Reservation_Service` eine Warteliste für diesen (sofern noch keine existiert). Dazu benutzt er den *Event Service*, der ihm eine Referenz auf den neuen `EventChannel` zurückgibt (❸, ❹). Anschließend stellt er eine Verbindung zu diesem her (❺) und beendet die Abarbeitung der Methode `ReserveTrain` mit dem Auslösen der `Exception NoSeatAvailable`. Als Attribut der *Exception* übergibt er dem Client gleichzeitig eine Referenz auf den `EventChannel`. Will dieser über frei werdende Plätze informiert werden, so kann er sich beim `EventChannel` als `PushConsumer` registrieren lassen (❻). Wird nun zu einem späteren Zeitpunkt ein Platz im ICE 982 frei, so kann der TRS-Server eine Nachricht an den `EventChannel` weiterleiten (①), der daraufhin einen TRS-Client auf der Warteliste informiert (②). Unabhängig vom Ausgang der Buchung kann das Reservierungssystem im Reisebüro die laufende TA zu jedem Zeitpunkt beenden. Im Fall eines *Rollback* muß eine erfolgte Buchung natürlich kostenlos storniert werden (was z.B. der Auslöser dafür sein könnte, daß ein Platz in einem ausgebuchten Zug frei wird und die Abarbeitung der Warteliste beginnt).

Neben dieser funktionalen Betrachtung der Laufzeitaspekte wollen wir nun aber noch den eigentlichen Entwicklungs- und Programmierprozeß untersuchen. Zunächst werden die IDL-Definitionen aus Beispiel 4.2 auf Seite 72 als Eingabe für den IDL-Compiler benutzt, um die *Stubs* und *Skeletons* in der jeweiligen Programmiersprache zu erzeugen. Genaugenommen wird eigentlich nur ein einziges *Skeleton* für das `interface Reservation_Service` generiert, das nun zu implementieren ist. Neben der explizit enthaltenen Methode `ReserveTrain` und dem Attribut `status_flag` müssen wir zusätzlich Code für die geerbten Schnittstellen des *Event* und *Transaction Service* zur Verfügung stellen: `connect_push_consumer` aus dem `interface CosEventComm::PushSupplier` sowie `prepare`, `rollback`, `commit` und `commit_one_phase` aus dem `interface CosTransactions::Resource` (der Rumpf von `CosTransactions::TransactionalObject` ist leer). Die Implementierungen dieser Methoden können natürlich auf weitere *Object Services* zugreifen. Neben der Programmierung des Objektes `Reservation_Service` muß natürlich noch ein Hauptprogramm für den TRS-Server geschrieben werden, das aber im wesentlichen nur für die Initialisierung des

Objektes sowie dessen implizite Registrierung beim Objekt-Adapter sorgt (evtl. bietet sich noch ein Eintrag beim *Naming Service* an). Damit ist der Server dann für externe Clients verfügbar.

Für die Realisierung des TRS-Clients reicht nun aber nicht alleine die Verwendung der generierten *Client Stubs* aus. Vielmehr ist auch hier ein neues CORBA-Objekt zu realisieren. Es muß das `interface CosEventComm::PushConsumer` mit den Methoden `push` und `disconnect_push_consumer` implementieren, damit der TRS-Client dem `EventChannel` gegenüber als *Push Consumer* auftreten kann. Anschließend ist der TRS-Client in das globale Reservierungssystem des Reisebüros einzubetten.

Für eine detailliertere Einführung in die Programmierung in CORBA-Umgebungen sei auf [Red96] verwiesen. Dieses Buch behandelt die Implementierung von Software in den Programmiersprachen C++ und Java.

4.5 Modellierung von Datenobjekten, Migration und Leistungsaspekte

Die Modellierung von Datenobjekten kann in CORBA 2.2 auf zwei Arten erfolgen. Die erste ist die Spezifikation von IDL-Datenstrukturen mit dem Schlüsselwort `struct` (z.B. `ResData` und `Seat` in Beispiel 4.1 auf Seite 71). Diese werden in objektorientierten Programmiersprachen auf jeweils eine Klasse abgebildet. Gegenüber dem aus C++ bekannten `struct`-Konstrukt gibt es in IDL aber zwei Einschränkungen: Es ist weder die Definition von Methoden noch die Angabe einer Vererbungshierarchie möglich. Abhilfe schafft die andere Variante, nämlich die Benutzung des `interface`-Konstruktes von IDL. Dieses ist zwar primär für die Deklaration neuer *Services* gedacht (z.B. der `Reservation_Service` in Beispiel 4.2 auf Seite 72), kann aber auch zur Spezifikation von Objekten mit Daten (Attributen) und Funktionen (Methoden) verwendet werden. Dabei wird unter anderem das von C++ bekannte Konzept der multiplen Vererbung unterstützt. Für die Modellierung ganzer Hierarchien von Datenobjekten mit Methoden bleibt also nur die letzte Möglichkeit. Beide Varianten führen aber leider zu unterschiedlichen Verarbeitungsmodellen im ORB:

Strukturen (wie auch alle Werte von Basistypen) werden vom ORB bei Bedarf (z.B. bei der Parameterübergabe) kopiert und weitergeleitet. Sie unterliegen keiner Registrierung durch den ORB und werden auch nicht von einem Objekt-Adapter verwaltet. Dementsprechend gibt es keine Kontrolle über angelegte Kopien, und es muß mit erheblichen Kohärenz-Problemen gerechnet werden. Das CORBA-System bietet lediglich einige Klassen (sog. *Handle*-Klassen) an, die das Speichermanagement für dynamisch allokierte Daten im jeweiligen Prozeß vereinfachen. Bei der Übertragung dieser Instanzen werden vom ORB alle durch die Rechnerarchitektur bedingten Konvertierungen vorgenommen (z.B. *Little Endian* in *Big Endian*).

Im Gegensatz dazu werden alle auf einem `interface`-Konstrukt basierenden Objekte beim ORB registriert und in Kooperation mit einem Objekt-Adapter verwaltet. Sie werden grundsätzlich nicht kopiert und sind identifizierbar und strikt gekapselt: Clients erhalten nur Objektreferenzen, niemals das Objekt selbst. Nachdem die derzeit verfügbaren Objekt-Adapter keine Migration von Objekten unterstützen (siehe Kapitel 4.2.3), bleiben diese Objekte leider dauerhaft im Adreßraum des Server-Prozesses, in dem sie angelegt wurden. Gleichzeitig stellt die Modellierung über die `interface`-Klausel aber die einzige Möglichkeit dar, um Objekte mit den *Common Object Services* (siehe Kapitel 4.3) interagieren zu lassen. Prinzipiell ergibt sich dadurch natürlich die Möglichkeit, Objekte mit der move-Operation des *Lifecycle Service* zu migrieren. Für einzelne Objekte mag dies u.U. möglich sein, jedoch ist das zugrundeliegende Protokoll für das temporäre *Caching* größerer Objektmengen ungeeignet (siehe Kapitel 4.3.3).

Bedingt durch die zunehmende Kritik an den Möglichkeiten zur Modellierung von Objekten in CORBA hat sich die OMG zur Erweiterung von IDL um einen sog. `value`-Typ entschieden. Die Spezifikation ist mehr oder weniger abgeschlossen, jedoch wird diese Klausel frühestens mit der Publikation von CORBA 2.3 standardisiert. Trotzdem wollen wir die zugrundeliegenden Konzepte bereits an dieser Stelle diskutieren. `Value`-Objekte sind quasi eine Mischung aus `struct` und `interface`. Sie unterstützen die Deklaration von Methoden und einfachen Vererbungsbeziehungen (allerdings keine multiple Vererbung), sind aber keine CORBA-Objekte im eigentlichen Sinne: Wie Strukturen sind sie weder beim ORB registriert, noch werden sie durch einen Objekt-Adapter verwaltet. Weiterhin unterliegen sie bei der Parameterübergabe der *Call-By-Value*-Semantik (im Gegensatz zu *Call-By-Reference* bei `interface`-Objekten). Bei `in`-Parametern würde der Zustand eines Objektes also vom Client zum Server kopiert und dort zur Instantiierung eines Objektes mit genau diesem Zustand benutzt. Dafür muß der Server natürlich eine Implementierung dieses Objektes zur Verfügung stellen. Das neu erzeugte Objekt steht dann in keinerlei Beziehung zum ursprünglichen Objekt mehr (beide Objekte existieren unabhängig voneinander). Bei der Parameterübergabe wird allerdings garantiert, daß jede `value`-Instanz nur einmal übertragen und auf dem Server instanziiert wird. Benutzt man z.B. das gleiche `value`-Objekt für zwei verschiedene Parameter einer Methode, so werden beide Parameter auf dem Server durch das gleiche Objekt repräsentiert. In diesem Sinne wird also die Identität von Objekten berücksichtigt (bei der Verwendung von Strukturen als Parameter würden zwei Strukturen mit gleichem Inhalt übertragen und auf dem Server angelegt werden).

`Value`-Typen können von einem oder mehreren `interface`-Typen erben. Man spricht dabei allerdings von unterstützen (Schlüsselwort `support`). Anders herum können `interfaces` aber nicht von `value`-Typen erben. Durch die Verwendung von `interfaces` als Supertyp von `value`-Typen wird erreicht, daß auch Instanzen von `value`-Typen beim ORB registriert werden (da sie letztendlich Instanz eines `interface`-Typs sind). Allerdings läßt sich diese Technik nicht zur Migration benutzen: Bei der Parameterübergabe wird immer noch der Zustand übergeben, um anschließend eine neue Instanz mit dem gleichen Zustand anzulegen. Diese Instanz ist dann als weiteres CORBA-Objekt registriert. Somit bleibt die Identität nicht gewahrt.

Eine abschließende Gegenüberstellung der wichtigsten Eigenschaften von Datenobjekten in Abhängigkeit der jeweiligen Modellierung über die IDL-Klauseln `struct`, `interface` und `value` ist in Tabelle 4.3 enthalten.

Eigenschaft	struct-Objekte	interface-Objekte	value-Objekte
Attribute	ja	ja	ja
Methoden	nein	ja	ja
Vererbung	nein	ja (mehrfach)	ja (einfach von `value`-Typen, mehrfach von `interfaces`)
Registrierung/Verwaltung durch ORB/Objekt-Adapter	nein	ja	bedingt (nur bei `interface`-Supertypen)
Interaktion mit *Common Object Services*	nein	ja	bedingt (nur bei `interface`-Supertypen)
Migration	nein (Kopien)	bedingt (über den *LifeCycle Service*)	nein (Kopien)
Duplikate	ja	nein	ja
Verfügbarkeit	ja	ja	nein (CORBA 2.3)

Tabelle 4.3: Eigenschaften von Datenobjekten in CORBA

4.6 Komponenten in CORBA

Betrachtet man den Umfang und die Mächtigkeit von IDL, so fällt schnell die fehlende Möglichkeit zur Spezifikation der Semantik von Methoden auf. Zur Modellierung von Komponenten entsprechend unserer Definition aus Kapitel 2.1 wäre dies aber nötig. Eine reine Beschreibung der Syntax von Schnittstellen erscheint wenig hilfreich. Die OMG hat diesen Punkt auch erkannt und die Spezifikation der *Business Object Component Architecture* (BOCA) sowie der zugehörigen *Component Description Language* (CDL) eingeleitet. Daneben gibt es noch die *CORBA Components*, die aber eher implementierungsnahe Details sowie die Installation von Software betreffen. Im folgenden wollen wir beide Entwicklungen kurz vorstellen.

4.6.1 Die Business Object Component Architecture (BOCA)

Mit Hilfe der *Business Object Component Architecture* [OMG98b] soll eine grundlegende Architektur sowie eine Schnittstellenbeschreibungssprache für Komponenten geschaffen werden. Nachdem IDL hierfür nicht ausreichend ist, wurde die *Component Description Language* (CDL) entwickelt. Mit ihrer Hilfe läßt sich die Semantik von Komponenten beschreiben (z.B. über Vor- und Nachbedingungen von Methoden oder globale Regeln). Mit Hilfe des *CDL to IDL Mapping* können dann IDL-Definitionen als Basis für die Implementierung generiert werden. Ein Beispiel für die mögliche Anwendung der BOCA und CDL zur Definition eines föderierten API zur Integration verschiedener Anwendungssysteme ist in [SSSM99] enthalten. Die Details sind für uns aber nicht weiter von Interesse.

Leider wurden von der OMG die Arbeiten an der CDL mittlerweile eingestellt. Statt dessen soll eine textuelle Beschreibung der UML entwickelt werden. Weiterhin ist auch die BOCA selbst innerhalb der OMG umstritten, so daß ihr Status allgemein unklar ist. Aus diesem Grunde wollen wir das Thema an dieser Stelle nicht vertiefen und verweisen lieber auf aktuelle Informationen der OMG (siehe www.omg.org).

4.6.2 CORBA Components

Orthogonal zur BOCA wird seit einiger Zeit an der Entwicklung der *CORBA Components* gearbeitet, deren Spezifikation bisher noch nicht von der OMG verabschiedet wurde. Gleichzeitig ist der Name etwas irreführend. Es handelt sich hier nicht um ein Komponentenmodell entsprechend unserer Definition in Kapitel 2.1, sondern um eine implementierungsnahe Modularisierung von Software: *CORBA Components* sollen eine gekapselte Implementierung von Funktionalität sein, deren Installation und Laufzeitverhalten klar spezifiziert sind. Sie sollen die Portabilität von Software sowie die Erstellung von Applikationen vereinfachen [OMG98g]:

> *"CORBA components extend the CORBA core object model and introduce a deployment model into the OMA. They also provide a higher level of abstraction of CORBA and object services, greatly simplifying CORBA application development."*

CORBA Components sind angelehnt an das Komponentenmodell der *Enterprise Java Beans* (EJB, siehe [Sun98a]) und basieren auf neuesten Entwicklungen der OMG: Dem IDL `value`-Typ (Kapitel 4.5), dem *Portable Object Adapter* (POA, Kapitel 4.2.3.3), dem *Persistent State Service* (PSS, Kapitel 4.3.2) sowie dem *Notification Service* (Kapitel 4.3.1 und [OMG98c]). Ergänzend dazu definieren die *CORBA Components* den neuen und für sie zentralen IDL-Typ `component`. Analog zu EJB und DCOM (siehe Kapitel 4.6.4) bietet jede *CORBA Component* genau ein standardisiertes *Component Interface* sowie eine Menge weiterer Schnittstellen an. Letztere beschreiben die eigentliche Funktionalität der *CORBA Component*. Über das *Component Interface* kann die Menge der angebotenen Schnittstellen abgefragt sowie eine Referenz auf Objekte erworben werden, welche die jeweilige Funktionalität implementieren. Alle Schnittstellen von Objekten und Methoden werden wie gewohnt als IDL `interface` modelliert, so daß keine Spezifikation der Semantik von Methoden möglich ist. Dies ist auch der Grund dafür, daß wir die *CORBA Components* nicht als vollständiges Komponentenmodell ansehen. Zur Verbreitung und Installation von *CORBA Components* enthält die Spezifikation einen XML-basierten *Component Descriptor*. Dieser beschreibt die Eigenschaften der jeweiligen Implementierung (Sprache, Version, Autor, Abhängigkeiten, bevorzugter ORB, Lizenzen usw.). Eine umfangreiche Beschreibung des Laufzeitverhaltens von *CORBA Components* (z.B. die Interaktion mit dem *Transaction Service*) und ein eigenes *Component Meta-Model* ist ebenfalls Bestandteil der Spezifikation.

Neben dem CORBA-Standard gibt es natürlich weitere *Middleware*-Produkte und Standards, deren Aufzählung alleine den Rahmen dieses Buches sprengen würde. Wir wollen uns deshalb auf die Lösungen beschränken, die weit verbreitet sind und eine ernsthafte Alternative zu CORBA darstellen. Dies sind im wesentlichen das *Distributed Computing Environment* (DCE) der *Open Systems Foundation* (OSF, siehe Kapitel 4.6.3), Microsofts (D)COM/OLE (Kapitel 4.6.4) und IBMs *Distributed System Object Model* (DSOM, Kapitel 4.6.5). Ergänzend dazu könnte man noch die bereits häufiger erwähnten *Enterprise Java Beans* (EJB) betrachten [Sun98a]. Nachdem sich diese aber auf eine einzige Sprache beschränken und eine Harmonisierung mit CORBA im Rahmen der *CORBA Components* (Kapitel 4.6.2) bereits in der Entwicklung ist, wollen wir sie an dieser Stelle nicht weiter betrachten.

4.6.3 DCE

Das *Distributed Computing Environment* (DCE) wurde von der *Open Systems Foundation* (OSF) mit einer ähnlichen Zielsetzung entwickelt wie CORBA [OHE94, OHE96]. Es regelt die Interaktion in verteilten Umgebungen und umfaßt ebenfalls eine *Interface Definiton Language* (IDL). Für die Kommunikation zwischen Objekten wurde der DCE-RPC (*Remote Procedure Call*) definiert. Im Gegensatz zu CORBA gibt es aber nur zwei Services: den *Security* und den *Cell Directory Service* (CDS). Der *Security Service* ist direkt mit dem DCE-RPC verknüpft und ermöglicht dementsprechend eine sichere Kommunikation. Der CDS entspricht quasi dem *Naming Service* von CORBA.

In der Literatur wird häufig darum gestritten, ob DCE und CORBA nun konkurrierende oder ergänzende Technologien sind [OHE96]. Wir vertreten die Ansicht, daß letzteres der Fall ist: DCE hat quasi das gleiche Objektmodell und bildet eine mächtige Grundlage für eine sichere und effiziente Kommunikation zwischen mehreren ORBs. Im CORBA-Standard ist das DCE/ESIOP bereits als ein Beispiel für sog. *Environment Specific Inter-ORB Protocols* (siehe Kapitel 4.2.4) beschrieben. Es basiert auf dem DCE-RPC und ist aufgrund der höheren Sicherheit eine gute Alternative zum IIOP. Ergänzend dazu wurde von IBM der Beweis für eine mögliche und sinnvolle Integration der zugrundeliegenden Services erbracht: Der Component Broker benutzt DCE/CDS als Basis für den CORBA *Security* und *Naming Service*.

4.6.4 (D)COM, OLE und ActiveX

Parallel zu CORBA wurde von Microsoft das speziell auf die Windows-Plattform abgestimmte *Component Object Model* (COM) und das darauf aufbauende *Distributed Component Object Model* (DCOM) entwickelt [Ses98]. Mit dieser Technologie soll ebenfalls die Interaktion von Komponenten in einer verteilten (Windows-) Umgebung ermöglicht werden. DCOM besitzt auch eine *Interface Definition Language* (MS-IDL) und ist angelehnt an OSF DCE (aber nicht kompatibel). (D)COM-Objekte werden meist wie in Abbildung 4.17 grafisch beschrieben.

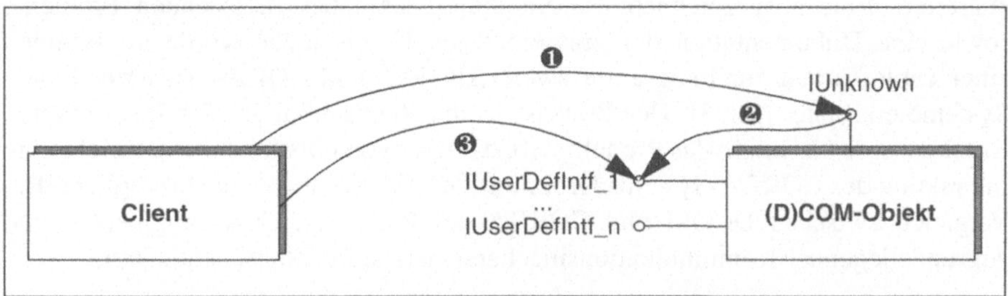

Abb. 4.17: Beschreibung und Benutzung der Schnittstellen von (D)COM-Objekten

Jedes Objekt implementiert mindestens die Schnittstelle IUnknown, die Methoden zur Steuerung der Lebensdauer von Instanzen sowie eine Möglichkeit zur Abfrage aller unterstützten Schnittstellen eines Objektes bietet. Daneben kann jedes Objekt weitere Schnittstellen implementieren, die aber von IUnknown erben müssen. Die Definition des (D)COM-Objektes selbst besteht schließlich nur noch aus einer Aufzählung der unterstützten Schnittstellen. Für jeden Objekttyp (Klasse) und jede Schnittstelle wird eine global eindeutige ID erzeugt, die in der sog. *Windows Registry* gespeichert ist. Anhand dieser Klassen-ID kann ein Client die Erzeugung eines neuen (D)COM-Objektes initiieren. Im Unterschied zu CORBA gibt es in DCOM keine *Object Services*, sondern nur eine auf der *Windows Registry* basierende Laufzeitumgebung. In dieser werden u.a. alle verfügbaren Implementierungen zu einer Klassen-ID gespeichert. Zur Erzeugung eines Objektes sucht die (D)COM-Laufzeitumgebung nach einer Implementierung der gewünschten Klasse und leitet die Instantiierung im Adreßraum des zugehörigen Server-Prozesses ein. Clients erhalten grundsätzlich keine Referenz auf das eigentliche Objekt, sondern nur eine Referenz auf eine ausgewählte Schnittstelle des Objektes. Nach der Erzeugung eines neuen Objektes wäre dies z.B. ein Zeiger auf die immer vorhandene Schnittstelle IUnknown (❶). Über diese kann der Client nun eine Referenz auf eine andere Schnittstelle erwerben (IUserDefIntf_1, ❷) und eine beliebige Methode von IUserDefIntf_1 aufrufen (❸).

Im Gegensatz zu CORBA unterstützt (D)COM nur einfache (statt multipler) Vererbung auf der Ebene von Schnittstellen. Weiterhin ist in (D)COM überhaupt keine Vererbung auf der Ebene der Implementierungen möglich. Im wesentlichen liegt dies an der komplexen Interaktion zwischen der Laufzeitumgebung und der *Win-*

dows Registry. CORBA läßt diesen Punkt hingegen offen, da nur Schnittstellen (und eben keine Implementierungen) beschrieben werden. Detailliertere Informationen zu diesem Thema befinden sich in [Be98, Ses98].

Trotz aller Unterschiede kann man die Objektmodelle beider Technologien als ähnlich bezeichnen. Aus diesem Grund hat die OMG auch das *Interworking Object Model* definiert [RC98, OMG98f]. Ausgehend von einer Charakterisierung der Unterschiede zwischen (D)COM und CORBA definiert dieses Modell eine Integration beider Welten auf Basis einer bidirektionalen Brücke, d.h., es können sowohl CORBA-Clients auf DCOM-Server als auch DCOM-Clients auf CORBA-Server zugreifen. Eine ausgezeichnete Beschreibung der dabei zu lösenden Probleme sowie eine Dokumentation der gravierendsten Unterschiede wurde im Rahmen einer Diplomarbeit zur Integration zweier DCOM- und CORBA-basierter PDM-Systeme erarbeitet [Be98]. Der Beweis für die Realisierbarkeit der spezifizierten Brücke wurde u.a. durch das Produkt OrbixCOMet von IONA erbracht, welches die Interaktion des CORBA-Systems Orbix mit DCOM-Komponenten ermöglicht. Ein Vergleich zwischen DCOM und CORBA auf Basis von Code-Fragmenten und zugrundeliegender Kommunikationsmechanismen ist in [Chu97] enthalten.

Abschließend wollen wir noch kurz auf die ebenfalls von Microsoft definierten Konzepte *Object Linking and Embedding* (OLE) und ActiveX eingehen. OLE wurde ursprünglich zur Bearbeitung sog. Verbunddokumente spezifiziert. Damit können Teile eines Dokumentes mit unterschiedlichen Anwendungsprogrammen erstellt werden, ohne daß der Benutzer explizit zwischen den Programmen wechseln muß (die verfügbaren Funktionen werden automatisch an den aktuellen Kontext angepaßt). ActiveX definiert hingegen nützliche Steuerelemente, die von allen Programmen genutzt werden können. Sie ermöglichen z.B. den Zugriff auf spezielle Hardware (wie etwa eine Soundkarte). Mittlerweile lassen sich beide Technologien aber als eine ergänzende Schicht oberhalb von DCOM ansehen. Es sind quasi DCOM-Komponenten mit spezifischen Schnittstellen. Deshalb ist weder für OLE, noch für ActiveX eine weitere Harmonisierung mit CORBA nötig. Die o.g. Brücke zwischen DCOM und CORBA ist bereits vollkommen ausreichend [Be98, Ses98].

4.6.5 (D)SOM

Ähnlich wie Microsoft hatte auch IBM ursprünglich ein eigenes Komponentenmodell mit dem Namen *System Object Model* (SOM) entwickelt. Es ist speziell auf die OS/2-Plattform zugeschnitten und wurde mit der Netzwerkfähigkeit von OS/2 *Warp Connect* zum *Distributed System Object Model* (DSOM) erweitert. Im Gegensatz zu Microsoft hat IBM aber von Anfang an Wert auf die Kompatibilität zum CORBA-Standard gelegt und diesen schon in frühen Phasen aktiv durch eigene Erfahrungen und Arbeiten bereichert. Insofern wird (D)SOM häufig auch als ein zum Standard konformes CORBA-Produkt mit optionalen Erweiterungen angesehen [Ses96]. Das Objektmodell stimmt überein und die IDL von (D)SOM basiert auf der OMG-IDL.

Dementsprechend ist auch keine Brücke zwischen beiden Modellen nötig – es ist dieselbe Technologie. Belegt wird dies durch den Component Broker von IBM: Die Version für Windows NT basiert z.T. auf der bewährten SOM-Technologie.

4.7 Zusammenfassung

In diesem Kapitel haben wir eine rudimentäre Einleitung in die Konzepte und Techniken des CORBA-Standards gegeben sowie bereits auf einige Stärken und Schwächen hingewiesen. Ausgehend von unseren Anforderungen aus Kapitel 1 haben wir CORBA dabei in zwei Rollen betrachtet: als *Middleware* und als Komponentenmodell. Für die erste Rolle bietet der Standard eine umfangreiche Funktionalität, die lediglich im Bereich datenintensiver Anwendungen aufgrund der feingranularen Modellierung und fehlender Konzepte zur Migration von Objektmengen große Probleme bereitet. Wir werden diesen Aspekt in den nächsten Kapiteln noch genauer beleuchten und mögliche Lösungen hierfür erarbeiten. Im Gegensatz dazu ist die Kernarchitektur von CORBA in der Rolle eines Komponentenmodells generell nicht ausreichend. Mit Hilfe von IDL läßt sich nur die Syntax, aber eben nicht die Semantik von Schnittstellen beschreiben. Mit der Definition der BOCA und einem Nachfolger der CDL (siehe Kapitel 4.6.1) versucht die OMG nun dieses Defizit zu beseitigen. Nachdem die Standardisierung hier noch lange nicht abgeschlossen bzw. unklar ist, wollen wir hier keine abschließende Bewertung zu diesem Aspekt abgeben. Es sieht jedoch vielversprechend aus.

In Kapitel 4.6 haben wir schließlich noch erkannt, daß CORBA im Prinzip gar nicht mit anderen *Middleware*-Lösungen wie (D)COM, DCE oder (D)SOM in Konkurrenz steht. Im Gegenteil, die Objektmodelle aller Technologien sind ähnlich und eine Integration aller Systeme mit CORBA ist bereits erfolgt. Somit gibt es auch keine Gewinner oder Verlierer. Alle Systeme werden vermutlich in der Zukunft weiterhin nebeneinander existieren und kooperieren. Allerdings ergibt sich dieses Resultat nur bei einem Vergleich in der Rolle von *Middleware*. Betrachtet man die jeweiligen Ansätze eines Komponentenmodells, so ergeben sich doch weitere Unterschiede. Vielfach kann eigentlich gar nicht mehr von einem Komponentenmodell (entsprechend unserer Definition in Kapitel 2.1) gesprochen werden: DCE definiert im Prinzip nur eine Infrastruktur zur Kommunikation und DCOM ist sehr eng auf die Windows-Plattform zugeschnitten. Hier ergeben sich also starke Abhängigkeiten zur jeweiligen Implementierung, wie wir sie eigentlich vermeiden wollen.

Letztendlich sollte aber noch einmal betont werden, daß sich insbesondere CORBA noch in der Entwicklung befindet und positive wie auch negative Forschungsergebnisse immer noch Einfluß auf die weitere Standardisierung nehmen können.

5 Datenquellen und Datenzugriff

Nach einer Diskussion der spezifischen Standards STEP und CORBA wollen wir uns nun wieder einem allgemeineren Thema widmen: der Datenversorgung von Systemen. Hier sind im Prinzip zwei wesentliche Aspekte zu betrachten. Zunächst einmal stellt sich die Frage, wie und in welchem Format Daten denn überhaupt gespeichert werden. Letztendlich entspricht dies einer Charakterisierung von Datenquellen, die aber ein weitaus größeres Spektrum umfassen als nur reine Datenbankverwaltungssysteme (DBVS). Darauf aufbauend ist dann zu klären, welche Schnittstellen für den Zugriff auf Datenquellen zur Verfügung stehen bzw. welche Formen des Zugriffs aus Sicht einer Anwendung nützlich wären. Hierbei ist insbesondere die Kategorie der Anwendung zu berücksichtigen: Handelt es sich um eine auftragsbezogene oder eine datenintensive Verarbeitung? Ist dementsprechend reines *Operation Shipping* ausreichend oder muß man umfangreiche Mechanismen zum *Data Shipping* (vgl. Kapitel 2.5) realisieren? Neben diesem Aspekt ist häufig ein Bruch der Datenmodelle zu überbrücken: Beispielsweise sind moderne Anwendungen meist objektorientiert modelliert, während langfristig gewachsene Datenbestände oftmals in relationalen DBVS gespeichert sind. Vielfach bietet es sich daher an, eine Schicht oder Komponente zur Konvertierung der Datenmodelle einzuführen.

Bedingt durch unser Anwendungsszenario, dem Produktdatenmanagement (PDM), liegt der Schwerpunkt dieses Kapitels klar auf Konzepten zur Unterstützung datenintensiver Umgebungen mit einem objektorientierten Datenmodell innerhalb der Applikation. Auf dieser Ebene ist insbesondere die Modellierung mit EXPRESS bzw. der Zugriff über SDAI zu ermöglichen (siehe Kapitel 3). Gleichzeitig sollen aber alle Arten von Datenquellen unterstützt werden (also nicht nur relationale oder objektorientierte DBVS). Unterhalb der Datenversorgungsschnittstelle für die Applikation (beispielsweise SDAI) ist somit eine allgemeine Schicht zur Datenversorgung und Konvertierung unterschiedlicher Modelle nötig. Diese greift letztendlich auf die eigentlichen Datenhaltungssysteme mit ihren jeweiligen Schnittstellen zu. Bei der Datenversorgung wird unser Fokus insbesondere auf *Data Shipping* in CORBA-basierten Systemen liegen. Die so gewonnenen Ergebnisse dienen schließlich als Grundlage zur Definition der JavaSDAI-Schnittstelle sowie dem Entwurf des zugehörigen Prototypen in Kapitel 6.

Im folgenden werden wir zunächst mit der Charakterisierung möglicher Datenquellen und ihren typischen Zugriffsschnittstellen beginnen (Kapitel 5.1). Darauf aufbauend betrachten wir in Kapitel 5.2 die Integration mehrerer Datenquellen über sog. DB-*Middleware*. Vielfach ist diese aber noch auf relationale Verarbeitungskon-

zepte beschränkt, so daß wir in Kapitel 5.3 eine ergänzende Abbildung von objektorientierten Datenmodellen auf relationale Schemata untersuchen. Kapitel 5.4 ist
dann der Diskussion allgemeiner Datenversorgungsstrategien unter Verwendung
von CORBA gewidmet. Hierbei gehen wir sowohl auf die Modellierung mit IDL,
den möglichen Einsatz der *Common Object Services*, konzeptuelle Stärken und
Schwächen des Standards, verwandte Forschungsarbeiten und kommerzielle Produkte zur DB-Integration als auch auf proprietäre Erweiterungen ein. In Kapitel 5.5
betrachten wir abschließend noch Datenversorgungsstrategien und Techniken im
Bereich des Intra-/Internet. Einen Schwerpunkt bildet dabei die Sprache Java.

5.1 Charakterisierung von Datenquellen

Die wiederholte Verarbeitung größerer Mengen von Daten ist nur dann sinnvoll,
wenn diese auch persistent gespeichert werden können und nicht für jeden Verarbeitungsschritt erneut einzugeben sind. Gleichzeitig ist es natürlich notwendig, daß
sich einmal gespeicherte Daten auch möglichst schnell wiederfinden lassen (effizienter Zugriff) bzw. Änderungsoperationen unterstützt werden. In den letzten Jahren
hat sich in diesem Bereich der Einsatz der mittlerweile hochgradig optimierten und
effizienten Datenbankverwaltungssysteme (DBVS) etabliert. In einigen Fällen (wie
etwa digitalisierten Filmen oder großen Multimedia-Objekten) bietet sich aber nach
wie vor die Ablage in einfachen Dateien an. Daneben kann noch der Fall auftreten,
daß die eigentliche Datenquelle bereits durch ein spezielles Anwendungsprogramm
gekapselt wird. Dieses bietet dann nur ein meist proprietäres API (*Application Programming Interface*) an, das von der konkreten Speicherung abstrahiert. Oftmals
sind die Daten dabei nur das Ergebnis komplexer Funktionsaufrufe, d.h., ein direkter Zugriff auf einzelne Daten ist evtl. gar nicht möglich. Im folgenden wollen wir
deshalb kurz auf einige Varianten von Datenquellen eingehen, nämlich die Datenspeicherung in Dateien (Kapitel 5.1.1), relationalen DBVS (Kapitel 5.1.2), objektorientierten DBVS (Kapitel 5.1.3) sowie den neueren objektrelationalen DBVS
(Kapitel 5.1.4). Für eine Einführung in weitere Arten von DBVS (etwa auf dem
Netzwerkmodell basierende hierarchische Datenbanken) sei auf [Da94] verwiesen.
In Kapitel 5.1.5 betrachten wir dann alternative Speicherungsformen und Schnittstellen, wie den gerade erwähnten Datenzugriff über APIs ausgezeichneter Anwendungssysteme. Die Eigenschaften aller betrachten Varianten von Datenquellen fassen wir abschließend in Kapitel 5.1.6 zusammen.

5.1.1 Dateien

Die Ablage von Daten in Dateien ist im Prinzip die älteste Form der persistenten
Speicherung: Jede Datei ist eine sequentielle Folge von Bytes, die man mit sehr einfachen Lese- und Schreiboperationen bearbeiten kann. Früher war nur ein sequenti-
elles Lesen und Schreiben vom Anfang bis zum Ende einer Datei möglich, heutzutage wird meist auch die wahlfreie Positionierung innerhalb einer Datei unterstützt.

Schreibende Zugriffe, bei denen nachfolgende Datensätze bei Bedarf automatisch verschoben werden, oder eine durch Transaktionen abgesicherte Verarbeitung gibt es hingegen nicht. Die Zugriffsfunktionen stehen einem Programmierer im allgemeinen als Bibliothek der verwendeten Programmiersprache zur Verfügung.

Aufgrund einer fehlenden Formatvorschrift sind Dateien sehr flexibel, bergen gleichzeitig aber auch ein hohes Risiko: Wie stellt man sicher, daß der Inhalt einer Datei von jedem Programm gleich interpretiert wird? Früher wurde das Format der Daten zur Einsparung von Speicherplatz direkt in die Lese- und Schreibroutinen der Anwendungsprogramme einkodiert. In den Dateien selber waren keine derartigen Metadaten enthalten. Dieser Zustand ist akzeptabel, solange immer nur die gleichen Anwendungen, deren Konsistenz von einem einzigen Administrator überwacht wird, auf diese Dateien zugreifen. Mit der zunehmenden Vernetzung und dem Austausch von Daten ist dieser Ansatz aber zum Scheitern verurteilt. Es haben sich daher mehrere standardisierte Dateiformate etabliert, deren Typ häufig über die Endung des Dateinamens sowie einen Kopf mit Metadaten bestimmt wird. Beispiele hierfür sind die Multimedia-Formate GIF, JPEG oder MPEG, die Strukturierung und Verknüpfung von Textdateien mit HTML [Rag98, Da98] oder ASCII-basierte *STEP Physical Files* (siehe Kapitel 3) als Austauschformat für das Produktdatenmanagement.

5.1.2 Relationale DBVS

Mit der Verwendung relationaler DBVS (RDBVS) steht ein mächtiges Werkzeug zur Verarbeitung großer Datenmengen zur Verfügung, dessen zugrundeliegende Technologie in den letzten 20 Jahren kontinuierlich verbessert wurde [Da94]. Das Schema einer relationalen Datenbank besteht aus einer Menge von Tabellen, die jeweils eine Reihe von Attributen umfassen. Der Typ von Attributen ist auf Basistypen für Zahlen, Zeichen, Zeichenketten sowie Zeitstempel und Intervalle beschränkt. Ein Datensatz entspricht dann einer Zeile in einer Tabelle und wird als *Tupel* bezeichnet. Die Identität von Tupeln wird in RDBVS nicht über eine ID, sondern über die Daten selbst bestimmt. Dafür wird je Tabelle ein Attribut (bzw. eine Kombination mehrerer Attribute) als Primärschlüssel definiert. Einfache Beziehungen (1:1 und n:1) werden ebenfalls über den Wert der Daten modelliert, indem der Primärschlüssel des referenzierten Tupels in den jeweiligen Datensatz aufgenommen wird. Kollektionstypen werden vom relationalen Modell hingegen nicht unterstützt. Dies führt auch dazu, daß mehrwertige Beziehungen (n:m) nur über eigenständige Tabellen zu realisieren sind, welche lediglich die beiden Primärschlüssel der beteiligten Relationen umfassen. Vererbungskonzepte (Klassifikation und Generalisierung, siehe [MMM93]) sind ebenfalls nicht enthalten. Regeln zur Zusicherung der Integrität des Datenbestandes können hingegen bei den meisten RDBVS spezifiziert werden. Diese Funktionalität ist aber weniger Bestandteil des relationalen Modells, sondern vielmehr eine proprietäre Erweiterung der einzelnen RDBVS.

Zum Lesen und Schreiben von Tupeln steht die von der ISO standardisierte *Structured Query Language* (SQL2, siehe [DD97]) zur Verfügung. Sie ermöglicht eine mengenorientierte Anfrageverarbeitung. Jede Anfrage kann dabei von einem sog. *Query Optimizer* umgeschrieben und damit (z.T. erheblich) beschleunigt werden. Jegliche Verarbeitung ist weiterhin durch ACID-Transaktionen [HR83] abgesichert. Ist ein RDBVS als Client/Server-System ausgelegt, so findet die gesamte Verarbeitung trotzdem auf dem Server statt. Der Client realisiert lediglich die Schnittstelle zur Applikation, d.h., er leitet die Anfrage sowie evtl. nötige Parameter an den Server weiter und gibt anschließend das Ergebnis (eine Multimenge relationaler Tupel) an die Applikation zurück. Eine Pufferung von Daten im Client findet im allgemeinen nicht statt.

Beispiele für Schnittstellen zu RDBVS sind *Embedded SQL* [Da94], *Remote Database Access* (RDA, siehe [DD97]), das *X/Open SQL Call Level Interface* (CLI, siehe [OG95]), Microsofts *Open Database Connectivity* (ODBC, siehe [Mi95]) sowie die *Java Database Connectivity* (JDBC, siehe [Sun97a]) von SUN. Alle diese Schnittstellen lassen sich sowohl für eine lokale wie auch für die gerade beschriebene Client/Server-basierte Verarbeitung benutzen.

5.1.3 Objektorientierte DBVS

Mit dem Einzug der objektorientierten Technologie in den achtziger Jahren stellte sich die Frage, wie man denn Objekte am besten persistent speichern könnte. Als einfachste Lösung erschien es, Persistenz als eine Eigenschaft von Objekten zu betrachten. Dementsprechend brauchte man keine neue Modellierungssprache, sondern eine Möglichkeit diese Eigenschaft zu beschreiben. Es entwickelten sich die objektorientierten DBVS (OODBVS). Sie stellen im wesentlichen eine Erweiterung der jeweiligen Programmiersprache (meist C++) um persistente Objekte dar. Dementsprechend gibt es in den ursprünglichen Systemen auch keine Anfragesprache oder eine mengenorientierte Verarbeitung, sondern lediglich eine Navigation über die in der Programmiersprache definierten Referenzen zwischen einzelnen Objekten. Ein zum OODBVS gehörender *Precompiler* erkennt die Deklarationen zur Persistenz und erzeugt daraus nötige Befehle für die Laufzeitumgebung des OODBVS. Abgesehen vom explizit notwendigen Starten und Beenden von Transaktionen ist die gesamte Verarbeitung (bzgl. Datenspeicherung) transparent für die Applikation.

Durch die ursprünglich fehlende Standardisierung von OODBVS bzw. das Fehlen eines allgemein anerkannten Modells (wie etwa dem relationalen Modell bei RDBVS) und die enge Kopplung zu jeweils einer Programmiersprache entstanden viele Produkte mit sehr unterschiedlichen Schnittstellen und Konzepten. Dementsprechend konnten Programme auch nur sehr schwer auf mehrere OODBVS zugreifen oder gar von einem OODBVS auf ein anderes portiert werden. Dieser Sachverhalt bewegte die Hersteller objektorientierter DBVS zur Gründung der ODMG (*Object Database Management Group*) und zur Definition des ODMG-Standards [Ca97]. Dieser definiert ein abstraktes Objektmodell, eine *Object Definition Language* (ODL) zur Modellierung von Persistenz, Aggregaten und Beziehungen sowie eine *Object Query Language* (OQL) für eine rudimentäre, mengenorientierte Anfrageverarbeitung in objektorientierten Umgebungen. Für konkrete Implementierungen gibt es dann sog. *Language Bindings* für die gebräuchlichsten objektorientierten Programmiersprachen (C++, Smalltalk, Java). Die Konzepte des ODMG-Standards, insbesondere ODL, sind sehr stark angelehnt an den CORBA-Standard und dessen IDL (vgl. Kapitel 4). Dementsprechend gibt es auch schon einige Produkte zur Kopplung von CORBA-Systemen und OODBVS, die häufig als OODA (vgl. Kapitel 4.2.3) bezeichnet werden. Dabei auftretende Probleme werden wir noch genauer in Kapitel 5.4.10 betrachten.

So gut wie alle OODBVS sind als Client/Server-System realisiert. Im Gegensatz zu RDBVS kann man hier allerdings drei verschiedene Architekturen unterscheiden, die jeweils ein anderes Granulat zur Kommunikation zwischen Client- und Server-Komponenten des OODBVS benutzen [HMNR95]: *Object Server*, *Page Server* und *Query Server*. Beim *Object* und *Page Server* ist der Server quasi nur für die Speicherung von Objekten bzw. Seiten und die Verwaltung von Sperren zuständig. Die eigentliche Verarbeitung von Objekten geschieht vollständig auf dem Client. Bei sehr komplexen Anfragen muß u.U. sogar die gesamte Datenbank zum Client transferiert werden, obwohl das Ergebnis vielleicht nur wenige Objekte umfaßt. Beim *Query Server* können hingegen Anfragen auf dem Server ausgewertet werden, der Client erhält jeweils nur das Ergebnis.

Einen interessanten Aspekt bei OODBVS stellt weiterhin die Identität von Objekten und die damit verbundene Realisierung von Referenzen dar. Jedes Objekt besitzt i.allg. eine systemspezifische ID, die unabhängig von den enthaltenen Daten ist und sich während der Lebensdauer eines Objektes nicht verändert. Anhand dieser ID (oft auch als OID bezeichnet) kann jedes Objekt in der Datenbank lokalisiert werden. Oftmals ist dies zugleich die einzige Möglichkeit zur Identifikation, so daß Referenzen auf Objekte nur unter Benutzung dieser OID möglich sind. Gleichzeitig soll zur Laufzeit aber eine Navigation zwischen Objekten analog zum Traversieren von Zeigern im Hauptspeicher möglich sein (DB-Objekte sind aus Sicht der Applikation nur ausgezeichnete Objekte im Adreßraum der Anwendung). Dementsprechend muß beim Einlagern von Objekten in den Puffer des OODBVS-Clients eine Konvertierung der Referenzen vom ID-basierten Format auf dem Externspeicher zum Zeiger-basierten Format im Hauptspeicher stattfinden. Man spricht an dieser Stelle von *Pointer Swizzling* [KK93].

5.1.4 Objektrelationale DBVS

Nachdem RDBVS keine ausreichende bzw. komfortable Unterstützung für objektorientierte Anwendungen bieten und existierende OODBVS bisher nicht die erwartete und von RDBVS bekannte Leistung erbrachten, wurde Mitte der achtziger Jahre die Entwicklung der sog. objektrelationalen DBVS (ORDBVS) eingeleitet. Sie stellen im Prinzip eine Einbettung objektorientierter Technologie in das relationale Verarbeitungskonzept dar: Der Typ von Attributen einer Tabelle ist nun nicht mehr auf die in Kapitel 5.1.2 beschriebenen Basistypen beschränkt, sondern es können dafür benutzerdefinierte Objekttypen spezifiziert werden. Diese Sichtweise ist stark vereinfacht, im Rahmen der vorliegenden Arbeit aber ausreichend. Für eine vertiefte Einführung in die Konzepte von ORDBVS sei z.B. auf [SBM98] verwiesen.

Zur Modellierung benutzerdefinierter Typen sowie zur Formulierung von Anfragen wird der SQL-Standard derzeit von der ISO erweitert: SQL3 soll die Basis für ORDBVS bilden, während die ältere Version SQL2 weiterhin für RDBVS zur Verfügung steht. Aufgrund der noch nicht ganz abgeschlossenen Standardisierung von SQL3 haben wir diese Technologie aber noch nicht zur Implementierung unseres Prototypen benutzt. Gleichzeitig ist allerdings zu betonen, daß die Schnittstelle des CORBA *Query Service* (siehe Kapitel 4.3.5) bereits ausreichend für den Einsatz von ORDBVS wäre (bei Verwendung von SQL3 als Anfragesprache). Dementsprechend könnte unser in Kapitel 6.2.2 beschriebenes *Data Module* nach Abschluß der Standardisierung ohne größere Probleme auf ORDBVS portiert werden. Dadurch würde die Implementierung sogar erheblich vereinfacht.

5.1.5 Durch Anwendungsprogramme gekapselte Datenquellen

Gerade bei der Integration existierender Systeme ist es häufig nicht möglich, direkten Zugriff auf eine Datenquelle zu erhalten. Statt dessen müssen meist proprietäre API-Funktionen des zu integrierenden Systems aufgerufen werden. Dies kann einerseits an dem monolithischen Charakter der zugrundeliegenden Software-Architektur liegen (es sind einfach keine Schnittstellen für den direkten Datenzugriff vorgesehen), andererseits aber auch auf einer gewissen Form von Zugriffsschutz und Integritätserhaltung basieren. Beispiele für derartige Architekturen sind PDM-Systeme wie Metaphase [SDRC] oder SAP R/3 [SAP]. Sie stellen beide nur stark eingeschränkte Schnittstellen für den externen Datenzugriff zur Verfügung. Bei SAP hätte eine direkte Modifikation der Daten in den benutzten DBVS sogar fatale Folgen: Die Konsistenz von Daten wird hier nicht durch Regeln innerhalb des DBVS überprüft, sondern im darüberliegenden SAP-System. Ein direkter Zugriff auf die DBVS, der nicht mit der SAP-Laufzeitumgebung abgestimmt ist, könnte also die Integrität des gesamten Datenbestandes gefährden.

Will man o.g. Systeme als Datenquelle in eine Umgebung mit datenintensiver Verarbeitung (*Data Shipping*) einbinden, so liegt das größte Problem in den Unterschieden der einzelnen APIs und Datenformate: Vielfach haben die angebotenen Operationen zu viele Seiteneffekte (d.h., Änderungen) im Anwendungssystem zur Folge, es ist auf bestimmte Informationen gar kein Zugriff möglich oder der Schutz durch Transaktionen fehlt. Je nach Anforderungen sollte dann eher auf *Operation Shipping* ausgewichen werden, bei dem direkt die Operationen des zu integrierenden Systems angesprochen werden. Aufgrund der Komplexität des Themas können wir diesen Aspekt im Rahmen des vorliegenden Buches aber nicht weiter vertiefen. Erste Ansätze zur Integration heterogener APIs können beispielsweise [SSSM99] entnommen werden.

5.1.6 Zusammenfassung

In diesem Kapitel haben wir ausgewählte Formen von Datenquellen besprochen. Dateien stellen die einfachste Form der Datenhaltung dar. Sie sind ausreichend für größere Objekte, die entweder ganz oder gar nicht gelesen und nur selten modifiziert werden (z.B. Bilder im GIF- oder JPEG-Format). DBVS bieten ein mächtiges Modell und eine durch Transaktionen abgesicherte Verarbeitung an. Je nach Anforderung stehen relationale, objektorientierte oder objektrelationale DBVS zur Verfügung. Schwer zu charakterisieren sind hingegen Datenquellen, deren Zugriff durch Anwendungsprogramme (AP) gekapselt ist. Hier muß unter Umständen eine API-Integration und der Wechsel auf *Operation Shipping* erfolgen. Eine Gegenüberstellung der wichtigsten Eigenschaften von Datenquellen ist in Tabelle 5.1 (Datenmodell) und Tabelle 5.2 (Schnittstellen) enthalten.

Eigenschaft	Dateien	RDBVS	OODBVS	ORDBVS	AP
Datenmodell	keines	relational	objekt-orientiert	relational mit OO-Erweiterungen	proprietär
Modellierungssprache		SQL 2-DDL	keine bzw. ODMG-ODL	SQL 3-DDL (geplant)	
Vererbung		nein	ja	ja	
Aggregate		nein	ja	ja	
Identifikation von Daten		über Werte der Daten	über eine OID	über Werte & OID	durch AP bestimmt
Darstellung von Referenzen		über Werte (Primär- und Fremd-schlüssel)	als HSP-Zeiger bzw. über OID	gemischt	
Integritäts-bedingungen		ja	als Verhalten von Objekten	ja	

Tabelle 5.1: Gegenüberstellung der von Datenquellen unterstützten Datenmodelle

Betrachtet man jeweils das Zugriffsverhalten, so fällt bei Dateien ein Aspekt besonders auf: Hier wirkt sich nämlich die Einfügereihenfolge auf den späteren Datenzugriff aus. Ohne den Einsatz einer zusätzlichen Indexstruktur (und der Fähigkeit zur direkten Positionierung innerhalb einer Datei) müssen bei der Suche nach einem Datum immer alle zuvor eingefügten Daten gelesen werden. Bei RDBVS wird hingegen durch die mengenorientierte Verarbeitung von der konkreten Einfügereihenfolge abstrahiert (sie ist für die Anwendung nicht mehr zu erkennen). Ähnliches gilt für O(R)DBVS. Hier wird lediglich die Anordnung der Elemente innerhalb von geordneten Kollektionen (*Array* und Liste) beibehalten – dies ist aber nötig und erwünscht.

Eigenschaft	Dateien	RDBVS	OODBVS	ORDBVS	AP
Typische Schnittstellen	Read, Write, Seek	Embedded SQL, RDA, X/Open CLI, ODBC, JDBC	proprietär bzw. ODMG	bisher wie RDBVS (proprietäre Erweiterungen)	proprietär
Anfragesprache	-	SQL2-DML	keine bzw. ODMG-OQL	SQL3-DML (geplant)	
Zugriffsart	sequentiell bzw. index-sequentiell	mengen-orientiert	navigie-rend	mengen-orientiert und navigierend	durch AP bestimmt
Transaktionen	nein	ja (ACID)	ja (ACID)	ja (ACID)	
Zugriffsverhalten unabhängig von der Einfüge-reihenfolge?	nein	ja	bedingt (gilt z.B. nicht für Aggregate)	bedingt (s. OODVS)	
Client/Server-basierte Verarbeitung	bedingt (z.B. NFS: *Network File System*)	möglich	fast immer	möglich	
Anfrage-verarbeitung	-	im Server	im Client (*Object* und *Page Server*) im Server (*Query Server*)	im Server	durch AP bestimmt
Cache im Client		nein	ja	nein	

Tabelle 5.2: Gegenüberstellung der Schnittstellen von Datenquellen

5.2 Integration und Zugriff über DB-Middleware

Im Zeitalter zunehmender Unternehmensfusionen und der damit verbundenen Integration von Systemen und Datenbeständen kann häufig nicht mehr davon ausgegangen werden, daß alle von einer Anwendung benötigten Daten in einer Datenquelle gespeichert sind bzw. durch ein einziges DBVS verwaltet werden. Gleichzeitig ist es aber wünschenswert, daß es aus Sicht der Applikation jeweils nur eine einzige logische Datenquelle gibt. Dafür sind im wesentlichen zwei Aspekte zu berücksichtigen. Zunächst muß auf der konzeptuellen Ebene eine einheitliche Modellierung der Daten gefunden werden, d.h., die zugrundeliegenden Schemata der beteiligten Datenquellen sind zu einem föderierten Schema zu integrieren [Sa98]. Anschließend gilt es dann, die eher technische Problematik einer globalen Zugriffsschnittstelle zu lösen.

In Kapitel 2.4.4.2 haben wir bereits einen möglichen Ansatz zur Integration betrachtet: die Verwendung kommerzieller DB-*Middleware*. Diese Systeme ermöglichen den homogenen Zugriff auf heterogene Datenbestände, die durch mehrere DBVS verwaltet werden. Allerdings gibt es dabei eine Reihe von Einschränkungen. So stehen auf der globalen Ebene meist nur relationale bzw. an die Entwicklung von SQL3 angelehnte objektrelationale Konzepte zur Verfügung. Die Modellierung des föderierten Schemas erfolgt dementsprechend über SQL-Sichten. Hier tritt aber in vielen Fällen das Problem auf, daß die Propagierung von Änderungen an die zugrundeliegenden DBVS nicht entscheidbar ist und somit nur ein lesender Zugriff unterstützt werden kann [Sa98]. Weiterhin gibt es bereits einige standardisierte globale Schemata (wie etwa die *Application Protocols* des STEP-Standards, siehe Kapitel 3), die man an dieser Stelle gerne benutzen würde. Teilweise existieren sogar schon Konzepte zur Abbildung dieser globalen Schemata auf heterogene Datenquellen, die auch einen schreibenden Zugriff unterstützen sollen. Als Beispiele seien hier die sog. *Mapping*-Sprachen BRIITY [Sa96] und EXPRESS-X (STEP) genannt.

Ein anderes Problem betrifft die zur Verfügung stehenden Schnittstellen. Aus Sicht der in Kapitel 2.4.4.2 diskutierten Integration heterogener (O)RDBVS sind *Embedded SQL*, RDA, das X/Open CLI, ODBC oder JDBC natürlich völlig ausreichend. Betrachtet man hingegen in EXPRESS modellierte Datenmodelle (wie etwa die STEP APs), so wären Schnittstellen wie das SDAI (Kapitel 3.2) angemessener. Ähnliches gilt allgemein für objektorientierte Schemata (es gibt keine auf ODMG/ OQL basierende DB-*Middleware*). Zwar könnte mit der Standardisierung von SQL3 evtl. eine Abbildung von EXPRESS auf das objektrelationale Modell erfolgen [HLS98], dies hängt aber sehr stark von einer Unterstützung für multiple Vererbung ab. Und es sieht derzeit so aus, daß SQL3 keine multiple Vererbung unterstützten wird (die entstehenden technischen Probleme sind bisher nur unzureichend gelöst).

Letztendlich stellt sich noch die Frage, auf welche Art denn Datenquellen wie Dateien oder durch Anwendungsprogramme gekapselte Datenbestände zu integrieren sind. Diese bieten keine Form von Anfrageverarbeitung an und können deshalb nur bedingt mit DB-*Middleware* interagieren, die häufig auf SQL- oder OQLbasierte Schnittstellen der lokalen Datenquellen angewiesen ist (sie ist primär auf die Anbindung lokaler DBVS ausgerichtet). Wir erkennen also, daß DB-*Middleware* zur Bildung allgemeiner, integrierter Datenquellen alleine nicht ausreichend ist. In den folgenden Kapiteln werden wir deshalb alternative bzw. ergänzende Techniken diskutieren.

5.3 Abbildung objektorientierter Datenmodelle auf RDBVS

Soll eine objektorientiert modellierte Anwendung ihre Daten persistent in einem RDBVS speichern, so sind die Attribute aller Klassen auf relationale Tabellen abzubilden. Dabei sollte einerseits die Semantik des zugrundeliegenden Datenmodells (wie z.B. Vererbungsbeziehungen) erhalten bleiben, andererseits aber auch ein effizienter Zugriff über SQL-Anfragen ermöglicht werden. Diesen z.T. widersprüchlichen Zielen werden wir uns im folgenden widmen. Die Abbildung des Verhaltens von Objekten (d.h., den Methoden) ist hingegen nicht möglich. Moderne RDBVS unterstützen zwar dynamische Aspekte wie Integritätsbedingungen oder sog. ECA-Regeln [WC95], diese reichen meist aber nicht zur Abbildung allgemeiner Methoden der Anwendungsprogramme aus. Außerdem würde dieser Schritt nur zu unerwünschter Replikation von Code führen (auch OODBVS speichern keine Methoden oder Programme – sie benutzen direkt das Anwendungsprogramm).

Bei der Abbildung einer Klassenhierarchie (und darin enthaltenen Attributen) auf relationale Tabellen entstehen nun im wesentlichen die folgenden vier Probleme:

- Wie kann die Identität von Objekten modelliert und garantiert werden?
  Objekte werden im allgemeinen über einen sog. *Object Identifier* (OID) identifiziert. Dieser ist in geeigneter Weise auf die Primärschlüssel der resultierenden Tabellen abzubilden. Dabei muß beachtet werden, daß eine OID eindeutig bzgl. aller Sub- und Superklassen zu sein hat.

- Wie werden Aggregate abgebildet?
  Das relationale Modell unterstützt keine Modellierung von Aggregaten. Aus diesem Grund müssen ergänzende Tabellen für jeden Typ von Aggregaten definiert werden. Beispielsweise könnte man eine Tabelle mit den drei Spalten *AggrID*, *Index* und *Value* definieren [HLS98]. Ein Eintrag in einem Aggregat entspricht dann einem Tupel der Tabelle, welches über *AggrID* (ID des Aggregates) und *Index* (Position innerhalb des Aggregates) identifiziert wird. In *Value* ist der eigentliche Wert enthalten.

- Wie lassen sich Beziehungen zwischen Objekten darstellen?
  In Kapitel 5.1.2 haben wir bereits erkannt, daß mehrwertige Beziehungen (1:n und m:n) auf eigene Tabellen mit den Primärschlüsseln der beteiligten Tupel abgebildet werden. Diese Lösung läßt sich hier übernehmen. Allerdings muß man darauf achten, daß sich Beziehungen auch über Instanzen der Subklassen erstrecken können (und die Primärschlüssel eines an der Beziehung beteiligten Typs u.U. auf mehrere Tabellen aufgeteilt sind, siehe folgender Punkt).

- Inwieweit kann Vererbung durch relationale Tabellen nachgebildet werden?
  Der schwierigste Punkt bei der Abbildung auf Tabellen ist die Wahl eines geeigneten Verfahrens zur Darstellung der Vererbungshierarchie zwischen den gege-
  benen Klassen [IBM98c, Lof98, Mau97, HLS98]. Man kann die Instanzen einer
  Typhierarchie entweder entsprechend ihres Basistyps auf mehrere Tabellen partitionieren oder alle Instanzen der gesamten Typhierarchie in einer einzigen
  Tabelle speichern. Beide Verfahren wollen wir im folgenden anhand des in
  Abbildung 5.1 dargestellten Klassendiagramms veranschaulichen. Dabei gehen
  wir auch auf Auswirkungen auf die zuvor betrachteten drei Punkte ein.

Die Aufteilung einer Typhierarchie auf mehrere Tabellen kann auf zwei verschiedene Arten erfolgen (vgl. Abbildung 5.1): Bei der *vertikalen Partitionierung* werden jeweils alle in einer Klasse neu definierten Attribute sowie die OID in einer
eigenen Tabelle gespeichert. Dieses Verfahren hat zwei Vorteile: Zuerst einmal kann
die Menge aller Instanzen einer Klasse (die auch die Instanzen der Subklassen
umfaßt) mit einer einzigen Anfrage auf die korrespondierende Tabelle bestimmt
werden. Dementsprechend läßt sich die Eindeutigkeit der OIDs einer Typhierarchie
auch mit einer simplen Integritätsbedingung auf der Tabelle für die allgemeinste
Superklasse kontrollieren. Auf der anderen Seite ist die Abfrage aller Attribute einer
Instanz aber nur mittels einem SQL-*Join* über das OID-Attribut aller Tabellen der
Typhierarchie möglich. Diese Anfrage kann unter Umständen sehr teuer sein.

Entgegengesetzt ist es bei der *horizontalen Partitionierung*: Hier werden jeweils
alle Attribute einer Klasse (also auch geerbte) in einer eigenen Tabelle gespeichert.
Die Abfrage aller Attribute einer spezifischen Instanz ist somit einfach (sofern der
genaue Typ bekannt ist), die Bestimmung aller Instanzen einer Klasse ist hingegen
komplizierter. Hierfür ist der Zugriff auf alle Tabellen der jeweiligen Typhierarchie
nötig. Ein ähnlich hoher Aufwand entsteht im Prinzip auch bei der Überprüfung der
Eindeutigkeit von OIDs. Dieser läßt sich allerdings vermeiden, wenn man den Typ
der Instanz in die OID einkodiert (z.B. die letzten drei Ziffern hierfür benutzt).
Dadurch enthält das ID-Attribut allerdings eine zusätzliche semantische Bedeutung,
die gut dokumentiert werden sollte (und vor allem mit der Verarbeitung und Erzeugung von OIDs harmonieren muß).

Unabhängig von der jeweiligen Partitionierung ist die Modellierung von Aggregaten und Beziehungen. Sie kann über eigenständige Tabellen erfolgen (siehe oben
und Kapitel 5.1.2). Ein genereller Vorteil der Partitionierung ist weiterhin die kompakte Speicherung aller Attribute: In jeder Tabelle werden alle Spalten von jedem
Tupel sinnvoll mit Daten belegt.

Eine vollkommen andere Methode ist die Abbildung einer vollständigen Typhierarchie auf eine einzige Tabelle (siehe Abbildung 5.2). Neben der OID muß hier im allgemeinen noch eine Spalte mit dem genauen Typ eines Tupels (bzw. des korrespondierenden Objektes) definiert werden. Unter Umständen läßt sich diese Information
jedoch auch in der OID kodieren.

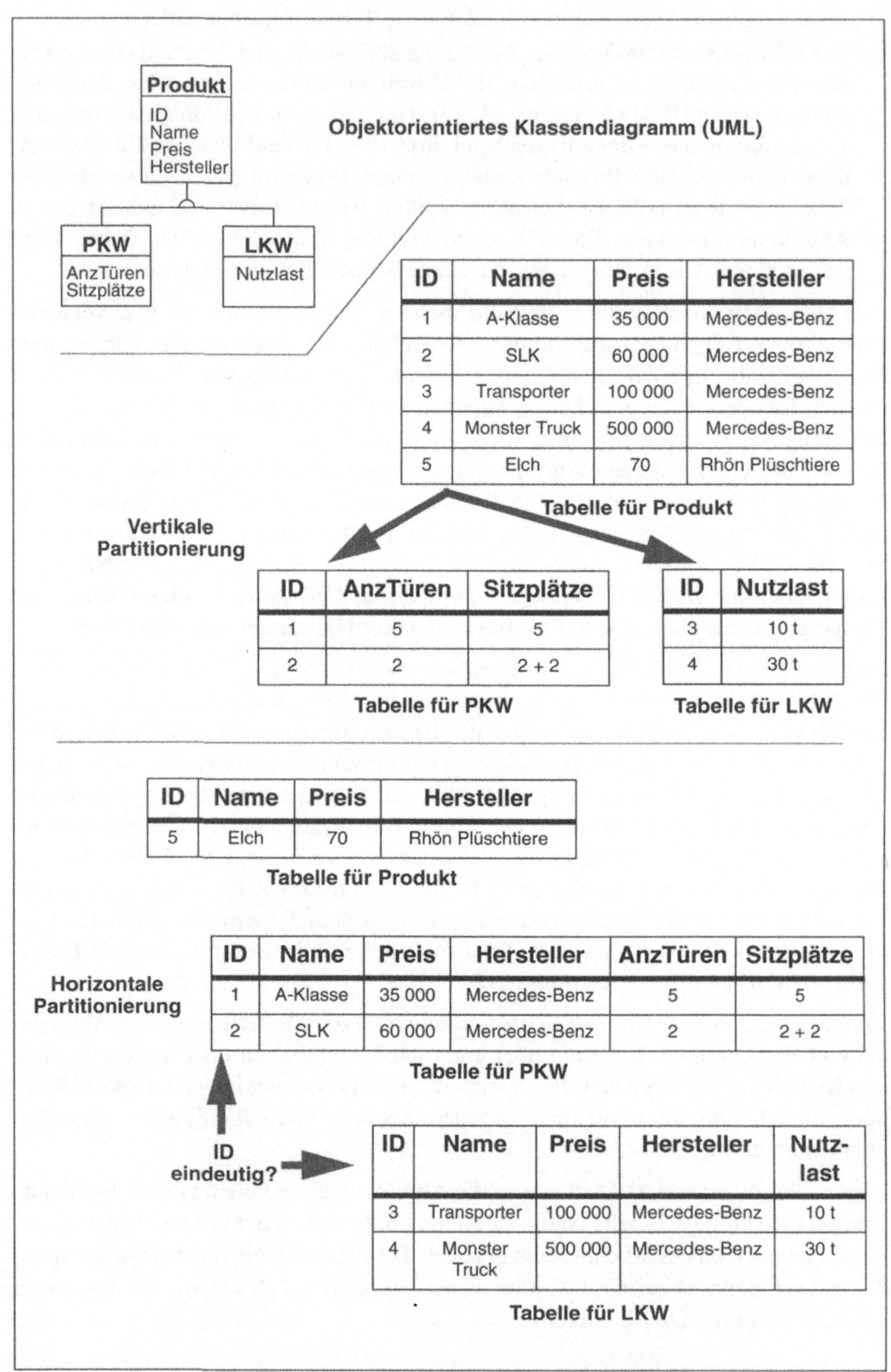

Tabelle für Produkt:

ID	Name	Preis	Hersteller
1	A-Klasse	35 000	Mercedes-Benz
2	SLK	60 000	Mercedes-Benz
3	Transporter	100 000	Mercedes-Benz
4	Monster Truck	500 000	Mercedes-Benz
5	Elch	70	Rhön Plüschtiere

Tabelle für PKW:

ID	AnzTüren	Sitzplätze
1	5	5
2	2	2 + 2

Tabelle für LKW:

ID	Nutzlast
3	10 t
4	30 t

Tabelle für Produkt:

ID	Name	Preis	Hersteller
5	Elch	70	Rhön Plüschtiere

Tabelle für PKW:

ID	Name	Preis	Hersteller	AnzTüren	Sitzplätze
1	A-Klasse	35 000	Mercedes-Benz	5	5
2	SLK	60 000	Mercedes-Benz	2	2 + 2

Tabelle für LKW:

ID	Name	Preis	Hersteller	Nutzlast
3	Transporter	100 000	Mercedes-Benz	10 t
4	Monster Truck	500 000	Mercedes-Benz	30 t

Abb. 5.1: Abbildung von Klassenhierarchien auf partitionierte Tabellen

ID	Typ	Name	Preis	Hersteller	Anz-Türen	Sitz-plätze	Nutz-last
1	PKW	A-Klasse	35 000	Mercedes-Benz	5	5	
2	PKW	SLK	60 000	Mercedes-Benz	5	2 + 2	
3	LKW	Transporter	100 000	Mercedes-Benz			10 t
4	LKW	Monster Truck	500 000	Mercedes-Benz			30 t
5	Produkt	Elch	70	Rhön Plüschtiere			

Tabelle für Produkt und alle Subklassen (explizite Attribute)

Abbildung ohne Partitionierung (typisiert oder generisch)

ID	Typ	Wert
1	PKW	A-Klasse / 35 000 / Mercedes-Benz / 5 / 5
2	PKW	SLK / 60 000 / Mercedes-Benz / 5 / 2 + 2
3	LKW	Transporter / 100 000 / Mercedes-Benz / 10 t
4	LKW	Monster Truck / 500 000 / Mercedes-Benz / 30 t
5	Produkt	Elch / 70 / Rhön Plüschtiere

Tabelle für Produkt und alle Subklassen (generisch)

Abb. 5.2: Abbildung von Klassenhierarchien auf eine einzige Tabelle

Wie bei der Partitionierung, so sind auch hier zwei verschiedene Arten der Abbildung zu unterscheiden: Bei der *typisierten* Methode werden alle Attribute aller Klassen auf jeweils eine Spalte der relationalen Tabelle abgebildet. Für jede Instanz werden dann nur die Spalten für die jeweils gültigen Attribute mit Werten belegt. Alle anderen Spalten enthalten sog. *Nullwerte*. Bei umfangreichen Typhierarchien kann es dementsprechend zu sehr viel ungenutztem Speicherplatz (sog. *Sparsity*) kommen. Andererseits lassen sich alle Nachteile der verschiedenen Partitionierungsarten vermeiden.

Eine etwas ungewöhnliche und weniger verbreitete Form ist die generische Abbildung auf eine Tabelle mit den drei Spalten *ID*, *Type* und *Wert* [Mau97]. Läßt sich die Typzugehörigkeit bereits aus der ID extrahieren, so kann die Spalte *Typ* sogar eingespart werden. Die Spalte *Wert* ist vom Typ VARCHAR oder CLOB (*Character Large Object*) und enthält einen String mit den konkatenierten Werten aller Attribute (getrennt durch ein spezielles *Delimiter*-Zeichen). Bei dieser Variante ist aber keine wertbezogene Anfrageverarbeitung mehr möglich, sie kann lediglich für den Zugriff auf Objekte über die OID bzw. den Typ dienen. Gleichzeitig werden allerdings alle dargestellten Nachteile der bisherigen Verfahren vermieden. Wir werden dieses Verfahren deshalb als Grundlage für ein JavaSDAI *Data Module* unseres Prototypen verwenden (siehe Kapitel 6.2.3). Eine Gegenüberstellung aller vier Varianten ist in Tabelle 5.3 enthalten. Für eine weiterführende Diskussion und eine beispielhafte Implementierung einer objektorientierten Klassenbibliothek oberhalb eines RDBVS sei z.B. auf [RLPG96] verwiesen.

	Partitionierung		Abbildung auf eine Tabelle	
	vertikal	horizontal	typisiert	generisch
Zugriff auf alle Instanzen einer Klasse (inkl. der Instanzen aller Subklassen)	einfach	teuer	einfach	einfach
Zugriff auf alle Attribute eines Objektes	teuer	einfach	einfach	einfach
Kontrolle der Eindeutigkeit von OIDs	einfach	teuer	einfach	einfach
Sparsity	nein	nein	ja	nein
Wertbezogener Zugriff und Anfrageverarbeitung	ja	ja	ja	nein (nur OID / Typ)

Tabelle 5.3: Vergleich der Abbildungen von Klassenhierarchien auf Tabellen

5.4 Datenquellen und Data Shipping in CORBA-Umgebungen

Nachdem wir in den letzten Kapiteln die verschiedenen Formen von Datenquellen diskutiert sowie die Integration mehrerer DBVS über DB-*Middleware* und eine Abbildung objektorientierter Strukturen auf relationale Tabellen betrachtet haben, so wollen wir uns in diesem Kapitel nun der zentralen Frage der vorliegenden Arbeit widmen: Wie kann man Datenquellen (und zwar nicht nur DBVS, sondern auch Dateien usw.) in CORBA-Umgebungen integrieren, so daß auch datenintensive Anwendungen geeignet unterstützt werden? Oder anders ausgedrückt: Wie läßt sich *Data Shipping* in CORBA-Umgebungen realisieren? Im folgenden werden wir kurz die dabei entstehenden Anforderungen skizzieren (Kapitel 5.4.1), verschiedene Lösungsansätze diskutieren (Kapitel 5.4.2 bis 5.4.8) sowie verwandte Forschungsarbeiten (Kapitel 5.4.9) und ausgewählte kommerzielle Produkte zur DB-Anbindung betrachten (Kapitel 5.4.10). Eine abschließende Zusammenfassung der wichtigsten Ergebnisse ist in Kapitel 5.4.11 enthalten.

5.4.1 Anforderungen und Modellierung

Bevor wir auf konkrete Ansätze zum *Data Shipping* eingehen, wollen wir noch einmal kurz die Anforderungen an eine Datenversorgung für datenintensive Anwendungen skizzieren. Im Gegensatz zum *Operation Shipping* (siehe Kapitel 2.5.2) ist hier insbesondere die lokale Verfügbarkeit von Daten im Client (d.h. in der Applikation) entscheidend. Allerdings sollte dies nicht durch das Anlegen von Kopien, sondern durch eine vom System kontrollierte Migration oder Pufferung (*Caching*) der benötigten Daten bzw. Objekte erfolgen. Dafür ist die gesamte Verarbeitung durch Transaktionen abzusichern. Weiterhin wäre die Unterstützung einer mengenorientierten Anfrageverarbeitung wünschenswert, die zur Beschleunigung der Kommunikation auch die kompakte Übertragung größerer Datenmengen zuläßt (*Bulk Transfer*). In diesem Kapitel gehen wir außerdem davon aus, daß allen Anwendungen ein objektorientiertes Datenmodell zugrunde liegt. Gleichzeitig wollen wir aber alle Arten von Datenquellen anbinden können, d.h., es ist unter Umständen eine Konvertierung oder Aufbereitung der Daten nötig. Dieser Verarbeitungsschritt kann nun wahlweise im Server oder im Client erfolgen. Dementsprechend ist für die Modellierung des Datentransportes durch CORBA entweder das Datenmodell der Applikation oder das Format der jeweiligen Datenquelle zu benutzen.

Die Grundlage für jeden der hier vorgestellten Ansätze bildet erst einmal die Definition von geeigneten Schnittstellen mittels der IDL von CORBA (Kapitel 4.1). Wir gehen an dieser Stelle davon aus, daß der noch in der Entwicklung befindliche `value`-Typ ohne größere Änderungen in die nächste Version des CORBA-Standards übernommen wird. Somit stehen uns für die Modellierung von Objekten die `struct`-, `interface`- und `value`-Klauseln zur Verfügung. Die Vor- und Nachteile aller drei Varianten haben wir bereits in Kapitel 4.5 erörtert (siehe insbesondere Tabelle 4.3 auf Seite 104). Relationale Daten lassen sich hingegen sehr einfach und angemessen über `sequences` und `unions` von IDL-Basistypen darstellen. Diese Form der Modellierung ist auch für die generische Übertragung serialisierter Objektmengen geeignet (siehe Kapitel 5.4.7, 6.2.1 und 6.2.2). Einige der folgenden Ansätze setzen allerdings eine spezifische Modellierung voraus.

5.4.2 Einsatz des CORBA Persistent Object bzw. des Persistent State Services

In Kapitel 4.3.2 haben wir bereits den *Persistent Object Service* (POS) des CORBA-Standards betrachtet. Nach einem Blick auf dessen Zielsetzung (die persistente Speicherung von Objektzuständen in beliebigen Speichermedien) würde man ihn vermutlich als die intuitive Lösung zur Anbindung von Datenquellen an CORBA erachten. Sein Einsatz ist aber eher problematisch. So kann der POS nur für Objekte verwendet werden, welche auf der `interface`-Klausel basieren. Dementsprechend bleiben diese Objekte aber im Server des POS, und es ist keine lokale Verarbeitung im Client möglich (siehe Kapitel 4.5). Zusätzlich wird durch die feingranulare Struktur des POS und seine relativ komplexen Schnittstellen eine effiziente Verarbeitung verhindert (siehe Kapitel 4.3.2).

Eine bessere Lösung könnte der noch in der Standardisierung befindliche *Persistent State Service* (PSS) sein [OMG99]. Dieser hat prinzipiell die gleiche Zielsetzung wie der POS, soll aber dessen Probleme bzgl. Schnittstellen, Komplexität und zu erwartender Effizienz vermeiden. Bisher gibt es drei konkurrierende Vorschläge (sog. *Joint Revised Submissions*), so daß die endgültige Form des PSS noch nicht abzusehen ist. Alle Vorschläge basieren aber mehr oder weniger auf der Modellierung persistenter Objekte über die `value`-Klausel. Sollte dieser Vorschlag letztendlich von der OMG verabschiedet werden, so würde ein Client des PSS automatisch eine lokale Kopie des jeweiligen Objektes sowie aller referenzierten `value`-Objekte erhalten. Der Anspruch einer lokalen Verarbeitung und der kompakten Übertragung von Daten wäre also erfüllt. Auf der anderen Seite führt das Anlegen von Kopien auf dem Client natürlich nicht zu der ebenfalls gewünschten Migration oder einem kontrolliertem *Caching* von Daten. Gemäß dem aktuellen Entwurf für den `value`-Typ führt dessen Einsatz zu kopierten Objekten auf dem Client, die eine andere Identität haben als die Server-Objekte. Dementsprechend ließe sich der PSS nicht sinnvoll mit dem *Synchronization* oder *Transaction Service* kombinieren (eine Sperre auf einem Objekt würde nicht den Zugriff auf die Kopie verhindern). Wir erwarten allerdings eine generelle Überarbeitung aller *Object Services* nach der Verabschiedung des `value`-Typs.

Sowohl der POS als auch der PSS setzen eine objektorientierte Modellierung aller Daten innerhalb der gesamten CORBA-Umgebung voraus. Die Abbildung oder Konvertierung auf relationale oder sonstige Speicherungsverfahren kann lediglich im POS oder PSS selbst erfolgen.

Zusammenfassend läßt sich also sagen, daß ein durch CORBA unterstütztes *Data Shipping* relationaler Daten oder serialisierter Objektmengen über den POS bzw. PSS nicht möglich ist.

5.4.3 Datenzugriff über den CORBA Query Service

Mit dem *Query Service* (QS, siehe Kapitel 4.3.5) stellt die OMG einen weiteren Service zum Zugriff auf Daten zur Verfügung. Die Zielsetzung ist jedoch orthogonal zum POS/PSS: Der POS/PSS ist verantwortlich für die persistente Speicherung der Zustände von Objekten, während der QS allgemeine Schnittstellen zur Anfrageverarbeitung realisiert. Insofern könnte man denken, daß neben dem QS noch weitere Mechanismen zum Zugriff auf Datenquellen erforderlich sind. Dies ist aber nicht notwendigerweise der Fall. Wir wollen kurz die Gründe skizzieren: Entsprechend ihrem Objektmodell (siehe Kapitel 4.1.1) und dessen Ähnlichkeit zum ODMG-Modell für OODBVS möchte die OMG Persistenz als eine Eigenschaft von Objekten ansehen, die transparent für Clients und deren Verarbeitung ist. In diesem Sinne kann der QS nicht alleine zum Zugriff auf Datenquellen genutzt werden (es ist die Kooperation des POS/PSS erforderlich). Auf der anderen Seite wollen wir aber eine Möglichkeit zum *Data Shipping* in CORBA-Umgebungen realisieren. In diesem Fall kann es sogar wünschenswert sein, daß die persistente Speicherung von Daten explizit durch den CORBA-Client gesteuert wird (z.B. per SQL *Updates*). Dieses

Szenario führt dann zu dem bereits in Kapitel 4.3.5 diskutierten Vergleich mit dem X/Open CLI, ODBC oder JDBC. Die Anfrageverarbeitung ist hier aber keinesfalls nur auf relationale Daten beschränkt. Nachdem das Ergebnis in einer Instanz des any-Typs zurückgegeben wird, lassen sich hier auch ganze Netze von value-Objekten oder auch Objektreferenzen übertragen. Je nach unterstützter Anfragesprache (siehe Kapitel 4.3.5) und den korrespondierenden Datentypen reicht das Spektrum also vom *Data Shipping* relationaler Tupel bis hin zum *Operation Shipping* über den Austausch von Objektreferenzen.

Analog zum PSS besteht auch beim QS die Gefahr, daß *Data Shipping* zur unkontrollierten Erzeugung von Kopien im Client führt. In bezug auf den value-Typ läßt sich dies auch nicht vermeiden (die Semantik ist durch CORBA bzw. die OMG vorgegeben). Bei der Anbindung von RDBVS kann allerdings ein Zugriffsschutz über den Einsatz des *Transaction Service* (TAS) erreicht werden. Dafür wird die Transaktion des RDBVS in die vom CORBA-Client gestartete Transaktion des TAS eingebettet. Nun hat der Client zwar Kopien der Daten des RDBVS, bedingt durch die Sperrverwaltung des RDBVS kann aber kein anderer CORBA-Client (im Rahmen einer anderen TAS-Transaktion) auf diese Daten (im RDBVS) zugreifen. Probleme können lediglich entstehen, wenn andere (vom Client benutzte) CORBA Server selber als Client des RDBVS agieren und im Rahmen derselben TAS-Transaktion auf das RDBVS zugreifen. Hier könnte es dann mehrere Puffer innerhalb derselben Transaktion geben, die manuell zu synchronisieren wären.

Insgesamt gesehen kann der QS aber als eine sehr flexible Möglichkeit zum Zugriff auf Datenquellen in CORBA-Umgebungen bezeichnet werden. Wir werden dieses Verfahren deshalb auch für eines der JavaSDAI *Data Modules* unseres Prototypen verwenden (siehe Kapitel 6.2.2).

5.4.4 Migration von Objekten über den CORBA Lifecycle Service

Bisher haben wir mehrfach auf die fehlenden Möglichkeiten zur Migration von Objekten hingewiesen, die mit der interface-Klausel modelliert wurden. Es stellt sich nun die Frage, warum nicht die move-Operation des *Lifecycle Service* (siehe Kapitel 4.3.3) dafür benutzt werden kann und ob diese Maßnahme nicht doch einen sinnvollen Einsatz des POS (siehe Kapitel 5.4.2) ermöglichen würde? Wir können diese Frage klar mit nein beantworten. Zunächst einmal haben wir bereits in Kapitel 4.3.3 gesehen, daß die Implementierung der move-Operation auf proprietären Protokollen zur Übertragung des Objektzustandes basiert. Somit wird diese Methode nur innerhalb eines CORBA-Systems, aber eben nicht in offenen Systemverbunden zur Verfügung stehen. Weiterhin müßte die move-Operation für jedes Objekt einzeln angestoßen werden. Dies steht aber im Widerspruch zu dem von uns gewünschten *Bulk Transfer*.

5.4.5 Datenaustausch über den CORBA Externalization Service

Mit dem CORBA *Externalization Service* (ES, siehe Kapitel 8 von [OMG98h]) wird eine Möglichkeit geboten, um den Zustand von Objekten in einen sog. *Stream* zu schreiben bzw. ihn daraus zu lesen. Die zu serialisierenden Objekte müssen dafür mit der `interface`-Klausel modelliert sein und das `interface Streamable` mit den Methoden `externalize_to_stream` und `internalize_from_stream` implementieren. Der ES selbst stellt dann das eigentliche `Stream`-Objekt sowie ein `StreamIO`-Objekt mit Zugriffsmethoden auf den `Stream` (`read<type>` bzw. `write<type>`) zur Verfügung. Es lassen sich allerdings nur CORBA-Basistypen oder weitere `Streamable`-Objekte lesen bzw. schreiben. Das Lesen aus einem *Stream* und die damit verbundene Erzeugung von Objekten ist eng verzahnt mit den *Factories* des *Lifecycle Service* (siehe Kapitel 4.3.3).

Für uns stellt sich nun die Frage, ob der ES zur kompakten und effizienten Übertragung größerer Datenmengen (im Rahmen einer Migration von Objekten) genutzt werden kann? Dafür wollen wir einen genaueren Blick auf den *Stream* selber sowie auf den Vorgang der (De-)Serialisierung werfen: Jeder *Stream* basiert auf dem `interface Stream` und ist damit ein registriertes CORBA-Objekt, das prinzipiell keine Migration unterstützt (vgl. Kapitel 4.5). Weiterhin wird beim Serialisieren von Objekten jedes Attribut einzeln über Zugriffsmethoden des `StreamIO`-Objektes in den *Stream* geschrieben. Das Deserialisieren verläuft analog dazu, jedoch wird jedes Objekt noch über eine *Factory* erzeugt. Die Verarbeitung ist also recht aufwendig und extrem feingranular: Der *Stream* verbleibt im Adreßraum des Servers, so daß zumindest beim Deserialisieren für jedes einzelne Attribut eine erneute Client/Server-Kommunikation nötig ist. Besser verhält es sich, wenn der Inhalt des *Stream* per *Bulk Transfer* zum Client transferiert werden könnte. Zwar stellt der CORBA-Standard keine entsprechenden Mechanismen zur Verfügung, es lassen sich aber ergänzende Maßnahmen modellieren. Beispielsweise könnte man alle Daten per `sequence<Octet>` übertragen oder den *Stream* in eine Datei schreiben lassen, die dann mit Methoden des Dateisystems zum Rechner des Clients übertragen wird. Liegen Client und Server auf einem Rechner, so käme auch Kommunikation über *Shared Memory* in Frage. Mit wenigen Ergänzungen (die allerdings zum Teil außerhalb der CORBA-Funktionalität liegen) ließe sich der ES also zum *Bulk Transfer* von Daten einsetzen. Wir wollen an dieser Stelle aber nicht von echtem *Data Shipping* entsprechend unseren Anforderungen sprechen, denn es werden wiederum nur Kopien der Objekte auf dem Client angelegt. Eine Migration oder kontrollierte Pufferung von Objekten läßt sich mit dem ES leider nicht erreichen. Weiterhin ist er nur zur Verarbeitung von Objekten geeignet, die mit der `interface`-Klausel modelliert wurden. Im Prinzip läßt sich das Verarbeitungskonzept des ES mit allgemeinen Serialisierungskonzepten wie z.B. *Java Object Serialization* vergleichen (siehe Kapitel 5.5.2).

Neben der Übertragung von Daten ist aber noch zu klären, ob der ES auch zum Zugriff auf Datenquellen geeignet ist. Aufgrund seiner Schnittstelle und Verarbeitungssemantik bietet sich natürlich die bereits oben angesprochene Assoziation von

Streams mit Dateien an. Erfolgt der Datenaustausch zwischen einzelnen Verarbeitungsschritten ohnehin über Dateien (ähnlich zu STEP *Physical Files*, siehe Kapitel 3), so bietet der ES eine gute Möglichkeit zum CORBA-basierten Zugriff auf diese. Gleiches gilt für die Verarbeitung von XML-Dateien. Eine Kopplung zu DBVS wird vom ES hingegen nicht adäquat unterstützt: Einerseits macht die explizite Serialisierung keinen Sinn, andererseits fehlt eine Schnittstelle zur Anfrageverarbeitung. Auch der Einsatz des ES zur Anbindung von Datenquellen, die durch Anwendungsprogramme gekapselt sind, erscheint wenig sinnvoll.

5.4.6 Proprietäre Kopplung zu OODBVS

Angelehnt an die Verarbeitungsweise des POS (vgl. Kapitel 5.4.2) könnte man den Zustand von `interface`-Objekten natürlich auch über selbst definierte Mechanismen in einem OODBVS ablegen. Zwar führt dieser Schritt weiterhin nur zu *Operation Shipping* (und eben nicht zum gewünschten *Data Shipping*), man würde aber die Implementierung der komplizierten Schnittstellen des POS vermeiden und vermutlich eine höhere Effizienz erreichen. Die resultierende Lösung ist dann quasi ein Kompromiß zwischen dem POS, dessen Schnittstellen uns ungeeignet erscheinen, und einem *Object Oriented Database Adapter* (OODA, siehe Kapitel 4.2.3.2), der nur vom Hersteller des CORBA-Systems selbst erstellt werden kann. Steht weiterhin noch eine Implementierung des *Lifecycle Service* (siehe Kapitel 4.3.3 und 5.4.4) zur Verfügung, so läßt sich über dessen `move`-Operation sogar ein rudimentäres *Data Shipping* erreichen. Eine mengenorientierte Anfrageverarbeitung ist hingegen auf diesem Wege generell unmöglich (für jedes Objekt müßte die `move`-Operation einzeln aufgerufen werden).

Bei der Konzeption einer Kopplung sind nun einige Aspekte zu berücksichtigen, auf die wir im folgenden kurz eingehen wollen. Grundsätzlich muß man davon ausgehen, daß es zur Laufzeit zu jedem (benötigten) persistenten Objekt im OODBVS ein korrespondierendes transientes CORBA-Objekt (*Tie*) gibt. Diese Maßnahme basiert auf der Tatsache, daß `interface`-Objekte einige Attribute mit Verwaltungsinformationen des ORB enthalten. Die persistente Speicherung dieser Attribute ist jedoch überflüssig, sie erfordert selbst bei lesenden Zugriffen des Clients Transaktionen mit schreibendem Zugriff (für die Attribute des ORB) und sie kann nach einem erneuten Start des Server-Prozesses sogar zu Fehlern führen (wenn alte Zustandsinformation im neuen Kontext benutzt wird). Will ein CORBA-Client also auf ein persistentes Objekt zugreifen, so muß das zum OODBVS-Objekt korrespondierende CORBA-Objekt erzeugt werden. Man spricht an dieser Stelle von *Aktivierung*. Greift ein Client aber auf sehr viele Objekte zu, so können unter Umständen nicht mehr alle *Tie*-Objekte im Hauptspeicher gehalten werden. Es ist also ebenfalls eine Verdrängung von CORBA-Objekten vorzusehen (die sog. *Deaktivierung*). Hierbei ist darauf zu achten, daß Clients noch Referenzen auf verdrängte Objekte haben können (in Form von *Client Stubs*). Die Benutzung dieser *Stubs* sollte natürlich weiterhin möglich sein, d.h., beim Zugriff sollte das korrespondierende *Tie*-Objekt automatisch reaktiviert und mit dem korrekten Zustand aus dem OODBVS initialisiert werden. Anhand der vom *Client Stub* übertragenen *Interoperable Object Reference* (IOR) kann der Server-ORB zwar automatisch eine Instanz der korrekten Klasse erzeugen, diese Information ermöglicht so aber noch nicht den Zugriff auf das korrekte OODBVS-Objekt. Zwar könnte man die IOR der *Tie*-Objekte in einem Attribut der OODBVS-Attribute speichern und es anschließend dazu benutzen, um den Zustand für das reaktivierte Objekt abzufragen. Dieses Vorgehen ist aber zum Scheitern verurteilt: Einerseits würde dann wieder Zustandsinformation des ORB in der DB liegen (und eine schreibende TA erfordern), andererseits kann sich die IOR bei jeder Aktivierung ändern. Bei mehreren Clients könnte es dann zu Problemen kommen: Angenommen der erste Client reaktiviert das Objekt, für dieses wird eine neue IOR erzeugt, das Objekt wird später deaktiviert und die neue IOR im OODBVS gespeichert. Nun will der zweite Client dasselbe Objekt mit der alten IOR reaktivieren. Es kommt dementsprechend zu einem Verarbeitungsfehler, da die ursprüngliche IOR nicht mehr im OODBVS zu finden ist.

Mit einem kleinen Trick läßt sich das Problem jedoch recht einfach lösen: Die IORs werden zwar automatisch vom CORBA-System erzeugt (und sind auch eindeutig im Sinne des ORB), sie enthalten jedoch ein Feld für benutzerdefinierte Ergänzungen. In dieses schreiben wir nun eine geeignet modellierte OID des OODBVS-Objektes. Bei der Reaktivierung extrahiert der Konstruktor des *Tie*-Objektes dann die OID aus der IOR und greift darüber auf das korrespondierende OODBVS-Objekt zu. Die OID könnte beispielsweise aus den IDs der Datenbank, des Segmentes innerhalb der DB, des Typs und einer laufenden Nummer je Typ bestehen. Dieses Vorgehen ist vergleichbar mit dem *Marker*-Konzept des CORBA-Systems Orbix (siehe Kapitel 5.4.8). Clients könnten nun auch die in einen String konvertierte IOR eines *Tie*-Objektes persistent speichern (z.B. in einer Datei) und diese selbst nach einem mehrfachen Neustart des Server-Prozesses zum Reaktivieren des *Tie*-Objektes benutzen.

Aufgrund der Modellierung benutzerdefinierter OIDs können wir nun leider nicht mehr die von manchen CORBA-Systemen (z.B. Orbix) angebotene automatische Generierung von *Tie*-Objekten benutzen. Diese hätte aber ohnehin den Nachteil, daß die Signatur aller Attribute und Methoden der *Tie*-Objekte genau denen der OODBVS-Objekte entsprechen müßte. Für die Implementierung unserer *Tie*-Objekte schreiben wir deshalb eigene Klassen, die von den generierten *Skeleton*-Klassen erben. Diese können dann im Gegensatz zu generierten *Tie*-Objekten auch eigene Methoden (wie etwa den o.g. Konstruktor) implementieren.

Aufgrund der möglicherweise sehr hohen Anzahl von *Tie*-Objekten sollte deren Registrierung und Lokalisierung durch den ORB möglichst effizient erfolgen (z.B. durch Hashtabellen über die OID). Manche CORBA-Systeme bieten hierfür (allerdings proprietäre) Mechanismen an.

Letztendlich läßt sich die gerade beschriebene Lösung zwar ohne Eingriffe in das CORBA-System lösen, sie simuliert aber nur einen auf *Operation Shipping* basierenden *Object Oriented Database Adapter* (OODA). Steht bereits ein ausreichender Adapter für die verwendete Kombination aus CORBA-System und OODBVS zur

Verfügung, so bietet sich statt der Implementierung eigener Software natürlich dessen Verwendung an. Ein Beispiel wäre der *Orbix & ObjectStore Adapter*. Beim Einsatz von Orbix lassen sich mit dem *Object Database Adapter Framework* (ODAF) sogar eigene Adapter zu weiteren DBVS erzeugen. Das ODAF stellt allerdings einen Eingriff in die internen Komponenten eines CORBA-Systems dar (siehe Abschnitt 5.4.10.1).

Ein Beispiel für eine proprietäre Kopplung des zu CORBA 1.2 kompatiblen Systems ORBeline (Version 1.2) mit dem OODBVS ObjectStore (Version 3.x) haben wir in [Sel96] beschrieben. Als Testanwendung diente der auf einer SDAI-Schnittstelle (siehe Kapitel 3.2) aufsetzende oo7-Benchmark [CDN93]. Die erzielten Ergebnisse belegen bereits klar die Mängel des *Operation Shipping* gegenüber dem *Data Shipping* sowie die Notwendigkeit einer effizienten Registrierung von Objekten. Selbst die Portierung des Prototypen auf ein moderneres CORBA-System brachte (unter Beibehaltung der Konzepte) keine nennenswerte Verbesserung. Dieses Verhalten basiert allerdings auf der extrem datenintensiven Verarbeitungsweise. Bessere (und durchaus zufriedenstellende) Ergebnisse sind hingegen in eher interaktiven Umgebungen zu erwarten, die für jeden Bearbeitungsschritt jeweils nur einen relativ kleinen Satz von Daten benötigen. Ein Beispiel hierfür ist das in Abschnitt 5.4.9.3 beschriebene TeleMed-System.

5.4.7 Proprietäres Data Shipping ohne Einsatz von Common Object Services

Neben der Verwendung standardisierter *Common Object Services* kommt natürlich noch die Modellierung proprietärer Schnittstellen zum *Data Shipping* oder gar eine Erweiterung der CORBA-Funktionalität in Betracht. Hier sind prinzipiell zwei Kategorien zu unterscheiden. Einerseits gibt es Programme oder Komponenten mit proprietären IDL-Schnittstellen, deren Implementierung aber nur standardisierte CORBA-Funktionalität benutzt. Sie lassen sich auch in Umgebungen mit beliebigen CORBA-Systemen einsetzen. Auf der anderen Seite gibt es proprietäre Erweiterungen der CORBA-Systeme selbst. Sie unterbinden die Portabilität von Implementierungen und widersprechen strenggenommen der CORBA-Philosophie. Trotzdem werden wir ausgewählte Beispiele in Kapitel 5.4.8 betrachten. Im folgenden wollen wir uns aber einem Ansatz für die Modellierung einer proprietären Datenzugriffskomponente widmen, die ohne Erweiterungen der zugrundeliegenden CORBA-Systeme auskommt. Sie bildet die Grundlage für das in Kapitel 6.2.1 beschriebene JavaSDAI *Data Module* unseres Prototypen.

Stellen wir uns also die Aufgabe, eine IDL-Schnittstelle für die Übertragung und den Zugriff auf Daten zu definieren, die mit der Sprache EXPRESS des STEP-Standards (siehe Kapitel 3.1) modelliert wurden. In Kapitel 4.5 haben wir erkannt, daß *Data Shipping* in CORBA-Umgebungen nur bei Verwendung der `struct`- oder `value`-Klauseln möglich ist. Dementsprechend scheidet die `interface`-Klausel zur Modellierung von Daten aus, und es ist keine direkte Abbildung der EXPRESS-Definitionen auf IDL mehr möglich (weder die `struct`- noch die `value`-Klausel unterstützen die in EXPRESS verfügbare multiple Vererbung). Zur Übertragung der Daten haben wir deshalb eine generische Struktur definiert, die Objekte als eine Kombination aus der OID (`objectHandle`) und einer Liste von Attributen (`seqAttrUnion`) repräsentiert (siehe Beispiel 5.1).

```
struct objectHandle {
    short       repoID, modelID, objectTypeID;
    long        objectID;
};
typedef sequence<objectHandle> seqObjectHandle;
typedef sequence<seqObjectHandle> seqSeqObjectHandle;

enum attributeUnionSwitch {
    typeLong, typeFloat, typeString, typeObjectHandle,
    ... // enumeration of all possible attribute base types
};

union attrUnion switch (attributeUnionSwitch) {
    case typeLong:                  long            longVal;
    case typeFloat:                 float           floatVal;
    case typeString:                string          stringVal;
    case typeObjectHandle:          objectHandle    objectHandleVal;
    ... // case labels for all possible attribute base types
};
typedef sequence<attrUnion> seqAttrUnion;

struct objectData {
    objectHandle        OID;
    seqAttrUnion        objectAttrs;
};
typedef sequence<objectData> seqObjectData;
```

Beispiel 5.1: Modellierung serialisierter Objekte in IDL (Auszug)

Unser Verfahren entspricht damit im Prinzip der in Abbildung 5.2 auf Seite 123 dargestellten generischen Abbildung auf RDBVS. Wir sprechen an dieser Stelle allerdings von *serialisierten Objekten*. Die OID wurde bereits so modelliert, daß eine Speicherung in einem (R)DBVS oder der Zugriff über das SDAI von STEP (siehe Kapitel 3.2) möglich ist. Sie enthält dafür einen Verweis auf die Datenbank bzw. das SDAI *Repository* (`repoID`), das Segment innerhalb der DB bzw. das SDAI *Model* (`modelID`) und die Typ-ID des Objektes (`objectTypeID`).

Für den eigentlichen Datenzugriff haben wir genau ein IDL `interface` definiert (`dataServer`, siehe Beispiel 5.2). Es enthält zwei Methoden zum Datenzugriff und eine Methode zur kompakten Propagierung von Änderungen. Mit `GetObject` kann die Übertragung genau eines Objektes angestoßen werden. Dafür muß die OID des gewünschten Objektes übergeben werden. Nachdem wir Aggregate ebenfalls als Objekte mit einer eigenen OID auffassen, lassen sich diese (inkl. aller enthaltenen Daten) mittels `GetAggregate` anfordern. Enthält das Aggregat Objekte, so werden diese ebenfalls übertragen (aus diesem Grund wurde `seqObjectData` als Ergebnistyp gewählt). Mit `PropagateCommit` werden schließlich alle Änderungen zum Server übertragen.

```
exception DataServerException {
    string reason;
};

interface dataServer {
    objectData      GetObject (in objectHandle handle)
                    raises (DataServerException);

    seqObjectData GetAggregate (in objectHandle handle)
                    raises (DataServerException);

    void            PropagateCommit ( in seqObjectData    updatedObjectData,
                                      in seqObjectHandle  objectsToDelete
                                      ... // some metadata
                                      )
                    raises (DataServerException);

    ... // weitere Methoden zum Zugriff auf Metadaten usw.
};
```

Beispiel 5.2: Zugriffsschnittstelle auf serialisierte Objekte (Auszug)

Die so erhaltenen Daten eignen sich natürlich nicht für die weitere Verarbeitung im CORBA-Client. Vielmehr sollte man diese Strukturen zur Erzeugung lokaler Objekte im Client nutzen. Dafür ist keine Modellierung in IDL nötig, sondern es kann direkt die jeweilige Programmiersprache verwendet werden. In unserem Prototyp haben wir beispielsweise Instanzen der EXPRESS-Objekte entsprechend dem entwickelten *Java Language Binding* für das SDAI erzeugt. Es sind aber beliebige Typen möglich.

Als nachteilig erweist sich auch bei unserer Lösung, daß der Client wiederum nur (unkontrollierte) Kopien der Daten erhält. Weiterhin lassen sich die lokal im Client verfügbaren Objekte nun gar nicht mehr in IDL modellieren oder durch das CORBA-System kontrollieren. Analog zum *Query Service* ist also eine Zugriffskontrolle im Server nötig. Auch hier ist beispielsweise eine Registrierung des `dataServer` beim *Transaction Service* denkbar. Die Implementierung des `data-Server` könnte die Daten dann in einer beliebigen Datenquelle ablegen. Zwar erzwingt die Methode `PropagateCommit` bereits eine quasi atomare Propagierung von Änderungen, für eine transaktionsorientierte Verarbeitung ist aber die Verwendung eines DBVS anzustreben.

Neben serialisierten Objekten lassen sich mit dem gerade beschriebenen Ansatz auch relationale oder anderweitig modellierte Daten übertragen. Dafür müssen im wesentlichen die Datenstrukturen in Beispiel 5.1 an die neuen Bedürfnisse angepaßt werden. Bei einer rein relationalen Kopplung zu RDBVS sollte allerdings geklärt werden, ob der *Query Service* mit seiner generischen Anfrageschnittstelle nicht eine bereits ausreichende (und vor allem standardisierte) Lösung darstellt.

5.4.8 Proprietäre Erweiterungen von CORBA-Systemen am Beispiel Orbix

Die von uns dargelegten Probleme beim Einsatz von CORBA in datenintensiven Umgebungen haben teilweise dazu geführt, daß die Hersteller von CORBA-Systemen eine Reihe proprietärer Erweiterungen in ihre Produkte integriert haben. Diese betreffen vor allem die Verarbeitung von Objekten, welche über die `interface`-Klausel modelliert wurden, und sollen die benötigte Kommunikation zwischen Client und Server reduzieren sowie eine effiziente Anbindung des Servers an persistente Speichermedien ermöglichen. Wir können an dieser Stelle natürlich nicht alle Produkte und ihre speziellen Mechanismen vorstellen. Deshalb wollen wir uns auf die Diskussion einiger Aspekte des von uns verwendeten CORBA-Systems Orbix (C++) bzw. OrbixWeb (Java) von IONA beschränken [IONA98b, IONA98c].

Zunächst einmal ermöglicht das System die Erstellung benutzerdefinierter *Client Stubs* (sog. *Smart Proxies*). In diese kann z.B. eine Pufferung bereits gelesener Attributwerte oder gar ein Mechanismus zum Prefetching aller Attribute eines Objektes integriert werden. Dabei ist natürlich auf die Konsistenz und Aktualität der Daten zu achten. Insbesondere kann hier nur sehr eingeschränkt auf evtl. vorhandene *Common Object Services* zurückgegriffen werden, da *Client Stubs* keine registrierten CORBA-Objekte sind.

Einen weiteren interessanten Punkt stellen die von Orbix angebotenen `Marker` in Kombination mit speziellen `Loader`-Objekten und `save`-Methoden dar. Die `Marker` selbst realisieren noch einen zum Standard konformen Weg zur Spezifikation benutzerdefinierter IDs oder Namen für Objekte. Sie werden in die zugehörige Objektreferenz, die sog. *Interoperable Object Reference* (IOR), eingebettet und werden auch bei der Konvertierung von IORs in einen *String* berücksichtigt (vgl. Kapitel 5.4.6). Proprietär ist hingegen die Verwendung dieser `Marker` zum automatischen Laden von Objekten über spezielle `Loader`: Wird eine IOR dereferenziert, ohne daß das korrespondierende Objekt im System verfügbar ist, so übergibt das System den in der IOR enthaltenen `Marker` an einen `Loader` und stößt damit die Instantiierung des referenzierten Objektes an. Der `Loader` analysiert den `Marker` und kann entsprechend der enthaltenen Information unter Umständen den Zustand des Objektes wiederherstellen. Beispielsweise könnte der Name einer Datenbank sowie die ID des Objektes im `Marker` kodiert sein. Damit kann der `Loader` den Zustand aus der DB lesen und das neu instantiierte CORBA-Objekt korrekt initialisieren. Anders herum wird von Orbix beim Beenden eines Prozesses die `save`-Methode aller registrierten CORBA-Objekte aufgerufen. Mit dieser könnte nun jedes Objekt seinen Zustand persistent speichern. Dieser Mechanismus macht den Einsatz des POS (zu dem es bisher sowieso keine Implementierung gibt) prinzipiell überflüssig, ist aber nicht durch Transaktionen abgesichert oder kompatibel mit dem *Transaction Service* (TAS): Nach der Terminierung eines Prozesses, die nicht notwendigerweise einem *Commit* entsprechen muß, kann natürlich keine weitere Verarbeitung durch den TAS angestoßen werden. Ein ergänzender Vergleich mit dem PSS ist an dieser Stelle sinnlos, da Orbix bisher keine `value`-Objekte unterstützt.

Abschließend sollte noch einmal betont werden, daß eine Verwendung proprietärer Mechanismen in fast allen Fällen zu einer Beschränkung auf Umgebungen mit einem einzigen CORBA-System führen. Dies widerspricht der CORBA-Philosophie und verhindert auch die Interoperabilität zwischen heterogenen Systemen. Gleichzeitig lassen sich proprietäre Erweiterungen aber nicht generell verurteilen, denn Erfahrungen mit diesen bildeten z.T. schon die Basis für sinnvolle Überarbeitungen des CORBA-Standards.

5.4.9 Forschungsprototypen zur Integration von CORBA und DBVS

In den letzten Jahren wurden mehrere Forschungsprojekte begonnen, die CORBA (oder ähnliche Konzepte) zum Zugriff auf DBVS oder zur Implementierung verteilter DBVS benutzen. Wir wollen deshalb einen kurzen Blick auf einige Beispiele werfen und dabei analysieren, wie diese Prototypen den Zugriff auf Daten sowie deren Übertragung realisieren.

5.4.9.1 MIND

An der *Middle East Technical University* (METU) in Ankara wurde in den letzten Jahren ein föderiertes DBVS mit dem Namen MIND (*METU Interoperable DBMS*) entwickelt, dessen interne Struktur auf CORBA basiert [Do96, DDÖ98]. Das System besteht aus einem *Global Database Agent* (GDA), einem *Schema Integration Service* (SI), einem oder mehreren *Query Processors* (QP) sowie einem *Local Database Agent* (LDA) je angebundenem DBVS. Jede dieser Komponenten besteht aus einem einzigen registrierten CORBA-Objekt. Die LDA besitzen eine generische Schnittstelle, die unabhängig von einem spezifischen DBVS ist. Sie greifen über das X/Open CLI (siehe Kapitel 5.1.2) auf das ihnen zugeordnete DBVS zu. Dementsprechend werden Anfragen in MIND in einer an SQL angelehnten Syntax gestellt [GV92, SRL93]. Das globale Schema wird hingegen in MIND ODL (*Object Definition Language*), einer Obermenge der CORBA IDL, definiert und über spezielle *Mapping*-Klauseln auf SQL-Anfragen an die lokalen DBVS abgebildet [DDÖ98]. Derzeit werden Kopplungen zu Oracle7, Sybase, Adabas D und MOOD (*METU OO Database System*) angeboten. Unklar bleibt allerdings, wie sich MOOD und OODBVS allgemein an die CLI/SQL-basierten LDAs anbinden lassen.

MIND wurde mit dem DEC ObjectBroker realisiert, einem CORBA-System mit Unterstützung für die Sprache C. Dementsprechend werden die in ODL spezifizierten Datenobjekte nicht vom IDL-Compiler in C-Datenstrukturen übersetzt, sondern vom (zusätzlich vorhandenen) ODL-Compiler zur Erzeugung objektorientierter Klassen (C++) für den Client verwendet. Durch den ORB werden lediglich serialisierte Strukturen übertragen. Folglich verwendet MIND die von uns geforderte (generische) Form von *Data Shipping* mit sehr wenig registrierten CORBA-Objekten. Der genaue Mechanismus dafür wurde jedoch nicht publiziert. Vermutlich sind die LDAs aber ähnlich zu einem SQL-basierten CORBA *Query Service* unter Verwendung generischer Datenstrukturen (wie etwa unser in Kapitel 6.2.2 beschriebenes JavaSDAI *Data Module*).

Zu Beginn des MIND-Projektes waren keine CORBA *Common Object Services* (COSS) verfügbar, so daß MIND z.B. proprietäre Mechanismen zur Transaktionsverwaltung benutzt. Gemäß [DDÖ98] ist eine Kopplung mit den COSS aber ohne größere Probleme möglich.

5.4.9.2 SHORE

SHORE (*Scalable Heterogeneous Object REpository*) ist ein föderiertes und paralleles OODBVS, das an der Universität von Wisconsin-Madison entwickelt wurde [Ca94]. Obwohl SHORE eigentlich überhaupt nichts mit CORBA zu tun hat, so realisiert das System doch ein Verarbeitungsszenario, wie wir es uns für CORBA-Umgebungen wünschen würden: Daten sind in der an CORBA-IDL und ODMG-ODL angelehnten SDL (*SHORE Data Language*) zu modellieren und angeforderte Objekte werden in einem vom System kontrollierten *Cache* auf dem Client eingelagert. Weiterhin ist das System offen zur Integration weiterer Datenquellen (OODBVS oder Dateien). Analog zu CORBA benutzt SHORE intern einen RPC-basierten Kommunikationsmechanismus (siehe Kapitel 2.4.1). Im Gegensatz zu CORBA unterstützt dieser aber die Migration von Objekten bzw. ein (kontrolliertes) *Caching* im Client. Damit hat sich gezeigt, daß eine auf *Data Shipping* basierende *Middleware*-Lösung realisierbar ist. SHORE ist allerdings zu stark auf eine reine Datenversorgung zugeschnitten, so daß letztendlich eine Kombination aus SHORE und CORBA wünschenswert wäre.

5.4.9.3 TeleMed

Am *Los Alamos National Laboratory* wurde in den letzten Jahren ein verteiltes medizinisches Informationssystem mit dem Namen TeleMed entwickelt [TeleMed]. Es dient der Verwaltung von Daten über Patienten und enthält neben textuellen Datensätzen auch Multimedia-Objekte wie Röntgenbilder oder dreidimensionale CT-Diagramme. Die Architektur des Systems basiert auf dem CORBA-Standard sowie einem OODBVS als Datenquelle. Die Kopplung zwischen dem verwendeten CORBA-System Orbix und dem OODBVS ObjectStore wurde von Francisco Reverbel im Rahmen seiner Dissertation entwickelt [Rev96]. Sie basiert auf einer Modellierung von Objekten mit der `interface`-Klausel und führt somit zu *Operation Shipping*.

Analog zu Kapitel 5.4.6 diskutiert die Arbeit im wesentlichen drei Ansätze zur Abbildung von transienten CORBA-Objekten auf persistente OODBVS-Objekte: *Pseudopersistence*, *Smart Pointer-Based Persistence* sowie *Virtual Persistence*. Alle drei Konzepte simulieren quasi einen *Object Oriented Database Adapter* (OODA, siehe Kapitel 4.2.3.2), der Zustände von CORBA-Objekten in OODBVS speichert und keine Migration oder Pufferung von Objekten unterstützt. Sie unterscheiden sich dabei in der Modellierung von OIDs und Referenzen, der Aktivierung von Objekten bei der Kopplung zu *Skeletons* (generierte oder benutzerdefinierte *Tie*-Objekte) sowie bei der Anbindung zum OODBVS (Ausnutzung proprietärer Eigenschaften von ObjectStore). Unklar bleibt in der verfügbaren Dokumentation aber leider die verwendete Modellierung von Multimedia-Objekten wie etwa Röntgenbildern. Vermutlich erfolgt der Zugriff auf diese nicht über das CORBA-System, sondern direkt auf die jeweiligen Dateien.

Der gewählte Ansatz des *Operation Shipping* wurde in [Rev96] generell positiv bewertet. Im Gegensatz zu dem von uns behandelten Szenario des Produktdatenmanagements ist das TeleMed-System aber mehr interaktiv als datenintensiv (unter der Annahme, daß Multimedia-Objekte außerhalb der CORBA-Umgebung verwaltet werden). In diesem Fall scheint *Operation Shipping* also ausreichend zu sein.

5.4.9.4 InterGIS

In der Abteilung Informationssysteme der Universität Oldenburg wird derzeit eine Architektur für einen verteilten, komponentenbasierten GeoServer entwickelt [Fr99]. Dieser soll sowohl verschiedene Kommunikationsprotokolle und *Middleware*-Technologien unterstützen als auch den Zugriff auf heterogene Datenquellen ermöglichen (OODBVS, RDBVS und spezielle GIS-Produkte). Die Kommunikationsschicht selbst ist durch eine abstrakte Schnittstelle gekapselt und kann wahlweise auf TCP/IP-*Sockets*, *Named Pipes*, *Shared Memory* oder CORBA basieren. Im letzten Fall werden Daten über die `interface`-Klausel modelliert. Aufgrund des resultierenden *Operation Shipping* erwarten die Entwickler eine deutlich schlechtere Leistung im Vergleich zu den anderen Varianten. Allerdings unterstützt der aktuelle Prototyp noch keine CORBA-basierte Kommunikation, so daß an dieser Stelle noch keine konkrete Bewertung oder Abgrenzung zu unseren Konzepten möglich ist.

5.4.9.5 DICE

Im Projekt DICE (*Databases in Cooperative Environments*) am Fachbereich Informatik der Universität Rostock werden CSCW-Techniken und existierende CSCW-Komponenten auf ihre Anforderungen an die zugrundeliegenden DBVS untersucht [FM97]. Eine exemplarische Kopplung zu ODMG-konformen OODBVS wurde von Eduard Neuwirt im Rahmen seiner Diplomarbeit entwickelt [Neu97]. Entsprechend der CORBA-Philosophie wurde bewußt eine Modellierung von Daten über die `interface`-Klausel gewählt, um damit *Operation Shipping* auf gekapselte Objekte zu realisieren. Die Arbeit ist daher sehr ähnlich zum TeleMed-Projekt (Abschnitt 5.4.9.3) oder dem in Kapitel 5.4.6 diskutierten Ansatz.

Die präsentierte Beispielanwendung stellt unserer Ansicht nach aber eher eine Mischform zwischen *Operation* und *Data Shipping* dar (vgl. Beispiel 5.3): Der Inhalt eines Absatzes ist als ein einziger String modelliert, der beim Zugriff auf den Client kopiert und dann lokal bearbeitet wird. Dementsprechend wurden bei den durchgeführten Laufzeittests auch zufriedenstellende Ergebnisse erzielt. Eine direkte Übertragung der gewonnenen Resultate auf die Bearbeitung von komplexen

CAD-Objekten oder feingranularen Produktdaten (wie etwa hierarchischen Stück-listen) erscheint uns aber eher fragwürdig. Hier wären deutlich mehr Attributzu-griffe nötig, die zu einer ORB-basierten Kommunikation (also reinem *Operation Shipping*) führen.

```
interface paragraph {                    interface text {
   readonly attribute string_name;          short put (in string p_name);
   attribute string inhalt;                  paragraph get (in string P-Name);
};                                           paragraphs all_paragraphs ();
typedef sequence<paragraph> paragraphs;  };
```

Beispiel 5.3: Modellierung eines Laufzeittests im Projekt DICE [Neu97]

5.4.10 Kommerzielle Produkte zur DB-Anbindung

In diesem Kapitel wollen wir nun kurz betrachten, welche der zuvor diskutierten Konzepte und Ideen in kommerziellen Produkten zum Einsatz kommen. Hier ist klar zu betonen, daß kein derartiges System eine Datenversorgung über standardi-sierte *Common Object Services* ermöglicht. Bisher werden lediglich zwei Ansätze unterstützt: die persistente Speicherung der Zustände von interface-Objekten über systemspezifische Adapter (Abschnitt 5.4.10.1) oder ein generisches *Data Shipping* über proprietäre Schnittstellen (Abschnitt 5.4.10.2).

5.4.10.1 Interne Adapter von CORBA-Produkten

Neben den in Kapitel 5.4.8 angesprochenen proprietären Erweiterungen bieten die Hersteller einiger CORBA-Systeme inzwischen auch spezielle Kopplungen zu DBVS an. Diese basieren jedoch alle auf einer Modellierung über die interface-Klausel und führen somit zu *Operation Shipping*. Sie realisieren damit einen OODA ohne Unterstützung für die Pufferung oder Migration von Objekten zum CORBA-Client (vgl. Kapitel 4.2.3.2). Im Gegensatz zu dem in Kapitel 5.4.6 vorgestellten Verfahren ist hier aber eine höhere Leistung zu erwarten, da die Adapter von den Herstellern der CORBA-Systeme selbst entwickelt und damit auf interne Abläufe im ORB optimiert wurden. Die konzeptuellen Schwächen des *Operation Shipping* überwinden sie dadurch aber nicht.

Ein Beispiel für derartige Produkte ist das *Orbix Database Adapter Framework* (ODAF) zur Erstellung eigener OODA [IONA97]. Dieses Werkzeug ermöglicht die Integration neuer Loader-Klassen (siehe Kapitel 5.4.8), die Definition spezifischer OIDs und Marker, die Kopplung zum *Orbix Transaction Service* (OTS) sowie die Implementierung eigener Verwaltungsroutinen im ORB (z.B. für eine effiziente Registrierung und Verdrängung von Objekten). Der so erstellte Adapter enthält dann eine Erweiterung für den IDL-Compiler, mit dem sich die Klassen für benötigte *Tie*-Objekte anhand der IDL-Definitionen generieren lassen. Dieser Punkt ist ein wesentlicher Vorteil gegenüber dem Vorgehen in Kapitel 5.4.6, bei dem alle *Tie*-Klassen selbst implementiert werden mußten.

Ein weiteres Beispiel sind die *DB2* und *Oracle Application Adapter* des ComponentBroker [IBM98e]. Diese enthalten zusätzlich noch eine Abbildung der objektorientiert modellierten Daten auf relationale Schemata. Dabei werden wahlweise die horizontale oder vertikale Partitionierung oder die typisierte Abbildung auf eine Tabelle unterstützt (vgl. Kapitel 5.3).

5.4.10.2 CORBA-konforme Datenversorgungsmodule

Neben der gerade beschriebenen Integration der Datenversorgung in den ORB gibt es noch die bereits in Kapitel 5.4.7 beschriebene Möglichkeit zur Modellierung von Datenversorgungsmodulen, deren Schnittstellen wie ganz normale Applikationen in IDL deklariert werden. Diese Idee wurde z.B. von der Firma I-Kinetics zur Erstellung ihres Produktes DataBroker genutzt [Hi97, IK99]. Dieser definiert unter anderem eine an JDBC angelehnte IDL-Schnittstelle zum *Data Shipping*. Der Server kann dann simultan eine Datenversorgung über CORBA, JDBC oder ODBC unterstützen. Eine weitergehende Verwendung dieser Daten in anderen CORBA-Komponenten (z.B. standardisierten *Common Object Services*) ist damit natürlich weitgehend ausgeschlossen (das zugrundeliegende Schema ist nicht in IDL modelliert).

5.4.11 Zusammenfassung

In den letzten Abschnitten haben wir verschiedene Ansätze zur Datenversorgung in CORBA-Umgebungen diskutiert sowie ihre Realisierung in Prototypen und Produkten betrachtet. An dieser Stelle wollen wir noch einmal die wichtigsten Eigenschaften und Unterschiede zusammenfassen (vgl. Tabelle 5.4). Zunächst lassen sich die vorgestellten Konzepte in zwei Kategorien einteilen. Die erste umfaßt Ansätze unter Verwendung standardisierter *Common Object Services*. Aufgrund der beschriebenen Probleme gibt es hier aber so gut wie keine Prototypen oder gar kommerzielle Produkte. Eine größere Zahl von Implementierungen gibt es hingegen bei Datenversorgungskomponenten mit proprietären Schnittstellen oder Mechanismen, welche die zweite Sparte bilden. Dieser Zustand unterstreicht die eingeschränkte Eignung von CORBA und den bisher standardisierten Services im Bereich datenintensiver Anwendungen.

Beginnen wir trotzdem mit einem Blick auf die erste Kategorie. Der Einsatz des *Persistent Object Service* (POS) führt generell zu `interface`-Objekten und *Operation Shipping*. Weiterhin ist seine Spezifikation nicht mit anderen Services (wie dem *Transaction* oder *Query Service*) abgestimmt, d.h., eine Kooperation zwischen diesen Komponenten ist immer proprietär. Im Gegensatz dazu erzwingt der *Persistent State Service* (PSS) die Modellierung von Daten über die `value`-Klausel und ermöglicht damit *Data Shipping* (die Verwendung von `interface`-Objekten ist erlaubt, allerdings muß deren Zustand über die `value`-Klausel definiert sein). Die Serialisierung eines Objektes sowie aller referenzierten Objekte wird dabei automatisch vom ORB durchgeführt. Allerdings erhält der Client nur Kopien.

	POS	PSS	QS	POS + LS	ES + Dateien / XML	Propr. Kopplung zu OODBVS	Propr. *Data Shipping*
Konzept in Kapitel	5.4.2	5.4.2	5.4.3	5.4.4	5.4.5	5.4.6	5.4.7
Implementierung in Kapitel			6.2.2			6.2.4	6.2.1
Eingesetzt im Projekt	-	-	-	-	-	TeleMed DICE	-
Grundlage für das Produkt	-	-	-	-	-	Orbix ODAF, Component-Broker	Data-Broker
Modellierung über							
`interface`	✓	(✓)	✓	✓	✓	✓	-
`value`	-	✓	✓	-	(-)	-	-
`struct`	-	-	✓	-	-	-	✓
OO-Modellierung im Server	✓	✓	(✓)	✓	✓	✓	nur serialisiert
Übertragung relationaler Daten oder serialisierter Objekte	-	-	(✓)	-	(-)	-	✓
Operation Shipping (OS) oder Data Shipping (DS)?	OS	DS	OS / DS	(DS)	DS	OS	DS
Migration	-	-	-	✓	-	-	-
Kopien	-	✓	(✓)	-	✓	-	✓
Bulk Transfer	-	✓	(✓)	-	✓	-	✓
Kooperation mit Object Services							
Transaction	✓	✓	✓	✓	(✓)	✓	(✓)
Query	✓	✓		✓	(✓)	✓	-
Portabel über CORBA-Systeme hinweg	✓	✓	✓	-	(✓)	-	✓

Tabelle 5.4: Ansätze zum CORBA-basierten Zugriff auf Datenquellen

Sehr flexibel ist man bei der Verwendung des *Query Service*. Aufgrund der generischen Schnittstelle kann hier jede Form der Modellierung von Daten benutzt werden. Diese bestimmt aber wesentlich das Verhalten der Implementierung: `interface`-Objekte führen zu *Operation Shipping* während Daten, welche über die `value`- oder `struct`-Klausel definiert sind, als Kopie zum Client übertragen werden. Unser Prototyp (siehe Kapitel 6.2.2) verwendet ausschließlich Strukturen und ermöglicht damit auch *Bulk Transfer* von Daten.

Die einzige Möglichkeit zur kontrollierten Migration von registrierten `interface`-Objekten bietet die Verwendung der `move`-Operation des *Lifecycle Service*. In Kombination mit dem POS kann so das *Data Shipping* einzelner Objekte angestoßen werden. Die dafür benötigte Serialisierung des Zustandes erfolgt zwar automatisch durch den *Lifecycle Service*, das Format ist aber proprietär und nicht portabel über die Grenzen eines ORB-Produktes hinweg. Weiterhin ist (bedingt durch die POS-Spezifikation) nur eine eingeschränkte Kooperation mit anderen Services möglich.

Einen Spezialfall, der neben dem ORB noch die Möglichkeit zum Austausch von Dateien erfordert, stellt die Verwendung des *Externalization Service* zur Erzeugung von Dateien mit serialisierten Objekten dar. Dieses Verfahren führt wiederum zum *Data Shipping* und der Erzeugung von Kopien auf dem Client. Alle Daten sind hierfür als `interface`-Objekte zu modellieren. (eine Abstimmung der neuen `value`-Klausel mit dem *Externalization Service* steht noch aus). Bei Bedarf können die Dateien auch gleich zur persistenten Speicherung der Objekte dienen (allerdings ist hier eine geeignete Verwaltung und Konsistenzsicherung nötig). Problematisch ist grundsätzlich die Kooperation mit dem *Transaction Service*, da die erzeugten Dateien nicht unter der Kontrolle des ORB stehen. Eine Kopplung mit dem *Query Service* ist hingegen sinnvoll (z.B. zum Übertragen der aus `interface`-Objekten bestehenden Ergebnismenge einer Anfrage). Aufgrund des proprietären Dateiformats ist dieser Ansatz aber unter Umständen nicht portabel zwischen den *Externalization Services* unterschiedlicher ORBs.

Werfen wir nun aber noch einen Blick auf Ansätze der zweiten Kategorie, die keine *Common Object Services* verwenden. Hier ist zunächst die proprietäre Kopplung zu OODBVS (oder auch Datenquellen allgemein) zu nennen. Sie realisiert quasi einen *Object Oriented Database Adapter* ohne eine Unterstützung der Migration von Objekten (siehe Kapitel 4.2.3.2) und führt dementsprechend zu *Operation Shipping*. Diese Lösung ermöglicht zwar die Kopplung zu anderen Services, ist aber nicht konform zum CORBA-Standard. Damit ist sie ebenfalls nicht portabel zwischen verschiedenen ORB-Produkten.

Quasi entgegengesetzte Eigenschaften erhält man bei der Verwendung proprietärer IDL-Schnittstellen zur Realisierung von *Data Shipping*. Durch die Modellierung der Austauschstrukturen in IDL ist dieser Ansatz portabel zwischen unterschiedlichen CORBA-Systemen. Auf der anderen Seite ermöglicht er aber nur eine eingeschränkte Integration mit *Services*. Zwar könnte man den Datenversorgungsserver beim *Transaction Service* registrieren, eine Kopplung zum *Query Service* ist aber unmöglich (die proprietären Schnittstellen übernehmen dessen Funktionalität).

Gemeinsam ist allen in Tabelle 5.4 aufgeführten Ansätzen, daß sie im Prinzip beliebige Formen von Datenquellen unterstützen (siehe Kapitel 5.1). Zwar ist beispielsweise die in Kapitel 5.4.6 beschriebene proprietäre Kopplung zu OODBVS primär
auf eine Integration von OODBVS zugeschnitten, sie kann aber auch für RDBVS
(vgl. Abschnitt 5.4.10.1) oder Dateien verwendet werden. In diesem Fall ist natürlich ein höherer Aufwand zur Konvertierung der Datenmodelle nötig. Mit den anderen Ansätzen verhält es sich ähnlich. Problematisch kann hingegen die Integration
von Datenquellen sein, die über spezielle APIs gekapselt sind. Insbesondere schreibende Zugriffe müssen hier auf Operationen des API abgebildet werden, die häufig
Seiteneffekte (d.h., implizite Änderungen weiterer Daten) zur Folge haben. Diese
sind in geeigneter Weise auf den korrespondierenden CORBA-Objekten nachzuzie-
hen. Eine Unterstützung von Anfragen (*Query Service*) ist nur sinnvoll, falls das zur
Verfügung stehende API diese Funktionalität anbietet. Die Simulation einer *Query
Engine* oberhalb eines API für den eher navigierenden Zugriff erscheint uns zu ineffizient (dies mag z.B. beim Zugriff auf Dateien sinnvoll sein).

5.5 Data Shipping im Intra-/Internet

Nach einer Diskussion der Datenversorgung in CORBA-Umgebungen gehen wir
nun noch auf spezielle Anforderungen und Techniken im Bereich des Intra-/Internet
ein. In Kapitel 2.7 wurde bereits das zugrundeliegende Szenario geschildert sowie
der Einsatz der Programmiersprache Java motiviert. Darauf aufbauend wollen wir
hier die verschiedenen Verarbeitungsvarianten hinsichtlich ihrer Eignung für datenintensive Anwendungen und das zugrundeliegende *Data Shipping* untersuchen.

5.5.1 HTML-Seiten mit JavaScript und CGI-Skripte im Server

Die in Kapitel 2.7.1 beschriebene Kombination aus HTML-Seiten mit eingebette-
tem JavaScript auf dem Client und CGI-Skripten auf dem Server ist heutzutage eine
weit verbreitete Lösung zur Bereitstellung von dynamischen Informationen im
WWW. Sie ist gut geeignet zur Präsentation von Textdokumenten mit eingebetteten
Grafiken, bei denen der Anwender Eingaben über vordefinierte Felder oder *Pull-
down*-Menüs machen kann. Ausgehend von einer statischen Einstiegsseite berechnet der Server (das CGI-Skript) die Folgeseite jeweils individuell für jeden Benutzer
anhand dessen Eingaben. Das Dokument wird dann in einem Kommunikationsschritt zum Client übertragen und dort angezeigt. Eingebettete Grafiken werden
vom HTML-*Parser* des *Browser* in einem getrennten Kommunikationsschritt angefordert. Fast alle *Browser* ermöglichen weiterhin die Pufferung von Dokumenten
und Grafiken in einem Client-*Cache*. Die Identifikation erfolgt dabei über die URL.
Zur Erstellung oder Berechnung von HTML-Seiten kann das CGI-Skript auf beliebige Datenquellen, insbesondere auch DBVS, zugreifen. Einige moderne DBVS
(z.B. Oracle8i) bieten sogar schon eigene Module zur Präsentation von gespeicherten Daten im WWW an [Or99].

Die Verarbeitung über CGI-Skripte stellt generell eine Mischform aus *Operation* und *Data Shipping* dar. Einerseits fällt sie in die Kategorie *Operation Shipping*, da alle Berechnungen im Server ausgeführt werden (der Client ermöglicht nur die Eingabe von Daten). Andererseits werden aber alle Dokumente und Grafiken zum Client übertragen und dort evtl. auch gepuffert, was eine typische Eigenschaft von *Data Shipping* ist. Wir wollen diese Lösung nun aber nicht weiter charakterisieren, sondern sie als eine Technik zur *Browser*-basierten Präsentation von Informationen betrachten, die keine weitergehende Verarbeitung im Client ermöglicht.

5.5.2 HTML-Seiten mit Java-Applets

Mit der Einbettung von Java-Applets in HTML-Seiten steht dem WWW-Client die volle Mächtigkeit einer Programmiersprache zur Verfügung. Somit lassen sich nun komplexe Berechnungen lokal ausführen (vgl. Kapitel 2.7.3). Außerdem ist die Java-Laufzeitumgebung mittlerweile auch Bestandteil der meisten Browser, so daß (neben diesem) keine weitere Software auf dem Client-Rechner zu installieren ist. Es stellt sich allerdings die Frage nach einer geeigneten Datenversorgung, für die wir im folgenden drei mögliche Varianten vorstellen wollen.

Bei einer Datenversorgung über CORBA kommen prinzipiell alle in Kapitel 5.4 bzw. Tabelle 5.4 auf Seite 140 betrachteten Ansätze in Frage. Neben der Festlegung auf die Sprache Java im Client sowie einer möglicherweise eingeschränkten Kommunikationsbandbreite gibt es keine Einschränkungen gegenüber einer allgemeinen CORBA-Umgebung. Wir wollen deshalb nicht erneut auf die Vor- und Nachteile der einzelnen Varianten eingehen. Allerdings sollte noch betont werden, daß nicht jede in einem *Browser* enthaltene Java-Laufzeitumgebung automatisch einen ORB umfaßt. Unter Umständen müssen hier initial noch ORB-Klassen im Umfang von ca. 100 bis 500 KByte vom Server geladen werden. In allen Fällen sind weiterhin die vom IDL-Compiler erzeugten *Client Stubs* zu übertragen.

Beim Einsatz von RDBVS bietet sich unter anderem eine Datenversorgung über die bereits in der Java-Laufzeitumgebung enthaltene *Java Database Connectivity* (JDBC) an (vgl. Kapitel 2.4.4 und 5.1.2). Über SQL-Anfragen lassen sich so relationale Tupel zum Client übertragen. Bei einem objektorientierten Datenmodell innerhalb der Applikation können diese auch im Client gemäß den in Kapitel 5.3 dargestellten Verfahren in Java-Objekte konvertiert werden.

Soll ein Java-Applet nicht direkt auf ein RDBVS, sondern auf eine allgemeine, objektorientiert modellierte Server-Komponente zugreifen, so bietet sich der Einsatz von Java *Remote Method Invocation* (RMI) und *Object Serialization* (OS) an [Sun97b, Sun97c]. Man könnte diesen Mechanismus als eine auf Java beschränkte Variante von CORBA bezeichnen: Über RMI ist ein RPC-ähnlicher Zugriff (siehe Kapitel 2.4.1) auf die Methoden eines in Java implementierten Servers möglich, dessen Schnittstellen als ein spezielles Java-*Interface* definiert werden. Ein Compiler erzeugt daraus (analog zu CORBA) benötigte *Stubs* und *Skeletons*. Im Gegensatz zu CORBA gibt es in Java aber nur eine Klausel zur Modellierung von Schnittstellen und Daten: Java-*Interfaces*. Diese unterstützen sowohl Attribute und Methoden als auch Vererbung. Je nach Vererbungshierarchie ergibt sich allerdings eine unterschiedliche Verarbeitungssemantik: Erbt eine Schnittstelle von `java.rmi.Remote`, so steht deren Implementierung als Server für RMI-Methoden zur Verfügung. Benutzt man eine von `java.io.Serializable` abgeleitete Schnittstelle als Parametertyp einer RMI-Methode, so wird eine Instanz zur Laufzeit automatisch zwischen Client und Server übertragen (serialisiert). Referenzierte Objekte, die ebenfalls die Schnittstelle `java.io.Serializable` implementieren, werden im gleichen Kommunikationsschritt mit übertragen (*Bulk Data Transfer*).

5.5.3 XML

Bereits in Kapitel 2.7.6 haben wir erkannt, daß sich XML hervorragend zur Modellierung und zum Transport von Daten eignet. An dieser Stelle wollen wir nun zwei verschiedene Einsatzmöglichkeiten zum Transport von Daten über das Intra-/Internet diskutieren. Eine Variante ist die Nutzung eines *XML Browser* zur direkten Darstellung von XML-Dateien. Dieses Vorgehen führt zu denselben Einschränkungen wie der Transport von HTML-Dateien mit enthaltenem JavaScript (Kapitel 5.5.1): Im Client steht nur eingeschränkte Funktionalität zur Verfügung und eine zustandsorientierte Verarbeitung ist nicht möglich.

Eine andere Möglichkeit ist der Einsatz von Java-Applets, die XML-Dateien vom Server laden und dann lokal im Client verarbeiten. Diese Variante ist ähnlich zu Java-Applets mit einer Datenversorgung über CORBA oder RMI/OS (Kapitel 5.5.2). Allerdings legt XML nicht die Schnittstelle des Servers fest. Bei XML-Dateien auf einem WWW-Server können nur vordefinierte Dateien verarbeitet werden (die Nutzung von CGI-Skripten ist nicht zu empfehlen, da in diesem Fall die zustandsorientierte Verarbeitung verhindert wird). Mächtiger ist der Einsatz einer Server-Komponente, die XML-Dateien zurückgibt. Zur Anbindung dieser Komponente könnte z.B. CORBA, RMI oder eine einfache *Socket*-Kommunikation gewählt werden.

5.5.4 Zusammenfassung

In diesem Kapitel sind wir auf Ansätze zur Datenversorgung im Intra-/Internet eingegangen. Eine häufig angewandte Möglichkeit ist die Verbreitung von dynamisch erstellten Dokumenten und Grafiken über HTML-Seiten und CGI-Skripte. Diese Variante erlaubt aber keine Verarbeitungsschritte im Client, die erst mit dem Einsatz von Java-Applets möglich werden. Für diese kann zwischen einer Datenversorgung über CORBA (mit all den bereits beschriebenen Vor- und Nachteilen) und den direkt zur Sprache gehörenden Lösungen (wie etwa JDBC oder RMI/OS) gewählt werden. Eine Gegenüberstellung der Eigenschaften dieser Varianten ist in Tabelle 5.5 enthalten. Zuletzt haben wir noch den Einsatz von XML diskutiert. Die Eigenschaften der jeweiligen Konzepte lassen sich jedoch auf die zuvor diskutierten Fälle abbilden (Kapitel 5.5.3).

	HTML/ JavaScript & CGI-Skripte	Java-Applets & CORBA	Java-Applets & JDBC	Java-Applets & RMI/OS
Client				
Kann in einem Browser ausgeführt werden?	✓	✓	✓	✓
Ergänzende Software nötig? (neben dem Browser)	-	ORB	-	-
Komplexe Berechnungen lokal im Client	-	✓	✓	✓
Puffer enthält	Dokumente Grafiken	Daten	Daten	Daten
Kommunikation und Datenzugriff				
Bulk Data Transfer	(✓)	je nach gewählter Variante aus Tabelle 5.4 auf Seite 140	✓	✓
Transport von XML-Dateien	✓ (statt HTML)		-	✓ (statt OS)
Unterstützung für mengenorientierte Anfragen	-		✓	-
Datenmodell	Textdokumente mit eingebetteten Grafiken		relational	objekt-orientiert
Unterstützte Datenquellen	alle		(O)RDBVS	alle
Kapselung der Datenquelle durch den Server	✓		-	✓
Server				
Programmiersprache bzw. Verarbeitungsmodell	CGI-Skripte	beliebig	SQL-Anfragen + Java	Java
Datenversorgungs-Server kann auf anderem Rechner liegen als der WWW-Server?	-	✓	✓	✓

Tabelle 5.5: Ansätze zur Datenversorgung im Intra-/Internet

6 Praxisansatz: Entwurf und Implementierung einer modularen Datenversorgung

In den letzten Kapiteln haben wir die konzeptuellen Grundlagen einer effizienten Datenversorgung diskutiert. Nun wollen wir uns einer beispielhaften Implementierung zuwenden, anhand derer die verschiedenen Ansätze zu evaluieren sind. Als Anwendungsszenario dient uns dabei die Produktdatenverwaltung über den STEP-Standard (siehe Kapitel 3). Es bietet sich also an, die gesamte Datenversorgung mit Hilfe der SDAI-Schnittstelle zu kapseln. Nun wollen wir aber nicht jede Datenquelle über eine separate SDAI-Schicht kapseln, sondern einen homogenen Zugriff auf alle zu bearbeitenden Datenquellen anbieten. In diese Zugriffsschicht können dann bei Bedarf Adapter zu den einzelnen Datenquellen eingeklinkt werden. Diese Adapter sollen eine verteilte Verarbeitung über das Intra- bzw. Internet ermöglichen (vgl. Abbildung 6.1).

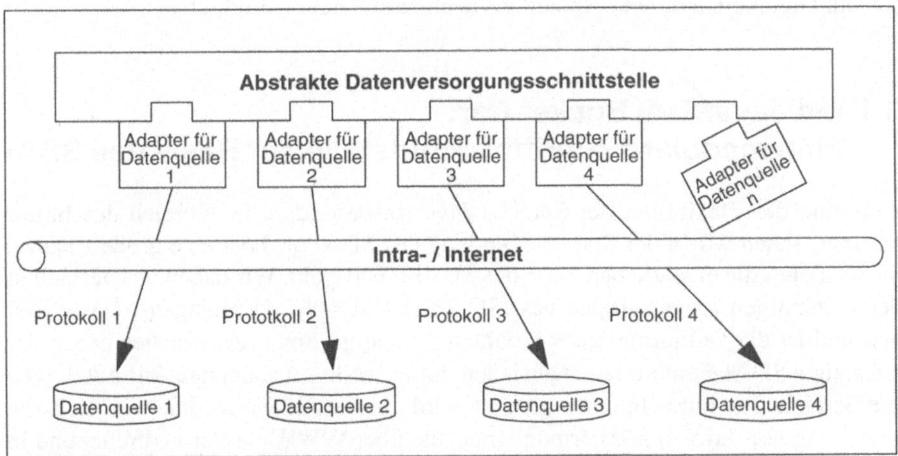

Abb. 6.1: Allgemeine Architektur einer modularen Datenversorgung

Die von der ISO eingeleitete Entwicklung einer Abbildung der abstrakten SDAI-Schnittstelle auf die Programmiersprache Java bot uns die Chance, einen eigenen Vorschlag zur Standardisierung zu machen. Dieser sollte natürlich nicht nur auf die ursprüngliche Verarbeitungsweise des SDAI beschränkt sein, sondern insbesondere die gerade skizzierte Funktionalität anbieten. Gerade die Sprache Java bietet in bezug auf eine Verarbeitung über das Intra-/Internet eine sehr gute Unterstützung. Allerdings ergaben sich aufgrund der in anderen Bereichen eher eingeschränkten Funktionalität von Java auch einige Probleme. In Kapitel 6.1 diskutieren wir deshalb die Entwicklung unserer *JavaSDAI Socket Bar*, die eine modulare Datenversorgungsschnittstelle gemäß Abbildung 6.1 darstellt. Sie wurde als *Conformance Level 1* in den korrespondierenden ISO-Standard aufgenommen [ISO99a]. Aufgrund der offenen und modularen Architektur lassen sich verschiedene Datenquellen gleichzeitig über unterschiedlichste Kommunikationsprotokolle anbinden. Dafür werden sie jeweils als ein gekapseltes *Data Module* in das Gesamtsystem integriert. Nachdem der Einsatz von STEP typischerweise zu einer datenintensiven Verarbeitung führt, stellt die *Socket Bar* somit ein ideales Werkzeug zur Evaluierung der Konzepte für das *Data Shipping* dar. In Kapitel 6.2 entwickeln wir deshalb einige *Data Modules*, die jeweils einen spezifischen Ansatz zum *Data Shipping* implementieren. Für die Beurteilung ihrer Leistungsfähigkeit benutzen wir zwei *Benchmark*-Applikationen, die in Kapitel 6.3 beschrieben sind. Ausgewählte Ergebnisse einiger Messungen diskutieren wir anschließend in Kapitel 6.4. Zusätzlich betrachten wir in Kapitel 6.5 noch verwandte Arbeiten im Bereich datenintensiver Systeme auf Basis von STEP und CORBA. Alle Ergebnisse zusammen bilden schließlich die Grundlage für einige allgemeine Schlußfolgerungen in Kapitel 6.6. Während der Implementierungsphase und den zugehörigen Analysen haben sich (ergänzend zu den bereits in Kapitel 4 angesprochenen Aspekten) weitere Probleme beim Einsatz von CORBA herausgestellt. Sie sind das Thema von Kapitel 6.7 und beziehen sich sowohl allgemein auf den Standard als auch auf CORBA-Produkte.

6.1 Die JavaSDAI Socket Bar: Eine modulare Zugriffsschnittstelle auf Basis des SDAI

Aufgrund der Flexibilität der Sprache Java (insbesondere im Bereich des Intra-/Internet) sehen wir in der Sprachanbindung des SDAI an Java eine große Chance, die weit über die eigentlichen Ziele des SDAI hinausgeht. Wir haben uns deshalb in der zuständigen Arbeitsgruppe des ISO TC184/SC4/WG11 engagiert. Unser Ziel war und ist die Definition eines flexiblen *Language Bindings*, welches neben der bekannten SDAI-Funktionalität auch den mittlerweile entstandenen Anforderungen im Bereich des Intra-/Internet gerecht wird. Insbesondere wollen wir auch die Erstellung von Java-*Applets* ermöglichen, die über WWW-Server verbreitet und in einem beliebigen *Browser* ausgeführt werden können. Zur Entwicklung einzelner Implementierungen sollen dabei möglichst viele Konzepte und Techniken zur Verfügung stehen, so daß eine standardisierte SDAI-Schnittstelle abstrakt und unabhängig von jeglicher Form der Datenhaltung oder Datenversorgung sein muß.

Im Rahmen eines ersten JavaSDAI-Prototypen haben wir einen Vorschlag für eine Sprachanbindung entwickelt [SS97, SM98]. Bedingt durch die recht hohe Ähnlichkeit von Java und C++ war dieser sehr stark an die Abbildung der SDAI-Schnittstelle auf C++ angelehnt [ISO98b]. Obwohl die ersten Ergebnisse unserer Arbeit sehr vielversprechend waren, fiel letztendlich doch die mangelnde Interoperabilität zwischen unserem Prototypen und möglichen anderen SDAI-basierten Datenversorgungskomponenten auf. Gemäß unserem Konzept ließ sich zwar jede Implementierung individuell und sehr flexibel erstellen, gleichzeitig war sie aber auf eine einzige Form der Datenversorgung fixiert. Dementsprechend haben wir unseren Vorschlag überarbeitet und das Konzept der *JavaSDAI Socket Bar* eingeführt. Diese standardisiert quasi die Schnittstelle einer abstrakten Steckleiste, in die sich auch mehrere Datenversorgungsmodule bei Bedarf einklinken lassen. Im folgenden wollen wir nun die zugrundeliegende Architektur vorstellen und auf einzelne Aspekte detailliert eingehen. Beginnen werden wir in Kapitel 6.1.1 mit der Diskussion von konzeptuellen Problemen, die während der Entwurfsphase aufgetreten sind. Sie basieren im wesentlichen auf den Eigenschaften der Sprache Java sowie der SDAI-Schnittstelle selbst. Anschließend stellen wir in Kapitel 6.1.2 unseren Vorschlag für ein *Language Binding* sowie die Architekturkonzepte der *JavaSDAI Socket Bar* vor.

6.1.1 Konzeptuelle Probleme während der Design-Phase

Die Konzepte der Programmiersprache Java sind zwar zum größten Teil besser durchdacht als z.B. diejenigen von C++ (und auch präziser definiert), gleichzeitig schränken sie aber auch die aus C++ gewohnte Flexibilität ein. Dies betrifft insbesondere die Definition von Klassen mit mehreren Superklassen (sog. multiple Vererbung). Weiterhin sollte man bereits beim Entwurf von Programmen einen späteren Einsatz als Applet und die damit verbundene Verteilung berücksichtigen. Generell gilt auch, daß die Erzeugung und Freigabe von Instanzen zur Laufzeit recht teuer ist. Bei einer Abbildung der SDAI-Schnittstelle tritt nun außerdem das Problem auf, daß die Spezifikation prinzipiell mehrere Ebenen der Transaktionsverarbeitung vorsieht. Diese sind aber nicht alle für einen Einsatz im Bereich des Intra-/Internet geeignet, so daß auch hier Einschränkungen nötig sind. Im folgenden wollen wir nun auf die einzelnen Aspekte eingehen und die gewählte Lösung beschreiben.

Ein weiteres Problem ist die allgemein zu schlechte Leistung von Java. Bedingt ist dies durch die Tatsache, daß Java nicht vollständig in Maschinensprache übersetzt wird, sondern in eine Zwischenstufe, den sog. *Bytecode*. Dieser muß dann noch von der *Java Virtual Machine* (JVM) interpretiert werden. Zusätzlich ermöglicht Java prinzipiell keine Pufferverwaltung, bei der einzelne Objekte bei Bedarf verdrängt werden können. Diese Fähigkeit wäre bei datenintensiver Verarbeitung von großem Nutzen. Beide Probleme betreffen jedoch nicht primär das Design der SDAI-Schnittstelle, sondern die spätere Implementierungsphase. Wir werden sie deshalb in Kapitel 6.2 und Kapitel 6.4 betrachten.

6.1.1.1 Anzahl und Umfang von Klassen

Benutzt man ein Java-*Applet* im Intra-/Internet, so müssen alle benötigten Klassen vom WWW-Server geladen werden. Beim Einsatz des JDK 1.0.x waren hierfür sogar einzelne HTTP-*Requests* je Klasse nötig, die selbst bei einem lokalen Zugriff (der WWW-Server läuft auf dem gleichen Rechner wie der *Browser*) jeweils mehrere Sekunden beanspruchen können. Mit dem JDK 1.1 wurden zum Glück komprimierte *Java Archives* (JAR) eingeführt, mit denen sich der benötigte Code in einem Kommunikationsschritt herunterladen läßt. Je nach Anzahl und Umfang von Klassen ist das Archiv unter Umständen aber trotzdem noch bis zu mehreren Megabytes groß. Selbst ein einzelner Kommunikationsschritt stellt somit eine störende Verzögerung dar. Dies trifft insbesondere bei einem Einsatz im Internet (das fast immer überlastet ist) oder der Kommunikation über Modem-Verbindungen zu.

Ergänzend zum Laden ist auch die Verwaltung von Klassen zu betrachten: Je mehr Klassen es gibt, desto größer ist auch die korrespondierende Hilfsstruktur der JVM (vermutlich eine Hashtabelle). Folglich steigt auch die Zeit zum Einlagern und Suchen von *Class Files*. Letzteres ist z.B. bei jeder Erzeugung von Instanzen nötig.

Letztendlich sollte man sich also beim Entwurf auf eine unbedingt benötigte Anzahl von Klassen beschränken sowie auf die Wiederverwendung von Code achten: Häufig lassen sich mehrere Methoden zu einer generischen Methode mit leicht geänderter Signatur zusammenfassen. Bei der Abbildung der SDAI-Schnittstelle haben wir deshalb voneinander abhängige SDAI-Klassen aus dem C++ *Mapping* (z.B. `Repository` und `Repository_contents`) zu einer JavaSDAI-Klasse (`Repository`) zusammengefaßt. Damit reduziert sich die Zahl der Klassen, und es entfallen einige Methoden zur Navigation zwischen Objekten (z.B. die von `Repository` auf `Repository_contents`). Weiterhin werden Aggregate direkt auf Java-*Arrays* abgebildet statt auf eigene Aggregatklassen je SDAI *Entity*.

6.1.1.2 Erzeugung und Freigabe von Instanzen

Neben der Anzahl von Klassen ist auch die Anzahl von Instanzen sowie deren Erzeugung und Freigabe ein entscheidender Faktor für die Leistung zur Laufzeit. Java ist eine interpretierte Sprache und dementsprechend sind eigentlich alle Operationen relativ langsam. Gerade die Erzeugung von Instanzen ist aber extrem teuer. Zunächst einmal muß von der JVM das jeweilige *Class File* gesucht werden. Anschließend ist ein ausreichend großer (und freier) Bereich im Hauptspeicher zu finden und korrekt zu initialisieren (durch Aufruf des Konstruktors). Die dafür benötigte Freispeicherverwaltung scheint in Java aber recht ineffizient gelöst zu sein. Weiterhin kennt Java nur einen Befehl `new` zur Erzeugung von Instanzen, aber keinen `delete`-Operator für deren explizite Freigabe: Das System löscht nicht mehr referenzierte Objekte automatisch über einen sog. *Garbage Collector*. Zum Freigeben von Instanzen muß man also alle Referenzen auf diese löschen und auf den *Garbage Collector* hoffen (dessen Ausführung angestoßen, aber nicht erzwungen werden kann). Dieser Schritt ist natürlich deutlich teurer als der Aufruf einer `delete`-Operation: Hier müssen alle Objekte im *Heap* auf Referenzen überprüft werden, und nicht nur das eigentlich zu löschende! Vielfach kann auch gar nicht garantiert werden, daß alle Referenzen auf ein Objekt gelöscht wurden: Selbst wenn z.B. eine SDAI-Implementierung intern alle Verweise auf ein Objekt löscht, so kann die Applikation immer noch Referenzen darauf haben (oder umgekehrt). Aufgrund der fehlenden Kontrolle über die Freispeicherverwaltung besteht in datenintensiven Umgebungen mit vielen temporären Objekten weiterhin eine erhöhte Gefahr der Fragmentierung (es können im Gegensatz zu C++ keine speziellen Puffer zur Aufnahme von Objekten mit bestimmter Größe definiert werden).

Eine Abbildung der SDAI-Schnittstelle sollte also zusammengehörende Klassen zu einer Klasse (und damit einer Instanz) zusammenfassen und möglichst keine Erzeugung von temporären Objekten erzwingen. Der erste Punkt beschleunigt damit gleichzeitig die im letzten Abschnitt angesprochene Übertragung der *Class Files*.

6.1.1.3 Aufzählungstypen

In Java fehlt das von anderen Programmiersprachen bzw. aus IDL und EXPRESS bekannte Konzept der Aufzählungstypen (den sog. *Enumeration Types*). Diese lassen sich in Java aber relativ einfach durch Klassen mit Konstanten simulieren. Unser Vorschlag für eine Abbildung von EXPRESS *Enumeration Types* auf Java-Klassen ist in Beispiel 6.1 illustriert:

```
TYPE   Geschlecht = (weiblich, männlich, unbekannt);
END_TYPE;


        // in Java:

        public final class CGeschlecht {
            public static final int unset = java.lang.Integer.MIN_VALUE;
            public static final int WEIBLICH = 0;
            public static final int MÄNNLICH = 1;
            public static final int UNBEKANNT = 2;
            public static final int dim = 3;      // Anzahl der Enumeratoren
                                                  // (Dimension)
            public static final String values[] =
            {"WEIBLICH", "MÄNNLICH", "UNBEKANNT"};

            public static String toString (int v) {
                if (v == unset) return "unset";
                return values[v];
            };
            public static int toInt (String v) {
                for (int i=0; i<=dim; i++) {
                    if (values[i].equalsIgnoreCase(v)) return i;
                };
                return unset;
            };
            public static boolean isSet (int v) {
                return ( v>=0 && v<dim );
            };
        };
```

Beispiel 6.1: Abbildung von EXPRESS *Enumeration Types* auf Java-Klassen

Bei der Definition dieser Abbildungsvorschrift haben wir darauf Wert gelegt, daß Werte von Aufzählungstypen zur Laufzeit wie Basistypen repräsentiert werden und keine unnötigen Instanzen zu erzeugen sind. Aus diesem Grund enthalten die Klassen für *Enumeration Types* nur statische Konstanten und Methoden. Es werden niemals Instanzen von ihnen angelegt. Besitzt ein EXPRESS *Entity* ein Attribut vom Typ eines EXPRESS *Enumeration Type* (z.B. `Geschlecht`), so wird dieses in der korrespondierenden Java-Klasse auf ein Attribut vom Typ `int` abgebildet. Die zulässigen Werte für dieses Attribut werden dabei durch die Konstanten in der Java-Klasse des *Enumeration Type* (`CGeschlecht`) beschrieben. Vergleiche und Zuweisungen erfolgen immer auf der Basis von `int`-Werten (siehe Beispiel 6.2).

```
// in EXPRESS:                  // in Java (gekürzt):

ENTITY Person;                  public interface EPerson {
    Name : STRING;                  public void setName(String val);
    Geschl : Geschlecht;            public String getName();
END_ENTITY;                         public void setGeschl(int val);
                                    public int getGeschl();
                                };

                                // Beispiel für Vergleich/Zuweisung in einer Methode:
                                ...
                                EPerson pers1 = ....
                                pers1.setGeschl(CGeschlecht.WEIBLICH);
                                ...
                                int tmp = pers1.getGeschl();
                                if CGeschlecht.isSet(tmp) { ...};
                                ...
```


Beispiel 6.2: EXPRESS *Entities* mit *Enumeration*-Attributen

Unser Ansatz unterscheidet sich damit deutlich vom *Mapping* der CORBA-IDL auf Java [OMG98f]. Zwar bildet die OMG Aufzählungstypen auch auf korrespondierende Java-Klassen ab, von dieser werden aber (im Gegensatz zu unserer Lösung) zur Laufzeit Instanzen erzeugt. Einerseits reduziert dieser Schritt natürlich die zu erwartende Leistung des Systems (siehe Kapitel 6.1.1.2), andererseits ermöglicht er aber eine stärkere Typbindung von Attributen: Die Java-Klasse für einen *Enumeration Type* kann nun direkt als Ergebnis- bzw. Parametertyp von Zugriffsmethoden verwendet werden. Würde man z.B. das `ENTITY Person` aus Beispiel 6.2 als IDL `interface` definieren, so hätte die korrespondierende Java-Zugriffsmethode die Signatur `public Geschlecht getGeschl()` (statt `public int getGeschl()` in JavaSDAI). Wir halten die durch das Erzeugen von Objekten bedingte Leistungseinbuße aber für zu hoch und bevorzugen deshalb unseren o.g. Ansatz mit einer schwächeren Typbindung. Mit den in Beispiel 6.1 illustrierten Hilfsmethoden steht eine ausreichende Unterstützung für eine typbezogene Verarbeitung zur Verfügung.

6.1.1.4 Multiple Vererbung

Im Gegensatz zu vielen Programmiersprachen unterscheidet Java zwischen der Beschreibung von Schnittstellen (Schlüsselwort `interface`) und Klassen (Schlüsselwort `class`). Schnittstellen können dabei nur Konstanten und die Signatur von Methoden (also nur deren *Deklaration*) umfassen. Die *Definition* von Attributen und Methoden (also deren Implementierung) ist hingegen Bestandteil von Klassen.

Auf der Ebene von Schnittstellen wird mehrfache Vererbung unterstützt, für Klassen nur einfache. Mit dieser Maßnahme werden mögliche Konflikte zur Laufzeit vermieden. Wir wollen diesen Aspekt kurz erläutern. Betrachten wir dazu Beispiel 6.3: Es gibt zwei Schnittstellen A und B, die jeweils die Signatur einer Methode doSomething deklarieren. Weiterhin erbt die Schnittstelle AB von den Schnittstellen A und B. Obwohl sie damit im Prinzip zweimal die Signatur von doSomething erbt, so tritt an dieser Stelle kein Konflikt auf. Letztendlich bedeutet es nur, daß eine Implementierung von A, B oder AB (z.B. die Klasse C) *eine* Methode mit entsprechender Signatur implementieren (also definieren) muß. Gleiches gilt wenn es keine Schnittstelle AB gibt und die Klasse C direkt von den Schnittstellen A und B erbt.

```
interface A {                    interface B {
    int doSomething ();              int doSomething ();
};                               };

        interface AB extends A, B {
            // erbt alle Methoden von A und B
        };                                class C implements AB {
                                              int doSomething () {
                                                  // ... mache etwas
                                              };
                                          };
```

Beispiel 6.3: Mehrfache Vererbung bei Schnittstellen (konfliktfrei)

Anders sieht es hingegen aus, wenn man mehrfache Vererbung auf der Ebene von Klassen zulassen würde (siehe Beispiel 6.4). Gehen wir einmal von zwei Klassen A und B aus, die jeweils eine Methode doSomething implementieren (also *definieren*). Erbt nun eine Klasse C von A und B, so erbt sie damit auch beide Implementierungen dieser Methode. Welche von den beiden sollte von einer Instanz der Klasse C aber zur Laufzeit ausgeführt werden? Hier liegt klar ein Konflikt vor. Gleiches gilt für das Attribut description, das ebenfalls von beiden Basisklassen *definiert* wird (es wird also vom jeweiligen Konstruktor Speicherplatz allokiert). Eine Instanz von C könnte nicht entscheiden, auf welches Attribut (also auf welchem korrespondierenden Speicherbereich) ein Zugriff erfolgen soll. Aus diesen Gründen wird mehrfache Vererbung auf der Ebene von Klassen durch Java nicht unterstützt.

Bei einer Abbildung der SDAI-Schnittstelle auf Java müssen wir uns nun entscheiden, wie wir in STEP modellierte Vererbungsbeziehungen in Java nachbilden. EXPRESS unterstützt generell mehrfache Vererbung auf der Ebene von *Entities* (siehe Kapitel 3.1). Will man also alle dort deklarierten Hierarchien in Java erhalten, so bleibt nur die Repräsentation von *Entities* durch Java-Schnittstellen (d.h., die Abbildung von EXPRESS *Entities* auf Java-Schnittstellen wird durch JavaSDAI standardisiert). Dieses Vorgehen hat gleichzeitig den Vorteil, daß Entwickler bei der Auswahl von Technologien und Konzepten nicht unnötig eingeschränkt werden: Jede Schnittstelle (interface) ist standardisiert, deren Implementierung (class) kann aber beliebig aussehen. Auf der anderen Seite gibt es natürlich auch Nachteile: Zunächst einmal gibt es nun zu jedem *Entity*-Typ eine Schnittstelle *und* eine Implementierungsklasse. Für beide erzeugt der Java-*Compiler* jeweils ein *Class File*, das zur Laufzeit geladen werden muß (vgl. Abschnitt 6.1.1.1). Weiterhin unterstützt Java das Konzept der mehrfachen Vererbung eben nur für Schnittstellen – zur Definition der korrespondierenden Klassen steht es nicht zur Verfügung. Hier muß mit der Replikation von Code gearbeitet werden, die im Prinzip zu unnötig großen Klassen und einem höheren Wartungsaufwand führt. Wir schlagen vor, daß Klassen jeweils von der Superklasse mit den meisten Attributen (bzgl. des EXPRESS-Schemas) erben und den Code für Attribute der anderen Superklassen replizieren.

```
class A {                               class B {
    int doSomething () {                    int doSomething () {
        // ... mache etwas                      // ... mache etwas
        // anderes als Klasse B                 // anderes als Klasse A
    };                                      };
    String description;                     String description;
};                                      };

        class C extends A, B {
            // alle Methodenimplementierungen
            // und Attribute geerbt, aber:
            // Konflikt bei "doSomething"
            //       => 2 verschiedene
        Implementierungen!
            // und bei "description"
            //       => Attribut zweimal vorhanden!
        };
```

Beispiel 6.4: Konfliktszenario für den Fall mehrfacher Vererbung bei Klassen

Selbst bei der Verwendung von Schnittstellen für die Modellierung von *Entities* gibt es aber noch Probleme bei der korrekten Abbildung der Semantik von EXPRESS. Dieser Aspekt betrifft die Deklaration von Attributen mit gleichem Namen in verschiedenen Superklassen. In Beispiel 6.5 gibt es zwei *Entities* A und B, die jeweils zwei Attribute mit dem Namen a und b haben. Attribut a ist immer vom gleichen Typ, Attribut b basiert auf unterschiedlichen Typen. Gemäß der Semantik von EXPRESS besitzt das Entity C nun sechs (!) Attribute, auf die zugegriffen werden kann. Die Java-Schnittstelle für C muß also z.B. nach A.a und B.a unterscheiden.

```
ENTITY A                   ENTITY B
    a   :   INTEGER;           a   :   INTEGER;
    b   :   INTEGER;           b   :   REAL;
    e   :   REAL;              f   :   REAL;
END_ENTITY;                END_ENTITY;

        ENTITY C
            SUBTYPE OF (A,B)
        END_ENTITY;
```


Beispiel 6.5: Mehrfache Vererbung in EXPRESS: Attribute mit gleichem Namen

Auf den Sitzungen der ISO gab es in den letzten Jahren nun lebhafte Diskussionen, wie man diesen Fall auf Java abbilden soll. Nachdem sich die Semantik von EXPRESS und Java hier deutlich unterscheidet, ließ sich keine offensichtliche Lösung finden. Bei der Entwicklung neuer Konzepte galt es nun vor allem folgende Anforderungen zu berücksichtigen:

- Erhaltung der Vererbungshierarchie
  Die in EXPRESS deklarierte Vererbungshierarchie ist vollständig auf Java-Schnittstellen zu übertragen. Insbesondere sollte es möglich sein, daß Instanzen eines Sub-*Entity* (z.B. C) in einem Aggregat vom Typ des Super-*Entity* (z.B A oder B) enthalten sind und Applikationen über dieses Aggregat iterieren können. Eine Instanz von C muß dabei das gleiche Verhalten wie eine Instanz von A oder B zeigen.

- Zugriff auf geerbte Attribute mit gleichem Namen
  Eine Instanz des Sub-*Entity* (z.B. C) muß den Fall unterstützen, daß Attribute mit gleichem Namen von mehreren Super-*Entities* geerbt werden (z.B. a und b von A und B). Dies gilt unabhängig davon, ob der Typ der Attribute übereinstimmt oder nicht. Die korrespondierende Java-Schnittstelle für C muß Zugriffsmethoden für jedes einzelne Attribut enthalten (also z.B. auf irgendeine Art nach A.a und B.a unterscheiden).

- Wiederverwendung von existierendem Code
  In der Praxis tritt häufig der Fall auf, daß existierende Klassenbibliotheken als Basis für eigene Klassen bzw. *Entities* benutzt werden. Nehmen wir z.B. an, daß es bereits Implementierungen für A und B gibt und wir C neu definieren. In diesem Fall möchten wir natürlich die Implementierung von A und B unverändert übernehmen und nur die neue Implementierung für C selber entwickeln.

- Namenskonventionen unabhängig von Vererbung
  Der Name von Zugriffsmethoden sollte unabhängig davon sein, ob ein Attribut an ein Sub-*Entity* vererbt oder von einem Super-*Entity* geerbt wird. Dieser Aspekt steht in direktem Zusammenhang mit der Wiederverwendung von Code, da EXPRESS Schemata (z.B. standardisierte *Integrated Resources* – IR, siehe Kapitel 3) vielfach als Basis für komplexere Schemata verwendet werden (z.B. standardisierte *Application Protocols* – AP).

- Harmonisierung mit anderen SDAI-Sprachanbindungen
  Eine Lösung sollte möglichst konform zu anderen SDAI-Sprachanbindungen sein. Ursprünglich wurde vor allem eine Harmonisierung mit ISO 10303-26 angestrebt (der Abbildung der SDAI-Schnittstelle auf die IDL von CORBA), um auch auf dieser Serie basierende CORBA-Implementierungen mit Java-Clients zu unterstützen. Die Anwendung des von der OMG standardisierten IDL-Java-*Mappings* auf Serie 26 müßte dafür das gleiche Resultat wie JavaSDAI erzeugen. Mittlerweile wird dieser Punkt aber vernachlässigt, da sich Serie 26 ohnehin als ineffizient herausgestellt hat (die resultierende Verarbeitung führt zu *Operation Shipping* statt *Data Shipping*, siehe [Sel96] und Kapitel 6.2.4).

```
A.  Fully Qualify Names in the Supertype     B.  Qualify Names in the Supertype
                                                 Only When Clash Occurs
interface A {
    int getA_A();                            interface A {
    void setA_A(int val);                        int getA_A();
    int getA_B();                                void setA_A(int val);
    void setA_B(int val);                        int getA_B();
    double getA_E();                             void setA_B(int val);
    void setA_E(double val);                     double getE();
};                                               void setE(double val);
                                             };
interface B {
    int getB_A();                            interface B {
    void setB_A(int val);                        int getB_A();
    double getB_B();                             void setB_A(int val);
    void setB_B(double val);                     double getB_B();
    double getB_F();                             void setB_B(double val);
    void setB_F(double val);                     double getF();
};                                               void setF(double val);
                                             };
interface C extends A, B {};
                                             interface C extends A, B {};


C.  Qualify Name in the Subtype              D.  Qualify Name in the Subtype
    (With Dummy Argument)                        (Without Dummy Argument)

interface A {                                interface A {
    int getA(int dummy);                         int getA();
    void setA(int val);                          void setA(int val);
    int getB(int dummy);                         int getB();
    void setB(int val);                          void setB(int val);
    double getE(double dummy);                   double getE();
    void setE(double val);                       void setE(double val);
};                                           };

interface B {                                interface B {
    int getA(int dummy);                         int getA();
    void setA(int val);                          void setA(int val);
    double getB(double dummy);                   int getB();
    void setB(double val);                       void setB(int val);
    double getF(double dummy);                   // attribute b of same name, but
    void setF(double val);                       // different type not supported;
};                                               // retyping necessary!
                                                 double getF();
interface C extends A, B {                       void setF(double val);
    int getA_A(int dummy);                   };
    void setA_A(int val);
    int getA_B(int dummy);                   interface C extends A, B {
    void setA_B(int val);                        int getA_A();
    int getB_A(int dummy);                       void setA_A(int val);
    void setB_A(int val);                        int getA_B();
    double getB_B(double dummy);                 void setA_B(int val);
    void setB_B(double val);                     int getB_A();
    // the implementation class shall          void setB_A(int val);
    // throw an exception on a call to           double getB_B();
    // getA, setA, getB and setB                 void setB_B(double val);
};                                               // the implementation class shall
                                                 // throw an exception on a call to
                                                 // getA, setA, getB and setB
                                             };
```

Beispiel 6.6: Auflösung von Konflikten bei multipler Vererbung

```
E.  Fully Qualify Names by Type        F.  Combine Approach B and D

interface A {                          interface A {
    int getIntA(Class cl);                 int getA();
    void setIntA(int val, Class cl);       void setA(int val);
    int getIntB(Class cl);                 // no change for attribute with same
    void setIntB(int val, Class cl);       // name and type
    double getRealE(Class cl);             int getA_B();
    void setRealE(double val, Class cl);   void setA_B(int val);
};                                         // qualification in case of attribute
                                           // with same name, but different type
interface B {                              double getE();
    int getIntA(Class cl);                 void setE(double val);
    void setIntA(int val, Class cl);   };
    double getRealB(Class cl);
    void setRealB(double val, Class cl);
    double getRealF(Class cl);         interface B {
    void setRealF(double val, Class cl);   int getA();
};                                         void setA(int val);
                                           double getB_B();
interface C extends A, B {                 void setB_B(double val);
    // use class file for interface A      double getF();
    // as a parameter to getIntA           void setF(double val);
    // to access attribute a of        };
    // Entity A; cl might be null
    // if no clash occurs, e.g.
    // call "getRealE(null)"            interface C extends A, B {
};                                         int getA_A();
                                           void setA_A(int val);
                                           int getB_A();
                                           void setB_A(int val);
                                           // the implementation class shall
                                           // throw an exception on a call to
                                           // getA and setA
                                       };


G.  Cut Inheritance Hierarchy in Case of  H.  Qualification by Dummy Parameter
    Attr. With Same Name / Different Type
    (Otherwise use D)                  interface A {
                                           int getA(A dummy);
interface A {                              void setA(int val, A dummy);
    ...                                    int getB(A dummy);
    // no qualification, see approach D    void setB(int val, A dummy);
};                                         double getE(A dummy);
                                           void setE(double val, A dummy);
interface B {                          };
    ...
    // no qualification, see approach D,
    // but no retyping for attribute b:  interface B {
    double getB();                         int getA(B dummy);
    void setB(double val);                 void setA(int val, B dummy);
};                                         double getB(B dummy);
                                           void setB(double val, B dummy);
interface C { // no inheritance            double getF(B dummy);
    // qualification if clash occurs,      void setF(double val, B dummy);
    // see Approach D                  };
};
                                       interface C extends A, B {
                                           // use a casted null for qualif.:
                                           // e.g. "setA(4, (A) null)"
                                           // use null if no clash occurs:
                                           // e.g. "setE(47.11, null)"
                                       };
```

Beispiel 6.6: Auflösung von Konflikten bei multipler Vererbung (Fortsetzung)

- **Keine verwirrenden Parameter**
  Zugriffsmethoden für Attribute sollten keine Parameter besitzen, deren Bedeutung nicht offensichtlich ist oder bei denen der zu übergebende Wert von der aktuellen Vererbungshierarchie abhängt. Dieses Verfahren wird in Ansatz C und H (siehe Beispiel 6.6) zur Auflösung von Konflikten bei geerbten Attributen mit gleichem Namen benutzt.

- **Möglichst kurze Namen für Zugriffsmethoden**
  Der Name von Zugriffsmethoden für Attribute sollte möglichst kurz sein. Alle Namen von Methoden sind im Klartext in den vom Java-Compiler erzeugten *Class Files* enthalten und haben damit direkten Einfluß auf die Größe des Codes. Dies betrifft sowohl die Definition der Methode als auch jeden Aufruf. Beeinflußt wird sowohl die Zeit zum Laden von Applets als auch der zur Laufzeit benötigte Platz im Hauptspeicher.

Entsprechend der Gewichtung dieser Anforderungen durch die Delegierten wurden auf den ISO-Sitzungen nun insgesamt acht Ansätze A bis H vorgestellt. Sie sind in Beispiel 6.6 unter Verwendung des EXPRESS-Schemas aus Beispiel 6.5 illustriert.

Anhand von Tabelle 6.1 kann man schließlich ablesen, inwieweit einzelne Lösungen die genannten Anforderungen erfüllen.[1] Dabei ist klar zu erkennen, daß in keinem Fall alle Aspekte abgedeckt werden. Der mächtigste Vorschlag im Sinne der unterstützten Funktionalität ist sicherlich Ansatz A. Innerhalb der ISO-Arbeitsgruppe hat man sich allerdings auf Ansatz D geeinigt. Wir wollen die Gründe für diese Entscheidung kurz erläutern: Zunächst einmal standen bei der Abbildung auf Java Leistungsaspekte im Vordergrund. Die Sprache wird ohnehin von vielen als zu langsam bezeichnet, und man wollte die Ausführung von Programmen sowie das Laden von *Applets* nicht unnötig verzögern. Dementsprechend waren möglichst kurze Signaturen bzw. Namen für Methoden erforderlich. Ihre Länge beeinflußt sowohl die Übertragungszeit als auch den belegten Platz im Hauptspeicher. Ergänzend galt es, die Deklaration neuer Parameter zu vermeiden. Diese würden einerseits die Signatur von Methoden verlängern und andererseits beim Aufruf auch Platz auf dem *Stack* belegen. Außerdem sollte existierender Code für Supertypen übernommen werden können, um die Entwicklungskosten für Software nicht unnötig zu erhöhen. Somit blieben nur die Ansätze D, F und G übrig. Bei diesen fällt aber auf, daß geerbte Attribute mit gleichem Namen und unterschiedlichen Typen nur unzureichend unterstützt werden: Ansatz D und F erzwingen in diesem Fall Änderungen in den Supertypen (verhindern also die Wiederverwendung von Code), Ansatz G zerstört die Vererbungshierarchie. Folglich einigte man sich, daß JavaSDAI bei mehrfacher Vererbung keine Attribute mit gleichem Namen aber unterschiedlichen Typen unterstützt. Unter Berücksichtigung dieser Entscheidung sind die drei Ansätze D, F und G aber äquivalent, so daß Ansatz D gewählt wurde.

---

1. Bei den Ansätzen E und H kann zwar während der Iteration über ein Aggregat des Supertyps mit dessen Methoden auf die Instanzen des Subtyps zugegriffen werden, es muß aber in diesem Fall ein Wert bzw. Typ für den *dummy*-Parameter übergeben werden (bei Instanzen des Supertyps ist dies nicht erforderlich). Deshalb verwenden wir hier die Notation "(✓)".

Anforderung	Ansatz							
	A	B	C	D	E	F	G	H
Unterstützung für Attribute mit gleichem Namen								
... und gleichem Typ	✓	✓	✓	✓	✓	✓	✓	✓
... und unterschiedlichen Typen	✓	✓	✓	-	✓	✓	✓	✓
Vererbungshierarchie bleibt bestehen								
... wenn keine Attribute mit gleichem Namen, aber unterschiedlichen Typen auftreten	✓	✓	✓	✓	✓	✓	✓	✓
... in allen Fällen	✓	✓	✓	-	✓	✓	-	✓
Iteration über Aggregat eines Supertyps mit Instanzen des Subtyps unter Verwendung der Zugriffsmethoden des Supertyps möglich								
... für Attribute mit eindeutigen Namen	✓	✓	✓	✓	✓	✓	✓	✓
... für Attribute mit gleichem Namen und Typ	✓	✓	-	-	(✓)	-	-	(✓)
... für Attribute mit gleichem Namen, aber unterschiedlichen Typen	✓	✓	-	-	(✓)	-	-	(✓)
Schnittstelle und Implementierung der Supertypen können übernommen werden (keine Änderungen existierenden Codes nötig)								
... wenn keine Attribute mit gleichem Namen, aber unterschiedlichen Typen auftreten	✓	-	✓	✓	✓	✓	✓	✓
... in allen Fällen	✓	-	✓	-	✓	-	✓	✓
Gleiche Namenskonvention für alle *Entities* (unabhängig von der Vererbungshierarchie)	✓	-	-	-	✓	-	-	✓
Keine neuen Parameter nötig	✓	✓	-	✓	-	✓	✓	-
Möglichst kurze Signaturen für Zugriffsmethoden	-	✓	✓	✓	-	✓	✓	-
Ansatz bereits verwendet in Serie	26	-	-	-	-	-	-	-

Tabelle 6.1: Bewertung von Ansätzen zur multiplen Vererbung in JavaSDAI

6.1.1.5 Verteilung und Transaktionen

Die in den letzten Abschnitten betrachteten Probleme bei der Abbildung der SDAI-Schnittstelle betrafen Leistungsaspekte oder Einschränkungen aufgrund der Verwendung von Java. In bezug auf Transaktionen, Mehrbenutzerbetrieb und Verteilung ist es genau anders herum. Java bietet einige Konzepte, die SDAI-Schnittstelle ist gemäß [ISO98a] aber nur für den lokalen Zugriff eines Benutzers definiert. Zwar kann man gleichzeitig auf mehrere SDAI *Repositories* zugreifen, diese wirken aber eher wie lokale Datenbanken und ihre Existenz sowie das zugrundeliegende EXPRESS-Schema müssen auch fest in eine SDAI-Implementierung einkodiert sein (diese Informationen lassen sich nicht zur Laufzeit konfigurieren). Weiterhin stehen selbst in Transaktionsebene 3 keine vollständigen ACID-Transaktionen nach [HR83] zur Verfügung (siehe Kapitel 3.2.3).

Bei der Entwicklung von JavaSDAI wollten wir die Vorteile von Java nutzen und einen Einsatz im Intra- und Internet ermöglichen. Dieser sollte den Zugriff auf physisch verteilte Datenquellen einschließen. Wir fassen JavaSDAI daher als eine Komponente im Client auf, welche einen homogenen Zugriff auf heterogene Datenquellen zuläßt. Aus Sicht der Applikation sollte die Verarbeitung über JavaSDAI wie ein lokaler Zugriff im isolierten Einbenutzerbetrieb wirken. Innerhalb der JavaSDAI-Schicht lassen sich dann unterschiedlichste Protokolle für eine transaktionsbasierte Interaktion mit heterogenen, verteilten Datenquellen realisieren. Dafür ist intern die Verwendung von ACID-Transaktionen und einem zweiphasigen Commit-Protokoll erforderlich. Für die JavaSDAI-Schnittstelle selbst benutzen wir dann SDAI-Transaktionsebene 3. Sie ist in diesem Fall ausreichend, da wir uns für eine schlanke SDAI-Abbildung ohne Unterstützung für Regeln entschieden haben (die sowieso keine Konsistenz der Daten garantieren, siehe Kapitel 3.2.4 und 6.1.2).

6.1.2 Die resultierende Gesamtarchitektur

Bei der Abbildung der SDAI-Schnittstelle auf Java haben wir uns (unter Berücksichtigung der im letzten Kapitel diskutierten Aspekte) für eine schlanke, aber sehr flexible Architektur mit möglichst wenig Klassen bzw. Schnittstellen entschieden. Sie soll dabei nur den Teil der SDAI-Funktionalität umfassen, der auch bei einer verteilten Verarbeitung über das Intra- bzw. Internet benötigt wird. Dementsprechend unterstützt JavaSDAI keine in EXPRESS deklarierten Regeln[2] oder *Scopes* und basiert damit auf SDAI-Implementierungsklasse 1 (siehe auch Kapitel 3.2.7). Es gibt allerdings folgende Ausnahmen:

- JavaSDAI erfordert Transaktionsebene 3,

- JavaSDAI ermöglicht Ausnahmebehandlungen über Java-*Exceptions*, aber kein *Event Recording*, und die

- Unterstützung für abgeleitete (*derived*) und inverse Attribute ist optional.

---

2. Den definierten Mechanismus zur Auswertung von Regeln halten wir generell für unbrauchbar, da er keine automatische Kontrolle für die Konsistenz der Daten bietet.

Weiterhin enthält unsere Spezifikation nur eine typisierte Schnittstelle für EXPRESS *Entities*: Jede *Entity*-Definition wird auf eine Java-Schnittstelle abgebildet (*Early Binding*). Generische Zugriffe und das zugehörige SDAI *Data Dictionary* (*Late Binding*) stehen nicht zur Verfügung. Sie würden die Menge der erforderlichen Klassen und Schnittstellen unnötig vergrößern.

Neben der Abbildung der SDAI-Funktionalität waren für JavaSDAI nun noch Erweiterungen nötig, um auch den simultanen Zugriff auf unterschiedliche Datenquellen sowie deren Anbindung und Konfiguration zur Laufzeit zu ermöglichen. Wir haben deshalb eine modulare und erweiterbare Architektur definiert (siehe Abbildung 6.2). Sie besteht aus einer Steckleiste (der *Socket Bar*), in die verschiedene Bausteine (sog. *Session* oder *Data Modules*) bei Bedarf eingesteckt werden.

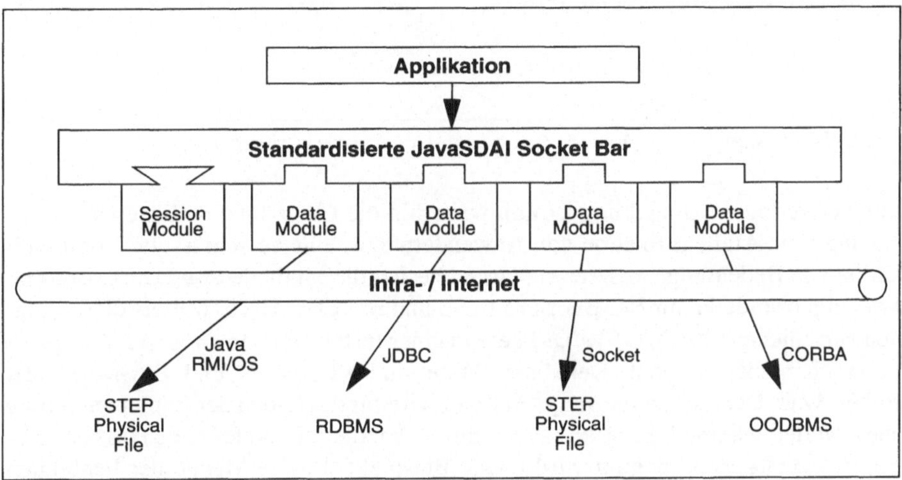

Abb. 6.2: Die Architektur der *JavaSDAI Socket Bar*

Ein *Session Module* verwaltet den lokalen Verarbeitungskontext einer SDAI-Implementierung. Zur Laufzeit muß genau ein solches Modul benutzt werden. Jedes *Data Module* kapselt hingegen eine Datenquelle, die als ein SDAI *Repository* in den aktuellen Verarbeitungskontext integriert wird. Zur Laufzeit kann dann auf beliebig viele *Data Modules* zugegriffen werden. Jedes Modul kann auf unterschiedlichen Technologien zur Datenversorgung beruhen – wie etwa Java RMI/OS, JDBC, rudimentären *Socket*-Verbindungen oder CORBA-basierten Verfahren. Über das gewählte Protokoll lassen sich dann beliebige Datenquellen ansprechen. Neben DBVS sind hier insbesondere ASCII-basierte *STEP Physical Files* zu nennen (siehe Kapitel 3). Um diese Flexibilität zu erreichen, müssen die Schnittstellen einzelner Module sowie deren Interaktion klar geregelt sein. Weiterhin darf man nicht die Java-Klassen standardisieren, sondern nur die korrespondierenden Java-Schnittstellen. Andernfalls würde die Menge der uns zur Verfügung stehenden Technologien unnötig eingeschränkt. So erfordern manche Ansätze z.B. spezielle Vererbungshierarchien auf der Ebene von Klassen.

Bei der Definition der Schnittstellen konnten wir bereits einen großen Teil durch existierende SDAI-Funktionalität abdecken. Nur wenige Erweiterungen waren nötig. Für die Schnittstelle des *Session Module* haben wir die existierenden Deklarationen für `Session` und `Transaction` verwendet. Lediglich `Session` mußte um eine Methode `OpenInterOpRepo` ergänzt werden, um weitere *Data Modules* bzw. *Repositories* zur Laufzeit hinzubinden zu können (siehe Beispiel 6.7). Dabei wird die URL und der Name der *Repository*-Klasse als Parameter übergeben (`urlStr` und `className`). Die Implementierung des gesamten *Data Module* wird dann wie ein Applet geladen und zur laufenden Umgebung hinzugebunden.

```
public interface Session extends Session_instance {
    ... // andere SDAI-Methoden
    public Repository OpenInterOpRepo(    String urlStr, String className,
                                          Properties propForLoad,
                                          Properties propForInit)
    throws SdaiException, InvalidPropertyException;
};
```

Beispiel 6.7: Signatur der Methode `Session.OpenInterOpRepo`

In einer verteilten Umgebung ist nun weiterhin die Unterstützung für eine Autorisierung bzw. Authentifikation von Anwendern bzw. eine verschlüsselte Kommunikation von Bedeutung. Aus diesem Grund besitzt die Methode `OpenInterOpRepo` zwei ergänzende Parameter `propForLoad` und `propForInit`. Mittels dieser können verschiedene *Keyword*/*Value*-Paare in einer Instanz von `java.util.Properties` übergeben werden. Denkbare Werte sind z.B. *Login* und *Password* oder *Public Keys*. Der Parameter `propForLoad` wird für das Laden der Implementierung ausgewertet während `propForInit` direkt an die Methode `InterOpRepository.InitRepo` propagiert wird (siehe Beispiel 6.8). Die Menge der benötigten *Properties* ist implementierungsabhängig und dementsprechend nicht standardisiert. Sollte ein Wert fehlen oder ungültig sein, so wird die ebenfalls neu eingeführte `InvalidPropertyException` ausgelöst.

In bezug auf *Data Modules* haben wir die Schnittstellen für `Repository`, `Model`, `Model_contents`, `Session_instance` und `App_inst` übernommen sowie Regeln für die Abbildung benutzerdefinierter EXPRESS-*Entities* und anderer Datentypen erstellt (siehe auch Kapitel 6.1.1.4). Ergänzend dazu mußten wir eine neue Java-Schnittstelle `InterOpRepository` einführen, die von `Repository` erbt und die Interaktion mit dem *Session Module* ermöglicht (siehe Beispiel 6.8). Sie wird nur intern von `Session` und `Transaction` benutzt und ist für die Applikation nicht sichtbar. Neben diesen Java-Schnittstellen gibt es noch wenige Java-Klassen und *Exceptions*, die sowohl vom *Session* als auch von den *Data Modules* benutzt werden. Sie repräsentieren u.a. Konstanten sowie standardisierte Aufzählungstypen entsprechend unserem Ansatz aus Kapitel 6.1.1.3. Wir wollen sie an dieser Stelle aber nicht weiter betrachten. Die resultierende Hierarchie aller durch JavaSDAI spezifizierter Schnittstellen, Klassen und *Exceptions* ist in Abbildung 6.3 dargestellt. Alle Deklarationen bzw. Definitionen sind im `package SDAI.lang` enthalten.

```java
public interface InterOpRepository extends Repository {
    public CImplementation   getImplementation();
                             // returns description of implementation;
                             // SDAI method defined on Session, but also used here
    public String[]   getNeededProperties();
                             // returns list of properties needed for InitRepo
    public void    InitRepo(Session session, Properties propForInit)
                throws SdaiException, InvalidPropertyException;
                // Initializes Repository and data shipping protocols; will be
                // called by Session.OpenInterOpRepo before calling
                // this.OpenRepo

    public void OpenRepo() throws SdaiException;        // open repository
    public void CloseRepo() throws SdaiException;       // close repository
    public Model[]    getActive_models() throws SdaiException;
                        // needed by Session.getActive_models to obtain open models

    public void            StartTransaction(int mode) throws SdaiException;
    public boolean         PrepareCommit() throws SdaiException;
                           //phase 1 of 2PC; returns true to vote commit, false otherwise
    public void            Abort(boolean endXaction) throws SdaiException;
                           // phase 2 of 2PC in case of abort
    public void            Commit(boolean endXaction) throws SdaiException;
                           // phase 2 of 2PC in case of commit
};
```

Beispiel 6.8: Deklaration der internen Java-Schnittstelle `InterOpRepository`

Neben den von jedem Schema unabhängigen Spezifikationen im `package` `SDAI.lang` sind nun noch Schnittstellen und Klassen für das jeweilige EXPRESS-Schema nötig. Diese werden anhand der bereits oben genannten Regeln erzeugt: *Entities* und *Select*-Typen werden auf Java-Schnittstellen abgebildet, Aggregate entsprechen Java-*Arrays* und Aufzählungstypen führen zur Definition korrespondierender Java-Klassen (siehe auch Kapitel 6.1.1). Die so erzeugten Schnittstellen und Klassen sind dann im `package` `SDAI.S<schemaName>` enthalten.

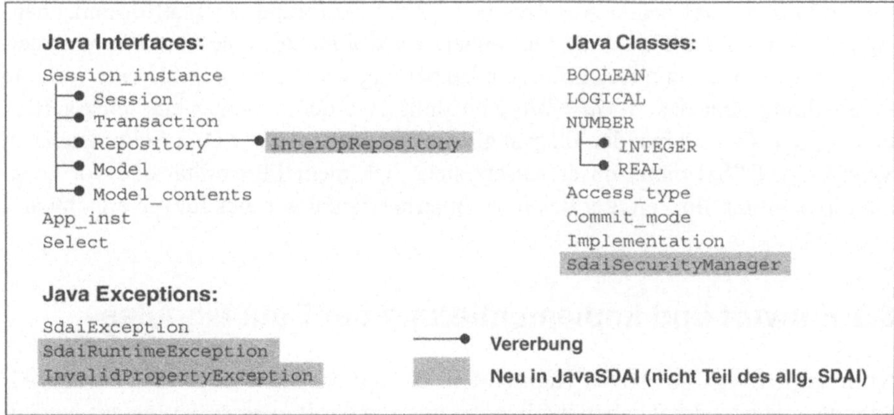

Abb. 6.3: Hierarchie der JavaSDAI-Schnittstellen, Klassen und *Exceptions*

Die Menge aller Java *Packages* für EXPRESS-Schemata sowie das `package` `SDAI.lang` bilden schließlich die eigentliche *JavaSDAI Socket Bar*. Das *Session Module* sowie die einzelnen *Data Modules* enthalten lediglich die Implementierung für die standardisierten Schnittstellen. Das Design und die Konzepte ausgewählter Implementierungen von *Data Modules* stellen wir in Kapitel 6.2 vor. Dabei behandeln wir auch die Frage, wie sich Referenzen zwischen *Entities* realisieren lassen, die in unterschiedlichen *Data Modules* bzw. *Repositories* gespeichert sind.

Abschließend wollen wir uns aber noch der Frage widmen, was eigentlich neu an unserem Ansatz ist bzw. was erst durch die Verfügbarkeit von Java möglich wurde. Ein zentraler Aspekt unserer Architektur ist sicherlich die Tatsache, daß *Data Modules* dynamisch (also zur Laufzeit) hinzugebunden werden können. Ihre Existenz muß dabei in keinem anderen Code-Fragment berücksichtigt werden (auch nicht in der Applikation). Es reicht völlig, wenn der Benutzer zur Laufzeit die URL der *Repository*-Klasse eingibt. Voraussetzung ist natürlich, daß Applikation und *Data Module* auf denselben EXPRESS-Schemata basieren und dementsprechend auch dieselben Schnittstellen benutzen. Ermöglicht wird dieses Vorgehen dadurch, daß Java zwischen Schnittstelle (`interface`) und Implementierung (`class`) unterscheidet und auch *Class Files* dynamisch nachladen kann.

Der erste Punkt ist sicherlich nicht neu: So ermöglicht z.B. C bzw. C++ die Deklaration von Datenstrukturen und Klassen in sog. *Header Files*. Mit ihnen lassen sich ebenfalls Anwendungen von Klassen schreiben, deren Implementierung zur Entwicklungszeit nicht vorliegt.

Auch das Nachladen von Klassenbibliotheken wurde nicht erst von Java eingeführt: Microsoft verwendet unter Windows bereits seit Jahren sog. DLLs (*Dynamic Link Libraries*), die sich zur Laufzeit installieren und konfigurieren lassen (allerdings nur lokal und nicht über das WWW).

Letztendlich gibt es eigentlich kaum einen wirklich neuen Aspekt in Java. Es ist vielmehr die Kombination aller Punkte, die den Reiz der Sprache ausmacht und uns zur Definition eines neuen Ansatzes bewegt hat. Aufgrund der Plattformunabhängigkeit ergibt sich alleine eine viel höhere Flexibilität für eine verteilte Verarbeitung. In Kombination mit der direkten Einbettung von Konzepten für eine verteilte Verarbeitung über das *World Wide Web* stellt Java derzeit sogar eine einzigartige Lösung dar. Gegenüber der ursprünglichen Definition der SDAI-Schnittstelle in Serie 22 [ISO98a] bietet unser Ansatz sicherlich mehr Flexibilität und vor allem Interoperabilität. Im Zeitalter des Intra-/Internet halten wir dies für unverzichtbar.

6.2 Entwurf und Implementierung der Data Modules

Nachdem wir uns im letzten Kapitel dem Design der standardisierten JavaSDAI-Schnittstelle gewidmet haben, wollen wir uns nun der Implementierung ausgewählter *Data Modules* zuwenden. Diese werden in Kapitel 6.4 zur Bewertung unterschiedlicher Datenversorgungsstrategien dienen. In Kapitel 6.2.1 beginnen wir mit der Präsentation eines Moduls zum proprietären *Data Shipping* über CORBA. Der Server speichert dabei alle Daten über den *Gnu Database Manager* (GDBM). Mehr oder weniger der gleiche Server wird auch für das in Kapitel 6.2.2 vorgestellte *Data Module* verwendet. Es basiert allerdings auf einer standardisierten Kommunikation über die Schnittstellen des CORBA *Query Service*. Neben diesen beiden auf CORBA basierenden Ansätzen betrachten wir in Kapitel 6.2.3 eine dritte Lösung zum *Data Shipping*, die aber auf JDBC und einer persistenten Speicherung in RDBVS beruht. In Kapitel 6.2.4 stellen wir dann ein Modul zum *Operation Shipping vor*, das seine Daten in einem OODBVS ablegt. Eine Gegenüberstellung und Zusammenfassung der Eigenschaften aller vier Module ist abschließend das Thema von Kapitel 6.2.5.

6.2.1 Proprietäres Data Shipping über CORBA

Unser erstes *Data Module* basiert auf proprietärem *Data Shipping* über die IDL `struct`-Klausel (siehe Kapitel 5.4.6). Es wurde ursprünglich als eigenständiger SDAI-Prototyp entworfen [SM98], dessen Ergebnisse erst zur Definition der *JavaSDAI Socket Bar* führten [SM99b]. Wir werden deshalb mit einer Vorstellung der Konzepte des eigenständigen Prototypen beginnen und dann abschließend kurz auf dessen Konvertierung in ein *Data Module* eingehen. Dabei kann man gut erkennen, wie leicht sich eine monolithische Implementierung unter Verwendung der von uns vorgestellten JavaSDAI-Schnittstellen strukturieren läßt.

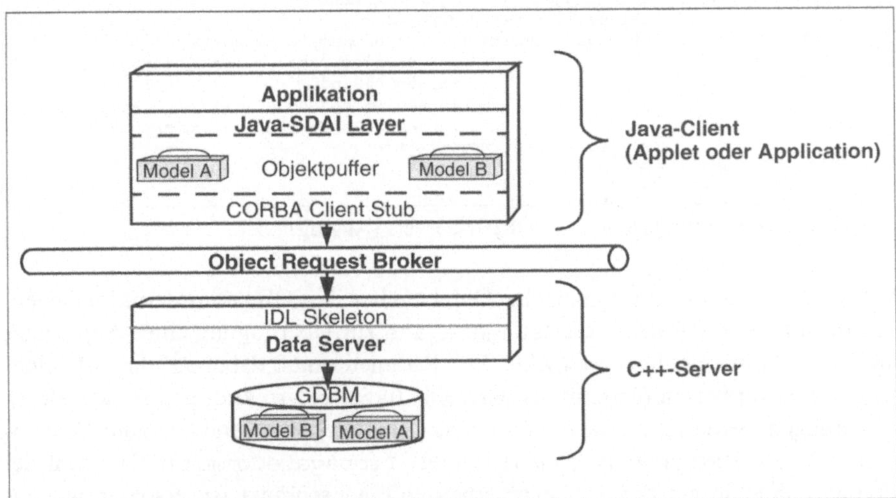

Abb. 6.4: Architektur des ersten JavaSDAI-Prototypen

Die Architektur unserer ursprünglichen Prototypen ist in Abbildung 6.4 illustriert. Sie basiert auf einem Java-Client und einem in C++ geschriebenem Server. Der Client umfaßt dabei die IDL *Stubs*, einen darüberliegenden Objektpuffer mit SDAI-

Schnittstelle sowie die Applikation. Der Server besteht aus den IDL *Skeletons* und einer Schicht zur Speicherung von Objekten über den *Gnu Database Manager* (GDBM, siehe [GN94]).

Die Kommunikation zwischen Client und Server basiert auf den IDL-Datenstrukturen aus Beispiel 5.1 auf Seite 132. Sie führen zur Übertragung serialisierter Objekte. Ein Objekt kann entweder ein EXPRESS *Entity* oder ein Aggregat sein. Wir fassen Aggregate bewußt nicht als einen Teil von *Entities* auf (was sie gemäß den EXPRESS-Definitionen eigentlich wären), um sie (erst bei Bedarf) getrennt von den Daten des *Entity* übertragen zu können. Jedes Objekt (vom Typ `objectData`) besteht dabei aus einer OID (`objectHandle`) sowie einer Liste von Attributen (`seqAttrUnion`). Eine OID setzt sich zusammen aus den IDs für das *Repository*, das *Model* und den EXPRESS-Typ sowie einer laufenden Nummer relativ zu diesen Werten. Ein Attribut wird durch die IDL `union` `attrUnion` repräsentiert, die eine variante Struktur zur Aufnahme von Basistypen oder OIDs darstellt. Die eigentliche Schnittstelle des CORBA-Servers ist schließlich in Beispiel 6.9 dargestellt. Sie enthält im wesentlichen zwei Methoden zur Anforderung von Objekten (`GetObject` und `GetAggregate`) sowie eine Methode zur kompakten Propagierung von Änderungen im Rahmen der *Commit*-Behandlung (`PropagateCommit`).

```
interface dataServer {
    ... // some methods to obtain metadata
    objectData          GetObject (in objHandle handle)
                        raises (DataServerException);
    seqObjectData       GetAggregate (in objHandle handle)
                        raises (DataServerException);
    void                PropagateCommit( ... // propagate metadata
                                    in seqObjectData       newObjectData,
                                    in seqObjHandle        objectsToDelete,
                                    in seqSeqObjHandle     insertInAggr,
                                    in seqSeqObjHandle     removeFromAggr)
                        raises (DataServerException);
};
```

Beispiel 6.9: IDL-Schnittstelle des CORBA-Servers (Auszug)

Mit `GetObject` lassen sich einzelne Objekte über ihre OID anfordern. Im Gegensatz dazu führt ein Aufruf von `GetAggregate` zur Übertragung eines Aggregates inkl. aller darin enthaltenen Objekte. Der Parameter muß dabei auf die OID eines Aggregates verweisen (andernfalls wird eine `DataServerException` ausgelöst). Änderungen werden grundsätzlich lokal im Client gepuffert und erst zum *Commit*-Zeitpunkt an den Server propagiert (mittels `PropagateCommit`). Nachdem der Prototyp ohnehin auf den Einbenutzerbetrieb eingeschränkt ist, ersparen wir uns damit die Implementierung einer weitergehenden Transaktions- und Sperrverwaltung im Server (GDBM bietet leider keine Transaktionen). Neben zwei Listen mit geänderten Objekten und den OIDs von gelöschten Objekten gibt es zwei weitere Listen von Listen zur Optimierung der Kommunikation bei Aggregaten von *Entities* (diese bestehen genau genommen aus einem Aggregat von OIDs). Häufig gibt es sehr große Aggregate, in die jeweils nur wenige *Entities* eingefügt oder aus denen nur einzelne *Entities* gelöscht werden. In diesem Fall muß nun nicht das gesamte Aggregat zum Server zurück übertragen werden, sondern nur eine Liste mit einzufügenden (`insertInAggr`) bzw. zu löschenden OIDs (`removeFromAggr`). Die erste OID in einer Liste referenziert dabei das Aggregat selbst. Insgesamt ergibt sich in beiden Fällen jeweils eine Liste von Listen von OIDs (`seqSeqObjHandle`), da natürlich mehrere Aggregate geändert worden sein können.

Vor einer genaueren Betrachtung des eigentlichen Laufzeitverhaltens wollen wir nun aber zunächst einen Blick auf den Start und die Initialisierung des gesamten Prototypen werfen. Diese Phase ist in Abbildung 6.5 in bezug auf eine *Applet*-basierte Verwendung des ursprünglichen Prototypen veranschaulicht. Alles beginnt damit, daß der Anwender die HTML-Seite mit dem eingebetteten Java-*Applet* vom WWW-Server anfordert (1). Der WWW-Server lokalisiert nun die gewünschte Seite in seinem Dateisystem (2) und schickt sie als Antwort an den *Browser* des Clients (3). Der *Browser* stellt die Seite dar, erkennt den Verweis auf das enthaltene *Applet* und fordert dessen Code vom WWW-Server an (4). Dieser sucht erneut in seinem Dateisystem (5) und schickt den Code als Antwort zurück (6). Anschließend wird das *Applet* von der *Java Virtual Machine* (JVM) im *Browser* gestartet. Das Applet kontaktiert nun initial den *Orbix Daemon*, um eine Verbindung zum *Data Server* aufzubauen (7). Der *Orbix Daemon* bedient sich dafür der im *Implementation Repository* (IR) gespeicherten Informationen (8). Gibt es noch keine laufende Implementierung des gewünschten Servers, so startet der *Daemon* eine neue (9). Anschließend gibt er eine Objektreferenz auf den Server an das Applet zurück (10). Das Applet benutzt diese Referenz im folgenden für jede weitere Kommunikation mit dem *Data Server* (11). Bei einer Verwendung als Java-Applikation entfallen die Schritte 1 bis 6, da der Code bereits lokal installiert ist.

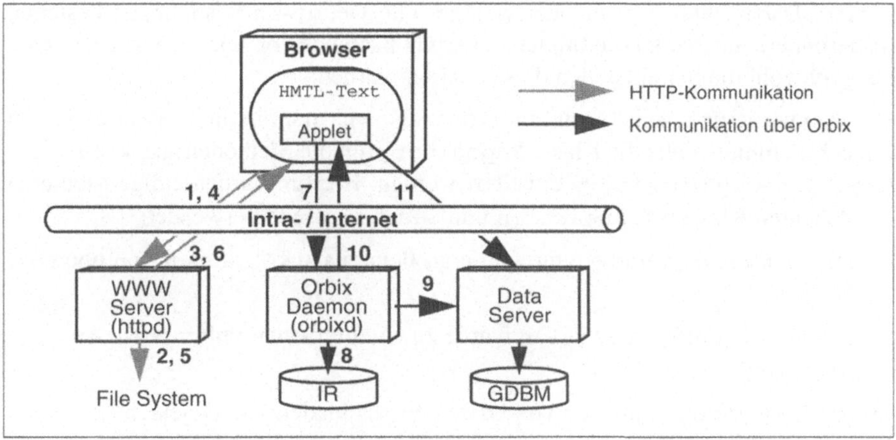

Abb. 6.5: Initialisierungsphase des ersten Prototypen

Nach dieser Initialisierung startet die eigentliche Verarbeitung über die SDAI-Schnittstelle. Diese beginnt typischerweise mit dem Öffnen von *Session, Transaction, Repository* und *Model* sowie dem Laden eines *Model Contents* oder *Entity Extents*. Hierfür muß natürlich der Name von *Repository* und *Model* bekannt sein (bei *Entity Extents* zusätzlich der Name des *Entity*-Typs). Sowohl *Model Contents* als auch *Entity Extents* sind intern als Aggregate mit eigener OID modelliert. Anhand der Metadaten kann die SDAI-Implementierung aus den Namen von *Repository, Model* (und Typ) die OID des jeweiligen Aggregates bestimmen und dessen Inhalt mittels `GetAggregate` vom *Data Server* anfordern. Der Server schickt die Ergebnismenge im Rahmen der Antwort (also in einem einzigen Kommunikationsschritt) an den Client. Dort wird jedes einzelne Objekt deserialisiert und in den Objektpuffer eingelagert. Attribute vom Typ eines Aggregates oder solche zur Darstellung von Referenzen zwischen *Entities* bleiben vorerst in der serialisierten Form, d.h., sie sind weiterhin durch die OID des referenzierten Objektes repräsentiert. Erst bei einem Zugriff auf das Attribut wird überprüft, ob das referenzierte Objekt bereits im Puffer liegt. Ist dies der Fall, so wird die OID direkt durch eine Hauptspeicherreferenz auf das gepufferte Objekt ersetzt. Andernfalls wird vorher das Objekt vom Server angefordert und in den Puffer eingelagert. Gemäß [KK93] läßt sich diese Strategie als *lazy, direct* und *in-place Pointer Swizzling* bezeichnen.

Aufgrund der Diskussion in Kapitel 6.1.1.1 basiert der erste Prototyp auf Konzepten ohne Unterstützung für mehrfache Vererbung. Diese Entscheidung vereinfacht auch die Serialisierung von *Entities* deutlich: Es gibt nur maximal einen Supertyp. Dementsprechend bietet es sich an, bei der Serialisierung mit den Attributen des Supertyps zu beginnen. Die Attribute eines Typs in der Vererbungshierarchie stehen dann immer an der gleichen, fest definierten Stelle innerhalb der Attributliste. Bei multipler Vererbung könnte dies nicht garantiert werden (siehe Kapitel 6.2.2).

Mittlerweile wurde der erste Prototyp in ein *Data Module* für die *Socket Bar* konvertiert. Dabei blieben mehr oder weniger alle Design-Entscheidungen bestehen. Insbesondere unterstützt die Implementierung nach wie vor keine mehrfache Vererbung, obwohl die Schnittstellen dies zulassen würden.

Die Konvertierung selbst war einfacher, als wir ursprünglich erwartet hatten. Zunächst einmal mußte die Klasse `Repository` um die Methoden aus dem `interface InterOpRepository` erweitert werden. Hierfür wurden einige Methoden aus den alten Klassen `Transaction` und `Session` wiederverwendet:

- Die Transaktionsverarbeitung wurde größtenteils aus `Transaction` übernommen.

- Der globale Puffer in `Session` wurde zu einem lokalen Puffer je `InterOpRepository`.

- Der Code für das Auflösen von OIDs und Nachladen von Objekten konnte mit leichten Änderungen wiederverwendet werden. Leichte Modifikationen ergaben sich lediglich bei der Modellierung von OIDs. Sie betreffen Referenzen auf *Entities* in anderen *Repositories*. Bei der Speicherung müssen diese in eine OID konvertiert werden. Aufgrund der strikten Kapselung von *Data Modules* kann hierfür aber nicht auf den internen Mechanismus des anderen *Repositories* zugegriffen werden. Vielmehr muß die OID über Methoden der JavaSDAI-Schnittstelle konstruiert werden. Wir benutzen dafür die standardisierte Methode `GetPersistentIdentifier`, die einen String mit der persistenten ID (PID) eines *Entity* zurückgibt. Die PID ist eindeutig in bezug auf das jeweilige *Repository*. In Kombination mit dem Namen des *Repository* (der laut SDAI-Spezifikation immer eindeutig ist) stellt der resultierende Typ `interOpHandle` damit eine gute Möglichkeit zur Modellierung von Referenzen auf *Entities* in anderen *Repositories* dar (siehe Beispiel 6.13). Zur Repräsentation interner Referenzen bietet sich dieses Verfahren hingegen nicht an: Die Verarbeitung von Strings ist zu teuer und benötigt auch unnötig viel Speicherplatz. Wir benutzen deshalb den ursprünglichen OID-Typ zur Darstellung lokaler Referenzen (neuer Name: `localObjectHandle`). Im Prinzip hätte man noch das Attribut `repoID` streichen können. Wir haben uns jedoch dagegen entschieden, um auch mehrere *Repositories* von einem einzigen *Data Server* verwalten lassen zu können.

Bis auf ein paar Kleinigkeiten war damit im Prinzip schon alles getan. Wir haben die Gelegenheit allerdings genutzt, um gleichzeitig ein paar kleinere Optimierungen vorzunehmen. Sie betreffen insbesondere die Verwaltung der Aggregate für *Entity Extents* und *Model Contents* sowie deren Übertragung. Bisher wurden auch diese Aggregate beim *Commit* zum *Data Server* übertragen und von diesem gespeichert. Der Server entsprach damit eigentlich einer persistenten Hashtabelle, bei der die OID von Objekten als Schlüssel verwendet wurde. Nun haben wir eine Verwaltung für *Model Contents* und *Entity Extents* in den *Data Server* integriert. Beim *Commit* müssen die jeweiligen Aggregate nicht mehr übertragen werden, sondern sie werden vom Server entsprechend der erhaltenen Daten (neue bzw. zu löschende OIDs) gewartet. Die OID eines *Entity* wird dabei in den *Extent* des aktuellen Typs sowie in die *Extents* aller Supertypen eingefügt. Dadurch sind diese Aggregate immer vollständig und können bei Bedarf direkt zum Client übertragen werden.

6.2.2 Data Shipping über den CORBA Query Service

Zur Vermeidung proprietärer Schnittstellen zwischen Client und Server haben wir ein zweites *Data Module* entwickelt, das auf den Schnittstellen des CORBA *Query Service* basiert. Die Architektur ist dabei stark an unser erstes Modul aus Kapitel 6.2.1 angelehnt (siehe Abbildung 6.6). Allerdings haben wir diesmal zwei verschiedene Server vorgesehen: eine GDBM-basierte Version (quasi eine Aktualisierung des Servers aus Kapitel 6.2.1) sowie einen *Query Service* zur Verarbeitung von STEP *Physical Files*.

Zur Laufzeit wird jeweils alternativ einer der beiden Server verwendet. Die Initialisierung vollzieht sich dabei ähnlich zu der unseres ersten Moduls (siehe Abbildung 6.5). Allerdings wird die Referenz auf den CORBA Server nicht mehr über den *Orbix Daemon* erworben (dieser steht bei Verwendung anderer CORBA-Systeme wie z.B. ORBacus sowieso nicht zur Verfügung), sondern über eine Datei auf dem WWW-Server. Diese Datei enthält einen String mit der IOR (*Interoperable*

Object Reference) des Server-Objektes für die Initialisierung (siehe detaillierte Beschreibung des Servers in Kapitel 6.2.2.2). Beide *Data Server* werden automatisch beim Hochfahren des Server-Rechners gestartet und laufen dann dauerhaft.

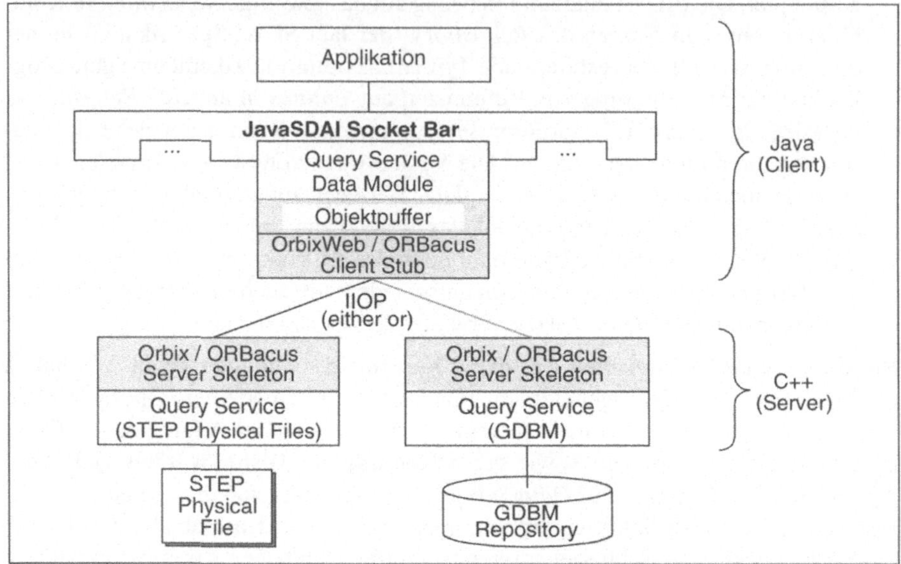

Abb. 6.6: Architektur des CORBA *Query Service Data Module*

Werfen wir nun aber noch einen Blick auf die Kommunikation zwischen Client und Server. Bei der Diskussion des CORBA *Query Service* in Kapitel 4.3.5 haben wir bereits erkannt, daß seine Spezifikation nur die Schnittstellen der Server-Objekte standardisiert. Offen bleiben hingegen die Anfragesprache sowie die Definition von Datenstrukturen zur Übertragung der Ergebnisse. Aus diesem Grund entwickeln wir in Kapitel 6.2.2.1 zunächst zu verwendende IDL-Strukturen für EXPRESS-basierte Daten sowie einige rudimentäre Anfragen (die nach der Verabschiedung des SQL3-Standards entsprechend ersetzt werden sollen). In Kapitel 6.2.2.2 folgt dann eine Beschreibung der Implementierungen beider Server. Anschließend diskutieren wir in Kapitel 6.2.2.3 die Realisierung des Java-Clients. Dieser umfaßt gegenüber dem alten *Data Module* aus Kapitel 6.2.1 deutlich mehr Funktionalität. Details zum Entwurf und erste Erfahrungen mit diesem *Data Module* sind in [SM99a] enthalten.

6.2.2.1 Anfragesprache und Datenstrukturen

Vor der Implementierung des *Query Service* müssen wir zuerst die unterstützte Anfragesprache sowie Datenstrukturen für die Übertragung der Ergebnismenge festlegen. Entsprechend der Spezifikation des CORBA *Query Service* müssen wir dabei *SQL 92, OQL 93, OQL 93 Basic* oder eine beliebige Untermenge bzw. Kombination dieser Sprachen unterstützen (siehe Kapitel 4.3.5). Jede dieser drei Sprachen bietet für sich leider keine angemessene Unterstützung zur Verarbeitung

EXPRESS-basierter Daten. Wir haben uns deshalb zur Definition einer neuen Sprache *EXPRESS_SQL* entschlossen, die mehr oder weniger eine Untermenge von *SQL
92* darstellt – allerdings verwendet sie andere Datentypen als SQL. Die zur Deklaration der Sprache erforderliche IDL-Schnittstelle ist in Beispiel 6.10 auf Seite 172
enthalten. *EXPRESS_SQL* unterstützt nur eine kleine Menge unbedingt erforderlicher Anfragen, die in Tabelle 6.2 aufgelistet sind. Sie sind ausreichend für die Verarbeitung EXPRESS-basierter Daten über eine SDAI-Schnittstelle. Nach Abschluß
der Standardisierung von SQL3 wollen wir dann aber die vollständige Mächtigkeit
von SQL3 nutzen. Dafür arbeiten wir derzeit an einer Abbildung von EXPRESS auf
SQL. In diesem Zusammenhang hoffen wir auch darauf, daß künftige ORDBVS-
Produkte dann einen CORBA *Query Service* umfassen (und wir diesen direkt verwenden können). Zur Unterstützung der in dieser Arbeit durchgeführten Messungen
hat sich der derzeitige Ansatz aber als vollkommen ausreichend erwiesen.

Kategorie	Unterstützte Anfragen
Data Retrieval	(1) SELECT * FROM Repository (2) SELECT * FROM Repository WHERE typeID=#1 (3) SELECT * FROM Repository WHERE typeID=#1 OR SUBTYPE (4) SELECT * FROM Repository WHERE oid=#1 (5) SELECT * FROM Repository WHERE modID=#1 (6) SELECT * FROM Repository WHERE modID=#1 AND typeID=#2 (7) SELECT * FROM Repository WHERE modID=#1 AND (typeID=#2 OR SUBTYPE)
Metadata Retrieval	(8) SELECT * FROM MetaData
Data Modification	(9) INSERT #1 INTO Repository (10) UPDATE #1 IN Repository (11) DELETE FROM Repository WHERE oid=#1 (12) DELETE Model FROM Repository WHERE modelID=#1
Metadata Modification	(13) CREATE Model #1 (14) RENAME Model TO #1 WHERE modelID=#2

Tabelle 6.2: Durch den *Query Service* unterstützte Anfragen

Nun wollen wir aber die zu verwendenden Datenstrukturen betrachten. Nachdem
wir einen auf *Data Shipping* basierenden Ansatz anstreben, bleibt für die Modellierung von Objekten (bis zur Verfügbarkeit des IDL-Typs `value`) nur die Verwendung der `struct`-Klausel (vgl. Kapitel 4.5). Die hierfür entwickelten IDL-Definitionen sind in Beispiel 6.10 auf Seite 172 dargestellt. Sie ermöglichen die generische Übertragung beliebiger EXPRESS-basierter Daten, d.h., sie sind unabhängig
vom jeweiligen EXPRESS-Schema. Für jeden EXPRESS-Typ wird deshalb eine
Typ-ID (`TypeID`) erzeugt, die mit jeder serialisierten Instanz übertragen wird (siehe
Feld `type` in `ObjectOrAggr`).

```
module ExpressQuery {

    interface Express_SQL_Query : CosQuery::SQL92Query {};

    typedef short TypeID;
    typedef sequence<TypeID> seqTypeID;

    struct OID {
        long      lsl;
        short     msl, modID;
        char      flag;
    };
    enum ExpressType {
        EInteger, EReal, EBoolean, ELogical, EString, EBinary, EObjOrAggr, ESelect,
        ENestedArray, ENestedBag, ENestedList, ENestedSet, EUnset, EUnknown
    };

    union  FinalSelectValue switch (ExpressType) {
        case EInteger:    long       intVal;
        case EReal:       double     realVal;
        case EBoolean:    char       boolVal;
        case ELogical:    char       logVal;
        case EString:     string     stringVal;
        case EObjOrAggr:  OID        oidVal;
    };
    struct SelectType {
        seqTypeID         type;
        FinalSelectValue value;
    };

    union ExpValue switch (ExpressType) {
        case EUnset:        char                 unsetVal;
        case EUnknown:      char                 unknownVal;
        case EInteger:      long                 intVal;
        case EReal:         double               realVal;
        case EBoolean:      char                 boolVal;
        case ELogical:      char                 logVal;
        case EString:       string               stringVal;
        case EBinary        sequence<octet>      binVal;
        case EObjOrAggr:    OID                  oidVal;
        case ESelect:       SelectType           selVal;
        case ENestedArray:  sequence<ExpValue>   nestArrayVal;
        ... // same for nested bag, list, set
    };
    struct ObjectOrAggr {
        OID                          oid;
        TypeID                       type;
        sequence<ExpValue>           values;
    };
    typedef sequence<ObjectOrAggr> seqObjectOrAggr;

    struct MetaData {
        short                  msl;
        long                   lsl;
        sequence<short>        modIDs;
        sequence<string>       modNames;
        sequence<typeID>       typeIDs;
        sequence<string>       typeNames;
    };
};
```

Beispiel 6.10: IDL-Datenstrukturen für EXPRESS-basierte Daten

Die Zuordnung zwischen Typnamen und ID ist in den Metadaten enthalten (Felder `typeIDs` und `typeNames` von `MetaData`). Analog zum ersten *Data Module* stellen wir *Entities* und Aggregate als Objekte mit eigener OID dar. Alle anderen Werte sind Attribute von *Entities* und werden direkt mit diesen übertragen. Neu ist allerdings, daß wir alle möglichen EXPRESS-Typen unterstützen (bisher waren z.B. keine *Select*-Typen oder geschachtelte Aggregate erlaubt).

Die Menge der unterschiedlich zu repräsentierenden EXPRESS-Basistypen beschreiben wir durch den Aufzählungstyp `ExpressType`. Der EXPRESS-Typ *NUMBER* wird dabei durch *REAL* repräsentiert (gleicher Wertebereich). EXPRESS-*Enumerations* bilden wir auf *INTEGER* ab (analog zur JavaSDAI-Definition in Kapitel 6.1.1.3) und für benutzerdefinierte Typen (EXPRESS *TYPE*) verwenden wir jeweils direkt den zugrundeliegenden Typ. Identifizierbare Objekte mit eigener OID (also *Entities* und Aggregate) werden als `EObjOrAggr` beschrieben. Bei Aggregaten unterscheiden wir allerdings nach der Schachtelungstiefe: Das äußere Aggregat besitzt eine OID und ist somit über `EObjOrAggr` charakterisiert. Innere (geschachtelte) Aggregate werden hingegen immer zusammen mit dem umfassenden Aggregat übertragen und besitzen aus diesem Grund keine eigene OID. Wir beschreiben sie deshalb als `ENestedArry`, `ENestedBag`, `ENestedList` oder `ENestedSet`. Die Felder `EUnset` und `EUnknown` dienen der Kennzeichnung von undefinierten oder temporär (aus technischen Gründen) nicht verfügbaren Attributen.

Auf Basis dieser Liste von möglichen Typen wurde nun die variante Struktur `union ExpValue` zur Darstellung beliebiger EXPRESS-Werte definiert. In den meisten Fällen benutzten wir dabei IDL-Basistypen. Lediglich für SELECT-Typen mußten wir eine weitere Struktur `SelectType` einführen. Sie enthält eine Liste von Typ-IDs sowie den endgültigen Wert (auch SELECT-Typen können geschachtelt sein – in diesem Fall reicht aber die Auflistung der auf der jeweiligen Stufe gewählten Typ-ID). Zur Darstellung des Wertes war leider eine weitere variante Struktur `union FinalSelectValue` erforderlich, um zyklische Abhängigkeiten zwischen `SelectType` und `ExpValue` zu vermeiden (diese sind in IDL nicht erlaubt). Innerhalb dieser brauchten wir nun deutlich weniger Fälle zu unterscheiden: Geschachtelte SELECT-Typen können nicht mehr auftreten (sie sind in der ID-Liste kodiert), im Fall undefinierter oder nicht verfügbarer Attribute gäbe es gar keinen SELECT-Wert und geschachtelte Aggregate können nur innerhalb eines durch `EObjOrAggr` klassifizierten Objektes auftreten.

Die Struktur `ObjectOrAggr` dient schließlich der Übertragung von *Entities* und (äußeren) Aggregaten. Sie besteht aus der OID, der Typ-ID und einer Liste von EXPRESS-Werten. Im Fall eines Aggregats wird `oid.flag` mit einem "A", "B", "L" oder "S" (für *Array, Bag, List, Set*) belegt. Die Liste `values` enthält dann das Aggregat und `type` beschreibt in diesem Fall den Basistyp des Aggregates (bei geschachtelten Aggregaten den letztendlichen Basistyp). Bei geordneten Aggregaten entspricht die Reihenfolge der Liste der Sortierung des Aggregates. Für *Entities* wird das Feld `oid.flag` mit einem "E" belegt. Die ID des *Entity*-Typs ist in `type` kodiert. Die Liste `values` enthält in diesem Fall die Werte der Attribute. Die Reihenfolge ergibt sich dabei wie folgt: Attribute von Supertypen treten immer zuerst auf (rekursiv). Bei mehreren Supertypen wird die Reihenfolge innerhalb der *SUB-TYPE OF*-Klausel übernommen. Attribute von Supertypen, die über mehrere Pfade geerbt wurden, dürfen natürlich nur bei ihrem ersten Auftreten berücksichtigt werden. Innerhalb eines Typs treten alle Attribute wiederum in der Reihenfolge ihrer Deklaration auf. Optional unterstützte inverse Attribute stehen nach allen anderen Attributen. Innerhalb ihrer Auflistung gilt dann wieder die gleiche Reihenfolge wie für normale Attribute.

Anhand der Datenstruktur für die OID läßt sich erkennen, daß unser Ansatz keine Referenzen zwischen *Entities* in verschiedenen *Repositories* erlaubt: Die OID enthält lediglich die ID für das *Model*. Wir haben uns zu dieser Einschränkung entschlossen, da wir den *Query Service* auch für den direkten Zugriff (und eben nicht nur für SDAI-Implementierungen) nutzen wollen. In diesem Fall kann aber nicht garantiert werden, daß das andere *Repository* (bzw. die andere Datenquelle) auch einen CORBA *Query Service* zum Zugriff anbietet. Models stellen hingegen eine interne Segmentierung dar, die auch ohne die Verwendung einer SDAI-Schicht Sinn macht. Die Kombination aus `msl/lsl` repräsentiert eine logische Nummer, deren Konkatenation mit der `modID` eindeutig in bezug auf die gesamte Datenquelle sein muß. Die Aufteilung in `msl` und `lsl` ermöglicht die lokale Erzeugung neuer OIDs im Client: Jeder Client bekommt über die Metadaten eine eindeutige `msl` zugewiesen, die er für alle neuen OIDs verwendet. Dabei benutzt er die ebenfalls erhaltene `lsl`, die er für jedes neue Objekt um eins inkrementiert. IDs für neue Models müssen hingegen vom Server angefordert werden (siehe Liste der Anfragen in Tabelle 6.2 auf Seite 171). Die Zuordnung zwischen IDs und Namen von *Models* läßt sich den Metadaten entnehmen.

6.2.2.2 Implementierung der Server

Wie bereits zuvor erwähnt, haben wir für dieses *Data Module* zwei verschiedene Server erstellt, die alternativ benutzt werden können. Der Einsatz existierender Produkte kam leider nicht in Frage. Einerseits ist uns keine kommerziell verfügbare Implementierung eines *Query Service* bekannt (der IBM ComponentBroker lag nur in einer instabilen Beta-Version für Windows NT vor) und andererseits hätten wir diese aufgrund der mangelnden Eignung von SQL 92 bzw. OQL 93 auch gar nicht nutzen können. Wir hoffen an dieser Stelle jedoch auf SQL3 und darauf basierende ORDBVS.

Bei der Implementierung unserer Server wollten wir es natürlich vermeiden, eine vollständige *Query Engine* implementieren zu müssen. Aus diesem Grund gibt es für jede Anfrage aus Tabelle 6.2 jeweils ein korrespondierendes CORBA-Objekt, das auf der standardisierten `Query`-Schnittstelle basiert (siehe Abbildung 4.15 auf Seite 99). Der Code zur Ausführung der Anfrage ist dabei fest in die Implementierung der Methode `execute` einkodiert. Alle 14 `Query`-Objekte werden durch einen ebenfalls standardisierten `QueryManager` verwaltet. Über diesen lassen sich auch Referenzen auf die einzelnen `Query`-Objekte erwerben.

Nachdem uns keine Implementierung eines CORBA *Transaction Service* zur Verfügung stand, haben wir ergänzend zu den Datenstrukturen aus Beispiel 6.10 zwei weitere Schnittstellen zur Transaktionsverwaltung definiert (siehe Beispiel 6.11). Diese dienen gleichzeitig als Einstiegspunkt für die gesamte Verarbeitung: Jeder Client erhält initial eine Referenz (IOR) auf die `DB_QueryTAManagerFactory` im Server. Über deren `create`-Methode erwirbt der dann eine Referenz auf einen `DB_QueryTAManager`, der nur für ihn zuständig ist (der Server erzeugt eine Instanz je Client). Als Parameter muß dabei der Name der Datenbank bzw. des *Repositories* angegeben werden (der Server kann also im Prinzip mehrere Datenbanken verwalten). Mit den Methoden des `DB_QueryTAManager` kann der Client Transaktionen starten und beenden bzw. zum korrespondierenden `QueryManager` navigieren (es gibt wiederum einen `QueryManager` je Client bzw. je `DB_QueryTAManager`).

```
module ExpressQuery {
    // re-open IDL module already containing data structures

    enum DB_TAMode {RO, RW};                    // RO == read only, RW == read write

    interface DB_QueryTAManager {
        void BOT (in DB_TAMode theMode);        // some server side implementations may
                                                // ignore theMode, it's just a hint ...

        void Abort ();
        boolean PrepareCommit ();               // return TRUE  -> vote Commit
                                                // return FALSE -> vote Abort

        void Commit ();
        CosQuery::QueryManager GetQueryManager ();
        void DeleteQuery (in CosQuery::Query theQuery);
    };

    interface DB_QueryTAManagerFactory {
        DB_QueryTAManager create (in string DBname);
    };
};
```

Beispiel 6.11: Ergänzende IDL-Schnittstellen zur Transaktionsverarbeitung

Die Implementierung des GDBM-basierten Servers ist ähnlich zur alten Version aus Kapitel 6.2.1: Die serialisierten Objekte werden über ihre OID in GDBM-Dateien gespeichert. Für jede Datenbank bzw. für jedes *Repository* gibt es ein Unterverzeichnis im Dateisystem, das eine Datei je *Model* enthält. Neben den Objekten werden jeweils noch Listen mit den OIDs aller Instanzen eines *Models* (*Model Contents*) bzw. aller Instanzen eines Typs je *Model* (*Entity Extent*) verwaltet und gespeichert. Im Gegensatz zum alten *Data Module* fragt der Client diese Aggregate aber nicht über spezielle OIDs ab, sondern mittels der Anfragen aus Tabelle 6.2. Die Listen dienen also nur der beschleunigten Verarbeitung im Server. Neben dieser Maßnahme wurden keine weiteren Optimierungen vorgesehen. Insbesondere gibt es im Server (neben dem ohnehin vorhandenen GDBM-*Cache*) keinen Objektpuffer.

Die zweite Implementierung für STEP *Physical Files* realisiert hingegen eine vollkommen andere Verarbeitungsweise. Alle Daten eines *Repositories* stehen (gemäß der Spezifikation) in einer einzigen Datei. Diese wird beim Start des Servers vollständig gelesen, um Instanzen für alle enthaltenen Objekte zu erzeugen. Das Lesen einzelner Objekte bei Bedarf bietet sich aufgrund der Struktur von STEP *Physical Files* nicht an. Neben dem Puffer mit Instanzen von Objekten gibt es auch hier Hilfsstrukturen zur Verwaltung von *Model Contents* und *Entity Extents*. Der resultierende Server wurde zwar nicht für Messungen im Rahmen dieser Arbeit benutzt, er hat sich aber schon mehrfach bei anderen Projekten bewährt.

6.2.2.3 Implementierung des Clients

Die Funktionalität des Clients wurde gegenüber dem ersten *Data Module* aus Kapitel 6.2.1 erheblich erweitert. Zunächst einmal wird nun auch multiple Vererbung unterstützt. Dafür waren umfassende Änderungen in der Struktur der Java-Klassen sowie bei der Serialisierung und der Verwaltung von *Entity Extents* nötig. Ergänzend dazu wurde eine neue Pufferverwaltung entworfen, die bei der Verarbeitung größerer Datenmengen (die nicht mehr komplett in den Hauptspeicher des Clients passen) einzelne Objekte temporär verdrängen kann. Dieser Vorgang ist natürlich transparent für die Applikation. Abschließend wurde noch die Transaktionsverwaltung überarbeitet, so daß nun auch der Mehrbenutzerbetrieb effizient unterstützt wird. Alle Konzepte und Entscheidungen sind ausführlich in [Mau98] dokumentiert. An dieser Stelle wollen wir nur kurz auf die wesentlichen Punkte eingehen:

Multiple Vererbung

In Abschnitt 6.1.1.4 haben wir bereits entstehende Probleme bei der Abbildung von mehrfacher Vererbung in EXPRESS auf Java betrachtet. Zur Auflösung der angesprochenen Konflikte auf der Ebene von Schnittstellen (Java *Interfaces*) haben wir Ansatz D übernommen (siehe Tabelle 6.1 auf Seite 159 und Beispiel 6.6 auf Seite 156). Ergänzend dazu mußte auf der Ebene von Klassen ein Teil der geerbten Funktionalität re-implementiert werden (Java erlaubt nur maximal eine Superklasse). Wir benutzen dafür die Reihenfolge der Supertypen innerhalb der EXPRESS-Definitionen, um von der Klasse für den ersten Supertypen zu erben und den Code der anderen Klassen zu duplizieren. Dieser Schritt stellt quasi die einfachste Lösung dar und vereinfacht dementsprechend die Implementierung des Code-Generators. Nachdem dessen Komplexität aber nicht das Laufzeitverhalten der SDAI-Implementierung beeinflußt, entsteht an dieser Stelle ein weiteres Optimierungspotential, das in zukünftigen Versionen genutzt werden soll: Eine Minimierung von dupliziertem Code läßt sich erreichen, indem nicht einfach von der ersten Superklasse geerbt wird, sondern von derjenigen mit den meisten Attributen und Methoden. Die resultierende Reduktion des Codes führt zum schnelleren Laden von Applets und einem geringeren Speicherbedarf im Hauptspeicher des Clients. Letzteres gilt sowohl für den eigentlichen Code (die gepufferten *Class Files*) als auch für die Instanzen von *Entities* (sie besitzen jetzt u.U. weniger Attribute).

Serialisierung und Deserialisierung

Im Rahmen der Unterstützung für mehrfache Vererbung ist nun weiterhin eine Überarbeitung der Methoden zur (De-)Serialisierung nötig. Dieser Aspekt betrifft insbesondere die Reihenfolge der Attribute. Bisher reichte die Definition, daß zuerst die Attribute der EXPRESS-Supertypen kommen und dann die eigenen (entsprechend der Reihenfolge innerhalb der EXPRESS-Definition). Dieses Verfahren läßt sich prinzipiell beibehalten, allerdings müssen die Attribute aller Supertypen gemeinsam betrachtet werden. Eine isolierte Betrachtung einzelner Supertypen scheidet aus. Wir wollen diesen Sachverhalt kurz illustrieren. Betrachten wir dafür die Typhierarchie in Beispiel 6.12: *Entity* D erbt das Attribut a von *Entity* A durch beide Supertypen (*Entity* B und C). Würde man beide Supertypen getrennt betrachten, so würde a zweimal serialisiert. Dies wäre natürlich falsch. Aus diesem Grund muß eine eindeutige Reihenfolge festgelegt werden, in der jeder Supertyp genau einmal vorkommt. Wir haben uns für eine Art Tiefensuche auf Basis der EXPRESS-Definition entschieden: Die Attribute von Supertypen kommen vor den eigenen, die Supertypen werden entsprechend der Reihenfolge in der *Subtype*-Klausel bearbeitet, und vor der Serialisierung eines Typs wird überprüft, ob dieser nicht bereits bearbeitet wurde. Für eine Instanz des Typs D aus Beispiel 6.12 ergäbe sich damit folgende Reihenfolge für die Serialisierung der Attribute: A.a - B.b - C.c - D.d.

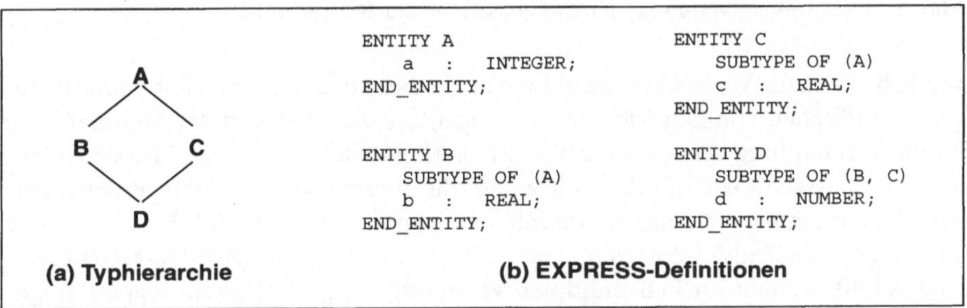

Beispiel 6.12: Mehrfache Vererbung mit gemeinsamem Supertyp

Ein Nachteil dieses Verfahrens liegt in der Dynamik, die während der Serialisierung (also zur Laufzeit) die Verwaltung einer Liste mit bereits serialisierten Typen erfordert. Mit einem kleinen Trick läßt sich dieser Aspekt aber vermeiden: Für die Implementierung der zu einem *Entity*-Typ korrespondierenden Klasse müssen wir bei multipler Vererbung ohnehin den Code für einige Attribute duplizieren. Entsprechend unserer o.g. Entscheidung würden wir z.B. von der Klasse für *Entity* B erben und die Attribute von C duplizieren. Dabei tritt bereits das gleiche Problem auf: Attribut a von *Entity* A darf nicht dupliziert werden, da es bereits von der Klasse für *Entity* B geerbt wird. Dementsprechend wird nur C.c dupliziert. Betrachtet man nun die duplizierten Attribute als "eigene" Attribute der Klasse für *Entity* D, so läßt sich der Serialisierungsalgorithmus aus dem alten *Data Module* beibehalten: Zuerst werden die Attribute der (einzigen) Superklasse serialisiert, dann die eigenen (und zwar erst die duplizierten, dann die des korrespondierenden *Entity*-Typs).

Verwaltung von *Entity Extents*

Entity Extents stellen ein Aggregat mit allen Instanzen eines *Entity*-Typs dar (inkl. Subtypen). Somit ist also jede Instanz im *Extent* des korrespondierenden *Entity*-Typs sowie in allen *Extents* der Supertypen enthalten. Bei der Implementierung des Clients stellt sich nun die Frage, ob man die Aggregate für *Extents* jeweils vollständig materialisiert (d.h., eine Instanz entsprechend der Typhierarchie in mehreren Aggregaten enthalten ist, siehe Abbildung 6.7a) oder ob die Aggregate jeweils nur die Instanzen des exakt korrespondierenden Typs enthalten und gleichzeitig auf die Aggregate der Subtypen verweisen (siehe Abbildung 6.7b).

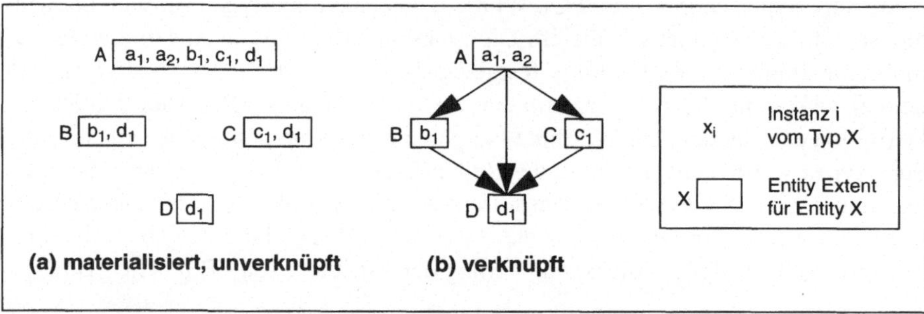

Abb. 6.7: Verwaltung von *Entity Extents* (basierend auf Beispiel 6.12)

Wir haben uns für Variante (b) entschieden, da diese deutlich schneller beim Erzeugen und Löschen von Objekten ist. Im Gegensatz dazu hat sich der Mehraufwand für die Verknüpfung der *Extents* als relativ gering herausgestellt. Im Prinzip ist hier nur eine statische Liste mit Referenzen auf die Aggregate aller Subtypen erforderlich, die nur einmal während der Initialisierungsphase erzeugt wird. Jede Liste muß allerdings vollständig sein (d.h. auch alle transitiven Subtypen referenzieren). Andernfalls würden im Fall multipler Vererbung einige Instanzen doppelt aufgezählt werden: In Abbildung 6.7b wird das Aggregat für *Extent* D sowohl von B als auch von C referenziert. Würde A nicht direkt auf D verweisen, so würde D beim iterieren über A zweimal berücksichtigt: einmal als Subtyp von B und einmal als Subtyp von C. Die Kombination der Verweise ist somit nicht als Hierarchie aufzufassen!

Pufferverwaltung: Verdrängung von Objekten

Die Verarbeitung größerer Datenmengen (die den Umfang des Hauptspeichers im Client übersteigen) erfordert es, daß temporär unbenötigte Objekte zwischenzeitlich ausgelagert oder verdrängt werden. Dieser Vorgang sollte transparent für die Applikation sein. Insbesondere sollten Referenzen auf verdrängte Objekte gültig bleiben. Derartige Mechanismen haben sich bereits im Bereich datenintensiver Systeme etabliert, lassen sich aber leider nicht direkt auf Java-Umgebungen übertragen. Speicherbereiche oder Puffer werden hier nur vom System verwaltet und können nicht durch Programme gesteuert werden. Insbesondere das Löschen von Objekten ist nicht direkt möglich. Es kann nur über den sog. *Garbage Collector* erfolgen, der alle Objekte aus dem Speicher entfernt, auf die keine Referenzen mehr existieren. Zum Löschen eines Objektes müssen also zunächst einmal alle Referenzen auf dieses gelöscht und dann der *Garbage Collector* angestoßen werden. Nun kann eine SDAI-Implementierung aber nicht Einfluß auf lokale Variablen der Applikation nehmen, die vielleicht noch Referenzen auf zu verdrängende Objekte enthalten. Aus diesem Grund muß die Pufferverwaltung eine Indirektion enthalten: Für jede *Entity*-Instanz gibt es einen sog. *Wrapper*, der im Prinzip nur eine Referenz auf das eigentliche Objekt enthält und alle Methodenaufrufe an dieses weiterleitet. Diese Technik ist mit dem *Indirect Pointer Swizzling* aus [KK93] vergleichbar (nur werden dort Adreßlisten an Stelle der *Wrapper* benutzt). Der *Wrapper* ist sehr klein und kann permanent im Hauptspeicher bleiben. Referenzen auf eine *Entity*-Instanz werden grundsätzlich als Referenz auf den korrespondierenden *Wrapper* modelliert und bleiben damit dauerhaft gültig. Das eigentliche Objekt kann bei Bedarf verdrängt werden, indem die auf das Objekt zeigende Referenz im *Wrapper* gelöscht (diese ist garantiert die einzige) und der *Garbage Collector* angestoßen wird. Vorher muß natürlich der evtl. geänderte Zustand des Objektes gesichert werden. Ein erneuter Zugriff auf den *Wrapper* (aus Sicht der Applikation stellt dieser ja das Objekt dar) führt dann zur erneuten Einlagerung des Objektes. Damit der Mechanismus funktioniert, müssen natürlich auch interne Referenzen im Puffer über die *Wrapper* modelliert werden. Die Laufzeiteinbußen durch die zusätzliche Dereferenzierung haben sich dabei als gering herausgestellt (siehe Kapitel 6.4).

Transaktionsverwaltung und Mehrbenutzerbetrieb

Der größte Teil der Transaktionsverarbeitung (insbesondere die Sperrverwaltung) ist im Server realisiert. Die Synchronisation mehrerer Clients erfolgt auf Basis der übermittelten Anfragen (analog zu SQL und RDBVS). Ändert die Applikation ein Objekt (oder erzeugt sie ein neues), so wird diese Operation beim ersten Mal direkt per *Update Query* an den Server propagiert, um eine entsprechende Schreibsperre zu erwerben. Anschließende Modifikationen werden lokal im Client bearbeitet und erst beim *Commit* an den Server propagiert. Auf diesem Wege wird die nötige Kommunikation auf ein Mindestmaß reduziert.

6.2.3 Data Shipping über JDBC

Das dritte *Data Module* basiert auf einer Datenspeicherung in RDBVS und einem Zugriff über die *Java Database Connectivity* (JDBC, siehe Kapitel 5.5.2). Es kommt damit ohne den Einsatz von CORBA aus und dient der Gegenüberstellung und Evaluierung beider Technologien. Die Architektur des *Data Module* ist in Abbildung 6.8 illustriert. Für jedes SDAI *Repository* werden 2 relationale Datenbanken angelegt: eine für die eigentlichen Daten (*Entity*-Instanzen) und eine weitere für Metadaten (Beschreibung der verfügbaren SDAI *Models* und bereits vergebener OIDs). Diese Aufteilung war nötig, um einen effizienten Mehrbenutzerbetrieb zu unterstützen: Jede SDAI-Transaktion wird auf eine Transaktion auf der DB mit den Daten abgebildet, d.h., die Transaktions- und Sperrverwaltung erfolgt im wesentlichen direkt durch das RDBVS. Im Gegensatz dazu wird auf der Metadaten-DB nur mit kurzen Transaktionen gearbeitet, die nur eine einzige Anfrage umfassen. Dadurch wird eine unnötige Blockade zwischen mehreren SDAI-Clients vermieden. Legt z.B. eine Applikation eine *Entity*-Instanz an, so liest und inkrementiert der SDAI-Client in der Metadaten-DB die höchste bereits vergebene OID und erzeugt damit ein neues Objekt (lokal im Client). Die TA auf der Metadaten-DB ist damit beendet, die SDAI-TA kann hingegen noch länger laufen. Will nun ein zweiter SDAI-Client ebenfalls eine neue *Entity*-Instanz des gleichen Typs erzeugen, so kann er ebenfalls auf die Metadaten-DB zugreifen und die gleiche Operation ausführen. Bei einer gemeinsamen Speicherung von Daten und Metadaten wäre dies nicht möglich gewesen: Der erste SDAI-Client würde eine Schreibsperre auf die Metadaten-Tabelle bis zum Ende der SDAI-TA halten, so daß die Anfrage des zweiten SDAI-Clients (zur Bestimmung der höchsten vergebenen OID) bis zum Ende der SDAI-TA des ersten SDAI-Clients verzögert würde. Diese Verzögerung wäre aber unnötig und inakzeptabel.

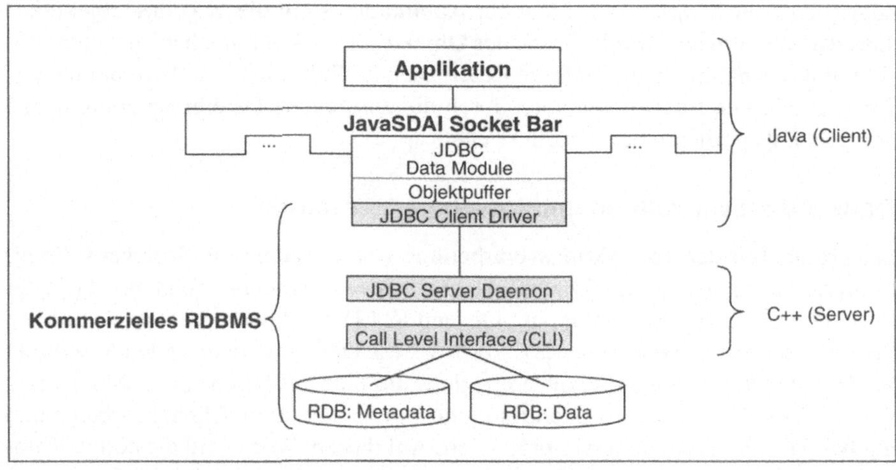

Abb. 6.8: Architektur des JDBC *Data Module*

Innerhalb der DB mit den eigentlichen Daten wird für jedes SDAI *Model* eine eigene Tabelle angelegt, in der die einzelnen Instanzen als serialisierte Objekte gespeichert werden. Die resultierende Tabelle hat die drei Spalten OID (VARCHAR), Typ (VARCHAR) und Wert (CLOB) und entspricht damit der zweiten Variante in Abbildung 5.2 auf Seite 123. Referenzen zwischen *Entities* werden durch die Konkatenation aus *Model ID*, Typ und OID dargestellt (Referenzen in externe *Repositories* werden nicht unterstützt). Die meisten Verarbeitungsschritte im Client sind ähnlich zum *Query Service Data Module* (Abschnitt 6.2.2.3) realisiert. Wir wollen sie deshalb an dieser Stelle nicht noch einmal betrachten. Eine weitergehende Dokumentation der Implementierung wird durch [Mau97] gegeben.

6.2.4 Operation Shipping gemäß ISO 10303-26

Die drei bisher vorgestellten *Data Modules* basieren allesamt auf *Data Shipping*. Zur Gegenüberstellung und Evaluierung der verschiedenen Technologien wollen wir nun auch noch die Architektur eines *Data Modules* vorstellen, das auf *Operation Shipping* basiert. Dabei bietet sich die Benutzung der in ISO 10303-26 standardisierten IDL-Schnittstellen für das SDAI an [ISO98c]. Bereits in [Sel96] hatten wir einen Prototypen vorgestellt, der diese Schnittstellen auf Basis des damals verfügbaren CORBA-Systems ORBeline [PMC94] implementierte. Die gewonnenen Erfahrungen wiesen auf eine Reihe konzeptueller Probleme hin, die im wesentlichen auf CORBA und das verwendete *Operation Shipping* zurückzuführen waren. Daneben gab es aber auch einige durch das Design von ORBeline hervorgerufene Aspekte. Aus diesem Grund haben wir uns zur Entwicklung eines neuen *Data Modules* entschlossen, das intern ebenfalls die Schnittstellen aus ISO 10303-26 verwendet, gleichzeitig aber die Vorteile moderner CORBA-Systeme nutzt. Die resultierende Architektur ist in Abbildung 6.9 dargestellt.

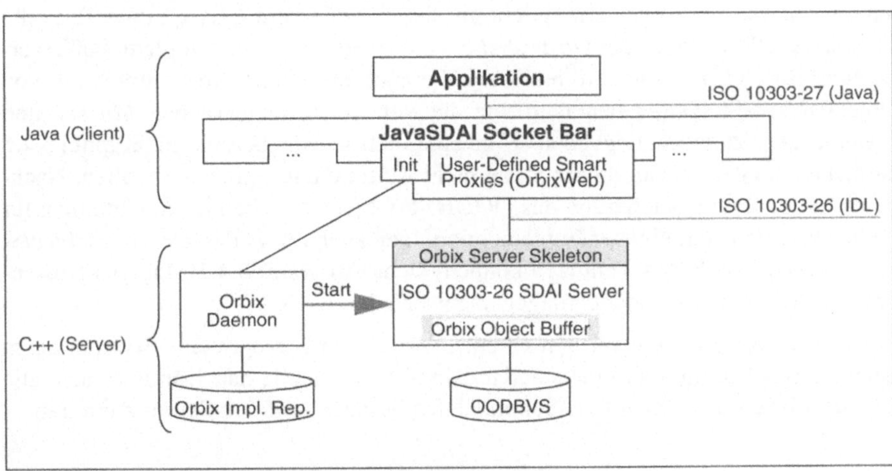

Abb. 6.9: Architektur des auf ISO 10303-26 basierendem *Data Module*

Der Client besteht lediglich aus den *Client Stubs* für die standardisierten IDL-Schnittstellen sowie einer Implementierung für das `interface InterOpRepository` (siehe Kapitel 6.1.2). Letztere ist insbesondere für die Initialisierung des *Data Module* zuständig. Beim Einsatz des CORBA-Systems Orbix benutzen wir dafür den sog. *Orbix Daemon*, der anhand seines *Implementation Repository* den gewünschten SDAI Server lokalisiert bzw. startet und eine Referenz darauf an den Client zurückgibt. Prinzipiell kann die Initialisierung aber auch über einen *Naming Service* oder den Austausch der in einen String konvertierten IOR (*Interoperable Object Reference*) erfolgen (beide Verfahren sind durch die OMG standardisiert).

Anstatt der vom IDL-Compiler generierten *Client Stubs* benutzen wir eine (allerdings proprietäre) Erweiterung des von uns verwendeten CORBA-Systems Orbix-Web: *User-Defined Smart Proxies*. Sie stellen quasi eine benutzerdefinierte Subklasse der generierten *Client Stubs* dar. Über sie lassen sich insbesondere Attributwerte für den erneuten Zugriff im Client puffern. Weiterhin benutzen wir diese Technik, um die leicht abweichende Signatur von JavaSDAI (ISO 10303-27) und der Abbildung der standardisierten IDL-Schnittstellen (ISO 10303-26) auf Java auszugleichen. *Smart Proxies* sind eine lokale Erweiterung im Client und können deshalb mit jedem CORBA-Server kommunizieren, der auf denselben IDL-Schnittstellen basiert. Im Client wird jeweils lediglich eine Instanz der *Smart Proxies* anstatt einer Instanz der generierten *Client Stubs* erzeugt.

Im Server verwenden wir die generierten *IDL Skeletons* als Basis für die Implementierung der einzelnen CORBA-Objekte. Nach den Erfahrungen aus [Sel96] haben wir uns aber auch hier einiger (proprietärer) Erweiterungen bedient. So benutzen wir zur Verwaltung der registrierten CORBA-Objekte eine optimierte *Hashtabelle* (ORBeline hatte hierfür eine lineare Liste erzeugt, die bei jedem Zugriff linear durchsucht wurde). Orbix ermöglicht an dieser Stelle zum Glück Eingriffe in die Interna des ORB. Neben der *Hashtabelle* wurde weiterhin eine komplette Pufferverwaltung für CORBA-Objekte realisiert, die auch die temporäre Verdrängung von Objekten zuläßt. Dafür benutzen wir die von Orbix angebotenen *Marker* und *Loader*. Die zugrundeliegenden Konzepte haben wir bereits in Kapitel 5.4.6 betrachtet, so daß wir an dieser Stelle nicht weiter darauf eingehen wollen. Nachdem wir zur Datenspeicherung das OODBVS ObjectStore benutzen, hätte man für Teile der Arbeit statt eigener Implementierungen auch direkt den *Orbix & ObjectStore Adapter* von IONA benutzen können (siehe Abschnitt 5.4.10.1). Aus Kostengründen haben wir uns jedoch dagegen entschieden.

Für den Server gilt (wie für den Client), daß er intern proprietäre Erweiterungen benutzt, gleichzeitig aber eine standardisierte Schnittstelle hat. Damit können alle Clients, die auf denselben IDL-Schnittstellen basieren, auf den Server zugreifen.

6.2.5 Gegenüberstellung und Zusammenfassung

Nach der Vorstellung der *Data Modules* wollen wir nun noch kurz die wichtigsten Eigenschaften und Unterschiede gegenüberstellen (siehe Tabelle 6.3 und Tabelle 6.4). Nachdem der Schwerpunkt dieser Arbeit auf einer Unterstützung für datenintensive Umgebungen liegt, basieren drei der vier Module auf *Data Shipping*: Das proprietären CORBA-Modul (CO, siehe Kapitel 6.2.1), das *Query-Service*-Modul (QS, siehe Kapitel 6.2.2) und das JDBC-Modul (JD, siehe Kapitel 6.2.3). Die CO- und QS-Module kommunizieren über CORBA, um die Einsatzmöglichkeiten dieses Standards in datenintensiven Bereichen zu evaluieren. Sie lassen sich direkt mit dem JD-Modul vergleichen, das JDBC als *Middleware* benutzt. Das vierte Modul (OS, siehe Kapitel 6.2.4) realisiert *Operation Shipping* über CORBA und entspricht damit der typischen Verarbeitungsweise in CORBA-Umgebungen. Es ist sogar zu zwei *Language Bindings* des SDAI konform, nämlich zu denen auf Java

(Serie 27, *Conformance Level* 1) und IDL (Serie 26). Aufgrund der in den letzten Kapiteln diskutierten konzeptuellen Probleme des *Operation Shipping* wird es aber nicht die gleiche Leistung wie die anderen Module erreichen können. Es dient daher im wesentlichen nur zur Gegenüberstellung der Technologien und unterstreicht nochmal die Notwendigkeit des *Data Shipping*.

| | **Data Module** | | | |
	CO	**QS**	**JD**	**OS**
Design beschrieben in Kapitel	6.2.1	6.2.2	6.2.3	6.2.4
Schnittstelle konform zu ISO 10303 Serie	27 (CL 1)	27 (CL 1)	27 (CL 1)	27 (CL 1) 26 (intern)
Unterstützte SDAI-Funktionalität				
Multiple Vererbung	-	✓	-	✓
Referenzen zwischen SDAI Repositories	✓	✓	-	-
Aggregate	einfach / flach	geschachtelt	einfach / flach	geschachtelt
Inverse Attribute	-	✓	-	✓
SELECT-Typen	-	✓	-	-

Tabelle 6.3: Design und SDAI-Konformität der realisierten *Data Modules*

Die Implementierung einiger *Data Modules* unterstützt z.T. nicht die gesamte Funktionalität der SDAI-Schnittstelle, wie sie in ISO 10303-27, *Conformance Level* 1 gefordert wird (z.B. geschachtelte Aggregate oder SELECT-Typen). Die Schnittstellen sind jedoch vorhanden, und die fehlende Realisierung hat im Prinzip keine Auswirkung auf die in dieser Arbeit erzielten Ergebnisse.

Leistungsunterschiede beim Erzeugen von Objekten ergeben sich vor allem durch eine unterschiedliche Verwaltung der *Entity Extents*. Das *CO Data Module* besitzt keine aktive *Extent*-Verwaltung im Server, d.h., nach der Erzeugung eines Objektes müssen sowohl das Objekt als auch die Aggregate für die betroffenen *Entity Extents* zum Server propagiert werden. Beim *QS Data Module* braucht hingegen nur das neue Objekt übertragen zu werden. Der Server fügt es dann selbst in die Aggregate der betroffenen *Entity Extents* ein. Beim *JD Data Module* ist sogar überhaupt keine *Extent*-Verwaltung in der DB nötig. Hier werden die *Extents* direkt über mengenorientierte SELECT-Anfragen geladen.

Die unterschiedlichen Pufferungsstrategien beeinflussen hingegen nicht das Erzeugen von Objekten. Neue Objekte werden in allen Fällen lokal erzeugt (allerdings muß das *JD Data Module* die neue OID vom Server anfordern). Nur bei Änderungsoperationen auf existierenden Objekten machen sich die unterschiedlichen Verfahren bemerkbar: Das *CO Data Module* kann alle Änderungen lokal durchführen und Kommunikation mit dem Server bis zum *Commit* verzögern (*write back*), die *QS* und *JD Data Modules* müssen hingegen die erste Änderung eines Objektes direkt zum Server propagieren, um die nötige Sperre zu erwerben (*write through*). Erst danach können folgende Änderungen auf demselben Objekt bis zum *Commit* verzögert werden (*write back*).

	Data Module			
	CO	**QS**	**JD**	**OS**
Zugrundeliegende Technologie				
... beschrieben in Kapitel	5.4.7	5.4.3	5.5.2	5.4.6
Data Shipping / Oper. Shipping	DS	DS	DS	OS
Verwendete *Middleware*	CORBA	CORBA	JDBC	CORBA
Datenquelle	GDBM	GDBM	RDBVS (IBM DB2)	OODBVS (Object-Store)
Puffer im Client (*Object Cache*)	✓	✓	✓	-
Verdrängung von Objekten möglich	-	✓	-	-
Strategie bei Änderungs-operationen: *write back* (wb) oder *write through* (wt)	wb	wt / wb	wt / wb	-
Kommunikation				
Datenformat	IDL struct (proprietär)	IDL struct (proprietär, Stand. angestrebt)	über JDBC (proprietär)	IDL interface (stand.)
Aggregate als eigene Objekte mit interner OID	✓	✓	✓	- (IDL seq.)
Puffer im Server (*Object Cache*)	in GDBM	in GDBM	-	✓
... mit Verdrängung von Objekten	durch GDBM	durch GDBM	-	✓
Entity Extents im Server materialis.	✓	✓	-	✓
Aktive *Extent*-Verwaltung im Server	-	✓	nicht nötig	✓

Tabelle 6.4: Technologien der realisierten *Data Modules*

6.3 Verwendete Applikationen

Zum Bewerten der unterschiedlichen Implementierungen und Konzepte haben wir mehrere Applikationen entwickelt bzw. benutzt, die auf der zuvor beschriebenen JavaSDAI-Schnittstelle aufsetzen. Sie dienen insbesondere dem Vergleich der Leistungsfähigkeit beim Datenzugriff. Erste Tests wurden mit einer Anwendung zum Erzeugen und Lesen von binären Bäumen durchgeführt (Kapitel 6.3.1). Diese ist einfach und skalierbar. Im Anschluß daran haben wir den komplexeren oo7-Benchmark auszugsweise auf JavaSDAI portiert (Kapitel 6.3.2). Zur direkten Gegenüberstellung von *Data Shipping* und *Operation Shipping* über CORBA haben wir weiterhin ein rudimentäres Testprogramm entwickelt, das direkt auf Datenobjekten arbeitet und keine SDAI-Schnittstelle verwendet (Kapitel 6.3.3). Es überträgt wahlweise alle Daten zum Client und bearbeitet sie dort lokal (*Data Shipping*) oder es wickelt die Verarbeitung auftragsorientiert im Server ab (*Operation Shipping*).

6.3.1 Binäre Bäume

Die einfachste Anwendung erzeugt und liest binäre Bäume. Das Szenario ist vergleichbar mit dem Zugriff auf Produktdaten (z.B. hierarchische Stücklisten) und sehr gut skalierbar über die Anzahl der Knoten eines Baumes. Weiterhin läßt sich mit diesem Vorgehen bereits ein großer Teil der Funktionalität der SDAI-Schnittstelle testen und bewerten. So umfaßt das zugrundeliegende und in Beispiel 6.13 dargestellte EXPRESS-Schema bereits Aggregate und Vererbung.

```
SCHEMA BINTREE;

    ENTITY Node
        ABSTRACT SUPERTYPE OF ( ONEOF(Integer_Node,String_Node) );
        Admin : Administrator;
        Left_Son : Node;                     ENTITY String_Node
        Right_Son : Node;                        SUBTYPE OF (Node);
        Father : Node;                           strVals : BAG [0:?] OF STRING;
    END_ENTITY;                              END_ENTITY;

    ENTITY Integer_Node                      ENTITY Administrator;
        SUBTYPE OF (Node);                       Nodes : SET [0:?] OF Node;
        intVal : INTEGER;                        checked : BOOLEAN;
    END_ENTITY;                              END_ENTITY;

                                         END_SCHEMA;
```

Beispiel 6.13: EXPRESS-Definitionen für die Applikation mit binären Bäumen

Die Knoten eines Baumes werden durch Instanzen der Klasse Node (bzw. deren Subklassen) gebildet: Die Wurzel wird grundsätzlich durch einen String_Node repräsentiert, alle folgenden Knoten durch einen Integer_Node. Zu jedem Baum gibt es zusätzlich einen Administrator, der ein Aggregat mit Verweisen auf alle

Knoten und ein weiteres Testattribut für den EXPRESS-Typ BOOLEAN enthält. Jeder Knoten (Node) besitzt außerdem eine Gegenreferenz auf den zugehörigen Administrator. Nachdem die Implementierung einiger *Data Modules* keine inversen Attribute unterstützt, haben wir diese Gegenreferenz allerdings als normales Attribut modelliert, das von der Applikation selbst gewartet werden muß (im Gegensatz zu inversen Attributen, die von der SDAI-Implementierung gewartet werden). Alle Bäume werden grundsätzlich balanciert erzeugt. Alle Integer_Nodes sind in LWR-Ordnung (Links-Wurzel-Rechts) aufsteigend numeriert. Anhand dieser Ordnung wird gleichzeitig die Korrektheit der Programme überprüft.

Für Messungen werden zwei Operationen angeboten: das Lesen aller Knoten oder die Suche nach dem Knoten mit der Nummer "1". Letzterer ist immer der Knoten links unten im Baum, d.h., die Zahl der gelesenen Knoten entspricht der Höhe des Baumes. Weiterhin läßt sich für jede Operation auswählen, ob bei leerem Puffer alle Objekte einzeln vom Server angefordert (*Single Object Fault*) oder ob alle Objekte zu Beginn auf einmal übertragen werden (*Prefetching & Bulk Transfer of Entity Extents*). Dementsprechend ergeben sich je Baumgröße und *Data Module* also vier verschiedene Konfigurationen, für die es jeweils einen eigenen Baum in einem separaten SDAI *Model* gibt. Für jede Konfiguration wird nun noch nach *Cold Run* (leerer Puffer im Client, d.h., es müssen noch alle Objekte geladen werden) und *Hot Run* unterschieden (alle Objekte befinden sich im Puffer des Clients, d.h., es ist keine Client/Server-Kommunikation mehr nötig). Beim *Hot Run* ist die Konfiguration für das *Prefetching* allerdings ohne Bedeutung, so daß sich insgesamt 6 Meßwerte je Baumgröße und *Data Module* ergeben.

Neben diesen konzeptuellen Unterschieden gibt es natürlich noch weitere Parameter für die Messungen. Dies sind etwa die verwendete Rechnerarchitektur (Intel, SUN Sparc usw.), das Betriebssystem (Solaris, Linux usw.) oder die Java-Version (JDK 1.1.x, JIT-Compiler). Diese Details werden wir bei den jeweiligen Messungen in Kapitel 6.4 diskutieren.

6.3.2 Der oo7-Benchmark

Der oo7-Benchmark wurde ursprünglich an der Universität von Wisconsin-Madison entwickelt, um die Leistungsfähigkeit von OODBVS zu bewerten [CDN93]. Er definiert dazu einige für Ingenieursanwendungen typische Datenstrukturen und Operationen (*Traversals*, *Updates* und *Queries*), die insbesondere auch den Datenbank-*Cache* sowie die Vorteile einer *Cluster*-Bildung bei der Speicherung komplexer Objekte betrachten. Unsere JavaSDAI-Implementierung ist zwar kein OODBVS, sie dient aber der Datenversorgung in ähnlichen Szenarien. Außerdem enthalten einige *Data Modules* ebenfalls einen Puffer im Client und bieten auch die Möglichkeit zur *Cluster*-Bildung über SDAI *Models*. Aus diesem Grunde erscheint die Verwendung einer leicht modifizierten Version des oo7-Benchmarks als geeignet [Bu98]. Ähnliche Ansätze wurden bereits in [Dr95] und [Sel96] verfolgt.

Die Ergebnisse von Messungen mit dem oo7-Benchmark werden in Kapitel 6.4.1 lediglich zur prinzipiellen Gegenüberstellung von *Operation Shipping* und *Data Shipping* verwendet, so daß wir an dieser Stelle auf eine detaillierte Beschreibung der Datenstrukturen und Operationen verzichten wollen. Dafür sei auf [CDN93, Dr95, Sel96] verwiesen. Wie bei der Applikation mit binären Bäumen gilt aber auch hier, daß zwischen *Cold Run* (leerer Puffer bzw. *Cache*) und *Hot Run* (gefüllter Puffer bzw. *Cache*) unterschieden wird.

6.3.3 Direkte Gegenüberstellung von Operation Shipping und Data Shipping

Neben dem oo7-Benchmark haben wir eine weitere Testapplikation mit binären Bäumen entwickelt, um nun direkt auf die Unterschiede zwischen *Operation Shipping* und *Data Shipping* in CORBA-Umgebungen eingehen zu können. Dafür haben wir rudimentäre IDL-Definitionen entworfen, die in Beispiel 6.14 dargestellt sind und als Basis für unsere in C++ geschriebene Implementierung dienen. Alle Tests arbeiten weiterhin auf reinen Hauptspeicherstrukturen, um die Meßwerte nicht durch Zugriffszeiten auf Externspeicher zu verfälschen.

```
// IDL definitions for           // IDL definitions for Data Shipping:
// Operation Shipping:
                                 struct nodeData {
interface node {                     long val;
    node leftSon ();                 long OID;
    node rightSon ();                long leftOID;  // OID 0 == NULL reference
    long val ();                     long rightOID; // OID 0 == NULL reference
};                               };
                                 typedef sequence<nodeData> nodeDataSeq;
interface admin {
    node getRootNode ();         interface admin {
    long getNoOfNodes ();            nodeDataSeq    getAllNodes ();
};                                   nodeData       getNode (in long OID);
                                     long           getNoOfNodes ();
                                 };
```

Beispiel 6.14: IDL-Definitionen der zweiten Testapplikation mit binären Bäumen

Im Fall von *Operation Shipping* werden die zwei auf der linken Seite aufgeführten Schnittstellen benutzt. Der Server erzeugt während der Initialisierung ein Objekt vom Typ `admin`, schreibt dessen Objektreferenz (IOR) in eine Datei (welche der Client später liest, um die Verbindung aufzubauen) und erzeugt anschließend die als Parameter übergebene Anzahl von Objekten (Typ `node`). Nun wird der Client gestartet, der über die IOR die Verbindung zum `admin`-Objekt aufbaut, über dessen Methode `getRootNode` eine Referenz auf die Wurzel des Baumes erwirbt und diesen anschließend in LWR-Ordnung (Links-Wurzel-Rechts) durchläuft. Bei manchen CORBA-Systemen erfolgt erst beim ersten Durchlauf eine Registrierung der CORBA-Objekte im Server, so daß wir die Zeiten für den ersten Durchlauf ignorieren und den Client noch einmal starten. Dies geschieht wahlweise auf dem gleichen

Rechner, auf dem auch der Server läuft, oder auf einer anderen Maschine. Dementsprechend erhalten wir je Baumgröße zwei Meßwerte: *Local* und *Remote*. Bei der Konfiguration *Remote* wurde grundsätzlich auf ein unbelastetes Netzwerk geachtet.

Im Gegensatz dazu benutzen wir zur Realisierung von *Data Shipping* die IDL-Typen aus der rechten Hälfte von Beispiel 6.14. Der Server enthält wiederum ein `admin`-Objekt, das diesmal aber eine `sequence` von Strukturen (`struct node-Data`) verwaltet. Auf die Daten für einen Knoten kann dabei direkt über die OID zugegriffen werden: Der Index in der `sequence` ergibt sich aus OID-1. Die Initialisierung des Servers erfolgt dann analog zum *Operation Shipping*.

Der Client liest wiederum die IOR des Servers und baut die Verbindung zu diesem auf. Anschließend ermittelt er über `getNoOfNodes()` die Anzahl der vorhandenen Knoten und berechnet daraus die OID der Wurzel. Wurde *Prefetching* konfiguriert, so folgt nun die Übertragung aller Daten mit `getAllNodes()` und deren Einlagerung in den Puffer des Clients (ein `array` mit der OID als Index). Dabei werden die Daten zur Erzeugung gekapselter Objekte genutzt, die eine ähnliche Schnittstelle wie der Typ `node` aus Beispiel 6.14 aufweisen (diesmal aber in C++). Anschließend wird der Baum wieder in LWR-Ordnung durchlaufen. Im Puffer nicht vorhandene Knoten werden dabei einzeln vom Server angefordert (über `getNode`), in Objekte konvertiert und eingelagert. In diesem ersten Durchlauf wird die Zeit für den sog. *Cold Run* gemessen. Anschließend folgen fünf weitere Durchläufe, die auf dem inzwischen gefüllten Puffer navigieren. Die gemessenen Zeiten werden gemittelt und bilden das Ergebnis für den sog. *Hot Run*. Somit erhalten wir drei Zeiten (*Cold Run* ohne *Prefetching*, *Cold Run* mit *Prefetching* und *Hot Run*), die jeweils in den Konfigurationen *Local* und *Remote* vorkommen. Insgesamt ergeben sich damit beim *Data Shipping* sechs Meßwerte je Baumgröße.

6.4 Messungen

In diesem Kapitel wollen wir nun die bisher aufgestellten Theorien anhand von Messungen belegen sowie die diskutierten Technologien und Konzepte gegenüberstellen und bewerten. Als Meßwerkzeug dienen dabei die im letzten Abschnitt beschriebenen Applikationen. Beginnen wollen wir in Kapitel 6.4.1 mit einem konzeptuellem Vergleich von *Operation Shipping* und *Data Shipping* anhand des oo7-Benchmarks. Aufgrund verschiedener Probleme sind diese Ergebnisse aber noch nicht zufriedenstellend, so daß in Kapitel 6.4.2 ein weiterer Vergleich der Paradigmen auf Basis einer rudimentären Testapplikation für binäre Bäume erfolgt. An dieser Stelle verzichten wir vollständig auf eine SDAI-Schnittstelle oder Externspeicherzugriffe. Betrachtet man die erzielten Ergebnisse, so ist klar die konzeptuelle Überlegenheit des *Data Shipping* zu erkennen. In Kapitel 6.4.3 benutzen wir deshalb die von uns entwickelte JavaSDAI-Schnittstelle zur Gegenüberstellung und Bewertung verschiedener Strategien zur Realisierung von *Data Shipping*.

6.4.1 Vergleich von Operation Shipping und Data Shipping über SDAI

Ursprünglich sollte die Gegenüberstellung von *Operation Shipping* und *Data Shipping* anhand eines detaillierten Vergleiches der vier in Kapitel 6.2 vorgestellten *Data Modules* erfolgen. Unglücklicherweise konnte aber das auf *Operation Shipping* basierende *Data Module* (Kapitel 6.2.4) aufgrund verschiedener Probleme im Projekt sowie einiger Fehler in der eingesetzten Software nicht zum Einsatz gebracht werden. Wir benutzen deshalb die Ergebnisse aus früheren Arbeiten, um sie mit dem auf *Data Shipping* basierendem *CO Data Module* (Kapitel 6.2.1) zu vergleichen. Als Grundlage dienen uns dabei ausgewählte Operationen des oo7-Benchmarks (Kapitel 6.3.2).

Benchmark- Operation	Cold Run (leerer Puffer)				Hot Run (gefüllter Puffer)			
	Operation Shipping		Data Shipping		Operation Shipping		Data Shipping	
				System aus				
	[Sel96]	[Sel96] portiert auf Orbix	[Bu98] Typ 1	[Bu98] Typ 2	[Sel96]	[Sel96] portiert auf Orbix	[Bu98] Typ 1	[Bu98] Typ 2
T1	189.900	108.300	2.717	3.667	148.600	78.300	36	38
T2 A	196.000	105.800	3.660	3.602	161.200	77.000	533	495
T2 B	244.300	116.400	3.315	4.365	214.600	88.300	547	495
T2 C	450.900	158.300	3.355	4.489	415.600	130.600	557	521
T6	27.900	14.100	1.252	1.258	13.600	8.500	3	5
T8	6.000	3.900	1.206	1.350	430	200	294	306
T9	5.600	3.800	662	738	390	210	3	4
Q1	15.500	20.100	159	241	5.100	15.300	6	10
Q2	12.200	6.300	140	205	810	1.900	3	4
Q4	150.700	75.000	989	1.293	138.500	69.800	6	9
Q5	19.600	9.500	740	821	5.900	4.500	4	5
Q7	15.600	6.300	193	215	1.140	1.900	42	50
Q8	17.900	13.900	389	456	2.800	8.900	7	12

Tabelle 6.5: Meßergebnisse des oo7-Benchmarks für SDAI-Prototypen (in ms)

Bereits in [Sel96] hatten wir einen SDAI-Prototypen entwickelt, der konform zu ISO 10303-26 ist und auf *Operation Shipping* basiert. Die damals erzielten Ergebnisse waren katastrophal schlecht. Neben den zu erkennenden konzeptuellen Problemen des *Operation Shipping* lag dies aber vor allem an der ineffizienten Implementierung des verwendeten CORBA-Systems ORBeline [PMC94]. Aus diesem Grunde haben wir den Prototypen 1997 auf das CORBA-System Orbix [IONA98b] portiert. Die Ergebnisse waren besser, aber immer noch viel zu schlecht. Ein erheblicher Teil der gemessenen Zeiten wurden nach wie vor durch den CORBA-Server (CPU-Zeit gemäß UNIX `top`-Kommando) benötigt. Deshalb hatten wir uns zur Entwicklung eines neuen *Data Module* entschlossen, das effizientere Mechanismen zur Verwaltung der CORBA-Objekte realisiert (und damit erst sinnvolle Messungen zum Vergleich von *Operation Shipping* und *Data Shipping* ermöglicht). Wie bereits gesagt, konnte dieses Modul aber leider nicht fertiggestellt werden. Dementsprechend haben wir in Tabelle 6.5 nun doch die alten Ergebnisse (aus [Sel96] und die des portierten Prototypen) direkt mit zwei Varianten des *CO Data Module* gegenübergestellt ([Bu98] Typ 1 und 2).

In gewisser Weise entspricht dies aber leider einem „Vergleich von Äpfeln mit Birnen", da alle Messungen auf unterschiedlichen Rechnern durchgeführt wurden und die oo7-Applikation inzwischen in einer leicht geänderten Variante vorliegt [Bu98]. Weiterhin ist die Anwendung in [Bu98] ein Java-Client, während der Prototyp in [Sel96] vollständig in C++ geschrieben wurde. Trotzdem halten wir alleine die Größenordnung der Unterschiede für sehr interessant.

Die Messungen in [Sel96] beziehen sich auf eine SUN SparcStation 20 (1 Prozessor mit 60 MHz, 112 MB Speicher, 1 MB 2nd *Level Cache*) unter SUN-OS 4.1.4. Der auf Orbix portierte Prototyp wurde auf einer SUN Sparc Classic (1 Prozessor mit 50 MHz, 48 MB Speicher) unter Solaris 2.5 getestet. Verglichen mit der ersten Messung ist dieser Rechner um ca. 40% langsamer. Die Ergebnisse aus [Bu98] basieren auf einer SUN Ultra 1 (1 Prozessor mit 167 MHz, 196 MB Speicher) unter Solaris 2.5.1. Dieser Rechner ist ca. 8 mal schneller als die verwendete Sparc Classic. Für einen besseren Vergleich haben wir deshalb in Tabelle 6.6 die relativen Unterschiede der Laufzeiten gegenübergestellt: Die Zeiten aus [Bu98] wurden mit 100% gewertet, die anderen Spalten stellen die Faktoren zwischen den Laufzeiten dar. So benötigte der Prototyp aus [Sel96] für die Operation T1 im *Cold Run* 14,56 mal länger als der Prototyp aus [Bu98]. Dabei wurden die gerade genannten Unterschiede bei der Leistungsfähigkeit der Rechner einberechnet. Unberücksichtigt bleiben hingegen die verschiedenen Programmiersprachen. Sie machen sich besonders bei T8 und T9 bemerkbar, die auf sehr wenige (aber große) Textattribute zugreifen und diese modifizieren. Derartige Operationen sind in Java erheblich teurer. Zusätzlich ist zu berücksichtigen, daß T8 und T9 in allen Fällen zu *Data Shipping* und einer vergleichbaren Verarbeitung führen: In IDL modellierte Textattribute werden ebenfalls zum Client kopiert und dort lokal bearbeitet.

Insgesamt ist die Aussagekraft der dargestellten Ergebnisse natürlich nicht sehr hoch. Das vierte *Data Module* wäre also dringend erforderlich. Nachdem wir es aber nicht realisieren konnten, haben wir uns zur Implementierung eines rudimentären

Prototypen entschieden, der ohne eine SDAI-Schnittstelle auskommt und die Unterschiede zwischen *Data Shipping* und *Operation Shipping* auf sehr einfache Weise dokumentiert (siehe Kapitel 6.3.3). Die damit erzielten Ergebnisse sind im folgenden beschrieben.

| Benchmark- Operation | Cold Run (leerer Puffer) | | | | Hot Run (gefüllter Puffer) | | | |
| | Operation Shipping | | Data Shipping | | Operation Shipping | | Data Shipping | |
	[Sel96]	[Sel96] portiert auf Orbix	[Bu98] Typ 1	[Bu98] Typ 2	[Sel96]	[Sel96] portiert auf Orbix	[Bu98] Typ 1	[Bu98] Typ 2
T1	14,56	4,98	1	1,35	859,95	271,88	1	1,06
T2 A	11,16	3,61	1	0,99	63,01	18,06	1	0,93
T2 B	15,35	4,39	1	1,32	81,73	20,18	1	0,90
T2 C	28,00	5,90	1	1,34	155,45	29,31	1	0,94
T6	4,64	1,41	1	1,01	944,44	354,17	1	1,67
T8	1,04	0,40	1	1,12	0,30	0,09	1	1,04
T9	1,76	0,72	1	1,11	27,08	8,75	1	1,33
Q1	20,31	15,80	1	1,52	177,08	318,75	1	1,67
Q2	18,15	5,63	1	1,46	56,25	79,17	1	1,33
Q4	31,75	9,48	1	1,31	4809,03	1454,17	1	1,50
Q5	5,52	1,60	1	1,11	307,29	140,63	1	1,25
Q7	16,84	4,08	1	1,11	5,65	5,65	1	1,19
Q8	9,59	4,47	1	1,17	83,33	158,93	1	1,71

Tabelle 6.6: Architekturbereinigte Unterschiede der oo7-Meßergebnisse

6.4.2 Direkte Gegenüberstellung von Operation Shipping und Data Shipping

Aufgrund der unzureichenden Qualität der Meßdaten des letzten Kapitels sowie dem Scheitern der Implementierung des vierten, auf *Operation Shipping* basierendem *Data Module* sind noch weitere Messungen für eine fundierte Bewertung der Unterschiede zwischen *Data Shipping* und *Operation Shipping* nötig. Diese haben wir mit dem in Kapitel 6.3.3 beschriebenen Prototypen durchgeführt. Bei allen Messungen lief der Server auf einem COMPAQ LTE 5300 mit einem Pentium-133 und

48 MByte Hauptspeicher. Das verwendete Betriebssystem war S.u.S.E. Linux 5.3 mit dem gcc 2.7.2. Als CORBA-System diente ORBacus 3.0 von OOC [OOC98]. Bei der Konfiguration *Remote* wurde zusätzlich ein Pentium-100 mit 32 MByte Hauptspeicher (und gleicher Software) für den Client benutzt. Beide Rechner waren über ein 10 MBit-LAN (10BaseT) lokal vernetzt (Direktverbindung ohne störende Einflüsse). Bei allen Grafiken gilt weiterhin, daß die Einträge in der Legende die gleiche Reihenfolge haben wie die einzelnen Meßkurven.

Alle Werte für *Operation Shipping* sowie die Ergebnisse für *Cold Runs* beim *Data Shipping* sind in Abbildung 6.10 gegenübergestellt. Die rechte Grafik enthält alle Werte, während die linke Hälfte eine detailliertere Sicht auf die Ergebnisse für Bäume mit maximal 2.500 Knoten bietet. In beiden Fällen verschmelzen die Kurven für *Data Shipping* mit *Prefetching* mit der X-Achse. Wir werden die einzelnen Messungen für *Data Shipping* deshalb später noch genauer betrachten. Zuerst wollen wir uns aber auf die Unterschiede zwischen *Operation Shipping* und dem schlechtesten Fall beim *Data Shipping* (*Cold Run* ohne *Prefetching*) konzentrieren. Es ist deutlich zu erkennen, daß die Kurven beim *Data Shipping* (generell) linear skalieren, während die Ergebnisse für *Operation Shipping* ein eher polynomiales Wachstum aufweisen. Wir haben deshalb die Meßwerte für den Server beim *Operation Shipping* genauer untersucht. Zuerst fiel auf, daß ca. 95% der gesamten Laufzeit der CPU-Zeit des Servers entspricht (gemäß UNIX `top`-Kommando). Für einen Baum mit 10.000 Knoten benötigte dieser 0,2 Sekunden zum Erzeugen der CORBA-Objekte (mittels `new`-Operator), 470 Sekunden für den ersten Durchlauf und 343 Sekunden für den zweiten (der dann in die Meßkurve einging). Wir schließen aus diesem Ergebnis, daß ORBacus die CORBA-Objekte erst während des ersten Durchlaufes registriert (beim Erzeugen korrespondierender Objektreferenzen für Clients in anderen Prozessen). Dafür wurden ca. 125 Sekunden benötigt (Unterschied zwischen erstem und zweitem Durchlauf).

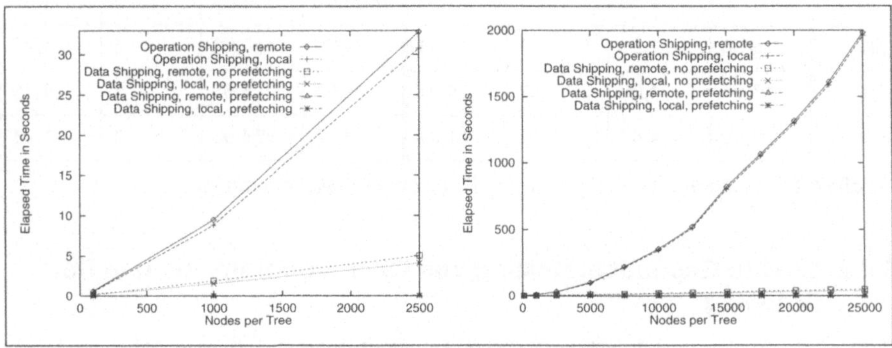

Abb. 6.10: Vergleich der Messungen für *Operation Shipping* und *Data Shipping* (*Cold Run*)

Viel mehr Zeit wurde aber zum Auflösen von Objektreferenzen, d.h. zum Lokalisieren der Objekte, benötigt. Hierfür muß die gesamte Laufzeit im zweiten Durchlauf gewertet werden (immerhin 343 Sekunden), da der Server in diesem Fall keine andere Operation ausführt. Das polynomiale Wachstum deutet darauf hin, daß ORBacus alle Objekte in einer linearen Liste verwaltet, die auch linear durchsucht wird. Dadurch ergäbe sich ein Algorithmus mit quadratischer Komplexität.

Selbst wenn man die Registrierung der Objekte optimieren würde, so gibt doch folgender Punkt zu denken: *Operation Shipping* ist bei unseren Messungen immer langsamer als *Data Shipping*. Auch bei wenigen Objekten! Und entsprechend der Ergebnisse für die Konfigurationen *Remote* und *Local* ist der *Overhead* für die Kommunikation zwischen Rechnern nur sehr gering – in der rechten Grafik von Abbildung 6.10 sind die beiden Kurven quasi identisch.

Nun wollen wir aber noch einen Blick auf die einzelnen Ergebnisse beim *Data Shipping* werfen. Abbildung 6.11 stellt dafür die Kurven für *Cold Runs* mit und ohne *Prefetching* gegenüber (die linke Grafik bezieht sich wiederum auf Bäume mit weniger Knoten). Das Wachstum ist in allen Fällen annähernd linear, es läßt sich aber (wie erwartet) klar der Vorteil durch das *Prefetching* erkennen. Bei der Kommunikation zwischen ORBs ist die einmalige Übertragung einer größeren Menge von Daten also deutlich effizienter als die mehrfache Anforderung kleinerer Pakete.

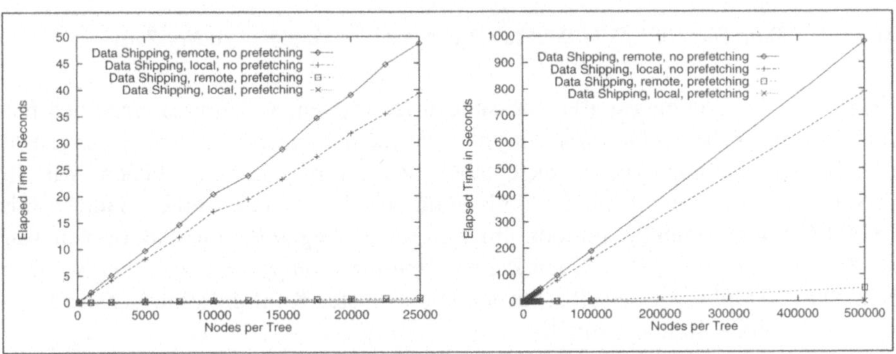

Abb. 6.11: Vergleich verschiedener Strategien beim *Data Shipping* (*Cold Run*)

Bei der Gegenüberstellung der Zeiten für *Cold Runs* mit *Prefetching* und *Hot Runs* läßt sich schließlich die benötigte Zeit für die einmalige Übertragung aller Daten ablesen (siehe Abbildung 6.12 auf Seite 194). Dabei ist der Unterschied zwischen lokaler und entfernter Verarbeitung (Konfiguration *Local* gegenüber *Remote*) deutlich größer, d.h., hier stoßen wir langsam an die physikalischen Grenzen (bedingt durch die Netzkommunikation). Bei der Konfiguration *Local* wird natürlich ein erheblicher Anteil der Laufzeit durch die Prozeßwechsel zwischen Client und Server benötigt. Noch deutlichere Ergebnisse wären deshalb mit einem Mehrprozessorrechner zu erzielen, der uns aber leider nicht in der erforderlichen Konfiguration zur Verfügung stand.

In bezug auf die rechte Grafik in Abbildung 6.12 sollten noch zwei Aspekte erwähnt werden: Zunächst hört die Kurve für den *Cold Run* mit *Prefetching* in der Konfiguration *Remote* (oberste Kurve) leider schon bei 100.000 Knoten auf. Bei der Messung mit 500.000 Knoten stand auf dem Rechner des Clients nicht genügend Hauptspeicher zur Verfügung, um alle (per *Bulk Transfer*) erhaltenen Daten in Objekte konvertieren zu können. Das resultierende *Swapping* machte die Ergebnisse deshalb unbrauchbar. Der zweite Punkt bezieht sich auf die beiden Kurven für *Hot Runs*, die eigentlich identisch sein müßten. Sie weichen jedoch leicht voneinander ab, da unterschiedliche Rechner eingesetzt wurden (siehe Legende).

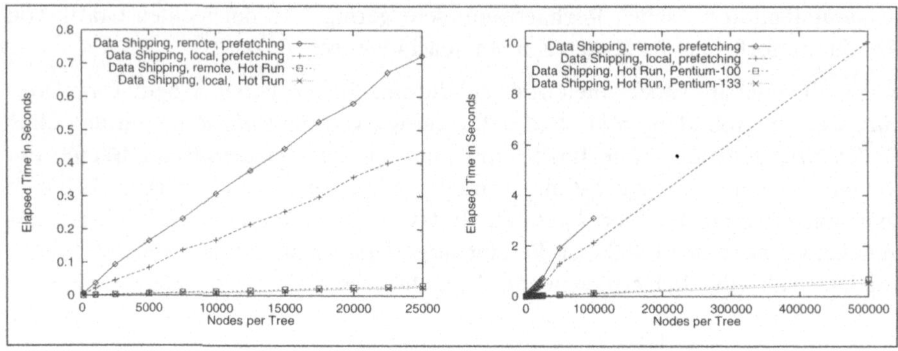

Abb. 6.12: *Data Shipping*: *Cold Runs* mit *Prefetching* im Vergleich zu *Hot Runs*

Fassen wir die Ergebnisse aller Messungen zusammen, so kann es eigentlich nur eine Aussage geben: *Operation Shipping* ist für datenintensive Anwendungen in CORBA-Umgebungen nicht akzeptabel. Zur Verdeutlichung haben wir in Tabelle 6.7 noch einmal die Ergebnisse für das Durchlaufen eines Baumes mit 25.000 Knoten gegenübergestellt. Im Extremfall liegt hier ein Faktor von fast 80.000 zwischen den gemessenen Zeiten (*Operation Shipping* gegen den *Hot Run* beim *Data Shipping*)! Und selbst bei der ungünstigsten Konfiguration ist *Data Shipping* immer noch 40 mal schneller.

Typ	Lauf	Prefetching	Konfiguration	Zeit in ms
Operation Shipping	-	-	Remote	1.980.000
	-	-	Local	1.960.000
Data Shipping	Cold Run	nein	Remote	49.000
	Cold Run	nein	Local	39.000
	Cold Run	ja	Remote	720
	Cold Run	ja	Local	430
	Hot Run	-	-	25

Tabelle 6.7: Meßwerte für das Durchlaufen eines Binärbaumes mit 25.000 Knoten

Natürlich lassen diese Meßwerte einige Aspekte außer Betracht. So erfordert *Data Shipping* in einer Mehrbenutzerumgebung z.B. einen ergänzenden Mechanismus zur Vermeidung von Kohärenzen zwischen verschiedenen Puffern in den Clients. Angesichts der dramatischen Laufzeitunterschiede dürfte hier aber genügend Spielraum für derartige Algorithmen sein. Schade bleibt aber vor allem, daß die vom CORBA-Standard angebotenen *Services* in datenintensiven Umgebungen wohl nicht entsprechend ihrer Philosophie genutzt werden können.

6.4.3 Bewertung verschiedener Ansätze zum Data Shipping über JavaSDAI

Nachdem im letzten Kapitel die klare Überlegenheit von *Data Shipping* deutlich wurde, wollen wir nun verschiedene Ansätze zum *Data Shipping* vergleichen und bewerten. Dazu benutzen wir die in Kapitel 6.2 entwickelten *Data Modules* unseres JavaSDAI-Prototypen. Als Anwendung dient grundsätzlich die in Kapitel 6.3.1 beschriebene Applikation zum Lesen von binären Bäumen. Für alle Grafiken gilt auch hier, daß die Reihenfolge der einzelnen Kurven immer mit der Reihenfolge innerhalb der Legende übereinstimmt. Folgende vier Rechnertypen standen uns dabei zur Verfügung:

- eine SUN Ultra 1 mit einem 167 MHz Sparc Prozessor und 196 MByte Hauptspeicher unter Solaris 2.5.1,

- eine SUN Ultra 10 Creator 3D mit einem 333 MHz Sparc Prozessor und 128 MByte Hauptspeicher unter Solaris 2.6,

- ein PC mit einem Pentium 133 und 64 MByte Hauptspeicher unter S.u.S.E. Linux 6.0 und

- eine SUN JavaStation 1 (sparc) mit 32 MByte Hauptspeicher, die wahlweise unter JavaOS 1.0 (JDK 1.0.2) oder JavaOS 1.1 mit HotJava Views 1.1.1 (JDK 1.1.4) betrieben wurde.

In Kapitel 6.4.3.1 wollen wir zunächst allgemein die Meßergebnisse für alle *Data Modules* gegenüberstellen. In den weiteren Abschnitten folgt dann eine Diskussion einzelner Aspekte, welche die Leistung des Systems z.T. erheblich beeinflussen (z.B. *Prefetching*). In Kapitel 6.4.3.6 fassen wir die Ergebnisse schließlich zusammen und beantworten damit die Frage, was denn eigentlich die kritischen Leistungsfaktoren zur Laufzeit sind.

6.4.3.1 Allgemeiner Vergleich aller Data Modules

Beginnen wollen wir die Diskussion mit einer Gegenüberstellung aller auf *Data Shipping* basierender *Data Modules*: dem proprietären CORBA-Modul (CO, siehe Kapitel 6.2.1), dem *Query-Service*-Modul (QS, siehe Kapitel 6.2.2) und dem JDBC-Modul (JD, siehe Kapitel 6.2.3).

Zunächst haben wir Testläufe mit allen drei Modulen auf einer SUN Ultra 10 durchgeführt (siehe Abbildung 6.13). Dabei benutzten wir die *Scan*-Operation, um auf alle Knoten des jeweiligen Baumes zuzugreifen. In der linken Grafik sind die Ergebnisse für den *Cold Run* dargestellt. Sie wurden mit dem JDK 1.1.6 unter Verwendung eines JIT-Compilers erzielt. Es fällt auf, daß das JD-Modul erheblich langsamer ist als die beiden anderen (insbesondere ohne *Prefetching*). Wir führen diesen Umstand auf die Architektur des JDBC-Treibers von IBM zurück. Dieser arbeitet wie folgt: Der Treiber im Client leitet die Anfrage an einen sog. *JDBC Daemon* (einen eigenständigen Prozeß) auf dem Server weiter. Dieser kontaktiert dann über die CLI-Schnittstelle von DB2 das eigentliche DBVS. Bei der Verarbeitung des Ergebnisses wird dieses dann im DBVS, im *Daemon* und schließlich nochmal im Client aufbereitet. An dieser Stelle scheint sehr viel Zeit verloren zu gehen. Demgegenüber sind die Unterschiede zwischen den CO- und QS-Modulen deutlich geringer. Allerdings benötigt das QS-Modul aufgrund der umfangreicheren IDL-Schnittstellen des Servers sowie der komplexeren Pufferverwaltung fast doppelt soviel Zeit zum Anfordern und Einlagern der Objekte. Während *Prefetching* beim JD-Modul noch fast eine Beschleunigung um den Faktor 18 bewirkt, so liegt dieser beim QS-Modul nur noch bei ca. 4 und beim CO-Modul bei ca. 2. Bei Testläufen mit *Prefetching* sind die Ergebnisse für die CO- und QS-Module quasi identisch. Die Auswirkungen von *Prefetching* werden wir in Kapitel 6.4.3.2 noch detaillierter betrachten.

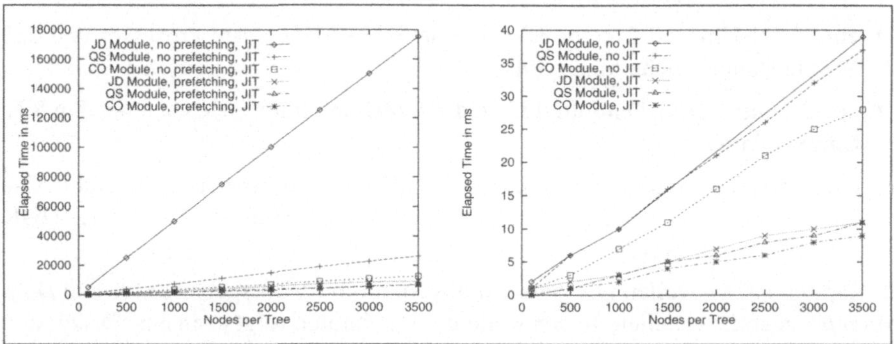

Abb. 6.13: *Data Shipping*: Gegenüberstellung aller *Data Modules* (SUN Ultra 10, links: *Cold Run*, rechts: *Hot Run*)

Die rechte Grafik in Abbildung 6.13 illustriert die Ergebnisse für den *Hot Run*. Diese basieren wiederum auf dem JDK 1.1.6, allerdings einmal mit und einmal ohne JIT-Compiler. Im Prinzip differieren die Zeiten für alle Module nur unwesentlich. Dies war auch zu erwarten, da sich die Module vor allem durch unterschiedliche Datenversorgungsstrategien unterscheiden. Sind die Daten erst einmal im Client vorhanden, so muß nur noch der Puffer ausgelesen werden. Hier erkennt man auch deutlich die Leistungssteigerung durch Caching: Die *Hot Runs* sind um einen Faktor von 1000 bis 18000 schneller als die *Cold Runs*! Demgegenüber läßt sich durch den Einsatz von JIT-Compilern nur eine Beschleunigung um den Faktor 3 erreichen.

Abbildung 6.14 illustriert schließlich die Ergebnisse derselben Testläufe auf einem PC (Pentium 133). Im großen und ganzen sind hier keine wesentlichen Unterschiede festzustellen. Die Kurven für die *Hot Runs* (rechte Grafik) weisen mehr oder weniger die gleiche Charakteristik auf, der PC ist lediglich um den Faktor 2 langsamer. Weiterhin ist die Beschleunigung durch JIT-Compiler geringer (ca. Faktor 2 statt Faktor 3 auf der Ultra 10).

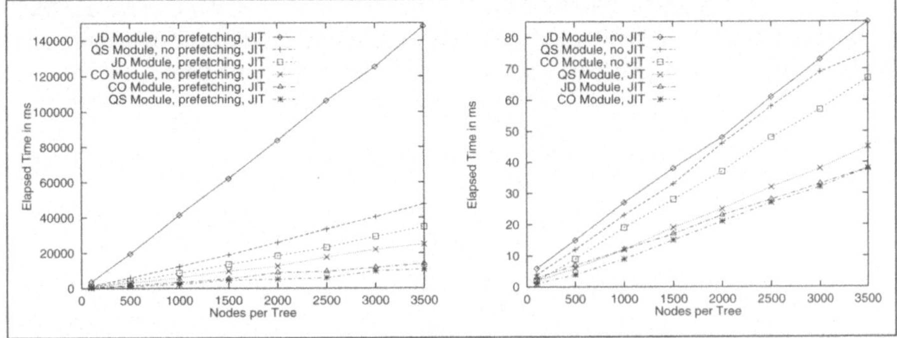

Abb. 6.14: *Data Shipping*: Gegenüberstellung aller *Data Modules* (Pentium 133, links: *Cold Run*, rechts: *Hot Run*)

Beim *Cold Run* (linke Grafik von Abbildung 6.14) läßt sich vor allem ein anderes Verhalten des JD-Moduls beobachten: Die Abweichung des JD-Moduls gegenüber den CO- und QS-Modulen ist hier sowohl mit als auch ohne *Prefetching* annähernd gleich. Unter Linux ist also nicht die Anzahl der JDBC-Zugriffe entscheidend, sondern das Datenvolumen insgesamt (das durch *Prefetching* natürlich nicht beeinflußt wird). Wir vermuten außerdem, daß die Implementierung des Typs `ResultSet` (eine Klasse des JDBC-Treibers) hier nicht sonderlich effizient realisiert wurde.

6.4.3.2 Leistungssteigerungen durch Prefetching

Nach einer allgemeinen Gegenüberstellung aller Module im letzten Abschnitt wollen wir nun gezielt auf die Auswirkungen von *Prefetching* eingehen. Dafür betrachten wir die Ergebnisse der *Cold Runs* für die Operationen *Scan 100%*, *Scan 25%* und *Search* (greift auf $\log_2 n$ Knoten zu). Nachdem *Prefetching* die einzelnen Datenversorgungsstrategien unterschiedlich stark beeinflußt, wollen wir die Messungen mit den einzelnen *Data Modules* getrennt betrachten. Weiterhin wurden alle in diesem Abschnitt dargestellten Ergebnisse mit dem JDK 1.1.6 unter Verwendung eines JIT-Compilers erzielt (Auswirkungen von JIT-Compilern auf *Cold Runs* diskutieren wir in Kapitel 6.4.3.5). Die linke Hälfte aller Grafiken repräsentiert jeweils die Werte für die Ultra 10, während sich die rechte Hälfte auf den PC (Pentium 133) bezieht.

Abbildung 6.15 stellt die Ergebnisse für das CO-Modul gegenüber. Bei beiden Rechnerarchitekturen ist klar zu erkennen, daß *Prefetching* bei allen drei Operationen zu annähernd gleichen Laufzeiten führt. Dieser Umstand ist auch zu erwarten, da *Cold Runs* wesentlich durch die Zeit zum Laden der Objekte beeinflußt werden (und in diesem Fall immer gleich viele – nämlich alle – Objekte eingelagert werden). Gleichzeitig wird deutlich, daß Prefetching beim CO-Modul zwar eine Beschleunigung der Operation *Scan 100%* um einen Faktor von ca. 2 bewirkt, die Operation *Scan 25%* aber ohne *Prefetching* schneller ist. Die Grenze (ab der sich *Prefetching* lohnt) liegt für das CO-Modul bei ca. 40-50%. Die Laufzeiten für die *Search*-Operation ohne *Prefetching* liegen bei allen drei Modultypen (CO, QS und JD) und bei beiden Rechnerarchitekturen (Ultra 10 und PC) an der Grenze der Meßgenauigkeit. Sie fallen somit mit der X-Achse zusammen und illustrieren damit, daß *Prefetching* auch zu dramatisch schlechteren Resultaten führen kann.

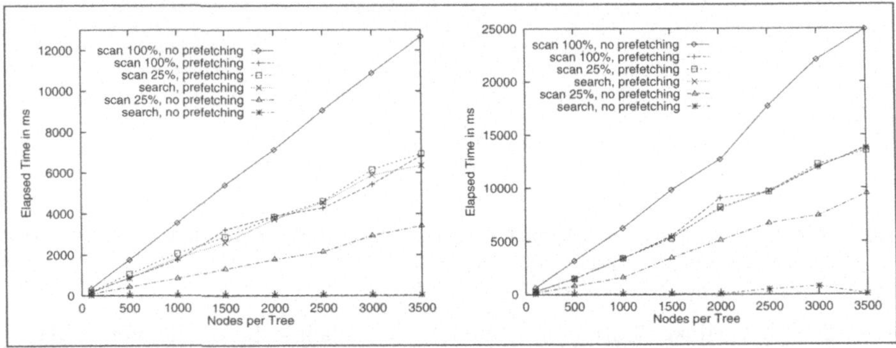

Abb. 6.15: CO-Modul: Beschleunigung bei *Prefetching* (Ultra 10 und Pentium 133)

Wenden wir uns nun aber den Ergebnissen für das QS-Modul zu (siehe Abbildung 6.16). Sie sind sehr ähnlich zu denen des CO-Moduls, nur ist die Laufzeit für die einzelnen Durchläufe ohne *Prefetching* beim QS-Modul ca. doppelt so hoch. Dementsprechend lohnt sich *Prefetching* hier auch schon ab dem Zugriff auf mindestens 25% der Daten. Begründet wird dieser Aspekt durch die komplexeren IDL-Schnittstellen des Servers sowie den höheren Aufwand für die Pufferverwaltung (das QS-Modul unterstützt die temporäre Verdrängung von Objekten).

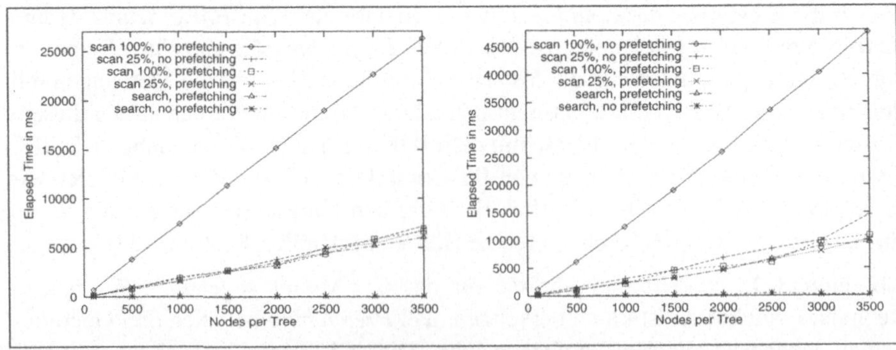

Abb. 6.16: QS-Modul: Beschleunigung bei *Prefetching* (Ultra 10 und Pentium 133)

Im Gegensatz zu den CO- und QS-Modulen unterscheiden sich beim JD-Modul die Ergebnisse für die beiden Rechnerarchitekturen deutlich (siehe Abbildung 6.17, wie bisher links Ultra 10 und rechts PC). Auf der SUN sind alle Kurven für Operationen mit *Prefetching* wirklich identisch und *Prefetching* lohnt sich hier schon ab einem Zugriff auf ca. 5% der Daten. Demgegenüber ist *Prefetching* auf dem PC erst ab einem Zugriff auf ca. 20-25% der Daten sinnvoll. Diese massiven Differenzen lassen sich nur durch konzeptuelle Unterschiede der zugrundeliegenden JDBC-Treiber erklären: In den Messungen mit den CO- und QS-Modulen hat sich bereits gezeigt, daß die JDK-Umgebungen auf beiden Rechnerarchitekturen vergleichbar sind. Weiterhin ist der Code für das JD-Modul ebenfalls in beiden Fällen identisch. Zwar verwenden wir immer das gleiche DBVS (IBM DB2), der JDBC-Treiber bzw. der zugrundeliegende *Daemon* auf dem Server scheint für beide Betriebssysteme aber anders realisiert zu sein. Aufgrund dieses Aspektes läßt sich aus den Messungen für das JD-Modul auch nicht mehr die Folgerung ableiten, daß die Ultra 10 ungefähr doppelt so schnell ist wie der PC.

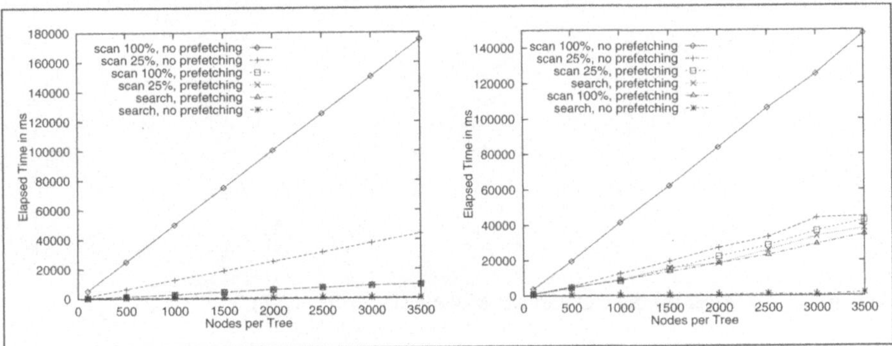

Abb. 6.17: JD-Modul: Beschleunigung bei *Prefetching* (Ultra 10 und Pentium 133)

Fassen wir die Ergebnisse der Messungen mit allen drei Modulen zusammen, so lassen sich im Prinzip zwei Schlußfolgerungen ziehen: Erstens kann keine generelle Grenze bestimmt werden, ab der sich *Prefetching* grundsätzlich lohnt. In datenintensiven Umgebungen werden wir zwar häufig einen Großteil der Daten benötigen, so daß *Prefetching* im allgemeinen zu signifikanten Verbesserungen führen wird. Jedes Modul hat aber andere Charakteristika. Dies bedeutet insbesondere auch, daß *Prefetching* im ungünstigsten Fall eine deutliche Verschlechterung der Laufzeit bewirken kann. In einem zweiten Schritt haben wir erkannt, daß selbst beim Einsatz eines einzigen Moduls die Rechnerplattform berücksichtigt werden sollte: Das JD-Modul hat auf dem PC ein völlig anderes Verhalten gezeigt als auf der SUN.

6.4.3.3 Pufferverwaltung mit Verdrängung von Objekten

In datenintensiven Umgebungen können häufig nicht alle für eine lang andauernde Verarbeitung benötigten Daten im Puffer des Clients gehalten werden. Aus diesem Grund haben wir in das QS-Modul einen Mechanismus zur temporären Verdrängung von Objekten eingebaut, der für die Anwendung nicht sichtbar ist (siehe Kapitel 6.2.2). Die Anwendung kann also bestehende Referenzen auf Objekte weiterhin so verwenden, als ob die Objekte noch im Hauptspeicher wären. Dafür ist eine weitere Indirektion bei der Verarbeitung nötig, d.h., es wird ein *Proxy*-Objekt zwischen Anwendung und Datenobjekt geschaltet. Dieses ist extrem klein (es enthält nur eine Referenz auf das eigentliche Datenobjekt) und bleibt immer im Puffer. Referenzen der Applikation auf das *Proxy*-Objekt bleiben also dauerhaft gültig. Lediglich das Datenobjekt wird bei Bedarf verdrängt und später wieder eingelagert. Diese Indirektion verursacht natürlich (insbesondere bei der reinen Navigation zwischen Objekten) höhere Kosten, die wir an dieser Stelle beurteilen wollen. Dafür haben wir die Ergebnisse der *Hot Runs* für die CO- und QS-Module auf beiden Rechnerarchitekturen in Abbildung 6.18 gegenübergestellt. Alle Ergebnisse wurden mit dem JDK 1.1.6 unter Verwendung eines JIT-Compilers erzielt.

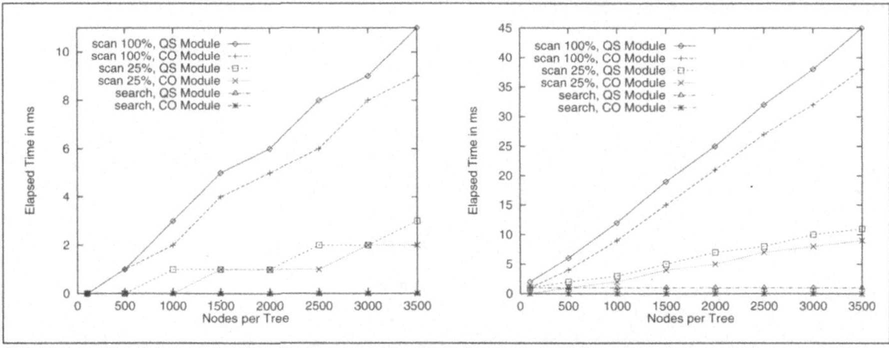

Abb. 6.18: *Hot Runs* für die CO und QS-Module (Ultra 10 und PC)

Bei fast allen Operationen läßt sich erkennen, daß die zusätzliche Indirektion beim QS-Modul nur eine unwesentliche Verschlechterung der Laufzeit bewirkt (ca. 10-15%). Auf der Ultra 10 liegen die Ergebnisse sogar an der Grenze der Meßgenauigkeit (1 ms), so daß hier eigentlich keine genauen Zahlen sinnvoll sind. Bezogen auf den enormen Vorteil der erweiterten Pufferverwaltung erscheint die leichte Verschlechterung mehr als akzeptabel. Betrachtet man weiterhin die etwas anders realisierte Pufferverwaltung des JD-Moduls (das keine Verdrängung unterstützt), so ist diese in manchen Fällen sogar langsamer als die des QS-Modul (vgl. rechte Grafik von Abbildung 6.13 und 6.14).

6.4.3.4 Lohnt sich der Einsatz von JavaStations?

Nachdem SUN in den letzten Jahren mehrfach den Einsatz von JavaStations als ultimative Lösung angepriesen hat, wollen wir an dieser Stelle kurz betrachten, ob sich die Verwendung derartiger Systeme wirklich anbietet. Leider ist der Vergleich nicht ganz fair, da die vorhandene JavaStation[3] mittlerweile drei Jahre alt ist, während die Ultra 10 gerade mal vor 6 Monaten geliefert wurde.

Abbildung 6.19 stellt die mit dem CO-Modul erzielten Ergebnisse für die Operation *Scan 100%* gegenüber. Im Gegensatz zu allen anderen Messungen war der Client diesmal ein Java-*Applet* (die JavaStation unterstützt keine reinen Java *Applications*). Insgesamt wurden drei Konfigurationen getestet, bei denen der Client jeweils auf anderen Rechnern gestartet wurde. Die Server (WWW-Server und CORBA-Server) liefen immer auf derselben Ultra 10. Client und Server waren in allen Fällen über dasselbe 10 MBit LAN miteinander verbunden. Die Ergebnisse für *Cold Runs* sind in der linken Grafik dargestellt. Die Charakteristik der Kurven ist in allen Fällen gleich: *Prefetching* bewirkt immer eine Beschleunigung um den Faktor 2. Die JavaStation ist hingegen ca. zehnmal langsamer als die Ultra 10, während die Verlagerung des Clients auf eine zweite Ultra 10 (Konfiguration *remote*) zu kaum meßbaren Verschlechterungen führt. Im *Hot Run* (hier stellt die Konfiguration *remote* natürlich keinen Unterschied dar) liegt die Differenz zwischen der JavaStation und der Ultra 10 nur noch bei einem Faktor von ca. 4,5.

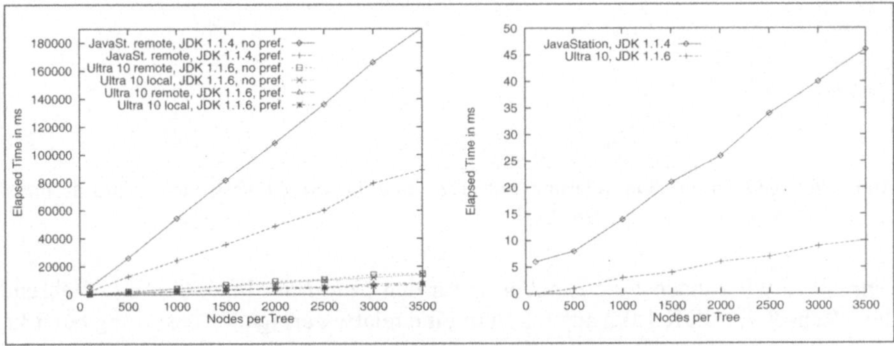

Abb. 6.19: CO-Modul: JavaStation gegenüber SUN Ultra 10 (*Applet*)

Betrachtet man letztendlich noch das Alter der JavaStation, so würden die Abweichungen beim Einsatz moderner Hardware vermutlich nur noch unwesentlich sein. Insofern spricht in bezug auf die zu erwartende Leistung nichts gegen die Einführung dieser Rechnerarchitektur. Anders sieht es hingegen bei der Flexibilität des Betriebssystems JavaOS aus: Die mangelnde Unterstützung für Java *Applications* und einfache *Copy&Paste*-Operationen zwischen verschiedenen *Applets* halten wir für inakzeptabel.

6.4.3.5 Entwicklung von JDK-Versionen, JIT-Compilern und JavaSDAI

Häufig wurde (und wird) Java als eine zu langsame Technologie bezeichnet, die keine Erstellung effizienter Anwendungen ermöglicht. Dieser Aussage haben wir uns vor wenigen Jahren noch angeschlossen [SM98]. Mittlerweile gab es aber eine deutliche Leistungssteigerung und wir erwarten weitere für die Zukunft. Insofern

---

3. Unser Dank geht an dieser Stelle an die Firma debis T&M (mittlerweile DaimlerChrysler TSS), die uns freundlicherweise eine JavaStation zur Verfügung gestellt hat.

sollten derartige Aussagen immer auf einen Zeitpunkt und konkrete Anforderungen bezogen werden (was wir damals schon getan haben). Um einen besseren Eindruck über diesen Aspekt zu erhalten, wollen wir im folgenden kurz die Entwicklung von Java und JavaSDAI innerhalb der letzten zwei Jahre skizzieren.

Abbildung 6.20 illustriert Optimierungen durch neue JDK- und JavaSDAI-Versionen. Die dargestellten Ergebnisse wurden alle mit dem CO-Modul und der Operation *Scan 100%* auf einer SUN Ultra 1 erzielt. Dabei ist zu beachten, daß das CO-Modul des alten Prototypen generell kein *Prefetching* unterstützt.

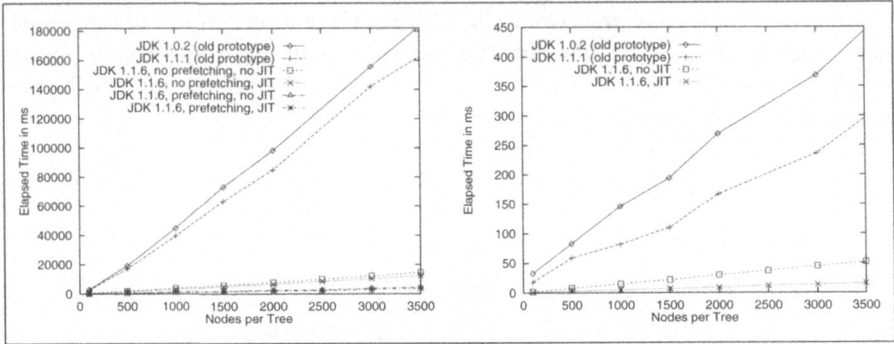

Abb. 6.20: CO-Modul: Optimierung mit JDK- und JavaSDAI-Versionen (Ultra 1, links: *Cold Run*, rechts: *Hot Run*)

Betrachten wir zunächst die Ergebnisse für den *Cold Run* (linke Grafik): Während der Wechsel von JDK 1.0.2 auf 1.1.1 nur eine relativ geringe Verbesserung bewirkt, ist der Sprung zum neuen Prototypen und JDK 1.1.6 doch erheblich. Dies hat zwei Gründe, die wir leider nicht prozentual aufteilen können: Zunächst ist die Laufzeitumgebung des JDK 1.1.6 wirklich erheblich schneller (als die des JDK 1.1.1). Zugleich haben wir unsere Implementierung aber auch deutlich optimiert. Stellte der erste Prototyp noch eine mehr oder weniger direkte Umsetzung von altbewährten Konzepten in C++ nach Java dar, so geht das neue CO-Modul nun direkt auf die Stärken und Schwächen von Java ein. Dies betrifft insbesondere die Granularität von Objekten und die Modellierung von Aggregaten. Weiterhin wurde versucht, die Erzeugung temporärer Objekte zu vermeiden.

Optimierungen im *Hot Run* (siehe rechte Grafik von Abbildung 6.20) basieren im wesentlichen auf JDK-Versionen. Im CO-Modul finden fast nur Traversierungen über Hauptspeicherreferenzen statt, die kaum Potential für Verbesserungen bieten.

Ergänzend zu den Testläufen auf der Ultra 1 haben wir vergleichende Messungen auf der JavaStation durchgeführt (siehe Abbildung 6.21). Hier konnten wir wahlweise den alten Prototypen unter JavaOS 1.0 mit JDK 1.0.2 (jeweils die oberste Kurve) oder das neue CO-Modul unter JavaOS 1.1 mit JDK 1.1.4 (alle anderen Kurven) benutzen. Beim *Cold Run* (linke Grafik) lassen sich auf der JavaStation keine so deutlichen Sprünge wie auf der Ultra 1 feststellen. Allerdings steht uns hier auch nicht das JDK 1.1.6, sondern nur das JDK 1.1.4 zur Verfügung. Verwunderlich ist allerdings die Tatsache, daß sich beim *Hot Run* (rechte Grafik) eine Beschleunigung um den Faktor 20 ergibt. Dieser widerspricht im Prinzip den Erfahrungen auf der Ultra 1, bei der im *Hot Run* (im Vergleich zum *Cold Run*) deutlich geringere Unterschiede gemessen wurden.

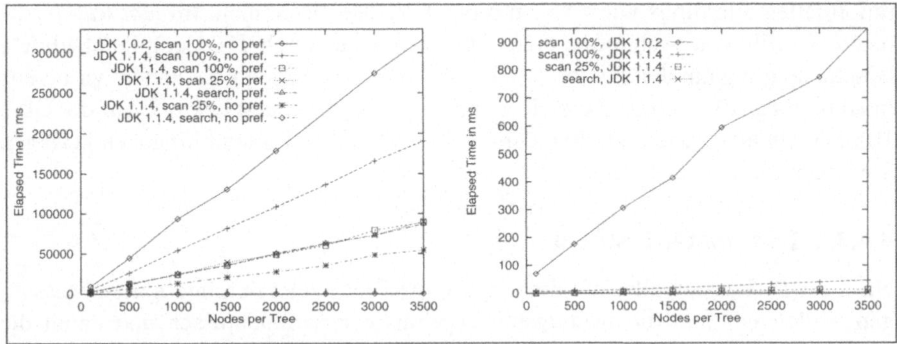

Abb. 6.21: CO-Modul: Optimierung mit JDK-/JavaSDAI-Versionen (JavaStation, links: *Cold Run*, rechts: *Hot Run*)

Nachdem die verwendete Software in beiden Fällen identisch ist, führen wir diesen Umstand auf Unterschiede in der *Java Virtual Machine* zurück. Hier waren bei der JavaStation scheinbar erhebliche Optimierungen der Hauptspeicherverwaltung möglich. Ergänzend dazu können wir in bezug auf die Diskussion in Kapitel 6.4.3.2 noch sagen, daß sich *Prefetching* beim CO-Modul auch auf der JavaStation erst ab einem Zugriff auf etwa 50% der Daten lohnt.

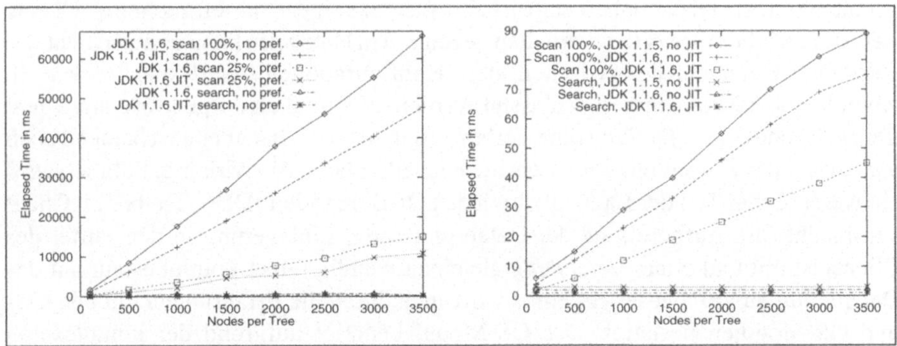

Abb. 6.22: QS-Modul: Optimierung mit JDK-Versionen und JIT-Compiler (PC, links: *Cold Run*, rechts: *Hot Run*)

Abschließend wollen wir noch einen gezielten Blick auf die lediglich durch JDK-Versionen oder JIT-Compiler bedingten Verbesserungen werfen. Dafür betrachten wir die Unterschiede zwischen dem JDK 1.1.5 und 1.1.6 sowie dem JDK 1.1.6 mit und ohne JIT-Compiler. Die in Abbildung 6.22 illustrierten Ergebnisse basieren diesmal allerdings auf dem QS-Modul. Im *Cold Run* (linke Grafik) haben wir auf die Darstellung der Ergebnisse für das JDK 1.1.5 verzichtet, um die Lesbarkeit der Kurven zu garantieren. Bei den Werten für den *Cold Run* läßt sich erkennen, daß JIT-Compiler eine Beschleunigung um den Faktor 1,4 bewirken (und zwar unabhängig davon, ob *Prefetching* benutzt wird oder nicht). Die Kurven für die *Search*-Operation fallen allerdings wie zuvor mit der X-Achse zusammen. Im *Hot Run* (siehe rechte Grafik von Abbildung 6.22) läßt sich eine durch JIT-Compiler bedingte Beschleunigung um den Faktor 1,8 ablesen. Ähnliche Ergebnisse hatten wir bereits in Abbildung 6.13 und 6.14 erzielt (Faktor 2 auf dem PC und Faktor 3 auf der Ultra 10). Die Unterschiede zwischen dem JDK 1.1.5 und 1.1.6 sind hingegen geringer. Sie liegen nur bei ca. 10-20%.

6.4.3.6 Zusammenfassung

Nach der Diskussion aller mit dem JavaSDAI-Prototypen durchgeführten Messungen wollen wir nun die wichtigsten Ergebnisse zusammenfassen und damit die Frage beantworten, durch welchen Teil des Systems denn nun die Leistung begrenzt wird. Ist es der Server, der Client, das Netzwerk, CORBA, die *Java Virtual Machine* (JVM) oder etwas ganz anderes?

Zunächst einmal fällt der Unterschied zwischen *Cold Runs* und *Hot Runs* auf. Letztere sind um einen Faktor 1000-2000 schneller. Die Datenversorgung ist also teuer und *Caching* wird zum unverzichtbaren Bestandteil datenintensiver Umgebungen.

Nun stellen sich zwei weitere Fragen: Erstens, warum ist die Datenversorgung so teuer, und zweitens, wie kann man sie beschleunigen? Die letzte Frage haben wir bereits beantwortet: durch *Prefetching* (zumindest beim Zugriff auf große Datenmengen). Die erste Frage ist nicht so einfach zu beantworten. Am Server liegt es garantiert nicht. Diese haben selbst beim gleichzeitigen Starten mehrerer Clients stets das gleiche Antwortzeitverhalten gezeigt. Am Netzwerk kann es auch nicht liegen: Die Unterschiede zwischen den Konfigurationen *local* und *remote* in Abbildung 6.19 können vernachlässigt werden[4]. Es muß also irgendwie am Client liegen. Nachdem *Prefetching* eine Verbesserung bewirkt, hat aber anscheinend auch die Anzahl der Kommunikationsschritte eine erhebliche Auswirkung. Folglich wird ein wesentlicher Teil der Laufzeit durch den ORB bzw. den JDBC-Treiber im Client verbraucht (die Aufbereitung der Daten und deren Einlagerung in den Puffer des Clients ist mit und ohne *Prefetching* gleich aufwendig – hier kommt es nur auf das Datenvolumen an). Dieses Ergebnis wird auch durch die Erfahrungen mit den CO- und QS-Modulen bestätigt: Das QS-Modul benötigt aufgrund der komplexeren IDL-Schnittstellen ohne *Prefetching* fast doppelt soviel Zeit wie das CO-Modul.

---

4. Hier muß allerdings erwähnt werden, daß wir die Messungen in einem relativ unbelasteten 10 Mbit LAN durchgeführt haben. Bei einer weltweiten Verarbeitung über das Internet darf man die Netzkommunikation natürlich **nicht** vernachlässigen!

Nun können wir aber nicht alle Schuld dem ORB oder dem JDBC-Treiber zuschieben. Die JavaSDAI-Schicht selbst birgt natürlich auch Optimierungspotential. Während der letzten Jahre konnten wir insbesondere feststellen, daß die Erzeugung von Objekten eine sehr teure Operation ist. Noch aufwendiger ist allerdings das Löschen: Hierfür muß der komplexe Algorithmus des *Garbage Collector* durchlaufen werden. Folglich ist die Erzeugung temporärer Objekte auf jeden Fall zu vermeiden. Mit diesem Wissen können wir uns auch gleich ein genaueres Bild von dem zuvor behandelten Aspekt machen: Sowohl der ORB als auch der JDBC-Treiber erzeugen eine Menge temporärer Objekte.

Letztendlich liegt der entscheidende Faktor also beim Client, dessen Rechner im allgemeinen zu 90 bis 100% durch die JVM ausgelastet ist. Eine Beschleunigung des JDK bzw. dessen JVM hat somit erhebliche Auswirkungen auf die Laufzeit des Systems. Zur Bildung einer allgemeinen Schlußfolgerung (siehe Kapitel 6.6) wollen wir aber noch die Ergebnisse anderer Projekte betrachten.

6.5 Verwandte Arbeiten im Bereich STEP/SDAI und CORBA

Nach der Vorstellung unseres Prototypen und einer Diskussion der erzielten Ergebnisse werfen wir nun kurz einen Blick auf verwandte Arbeiten im Bereich des Datenzugriffs über STEP/SDAI und CORBA. Viele Parallelen zu unseren Ansätzen weist das amerikanische Projekt NIIIP auf (*National Industrial Information Infrastructure Protocols*, www.niiip.org). Es wurde gestartet, um eine effiziente Infrastruktur zur Bildung von *Virtual Enterprises* zu finden. Unternehmen sollen dabei zur Produktion gemeinsamer Waren kurzfristig ihre IT-Systeme über das Internet zusammenschließen können [HSRM96]. Die Idee beruht im wesentlichen auf Optimierungen der CORBA-Anbindung des SDAI von STEP [ISO98c]. Analog zu unseren Ergebnissen wurde auch hier die Erfahrung gemacht, daß das zugrundeliegende *Operation Shipping* keine ausreichende Effizienz aufweist und ergänzende Mechanismen zum *Prefetching* und *Caching* nötig sind (was im Endeffekt zu *Data Shipping* führt). Eine Idee ist dabei die Übertragung serialisierter SDAI *Models* über den CORBA *Externalization Service* (vgl. Kapitel 5.4.5).

Im Rahmen der JavaSDAI-Standardisierung und dem damit verbundenen Entwurf der *Socket Bar* (siehe Kapitel 6.1) haben wir zusammen mit STEP Tools, Inc. (STI, einem Partner im NIIIP-Projekt) einen gemeinsamen Prototypen entworfen. Transatlantische Messungen ergaben, daß unser Ansatz vielversprechend ist [SK97].

Einen etwas anderen Ansatz verfolgt hingegen das europäische ESPRIT-Projekt VEGA mit seiner COAST-Architektur (*CORBA Access to STEP*). Hier wurde eine alternative Schnittstelle zum Datenzugriff über CORBA entwickelt, die nichts mehr mit dem SDAI zu tun hat. Lediglich die Daten werden weiterhin in EXPRESS modelliert. Unter maßgeblicher Beteiligung der *Digital Equipment Corporation* (DEC) und dem *Centre Scientifique et Technique du Batiment* (CSTB) wurde ein

System entwickelt, das zwar verschiedene *Common Object Services* verwendet, gleichzeitig aber einen generischen Ansatz zum *Data Shipping* realisiert. Strenggenommen ist der Name COAST allerdings etwas irreführend, da dem Client kein CORBA-Stub zur Verfügung gestellt wird, sondern eine spezifische C-Bibliothek. Insofern geht hier leider die Sprach- und Plattformunabhängigkeit verloren. Das vollständige Design und die Architektur des Systems sind ausführlich in [Kö98] beschrieben. Praktische Erfahrungen mit dem System (d.h. Messungen) sind uns bisher leider nicht bekannt. Ein Partner im VEGA-Projekt, die Firma Nemetschek, hat parallel zu COAST eine weitere Architektur als Basis für ihre CAD- und PDM-Systeme entwickelt. Sie trägt den Namen O.P.E.N. (*Object Oriented Product Data Engineering Network*, siehe [Nem98]) und ermöglicht den Zugriff auf verschiedene Datenmodelle (nicht nur STEP-basierte). Dafür benutzt sie allerdings nicht CORBA, sondern Microsofts DCOM. In [Be98] wurde untersucht, inwieweit die O.P.E.N.-Plattform mit COAST gekoppelt werden kann. Nachdem COAST dem Client aber lediglich eine C-Schnittstelle anbietet, kann man hier nicht von einer allgemeinen Kopplung von CORBA und DCOM sprechen. Vielmehr wurde die Anbindung einer proprietären C-Bibliothek an DCOM realisiert. Diese erwies sich allerdings als vielversprechend, auch wenn sie aufgrund verschiedener Verzögerungen im VEGA-Projekt nicht umfassend evaluiert werden konnte.

Einen vollkommen anderen Ansatz verfolgen die Arbeiten von Uwe Böhm und Klemens Röhm (ETH Zürich). Sie entwickelten einen weiteren Prototypen eines CORBA *Query Service* mit dem Namen *Harmony* [RB99]. Dieser hat zwar überhaupt nichts mehr mit einer Datenversorgung über STEP zu tun, im Zusammenhang mit unserem QS *Data Module* halten wir die Ergebnisse aber dennoch für sehr interessant. *Harmony* basiert ebenfalls auf *Data Shipping* und wurde in [RB99] mit zwei weiteren Ansätzen zur Datenversorgung verglichen: Dem Zugriff über anwendungsspezifische CORBA-Objekte und einer direkten Verwendung von *Embedded SQL* (ohne den Einsatz von CORBA). Die Daten wurden in allen drei Fällen aus derselben relationalen Datenbank gelesen. Während der Ansatz über *Embedded SQL* – wie erwartet – am schnellsten war (man benutzt hier die optimierte Schnittstelle eines DBVS-Produktes), so war *Harmony* in den meisten Fällen (*Context Data Access* und *Bulk Data Access*) immerhin deutlich schneller als der Ansatz über anwendungsspezifische CORBA-Objekte. Lediglich beim Zugriff auf einzelne Datensätze (*Point Data Access*) lag *Harmony* auf dem letzten Platz. Diese Ergebnisse gewinnen noch mehr an Bedeutung, wenn man folgenden Aspekt berücksichtigt: Die gewählte Lösung zum Zugriff über anwendungsspezifische CORBA-Objekte führt in [RB99] nicht zu *Operation Shipping*, sondern zu *Data Shipping*: Die Anfrageergebnisse werden bereits im Server zu einer sequence mit *Strings* aufbereitet. Insofern ist es nachzuvollziehen, daß die einzelnen Lösungen nicht so große Laufzeitunterschiede aufweisen wie z.B. unsere Messungen in Kapitel 6.4.2. *Harmony* vergleicht also Ansätze zum *Data Shipping* und unterstreicht damit die Tatsache, daß CORBA-Komponenten mit standardisierten Schnittstellen durchaus effizient zu realisieren sind.

6.6 Wo liegt der Flaschenhals?

Wir haben in den letzten Kapiteln einige Ergebnisse im Bereich datenintensiver Umgebungen diskutiert, die wir nun zu einer generellen Aussage zusammenfassen wollen. In eigenen Untersuchungen haben wir zunächst mehrfach belegt, daß *Operation Shipping* beim Einsatz von CORBA zu inakzeptablen Laufzeiten führt (vgl. Kapitel 6.4.1 und 6.4.2). Der Engpaß liegt hier in erster Linie beim Server, allerdings darf die entstehende Kommunikation auch nicht vernachlässigt werden. Die erzielten Werte beim *Data Shipping* sind hingegen vielversprechend.

Bei der Betrachtung verwandter Arbeiten hat sich weiterhin gezeigt, daß bei Projekten im Bereich datenintensiver Umgebungen eigentlich immer auf *Data Shipping* basierende Konzepte eingesetzt werden. Dies gilt sowohl beim Einsatz von CORBA (vgl. MIND in Kapitel 5.4.9.1 und NIIIP, COAST und *Harmony* in Kapitel 6.5) als auch bei der Verwendung alternativer Technologien (z.B. SHORE in Kapitel 5.4.9.2 und der transatlantische Prototyp sowie O.P.E.N. in Kapitel 6.5). Wir schließen daraus, daß *Operation Shipping* immer zu einem unüberwindbaren Flaschenhals führt und somit in datenintensiven Umgebungen generell zu vermeiden ist. Unsere Aussage über die Vorteile des *Data Shipping* spiegelt also auch die Ergebnisse internationaler Forschung wider. Nun stellt sich die Frage, welche Faktoren denn beim *Data Shipping* ausschlaggebend sind und welche Strategien, Konzepte und Techniken effizient sind. Bei unserem JavaSDAI-Prototypen lag der Flaschenhals klar beim Client (und damit bei Java), und es hat sich gezeigt, daß alle drei Datenversorgungsstrategien ähnlich gut sind. Daraus sollte man nun aber nicht die Folgerung ziehen, daß mehrfache Aufrufe von CORBA-Methoden und eine damit verbundene Verlagerung von Funktionalität zum Server eine Leistungssteigerung bewirken. Ganz im Gegenteil: Die Verarbeitung im ORB des Clients beansprucht einen wesentlichen Teil der Laufzeit und sollte damit eher reduziert werden. Dies hat sich bei der Gegenüberstellung der Ergebnisse mit und ohne *Prefetching* klar gezeigt (siehe Abschnitt 6.4.3.2). Es ist also klar, daß *Operation Shipping* in diesem Fall noch katastrophalere Ergebnisse liefern würde als bei unseren in C++ implementierten Prototypen. Bei der Verwendung von Java Clients muß also (neben der immer erforderlichen Reduktion von Kommunikation) auf eine sehr effiziente Anforderung, Aufbereitung und Pufferung von Daten geachtet werden. Die Sprache Java bietet zwar das Konzept der *Java Object Serialization* (OS) an, dieses harmoniert aber nur bedingt mit der von uns geforderten abstrakten Modellierung von Daten und Funktionalität. Weiterhin wird bei Java OS immer die gesamte Menge aller über Referenzen verbundener (serialisierbarer) Objekte auf einmal zum Client übertragen. Bei dem in Kapitel 6.5 beschriebenen transatlantischen Prototypen hat sich aber gezeigt, daß z.T. eine Konfiguration des Kommunikationsgranulates wünschenswert ist. Insofern sind eigene Techniken nötig, die leider einen höheren Aufwand im Client erfordern.

6.7 Erfahrungen und Probleme mit CORBA-Implementierungen

In den letzten Jahren haben wir mit einigen CORBA-Produkten gearbeitet und dabei eine Reihe von Erfahrungen gesammelt. Diese waren leider nicht immer positiv. Zwar ist CORBA noch eine relativ neue Technologie, die Hartnäckigkeit einiger Probleme hat uns aber dennoch überrascht. Der wichtigste Punkt betrifft sicherlich die Registrierung und Verwaltung von CORBA-Objekten durch den ORB. Es ist in datenintensiven Umgebungen einfach nicht akzeptabel, daß diese Aktion bei 25.000 Objekten bereits eine halbe Stunde umfaßt (siehe Kapitel 6.4.2). In [Sel96] konnte man diesen Zustand noch damit begründen, daß es sich um erste Prototypen von CORBA-Systemen handelte. Mittlerweile sind aber drei Jahre vergangen und wir hätten an dieser Stelle deutliche Verbesserungen erwartet. Leider konnte durch diesen Umstand gar nicht beurteilt werden, inwiefern die eigentliche Kommunikation und die physische Verteilung von Objekten einen Einfluß auf die Leistung eines Systems haben: Erzielte Ergebnisse für die Konfigurationen *local* und *remote* waren fast identisch (vgl. Abbildung 6.10 auf Seite 192). Neben diesem Aspekt gab es noch einige andere Probleme, die wir aber nur kurz skizzieren wollen:

- Signaturen von *Skeleton Classes*
  Der IDL-Compiler erzeugt aus IDL-Definitionen sog. *Skeleton Classes* als Basis für die Implementierung des Servers. Leider sind deren Signaturen aber nur teilweise standardisiert. So kann der Name dieser Klassen frei gewählt werden, und es sind auch ergänzende Parameter für die in IDL modellierten Methoden zulässig (z.B. zur Übertragung von Kontexten). Beim Wechsel eines CORBA-Systems muß der selbst erstellte Code für den Server also immer an die konkrete Signatur der *Skeleton Classes* angepaßt werden, obwohl sich die IDL-Definitionen gar nicht geändert haben.

- Initialisierung von CORBA-Prozessen (Client und Server)
  Wie schon beim zuvor genannten Punkt fehlt auch hier eine detaillierte Standardisierung. Beim Wechsel des CORBA-Systems werden also wiederum umfangreiche Anpassungen nötig. Mit der Einführung des *Portable Object Adapter* (POA) in CORBA 2.2 hat sich die Situation allerdings wesentlich gebessert (nur gibt es noch kein zu CORBA 2.2 kompatibles Produkt).

- *System Exceptions*
  Das Auslösen sowie die Verarbeitung der vordefinierten *System Exceptions* ist leider nur unzureichend beschrieben. Somit wird es von vielen Produkten unterschiedlich realisiert.

- Einfügen von Daten in Instanzen des IDL-Typs `any`
  IDL umfaßt einen sehr generischen Typ `any`, der zur Laufzeit beliebige Daten enthalten kann. Er wird z.B. als Ergebnistyp beim CORBA *Query Service* verwendet. Unser korrespondierendes *JavaSDAI Data Module* (siehe Kapitel 6.2.2) gibt nun z.T. sehr umfangreiche Strukturen als Ergebnis einer Anfrage zurück. Diese müssen im Server in eine Instanz des Typs `any` eingefügt werden und

anschließend im Client wieder daraus extrahiert werden. Leider ergab sich dabei häufig das Problem, daß alle Daten beim Einfügen in eine Instanz des Typs `any` kopiert wurden. In unserem Fall ist dies aber völlig überflüssig, man könnte die Zeit (und den Speicherplatz) sparen. CORBA 2.2 sieht deshalb auch zwei Einfügeoperatoren für `any`-Typen vor (direkt bzw. als Kopie). Diese sind bisher aber in fast keinem CORBA-Produkt zu finden.

- Handbücher
  Die Handbücher der einzelnen Systeme sowie die beigefügten Beispiele illustrieren nur unzureichend die Erstellung von standardkonformen Programmen. Meist werden proprietäre Erweiterungen benutzt und geschildert, ohne daß eine Differenzierung nach eigener und standardisierter Funktionalität erfolgt. Dementsprechend lassen sich (zwischen CORBA-Systemen portable) Programme nur mit einer detaillierten Kenntnis des Standards erstellen.

- *Unnamed Types*
  Für Basistypen wie Strukturen oder `unions` lassen sich leider keine *Forward Declarations* erstellen. Will man nun rekursive Strukturen definieren (z.B. eine Struktur, die eine `sequence` ihres eigenen Typs enthält, siehe Beispiel 6.15), so entstehen sog. *Unnamed Types* (nämlich genau diese Liste). Benutzt man diesen *Unnamed Type* nochmal in einer weiteren Typdefinition, so kann die Gleichheit der Typen nicht garantiert werden. Strenggenommen öffnet jede Typdefinition nämlich intern einen neuen Namensraum, so daß beide *Unnamed Types* unterschiedliche Gültigkeitsbereiche haben.

```
// in IDL:                        // corresponding namespace hierarchy:

module TreeMgmt {
    struct Tree {
        sequence<Tree> sons;            TreeMgmt::Tree::sequence<Tree> sons;
        // ...                     ...
    };
    struct Admin {
        sequence<Tree> mgdTrees;        TreeMgmt::Admin::sequence<Tree> mgdTrees;
        // ...                     ...
    };
};
```

Beispiel 6.15: Namensräume für IDL *Unnamed Types*

- *Namespaces* und *Inner Classes* (C++)
  In IDL definierte Module müssen bei der Übersetzung nach C++ in geeignete Namensräume abgebildet werden. Einige Systeme (wie z.B. Orbix) benutzen hierfür *Inner Classes*. Legt man die Definitionen aus Beispiel 6.15 zugrunde, so erhält man z.B. die Klasse `TreeMgmt::Tree`. Diese Lösung hat den Nachteil, daß sich die Definition der Klasse `TreeMgmt` in einer Datei befinden muß. IDL ermöglicht aber prinzipiell das erneute Öffnen von Modulen in anderen Dateien. Aus diesem Grund bildet z.B. ORBacus die IDL-Module lediglich auf Präfixe ab (`TreeMgmt_Tree`). Beide Lösungen sind natürlich nicht kompatibel, d.h.,

beim Wechsel des CORBA-Systems sind erneut Änderungen nötig. Weiterhin erfüllen beide Lösungen eigentlich nicht die in IDL modellierte Semantik: *Inner Classes* können nur an einer Stelle definiert werden, Präfixe bilden strenggenommen keine hierarchischen Namensräume.

7 Zusammenfassung und Ausblick

So gut wie jede moderne Datenverarbeitung basiert auf dem Einsatz von Informationssystemen. Deren zugrundeliegende Datenversorgung ist somit essentiell für die Leistungsfähigkeit der Systeme und damit auch für die unterstützten Arbeitsschritte. In der Einleitung haben wir nun erkannt, daß sich Informationssysteme in bezug auf die Datenversorgung in mehrere Kategorien mit unterschiedlicher Komplexität einstufen lassen: Von der rein lesenden Variante bis hin zu Systemen, die größere Mengen von Daten lesen und schreiben. Zur Entwicklung allgemeiner Strategien zur Datenversorgung ist es natürlich sinnvoll, die in diesem Sinne anspruchvollsten Systeme zu betrachten. Die gefundenen Konzepte lassen sich dann recht einfach auf andere Kategorien übertragen.

Ein Vertreter von Informationssystemen, die eine besonders komplexe und gleichzeitig effiziente Datenversorgung benötigen, sind Entwurfsumgebungen. Die Entwicklung moderner Produkte ist ohne die Verwendung derartiger Werkzeuge undenkbar geworden. Die umfangreichen Operationen zur Visualisierung, Bearbeitung, Ablage, Weitergabe und Wiederverwendung von Produktdaten beschleunigen die einzelnen Verarbeitungsschritte und ermöglichen gleichzeitig eine Qualitätskontrolle vor der eigentlichen Produktion. Leider sind die zugrundeliegenden Systeme aber meist auf einzelne Verarbeitungsschritte innerhalb der Prozeßkette zugeschnitten. So kann es z.B. vorkommen, daß in verschiedenen Schritten auch andere Datenmodelle verwendet werden. Dementsprechend sind entlang der Prozeßkette jeweils aufwendige Konvertierungen nötig, die mit einem Informationsverlust verbunden sein können. Teilweise sind sogar manuelle Eingriffe durch den Benutzer nötig, die extrem fehleranfällig sind. Wünschenswert ist also eine übergeordnete Integration aller Systeme. Dafür benötigen wir ein globales Datenmodell, die Anbindung aller Datenquellen, ein Modell zur Beschreibung der Schnittstellen und Semantik von Systemen (ein sog. Komponentenmodell) sowie eine geeignete Infrastruktur für deren Kopplung (*Middleware*). In diesem Buch haben wir uns gezielt mit der Datenversorgung in derartigen Szenarien beschäftigt. Dieses Thema kann natürlich nicht isoliert betrachtet werden, sondern es sind auch immer die durch andere Aspekte bedingten Anforderungen sowie Auswirkungen auf diese zu berücksichtigen. Wir haben deshalb mit einer Begriffsklärung begonnen (Kapitel 2) und anschließend ausgewählte Beispiele für globale Datenmodellierung (STEP, Kapitel 3), Komponentenmodelle und *Middleware* (in beiden Fällen CORBA, Kapitel 4) diskutiert. Anschließend konnten wir uns in Kapitel 5 und 6 dem zentralen Aspekt der Datenversorgung widmen:

- Welche Arten von Datenquellen gibt es? Wie sind sie modelliert?

- Welche Zugriffsschnittstellen bieten sie und wie lassen sie sich in eine globale Datenversorgung integrieren?

- Welche Komponentenmodelle und *Middleware*-Ansätze bieten die beste Unterstützung?

Neben einer theoretischen Diskussion haben wir unseren JavaSDAI-Prototypen zur Evaluierung verschiedener Strategien benutzt. Im folgenden wollen wir nun kurz die einzelnen Ergebnisse zusammenfassen und einen Ausblick auf weiterführende Arbeiten geben, anhand derer noch offen gebliebene Fragen und Probleme beantwortet bzw. gelöst werden können.

Komponentenmodelle

Bei der Diskussion von Komponentenmodellen mußten wir feststellen, daß es für diesen Begriff viele unterschiedliche Definitionen gibt. Der abgedeckte Bereich spannt sich von modular aufgebauter Dokumentenverwaltung bis hin zu der (von uns angestrebten) Strukturierung von Systemen. In fast allen Fällen beziehen sich diese Modelle aber eher auf technische Aspekte und die Beschreibung der Syntax von Schnittstellen. Wir erwarten von einem Komponentenmodell hingegen deutlich mehr. So sollte insbesondere auch die Modellierung von Semantik möglich sein. Letztendlich erhalten wir dann ein formales Modell, das eine abstrakte Beschreibung der einzelnen Komponenten (Syntax und Semantik der Schnittstellen) ermöglicht – und zwar unabhängig von deren Realisierung (Rechnerarchitektur, Betriebssystem, Programmiersprache usw.). Dieses formale Modell sollte standardisiert sein und zugleich Abbildungen auf konkrete Laufzeitumgebungen enthalten. Damit wird eine Kapselung von Komponenten erreicht, die zugleich die Wiederverwendung existierender Teile und den Austausch veralteter Module ermöglichen.

Betrachtet man die Vielfalt existierender Konzepte und Techniken, so gibt es eigentlich nur vier Kandidaten, die unserer Definition von Komponentenmodellen nahe kommen: CORBA, DCOM, DSOM und (*Enterprise*) *Java Beans*. DCOM und DSOM sind leider auf einzelne Rechnerplattformen zugeschnitten, während *Java Beans* fest mit der Sprache Java verbunden sind. Ihre Abstraktion ist somit unzureichend. CORBA hat als einziges Modell eine formale Spezifikationssprache (IDL), die vollkommen unabhängig von Programmiersprachen und Rechnerplattformen ist. Jedoch erlaubt auch sie keine Definition von Semantik. CORBA CDL war ein erster Ansatz in diese Richtung, deren Entwicklung von der OMG aber leider wieder eingestellt wurde. CORBA *Components* stellen hingegen ein eher technisches Modell zur Verbreitung und Installation von Softwaremodulen dar. Letztendlich gibt es also gar kein Modell, das unserer Definition entspricht. An dieser Stelle besteht somit großer Bedarf an weiteren Forschungs- und Entwicklungsarbeiten.

Datenquellen und ihre Schnittstellen

Im Laufe dieses Buches haben wir gesehen, daß Daten nicht zwangsweise in DBVS gespeichert sind. Sie können z.B. auch in mehr oder weniger (un)strukturierten Dateien oder *Excel Sheets* abgelegt sein. Weiterhin besteht in einigen Fällen kein direkter Zugriff auf die Datenquelle selbst, sondern es gibt nur ein API des darüberliegenden Anwendungsprogramms (z.B. SAP). Dementsprechend ergibt sich eine Vielfalt von Modellierungs- und Speicherungstechniken mit den korrespondierenden Zugriffsverfahren. Zur Realisierung einer globalen, integrierten Datenversorgung läßt sich keine spezielle Technik finden, die alleine eine Anbindung aller Arten von Datenquellen ermöglicht. Vielmehr ist eine Kombination mehrerer Ansätze nötig. Abhängig vom globalen Datenmodell sind für jede Datenquelle unterschiedliche *Mapper* oder *Wrapper* nötig. So müssen unter Umständen aus relationalen Tupeln Objekte erzeugt oder einzelne Attribute mehrerer Objekte zu einem Objekt zusammengefaßt werden. Andererseits ist unter Umständen für die Auswertung von Anfragen ein Prozessor zur Bearbeitung unstrukturierter Textdateien nötig. Neben diesen Modellierungsaspekten werden wir in allen Fällen natürlich auch andere Zugriffsschnittstellen erhalten, die über unterschiedlichste Techniken zu integrieren sind. Dabei ist es von großer Bedeutung, sich vorher auf ein globales (und möglichst standardisiertes) Datenmodell und eine globale (und wiederum standardisierte) Schnittstelle zu einigen. Dies hat zur Folge, daß bei n Datenquellen lediglich n *Wrapper* bzw. *Mapper* notwendig sind und eine vollständige Kapselung der Datenquellen erreicht wird. Verzichtet man hingegen auf ein globales Modell und erstellt statt dessen Punkt-zu-Punkt-Verbindungen von jeder der n Datenquellen zu jeder der m vorhandenen Anwendungen, so sind nämlich n*m *Wrapper* bzw. *Mapper* erforderlich! Dies bedeutet dann insbesondere auch, daß die Kapselung verloren geht und bei der Integration neuer oder der Änderung existierender Anwendungen auch die Anbindung der Datenquellen zu ändern ist.

Datenversorgung

Eng verzahnt mit dem gerade diskutierten Aspekt der Integration von Datenquellen ist die Datenversorgung. Hier geht es vor allem um die Frage, *wie*, *wann* und in welchem *Format* Daten von der Quelle (also vom persistenten Speicher) zu der jeweiligen Anwendung kommen. Wir haben erkannt, daß *Data Shipping* in datenintensiven Umgebungen (wie etwa CAD oder PDM) unverzichtbar ist. Nachdem wir eigentlich immer über Client/Server-Systeme reden, müssen also alle Verfahren *Caching* auf dem Client unterstützen. Bei unseren Untersuchungen hat sich ergeben, daß CORBA zwar am besten unsere Definition eines Komponentenmodells erfüllt, die Fähigkeiten zum *Data Shipping* aber stark eingeschränkt sind. Insbesondere ist es in CORBA-Umgebungen nicht sinnvoll, das jeweilige Datenmodell in IDL zu definieren oder CORBA *Services* als Grundlage der Verarbeitung zu wählen. Die Integrität der Daten und *Caches* ist auf jeden Fall durch zusätzliche Maßnahmen zu überprüfen.

Zur Definition eines einheitlichen Datenmodells haben wir den STEP-Standard verwendet, der einerseits formale Spezifikationsverfahren und standardisierte Schnittstellen definiert und andererseits sogar eine globale Schnittstelle enthält (das SDAI). Im Bereich der Produktdatenverwaltung (PDM, CAD) lassen sich keine Alternativen erkennen.

Anhand unseres JavaSDAI-Prototypen haben wir drei verschiedene Datenversorgungsstrategien verglichen: Proprietäres *Data Shipping* mit CORBA, die Übertragung generischer Strukturen über den CORBA *Query Service* und den Zugriff auf RDBVS über JDBC. Alle Verfahren wurden jeweils als eigenständiges *Data Module* in eine JavaSDAI-Schnittstelle mit einem EXPRESS-Datenmodell integriert. Beide CORBA-Lösungen zeigen ein ähnliches Laufzeitverhalten, so daß der CORBA *Query Service* (in der verwendeten Art und Weise) auch für *Data Shipping* geeignet erscheint. Die JDBC-Lösung war sogar etwas langsamer, was wir allerdings auf die schlechte Realisierung des Treibers zurückführen: Die verwendete Dreischichtenarchitektur führt zu einer unnötigen Verzögerung, die mit Sicherheit vom Hersteller optimiert werden kann (beispielsweise durch den direkten Zugriff des Java-Clients auf das DBVS – hierfür müßte aber die interne Schnittstelle des DBVS um ein geeignetes Protokoll erweitert werden). Bei allen drei Verfahren konnte beim Zugriff auf große Datenmengen eine deutliche Beschleunigung durch *Prefetching* erreicht werden.

Ursprünglich sollte der Prototyp auch für einen Vergleich von *Data Shipping* und *Operation Shipping* in CORBA-Umgebungen dienen. Aus projektinternen Gründen konnten diese Arbeiten aber leider nicht beendet werden. Daher haben wir beide Paradigmen auf einer tieferen Ebene (ohne SDAI) verglichen. Es stellte sich heraus, daß CORBA-Systeme bei der Erzeugung und Registrierung größerer Mengen von Objekten nach wie vor erhebliche Defizite aufweisen (ähnliche Ergebnisse hatten wir bereits in früheren Arbeiten erzielt). Die resultierenden Zugriffszeiten sind letztendlich inakzeptabel. Leider ist es schwer zu beurteilen, inwieweit hier die konzeptuellen Schwächen des *Operation Shipping* ausschlaggebend waren und wo sich lediglich eine ineffiziente Implementierung ausgewirkt hat. An dieser Stelle sind weitergehende Untersuchungen in Kooperation mit dem Hersteller eines CORBA-Systems wünschenswert.

Parallel zur Erstellung unseres Prototypen wurden weltweit Projekte mit einer ähnlichen Zielsetzung durchgeführt. Hervorzuheben sind hier das amerikanische NIIIP-Projekt sowie das Esprit-Projekt VEGA mit seiner COAST-Architektur. In beiden Fällen wurde der Einsatz von CORBA evaluiert und man kam zu dem Schluß, daß *Operation Shipping* ungenügend ist (auch wenn man diesen Begriff nicht verwendet hat) und Mechanismen zum *Caching*, *Prefetching* und *Bulk Transfer* benötigt werden. In eher administrativen Umgebungen, die nur der Bearbeitung kleinerer Datenmengen dienen (z.B. das TeleMed-Projekt), kann CORBA-basiertes *Operation Shipping* hingegen ausreichend sein.

Java-basierte Integration von Datenquellen über das Intra-/Internet

In Verbindung mit der Entwicklung und Diskussion verschiedener Datenversorgungsstrategien haben wir gleichzeitig deren Eignung für einen Einsatz über das Intra- und Internet untersucht. Hierfür bot sich die Verwendung der Sprache Java an, so daß wir uns bereits frühzeitig an der Entwicklung des JavaSDAI-Standards beteiligten. Diesen haben wir nicht einfach als eine weitere Sprachanbindung des abstrakt definierten SDAI angesehen, sondern vielmehr als Basis für eine flexible Integration heterogener Datenquellen. Dafür haben wir die *JavaSDAI Socket Bar* definiert, welche das jeweilige EXPRESS-Schema als globales Datenmodell benutzt und zur Laufzeit die Anbindung weiterer Datenquellen über sog. *Data Modules* unterstützt. Die Implementierung dieser Module kann von einem beliebigen WWW-Server geladen werden und baut dann selbständig die Verbindung zur Datenquelle auf, die wiederum auf einem beliebigen Rechner liegen kann. Verwendet die Datenquelle eine andere Modellierung(sart) als das globale EXPRESS-Schema, so läßt sich die notwendige *Mapping*-Funktionalität in das *Data Module* integrieren. Nachdem die Client/Server-Kommunikation ein interner (gekapselter) Bestandteil des *Data Module* ist, kann dieses natürlich auch einen wesentlichen Teil der Verarbeitung auf einen eigenen Server verlagern (z.B. das *Mapping*). Als unbedingt notwendig hat sich jedoch ein Puffer im Client (*Caching*) sowie die Fähigkeit zum *Prefetching* und *Bulk Transfer* herausgestellt.

Strenggenommen widersprechen wir mit unserem JavaSDAI-Ansatz eigentlich der zuvor geführten Diskussion: Wir haben eine Integrationsplattform definiert, die (zumindest auf dem Client) auf eine einzige Programmiersprache zugeschnitten ist. Bei Komponentenmodellen (welche der Integration dienen sollen) fordern wir hingegen Sprachunabhängigkeit. Insofern haben wir unser eigenes Ziel nicht erreicht – und das gestehen wir auch ein. Jedoch gab es gute Gründe für dieses Vorgehen. Zunächst galt es das primäre Ziel dieser Untersuchung zu erreichen: die Evaluierung verschiedener Datenversorgungsstrategien. Eine reine CORBA-Lösung genügte also nicht. Weiterhin sollte ein globales Datenmodell zum Einsatz kommen, das in EXPRESS modelliert ist (es gibt bisher keine Alternative zu STEP). Und schließlich wollten wir eine Testplattform erstellen, die eine einheitliche Schnittstelle zum Testen aller Datenversorgungsstrategien bietet und zusätzlich einen Einsatz im Intra-/Internet unterstützt. Hierfür bot sich nur Java an. Unter diesen Rahmenbedingungen haben wir unserer Ansicht nach die beste, mögliche Lösung erzielt. Selbstverständlich betrachten wir diese aber nicht als endgültig. Deshalb wollen wir auch an mehreren Stellen weiter daran arbeiten. So sollen beispielsweise die Erfahrungen aus der Standardisierung von JavaSDAI langfristig auch Auswirkungen auf künftige Revisionen der abstrakten SDAI-Spezifikation haben. Diese ist architektur- und sprachunabhängig. Weiterhin stellt sich die Frage, ob Änderungen oder Erweiterungen im CORBA-Standard nicht einen ähnlichen Ansatz wie die *Socket Bar* ermöglichen. Wir halten dies durchaus für möglich und werden hier nach weiteren Lösungen suchen. Immerhin stellt unser *Query Service* bereits eine standardkonforme

Methode zum Zugriff auf EXPRESS-basierte Daten dar, mit der auch eine Anbindung beliebiger Datenquellen möglich ist. Nur ist dieses Verfahren bisher auf eine einzige Datenversorgungsstrategie beschränkt.

Letztendlich bleibt zu sagen, daß wir in diesem Buch keine vollständige Lösung für die von uns skizzierten Anforderungen finden konnten. Dies war auch nicht zu erwarten, denn unsere Anforderungen waren (und sind) sehr hoch. Wir konnten allerdings den aktuellen Stand der Technik darstellen und damit erste Lösungsansätze diskutieren (und teilweise auch realisieren). Insbesondere CORBA hat unsere Hoffnungen bei weitem nicht erfüllt, aber auch hier ist die Entwicklung und Standardisierung noch lange nicht abgeschlossen. Die OMG arbeitet stärker an Verbesserungen als je zuvor. Insofern hoffen wir, daß zumindest ein Teil unserer Ergebnisse in die zukünftige Entwicklung des Standards einfließen wird. Im Bereich SDAI und JavaSDAI haben wir die Standardisierung bereits wesentlich beeinflußt und sind mit den erzielten Ergebnissen im großen und ganzen zufrieden. Im Bereich der Komponentenmodelle (entsprechend unserer Definition) sehen wir leider die größten Probleme. Hier wird meist der Aspekt der Semantik vernachlässigt und häufig nur nach technischen Lösungen gesucht. Die CDL von CORBA war ein wichtiger Schritt, der leider nicht weiter verfolgt wurde. Allerdings haben wir nach der Übernahme der UML-Standardisierung durch die OMG die Hoffnung, daß an dieser Stelle mehr Wert auf Semantik gelegt wird und dann implizit ein Einfluß auf CORBA entsteht. Im Bereich von DCOM, DSOM und *Java Beans* sehen wir weniger Perspektiven, da hier klar die Interessen einzelner Hersteller im Vordergrund stehen und die Bindungen an Plattformen bzw. Programmiersprache sicher nicht beseitigt werden. Zwar setzt sich die Windows-Plattform in Büros immer mehr durch, im Bereich PDM und CAD wird es unserer Ansicht nach aber auch in der Zukunft eine Datenverarbeitung auf *Mainframes* und *Host*-Rechnern geben – und diese ist in geeigneter Weise in das jeweilige Gesamtsystem zu integrieren. Der Einsatz von Komponentenmodellen, die auf einzelne Plattformen oder Sprachen zugeschnitten sind, wird deshalb nie zu einer umfassenden Lösung führen.

Literatur

AG98   K. Arnold, J. Gosling: *The Java Programming Language*, 2nd Edition, Addison-Wesley, 1998.

At89   M. Atkinson et al. (D. DeWitt, D. Maier, F. Bancilhon, K. Dittrich, S. Zdonik): *The Object-Oriented Database System Manifesto*, in: Proc. of the 1st Intl. Conference on Deductive and Object-Oriented Databases, 1989, pp. 40–58.

Be98   O. Beider: *Entwurf und Implementierung einer Brücke zwischen O.P.E.N. und COAST*, Diplomarbeit, Nemetschek AG & Technische Universität München, Fakultät für Informatik (III), Datenbanksysteme und Wissensbasen, 1998.

Bla97   J. A. Blakeley: *Universal Data Access with OLE DB*, in: Proc. of the IEEE Conference COMPCON '97, 1997, pp. 2–7.

Blo92   J. Bloomer: *Power Programming with RPC – UNIX Network Programming*, A Nutshell Handbook, O'Reilly & Associates, 1992.

BN84   A. D. Birell, B. J. Nelson: *Implementing Remote Procdure Calls*, in: ACM Transactions on Computer Systems, Vol. 2, No. 2, 1984, pp. 39–59.

BPS98   T. Bray, J. Paoli, C. M. Sperberg-McQueen: *XML 1.0 Recommendation*, 1998, http://www.w3.org/TR/1998/REC-xml-19980210.

BS95   U. M. Borghoff, J. H. Schlichter: *Rechnergestützte Gruppenarbeit – Eine Einführung in Verteilte Anwendungen*, Springer Lehrbuch, Springer Verlag, 1995.

Bu98   W. Buchert: *Entwurf und Implementierung eines modifizierten OO7-Benchmarks zum Test der JavaSDAI-Laufzeitumgebung*, Halbjähriges Systementwicklungsprojekt, Technische Universität München, Fakultät für Informatik (III), Datenbanksysteme und Wissensbasen, 1998.

Ca94   M. J. Carey et al.: *Shoring Up Persistent Applications*, in: Proc. of the ACM SIGMOD Conference on the Management of Data, Minneapolis, MN, 1994.

Ca97   R. Cattell et al.: *The Object Database Standard: ODMG 2.0*, Morgan Kaufmann Publishers, 1997.

CDN93   M. H. Carey, D. J. DeWitt, J. F. Naughton: *The oo7 Benchmark*, in: ACM SIGMOD 22(2), 1993, pp. 12–21.

CGI   University of Illinois: *The Common Gateway Interface*, University of Illinois at Urbana-Champaign, http://hoohoo.ncsa.uiuc.edu/cgi/.

Chu97   P.E. Chung et al. (Y. Huang, S. Yajnik, D. Liang, J. C. Shih, C. Y. Wang, and Y. M. Wang): *DCOM and CORBA Side by Side, Step By Step, and Layer by Layer*, to appear in C++ Report Magazine, http://akpublic.research.att.com/~ymwang/papers/C++R97CR.htm, 1997.

Da94   C. J. Date: *An Introduction to Database Systems,* 6th Edition, Addison-Wesley, 1994.

Da98   R. Darnell et al.: *HTML 4 Unleashed, Professional Reference Edition*, Sams Net, 1998.

DC99   DaimlerChrysler AG: *Distributed Object Strategy (DOS): Part IV – Evaluation of IBM's ComponentBroker*, Internal Evaluation Report for Release 1.3 (in Cooperation with IBM), Department IO/TM (Lead), 1999.

DD97   C. J. Date, H. Darwen: *A Guide to the SQL Standard*, 4th Edition, Addison-Wesley, 1997.

DDÖ98   A. Dogac, C. Dengi, M. T. Öszu: *Distributed Object Computing Platforms*, in: Communications of the ACM, Vol. 41, No. 9, 1998, pp. 95–103.

Dew93   D. T. Dewire: *Client/Server Computing*, McGraw-Hill, 1993.

Di87   K. R. Dittrich: *Object-Oriented Database Systems – A Workshop Report*, in: Proc. of the Intl. Conf. on the Entity-Relationship Approach, 1987, pp. 51–66.

Do96   A. Dogac et al.: *A Multidatabase System Implementation on CORBA*, in: Proc. of the 6th Intl. Workshop on Research Issues in Data Engineering (RIDE), New Orleans, 1996.

Dr95   I. Drews: *Leistungsmessung von STEP/SDAI auf der Basis eines OODBS*, Diplomarbeit, Fachbereich Informatik, Universität Kaiserslautern, 1997.

DS96   M. Dierker, M. Sander: *Lotus Notes 4.x – Arbeiten im Team*, Addison-Wesley, 1996.

DZ83   J. D. Day, H. Zimmermann: *The OSI Reference Model*, in: Proc. of the IEEE, Vol. 71, December 1983, pp. 1334–1340.

EG89   C. A. Ellis, S. J. Gibbs: *Concurrency Control in Groupware Systems*, in: Proc. of the ACM SIGMOD Conference on the Management of Data, 1989.

EN94   R. Elmasri, S.B. Navathe: *Fundamentals of Database Systems*, 2nd Edition, Addison-Wesley, 1994.

ES98   P. Eeles, O. Sims: *Building Business Objects*, John Wiley & Sons, 1998.

FM97   G. Flach, H. Meyer: *Das DICE-Projekt: Datenbankunterstützung für kooperative Anwendungen*, Universität Rostock, Rostocker Informatik-Berichte, Band 20, 1997.

Fr99   J. Friebe: *Eine GeoServer-Architektur zur Nutzung von GIS-Funktionalität über Internet-Technologie*, in A. P. Buchmann: Tagungsband der 8. GI-Fachtagung 'Datenbanksysteme in Büro, Technik und Wissenschaft' BTW '99, Springer-Verlag, 1999, S. 164–184.

Ge95   K. Geihs: *Client/Server-Systeme, Grundlagen und Architekturen*, Thomson's Aktuelle Tutorien (TAT), Band 6, Intl. Thomson Publishing GmbH, 1995.

GJS96   J. Gosling, B. Joy, G. Steele: *The Java Language Specification*, Addison-Wesley, 1996.

GN94   P. Gaumond, P. A. Nelson: *GNU dbm – A Database Manager*, Edition 1.4.1 of the GNU dbm Manual for gdbm version 1.7.3, Free Software Foundation, Cambridge, MA, USA, 1994, ftp://phi.sinica.edu.tw/pub/aspac/gnu/ps/.

GR93   J. N. Gray, A. Reuter: *Transaction Processing: Concepts and Techniques*, Morgan Kaufmann Publishers, 1993.

GV92   G. Gardarin, P. Valduriez: *ESQL: An Object-Oriented SQL with F-Logic Semantics*, in: Proc. of the 8th IEEE Intl. Conference on Data Engineering (ICDE), 1992.

HH99   K. Hergula, T. Härder: *A Middleware Approach for Combining Heterogeneous Data Sources – Integration of Generic Query and Predefined Function Access*, Proc. of the 1st Intl. Conference on Web Information Systems Engineering (WISE 2000), Hong Kong, June 2000.

Hi97   M. Higgs: *Universal Data Access: Foundation for the Enterprise*, White Paper, I-Kinetics, Inc., 1997, http://www.i-kinetics.com/.

HLS98   K. Hergula, G. Lorenz, G. Sauter: *Mapping EXPRESS to SQL3*, Technical Report FT3/E-98-004, DaimlerChrysler AG, Research & Technology, 1998.

HMNR95   T. Härder, B. Mitschang, U. Nink, N. Ritter: *Workstation/Server-Architekturen für datenbankbasierte Ingenieuranwendungen*, in: Informatik – Forschung und Entwicklung, Band 10, Heft 2, Springer Verlag, 1995, S. 55–72.

HP90   J. L. Hennessy, D.A. Patterson: *Computer Architecture – A Quantitative Approach*, Morgan Kaufmann Publishers, 1990.

HNSB90   D. Harrison, R. Newton, R. Spickelmier, T. Barnes: *Electronic CAD Frameworks*, in: Proc. of the IEEE, Vol. 78, No. 2, 1990, pp. 393–417.

HR83   T. Härder, A. Reuter: *Principles of Transaction-Oriented Database Recovery*, in: ACM Computing Surveys, Vol. 15, No. 4, 1983, pp. 287–317.

HR93   T. Härder, K. Rothermel: *Concurrency Control Issues in Nested Transactions*, in: VLDB Journal, Vol. 2, No. 1, 1993, pp. 39–74.

HR99   T. Härder, E. Rahm: *Datenbanksysteme – Konzepte und Techniken der Implementierung*, Springer Verlag, 1999.

HSRM96   M. Hardwick, D. Spooner, T. Rando, K. C. Morris: *Sharing Manufacturing Information in Virtual Enterprises*, in: Communications of the ACM, February 1996.

HSRM97   M. Hardwick, D. Spooner, T. Rando, K. C. Morris: *Data Protocols for the Industrial Virtual Enterprise*, in: IEEE Journal for Internet Computing, Vol. 1, No. 1, http://computer. org/internet/ic1997/w1toc.htm, 1997.

Hu96   K. Hughes: *ORACLE Transport Gateway – Installation and User's Guide for IBM DRDA for RS/6000*, Release 4.0, ORACLE Co., 1996.

IB97   Information Builders Inc.: *EDA/SQL Manuals*, Information Builders Inc., 1997.

IBM97   IBM Co.: *DB2 Data Joiner: Administrator Guide and Application Programming*, Version 2, Release 1, IBM Co., San Jose, 1997.

IBM98a   IBM Co.: *IBM Component Broker Connector Overview*, IBM Redbook, Third Edition (applies to Release 1.2), 1998.

IBM98b   IBM Co.: *IBM Component Broker Quick Beginnings 1.3*, Fourth Edition (applies to Release 1.3), 1998.

IBM98c   IBM Co.: *IBM Component Broker Programming Guide 1.3*, Fourth Edition (applies to Release 1.3), 1998.

IBM98d   IBM Co.: *IBM Component Broker Advanced Programming Guide 1.3*, Third Edition (applies to Release 1.3), 1998.

IBM98e   IBM Co.: *IBM Component Broker Oracle Application Adapter Quick Beginnings 1.3*, First Edition (applies to Release 1.3), 1998.

IK99   I-Kinetics, Inc.: *DataBroker Version 6 Overview*, White Paper, I-Kinetics, Inc., 1999, http://www.i-kinetics.com/.

IONA97   IONA Technologies: *Orbix Database Adapter Framework (ODAF)*, Version 1.0, 1997.

IONA98a   IONA Technologies: *Orbix IIOP Engine*, White Paper, 1998

IONA98b   IONA Technologies: *Orbix Programming & Reference Guide*, Version 2.3, 1998.

IONA98c   IONA Technologies: *OrbixWeb Programming & Reference Guide*, Version 3.1, 1998.

ISG99   International Software Group, Ltd.: *ISG Products: ISG Navigator – Universal Data Access*, http://www.isg.co.uk/products/Navigator/, 1999.

ISO94a   ISO IS 10303 Industrial automation systems and integration: Product data representation and exchange – Part 1: *Overview and fundamental principles*, Intl. Standard, 1994.

ISO94b   ISO IS 10303 Industrial automation systems and integration: Product data representation and exchange – Part 11: *Description methods: The EXPRESS language reference manual*, Intl. Standard, 1994.

ISO94c   ISO IS 10303 Industrial automation systems and integration: Product data representation and exchange – Part 21: *Implementation methods: Clear text encoding of the exchange structure*, Intl. Standard, 1994.

ISO96   ISO CD 10303 Industrial automation systems and integration: Product data representation and exchange – Part 24: *Implementation methods: C language binding to the standard data access interface*, Committee Draft, ISO TC184/ SC4/WG11 N014, 1996.

ISO98a   ISO FDIS 10303 Industrial automation systems and integration: Product data representation and exchange – Part 22: *Implementation methods: Standard data access interface specification*, Final Draft Intl. Standard, 1998.

ISO98b   ISO DIS 10303 Industrial automation systems and integration: Product data representation and exchange – Part 23: *Implementation methods: C++ language binding to the standard data access interface specification*, Draft Intl. Standard, 1998.

ISO98c   ISO DIS 10303 Industrial automation systems and integration: Product data representation and exchange – Part 26: *Implementation methods: Interface definition language binding to the standard data access interface*, Draft Intl. Standard, 1998.

ISO99a   ISO CD 10303 Industrial automation systems and integration: Product data representation and exchange – Part 27: *Implementation methods: Java programming language binding to the standard data access interface with Internet/Intranet extensions*, Committee Draft, ISO TC184/SC4/WG11 N060, 1999.
           Gemäß Beschluß des ISO TC184/SC4 werden die in diesem Dokument enthaltenen *Conformance Level* 1 und 2 in ein eigenständiges Dokument (Part 29) überführt.

ISO99b   ISO DIS 10303 Industrial automation systems and integration: Product data representation and exchange – Part 214: *Application protocol: Core data for automotive mechanical design processes*, Draft Intl. Standard, ISO TC184/ SC4/WG3 N765, 1999.

iX98   iX-Magazin: *ORBs – Von Big Blue bis GPL: Object Request Broker*, in: iX-Magazin für professionelle Informationstechnik, Band 10, 1998.

Ja98   D. Jackson: *Business Objects Companion*, Prentice Hall, 1998.

Java   Sun Microsystems: *The Source for Java Technology*, http://www.javasoft.com/.

JBS97   St. Jablonski, M. Böhm, W. Schulze (Hrsg.): *Workflow-Management – Entwicklung von Anwendungen und Systemen, Facetten einer neuen Technologie*, dpunkt.verlag, 1997.

KA95   S. Khoshafian, R. Abnous: *Object Orientation: Concepts, Analysis & Design, Languages, Databases, Graphical User Interfaces, Standards*, 2nd Edition, John Wiley & Sons, 1995.

Kö98   M. Köthe: *COAST Architecture – The CORBA Access to STEP Information Storage Architecture and Specification*, Deliverable D301 of ESPRIT Project 20408 'VEGA', Rev. 1.8.5, Digital Equipment Corporation, European Applied Research Center, 1998.

KK93   A. Kemper, D. Kossmann: *Adaptable Pointer Swizzling Strategies in Object Bases*, in: Proc. of the IEEE Intl. Conference on Data Engineering (ICDE), 1993, pp. 155–162.

La95   C. Lau: *Object-Oriented Programming Using SOM and DSOM*, Wiley & Sons, 1995.

Loe98   H. Loeser: *Techniken für Web-basierte Datenbankanwendungen – Anforderungen, Ansätze, Trends*, in: Informatik – Forschung und Entwicklung, Band 13, Heft 4, Springer-Verlag, 1998.

Lof98   D. Loffredo: *Efficient Database Implementation of EXPRESS Information Models*, PhD Thesis, Rensselaer Polytechnic Institute, Troy, New York, 1998.

LS87   P. C. Lockemann, J. W. Schmidt (Hrsg.): *Datenbank-Handbuch*, Springer-Verlag, 1987

Mar98   M. Marchiori: *QL'98 – The Query Languages Workshop*, 1998, http://www.w3.org/TandS/QL/QL98/Overview.html.

Mau97   A. Maurer: *Implementierung einer SDAI-Schnittstelle in Java*, Halbjähriges Systementwicklungsprojekt, Technische Universität München, Fakultät für Informatik (III), Datenbanksysteme und Wissensbasen, 1998.

Mau98   A. Maurer: *Entwurf und Implementierung eines JavaSDAI Data-Modules auf Basis eines CORBA Query-Service*, Diplomarbeit, Technische Universität München, Fakultät für Informatik (III), Datenbanksysteme und Wissensbasen, 1998.

MB99   Mercedes-Benz Consultancy System: *Configurator MBKS Online*, Internet-System zur Produktkonfiguration, http://mbks.mercedes-benz.com/vas/gb/default.htm, 1999.

Me90   J. Melton (Ed.): *Database Language SQL 2*, American National Standards Institute (ANSI), Washington, D.C., 1990.

Mi95   Microsoft Corporation: *Microsoft Open Database Connectivity Software Development Kit*, Programmer's Reference, Version 3.00, 1995.

MMM93   N. M. Mattos, K. Meyer-Wegener, B. Mitschang: *A Grand Tour of Concepts for Object-Orientation from a Database Point of View*, Journal on Data & Knowledge Engineering (DKE), Vol. 9, Elsevier Science, 1993, pp. 321–352.

MM97   T. J. Mowbray, R. C. Malveau: "CORBA Design Patterns", John Wiley & Sons, 1997.

MPD99   N. M. Mattos, P. Pistor, S. Deßloch: *SQL3, Object-Relational, and Java: Overview of the SQL99 and SQLJ Standard*, Tutorial auf der 8. GI-Fachtagung 'Datenbanksysteme in Büro, Technik und Wissenschaft' BTW '99, 1999.

Nem98   Nemetschek AG: *The O.P.E.N.® Development Platform*, Technical White Paper, Nemetschek AG, 1998.

Neu97   E. Neuwirt: *Konzeption und Implementierung einer ORB/DBMS-Schnittstelle in einer CORBA-basierten CSCW-Umgebung*, Diplomarbeit, Universität Rostock, Fachbereich Infomatik, Lehrstuhl für Datenbank- und Informationssysteme, 1997.

NHR99   U. Nink, T. Härder, N. Ritter: *Generating Call-Level Interfaces for Advanced Database Application Programming*, in: Prooceedings of the 25th Intl. Conference on Very Large Databases (VLDB), Edinburgh, Scotland, UK, 1999.

OG95   The Open Group: *Data Management: SQL Call Level Interface (CLI)*, X/Open CAE Specification C451, April 1995.

OHE94   R. Orfali, D. Harkey, J. Edwards: *The Essential Client/Server Survival Guide*, John Wiley & Sons, 1994.

OHE96   R. Orfali, D. Harkey, J. Edwards: *The Essential Distributed Objects Survival Guide*, John Wiley & Sons, 1996.

OMG96a   Object Management Group: *The Common Object Request Broker Architecture: Architecture and Specification*, Version 1.2, OMG TC Document PTC/96-03-04, OMG, 1996.

OMG96b   Object Management Group: *Informationen der Business Object Domain Task Force*, OMG, http://www.dataaccess.com/Bodtf/boinfo.htm, 1996.

OMG97   Object Management Group: *A Discussion the Object Management Architecture*, OMG, January 1997, Updated June 1997, http://www.omg.org/library/omaindx.html.

OMG98a   Object Management Group: *PDM Enabler Specification – Joint Revised Submission*, OMG TC Document mfg/98-01-01, mfg/98-02-01 (errata), OMG, 1998.

OMG98b   Object Management Group: *Business Object Component Architecture Proposal (BOCA)*, Revision 1.1, OMG TC Document bom/98-01-07, 1998.

OMG98c   Object Management Group: *Notification Service – Joint Revised Submission with Errata*, OMG TC Document telecom/98-01-18, telecom/98-03-05 (errata), dtc/98-04-01 (errata), 1998.

OMG98d   Object Management Group: *Objects By Value – Joint Revised Submission with Errata*, OMG TC Document orbos/98-01-18, OMG, 1998.

OMG98e   Object Management Group: *CORBA Messaging – Joint Revised Submission*, OMG TC Document orbos/98-05-05, OMG, 1998.

OMG98f   Object Management Group: *The Common Object Request Broker Architecture: Architecture and Specification*, Version 2.2, OMG TC Document formal/98-07-01, OMG, 1998, http://www.omg.org/library/c2index.html.

OMG98g   Object Management Group: *CORBA Components – Joint Revised Submission*, OMG TC Document orbos/98-10-18, November 1998.

OMG98h   Object Management Group: *CORBAservices: Common Object Services Specification*, Revised Edition, OMG Document formal/98-12-09, OMG, 1998, http://www.omg.org/library/csindex.html.

OMG99   Object Management Group: *Persistent State Service 2.0*, http://www.omg.org/techprocess/meetings/schedule/Persistent_State_Service_2.0_RFP.html, 1999.

OOC98   Object-Oriented Concepts: *ORBacus for C++ and Java*, Manual for Release 3.1, 1998.

Or99   Oracle Corp.: *Oracle8i Appliance Overview*, General Product Information and Press Release, http://www.oracle.com/html/8iapp_ovw.html, 1999.

Ow93   J. Owen: *STEP – An Introduction*, Information Geometers, 1993.

PMC94   Post Modern Computing: *ORBeline User Guide*, Version 1.0, September 1994.

Rag98   D. Raggett et al.: *HTML 4 – Web-Publishing mit dem neuen HTML-Standard*, Addison-Wesley, 1998.

Rau96   S. Rauch: *Talk to Any Database the COM Way Using the OLE DB Interface*, in: Microsoft Systems Journal, Vol. 11, No. 7, July 1996, pp. 19–38.

RB99   U. Röhm, K. Böhm: *Working Together in Harmony – An Implementation of the CORBA Object Query Service and its Evaluation*, in: Proceedings of the 15th IEEE Intl. Conference on Data Engineering (ICDE), 1999, pp. 238–247.

RC98   M. Rosen, D. Curtis: *Integrating CORBA and COM*, John Wiley & Sons, 1998.

Red96   J. P. Redlich: *CORBA 2.0: Praktische Einführung für C++ und Java*, Addison-Wesley, 1996.

Rev96   F. Reverbel: *Persistence in Distributed Object Systems: ORB/ODBMS Integration*, Ph.D. Dissertation, Computer Science Department, University of New Mexico, 1996.

Rez98   F. F. Rezende et al.: *The Database Access Interface in MEntAs: Architecture and Functionality*, Daimler-Benz AG, Forschung und Technologie, Prozeßkette Produktentwicklung (FT3/EK), Technischer Bericht Nr. FT3/E-1998-003, 1998.

RH98   F. F. Rezende, K. Hergula: *The Heterogeneity Problem and Middleware Technology: Experiences with and Performance of Database Gateways*, Proc. of the 24th Conference on Very Large Databases (VLDB), New York, 1998.

Ri97   N. Ritter: *DB-gestützte Kooperationsdienste für technische Entwurfsanwendungen.*, DISDBIS Vol. 33, Infix Verlag, St. Augustin, zugleich: Dissertation, Fachbereich Informatik, Universität Kaiserslautern, 1997.

RLPG96   B. Reinwald, T. J. Lehmann, H. Pirahesh, V. Gottemukkala: *Storing and using objects in a relational database*, in: IBM Systems Journal, Vol. 35, No. 2, 1996, pp. 172–192.

RM00   J. Rütschlin, B. Mitschang: *CAFES – Component Architecture Framework for Engineering Systems*, Internal Report, IPVR, Universität Stuttgart, 2000.

RS92   F. J. Rammig, B. Steinmüller: *Frameworks und Entwurfsumgebungen*, in: Informatik Spektrum 15, 1992, S. 33–43.

Sa96   G. Sauter: *The Mapping Language BRIITY – Reference Manual*, Technical Report F3-96-007, Daimler-Benz AG, Research & Technology, 1996.

Sa98   G. Sauter: *Interoperabilität von Datenbanksystemen bei struktureller Heterogenität*, DISDBIS Vol. 47, Infix Verlag, St. Augustin, zugleich: Dissertation, Fachbereich Informatik, Universität Kaiserslautern, 1998.

SAG00   Software AG: *Tamino – The Information Server for Electronic Business*, Tamino Product Site, http://www.softwareag.com/tamino/, 2000.

SAP   SAP AG: *Das SAP R/3 System*, http://www.sap-ag.de/products/r3/.

SBM98   M. Stonebraker, P. Brown, D. Moore: *Object-Relational DBMSs, Second Edition*, Morgan Kaufmann Publishers, 1998.

Sch92   A. Schill: *Remote Procedure Call: Fortgeschrittene Konzepte und Systeme – Ein Überblick*, in: Informatik-Spektrum, Band 15, 1992.
Teil 1: Grundlagen, Heft 2, S. 79–87.
Teil 2: Erweiterte RPC-Ansätze, Heft 3, S. 145–155.

SDRC   SDRC Corp.: *Metaphase*, http://www.metaphasetech.com/.

Sel96   J. Sellentin: *Einsatzmöglichkeiten von CORBA in STEP-basierten Entwurfsumgebungen*, Diplomarbeit, Universität Kaiserslautern, Fachbereich Informatik, 1996.

Ses96   R. Sessions: *Object Persistence – Beyond Object-Oriented Databases*, Prentice Hall, New Jersey, 1996.

Ses98   R. Sessions: *COM and DCOM*, Wiley Computer Publishing, 1998.

SFM99   J. Sellentin, A. Frank, B. Mitschang: *TOGA – A Customizable Service for Data-Centric Collaboration*, in: Proceedings of the 11th Intl. Conference on Advanced Information Systems Engineering (CAiSE*99), LNCS 1626, Springer-Verlag, 1999, pp. 301–316.

Sh96   A. Sheth et al.: *Report from the NSF Workshop on Workflow and Process Automation in Information Systems*, Computer Science Department Technical Report UGA-CS-TR-96-003, University of Georgia, Athens, Georgia, 1996.

Si96   J. Siegel: *CORBA: Fundamentals and Programming*, Jon Wiley & Sons, 1996

SK97   J. Sellentin, R. Kramer: *Joint Prototype Implementation of the SDAI in Java – First Results*, Technical Report, Technische Universität München und STEP Tools, Inc., http://www.informatik.uni-stuttgart.de/ipvr/as/projekte/phrames/javasdai/v1/index.html, 1997.

SM97   J. Sellentin, B. Mitschang: *Möglichkeiten und Grenzen des Einsatzes von CORBA in DB-basierten Client/Server-Anwendungssystemen*, in: K. R. Dittrich, A. Geppert: Tagungsband der 7. GI-Fachtagung 'Datenbanksysteme in Büro, Technik und Wissenschaft' BTW '97, Springer-Verlag, 1997, S. 312–321.

SM98   J. Sellentin, B. Mitschang: *Data-Intensive Intra- & Internet Applications – Experiences Using Java and CORBA in the World Wide Web*, in: Proc. of the 14th IEEE Intl. Conference on Data Engineering (ICDE), Orlando, Florida, 1998, pp. 302–311.

SM99a   J. Sellentin, B. Mitschang: *Design and Implementation of a CORBA Query Service Accessing EXPRESS-based Data*, in: Proc. of the 6th IEEE Intl. Conference on Database Systems for Advanced Applications (DASfAA'99), Hsinchu, Taiwan, R.O.C., 1999.

SM99b   J. Sellentin, B. Mitschang: *Data-Intensive Intra- and Internet Applications Based on Java, CORBA, and the World Wide Web*, Invited Paper in: E. Bertino, and S. Urban: 'Object-Oriented Technology in Advanced Applications', Special Issue of Theory and Practice of Object Systems (TAPOS), Vol. 5, No. 3, John Wiley & Sons, 1999.

SRL93   L. Suardi, M. Rusinkiewicz, W. Litwin: *Execution of Extended Multidatabase SQL*, in: Proc. of the 9th IEEE Intl. Conference on Data Engineering (ICDE), 1993.

SS97   J. Sellentin, G. Sauter: *Binding Java to the SDAI – Using STEP for Intra- and Internet Applications*, Experience Report presented at the ISO TC184/SC4 Meeting, Chester, UK, March 1997.

SS99   R. E. Shelton, C. Shanklin (Editor): *Understanding Business Objects*, Addison-Wesley, 1999.

SSSM99   S. Sarstedt, G. Sauter, J. Sellentin, B. Mitschang: *Integrationskonzepte für heterogene Anwendungssysteme bei DaimlerChrysler auf Basis internationaler Standards*, in: A. P. Buchmann: Tagungsband der 8. GI-Fachtagung 'Datenbanksysteme in Büro, Technik und Wissenschaft' BTW '99, Springer-Verlag, 1999, S. 317–327.

Sun94   Sun Microsystems: *RPC(3N): Network Functions*, SunOS 5.6 (Solaris 2.6) Manual Page, 1994.

Sun97a   Sun Microsystems: *JDBC Guide: Getting Started*, Documentation for JDK 1.1.4, 1997.

Sun97b   Sun Microsystems: *Java Remote Method Invocation Specification*, Release 1.4 for JDK 1.1, February 1997.

Sun97c   Sun Microsystems: *Java Object Serialization Specification*, Release 1.3 for JDK 1.1, February 1997.

Sun97d   Sun Microsystems: *JavaBeans API Specification*, Release 1.01, July 1997.

Sun98a   Sun Microsystems: *Enterprise JavaBeans Specification*, Release 1.0, March 1998.

Sun98b   Sun Microsystems: *Enterprise JavaBeans to CORBA Mapping*, Release 1.0, March 1998.

Sun98c   Sun Microsystems: *JavaStation – An Overview*, White Paper, http://www.sun.com/nc/whitepapers/javastation/javast_ch1.html, 1998.

Su98   J. Sutherland: *OOPSLA Business Object Workshop Home Page*, updated periodically, http://jeffsutherland.org/oopsla98/index.html, 1998.

SV96   J. Stark, S. Vajna: *Business Process Reengineering vor der Einführung eines EDM-Systems*, aus der OCÉ Buchreihe 'Von der analogen zur digitalen Reprographie', OCÉ, Mülheim an der Ruhr, 1996.

SW94   D. A. Schenk, P. Wilson: *Information Modelling: The EXPRESS Way*, Oxford University Press, 1994.

SZ98   H. P. Steiert, J. Zimmermann: *JPMQ – An Advanced Persistent Message Queuing Service*, in: Proc. of the 16th British National Conference on Databases (BNCOD), Cardiff, 1998.

Ta92   A. S. Tanenbaum: *Modern Operating Systems*, Prentice-Hall Intl., 1992.

TBMM00   H. S. Thompson, D. Beech, M. Maloney, N. Mendelsohn: *XML Schema Part 1: Structures*, W3C Working Draft, http://www.w3.org/TR/xmlschema-1/, 2000.

TeleMed   Los Alamos National Laboratory: *Welcome to TeleMed*, Project Home Page, Operated by the University of California, http://www.acl.lanl.gov/TeleMed/.

UML   Object Management Group: *OMG Unified Modeling Language Specification*, Version 1.3, OMG TC Document ad/99-06-09, OMG, 1999.

Vo98   A. Vogel: *Efficient Data Transfer with CORBA*, Java-Report Online (JRO), http://www.sigs.com/jro/features/9806/jro06.corbatalk.(vogel).html, 1998.

W3C   W3C – World Wide Web Consortium: *About the World Wide Web*, General Information and History, http://www.w3.org/pub/WWW/WWW/.

WC95   J. Widom, S. Ceri (Editor): *Active Database Systems: Triggers and Rules for Advanced Database Processing*, Academic Press / Morgan Kaufmann Publishers, 1995.

Wo94   P. van der Wolf: *CAD-Frameworks – Principles and Architecture*, Kluwer Academic Publishers, 1994.

XMI   Object Management Group: *XML Metadata Interchange*, Version 1.1, OMG TC Document ad/99-10-02, OMG, 1999.

YM96   N. J. Yeager, R. E. McGrath: *Web Server Technology – A Guide for the World Wide Web Information Providers*, Morgan Kaufmann Publishers, 1996.

Index

J

Java **37–41**, 147
    Bytecode 149
    Garbage Collector 150, 179, 205
    Virtual Machine 149, 150, 167, 204

Java Beans 16, 41
    Enterprise ~ 16, 41
    Enterprise ~ (EJB) 212

Java Database Connectivity siehe JDBC

JavaScript 142

JavaSDAI 111, **148–164**, 214
    Data Module 148, 164–184
    Socket Bar 148, 161, 215

JavaStation 40, 200

JDBC 26, 37, 114, 119, 165, 179, 196, 197, 204

JIT-Compiler 197, 201

K

Kapselung 12

Komponente 3–7, **11–16**, 33, 57, 104
    ~nmodell 5, **11–16**, 31, 41, 67, 211

kooperative Anwendungen 30

L

Legacy-System 2, 15, 41

M

Mehrebenenarchitektur **18–19**

Message Oriented Middleware (MOM) 24

Middleware **22–28**, 31, 67, 83, 184, 211
    DB-~ 25, 29, 39, 111, 119, 124

MIND 135, 207

Modellierungssprache 15

N

NIIIP 205

O

O.P.E.N. 206, 207

Object Database Management Group
    siehe ODMG

Object Management Architecture 67

Object Management Group siehe OMG

Object Query Language siehe OQL

Object Request Broker (ORB)
    siehe CORBA

ODBC 25, 114, 119

ODMG 25, 92, 97, 98, 114, 126

OLE 15

OMG 67

oo7-Benchmark 186

Open Database Connectivity siehe ODBC

OpenDoc 15

Operation Shipping **29**, 63, 66, 117, 125, 140, 155, 181, 185, 207, 214

OQL 25

P

Partitionierung 121

Pointer Swizzling 115, 168, 179

Prefetching 32, 186, 192, 204, 207, 215

Product Data Management (PDM) 14, 147

Prozeßkette 6, 211

Puffer 168, 186, 215
    ~ung von Daten 6–8, 31, 204
    ~verwaltung 176, 178, 199

R

Remote Procedure Call (RPC) 23

Rumpfumgebung 33